走进苏州市书法特色学校

2015~2016

苏州市教育学会书法教育专业委员会　编

编委会主任　朱家珑
主　　编　王　浩
执行主编　陆林珍　庆　旭

苏州大学出版社
Soochow University Press

图书在版编目(CIP)数据

走进苏州市书法特色学校 / 王浩主编. —苏州：苏州大学出版社，2016.12
ISBN 978-7-5672-1928-1

Ⅰ.①走… Ⅱ.①王… Ⅲ.①书法课—教学经验—汇编—中小学 Ⅳ.①G633.955.2

中国版本图书馆 CIP 数据核字(2016)第 290801 号

走进苏州市书法特色学校
王 浩 主编
责任编辑 征 慧

苏州大学出版社出版发行
（地址：苏州市十梓街 1 号 邮编：215006）
苏州市立达印务有限公司印装
（地址：苏州市吴中区胥口胥江工业园上供路 邮编：215164）

开本 889 mm×1 194mm 1/16 印张 17.25 字数 499 千
2016 年 12 月第 1 版 2016 年 12 月第 1 次印刷
ISBN 978-7-5672-1928-1 定价：88.00 元

苏州大学版图书若有印装错误，本社负责调换
苏州大学出版社营销部 电话：0512—65225020
苏州大学出版社网址 http://www.sudapress.com

墨香四溢弘扬书法艺术　挥毫泼墨传承书法精髓

翻开这本飘着幽幽墨香的书，如同走进一个宁静而热烈的世界。说是宁静，因为书中的书法让人心安气宁，消除繁忙带来的浮气、粗狂之气，使人变得文雅，静心沉稳。说是热烈，是因为书法是艺术，字体章法无处不体现着、折射着、流露着美与善。

本书是苏州市教育学会书法教育专业委员会为了积极贯彻落实教育部制定的《中小学书法教育指导纲要》，汇集苏州市历年来获得全国、省、市的书法特色学校，通过展示这些学校的书法特色、校园文化等，旨在继承和弘扬中华民族优秀传统文化，让书法这一传统文化回归校园，提升学校书法教育的文化内涵，营造书法教育的良好氛围，促进书法教育不断深化。

这些书法特色学校认真落实教育部有关重视书法教育的文件精神，加大书法教育的力度。通过开发书法课程，在书法教育中提高学生的审美情趣，提升师生的书法艺术修养，在坚持不懈中达到教人、化人。书法能让人体悟人生。写书法就是写自己，只有提高思想、品位、情操、境界，才有可能提高书法水平。书法博大精深，学无止境。如果热爱书法，就会追求其中，沉浸其中，乐在其中。

本书编录了来自教学一线的书法教师的论文、心得及教案，这是致力于书法教育者在实践中得出的精粹。随着书法进课程，书法教师的培养也迫在眉睫。为加快苏州市中小学书法教师队伍建设，努力提升教师实施书法教育的能力和水平，促进教师的专业成长，苏州市教育学会书法教育专业委员会在各级领导、专家的关怀及指导下，坚持开展书法进校园活动，有计划地推进教师培训，让书法课开出成果。针对目前书法师资力量薄弱的实际，加大培训力度，有计划、有步骤地安排书法教师培训，弘扬和继承中华优秀传统文化。

本书分别从书法特色学校介绍、书法教育实践研究、书法教育有效方法、书法名师点评等方面，全面展示了苏州市中小学书法教育开展的丰硕成果。

草根的实践研究、鲜活的案例分析、深邃的思考探索展现了一批书法特色学校、一群书法教育工作者坚定探索的信念。相信不久的将来，苏州市中小学校的书法艺术氛围会愈加浓厚，书法教师的业务素养会逐渐提高，学生的书法艺术修养会不断提升。让书法艺术之花永远开在师生心中。

江苏省教育学会书法专业委员会理事长
国家课程标准小学语文教材（苏教版）主编
南京凤凰母语教育科学研究所所长
朱家珑
2016年10月

一、光荣榜

二、重大活动

三、苏州市书法特色学校简介

苏州工业园区书法特色学校

苏州市吴江区书法特色学校

苏州市姑苏区书法特色学校

苏州市高新区书法特色学校

苏州市吴中区书法特色学校

苏州市相城区书法特色学校

昆山市书法特色学校

太仓市书法特色学校

常熟市书法特色学校

张家港市书法特色学校

四、苏州市书法教育精英

苏州市书法教育精英

苏州市第一届、第二届中小学教师书法大赛一等奖作者介绍

杨　璇 …… 139

五、师生作品点评

高熠珂 …… 143
郗陈旭 …… 145
傅建军 …… 146
王建雪 …… 148
秦　健 …… 150
吴继宏 …… 152

六、王浩书法教育与慈善

王浩书法教育与慈善 …… 157
王浩书法教育活动
——一笔一画一点一捺,持之以恒书写“大爱” …… 159

七、论文、教学设计

浅说中国画的线条意识
苏州幼儿师范高等专科学校　庆　旭 …… 163
草书“绞转”笔法与“断点”的关系
苏州幼儿师范高等专科学校　庆　旭 …… 165
用书体影响学生的认知风格
苏州工业园区翰林小学　韩　珏 …… 168
临摹——开启书法学习大门的钥匙
苏州工业园区莲花学校　周潘泓 …… 171
注重技能训练　提高书写能力
——小学楷书指导课初探
苏州工业园区唯亭实验小学　赵国华 …… 172
笔墨生花
苏州工业园区胜浦实验小学　徐苏宁 …… 174
浅论中小学书法基础教育
苏州工业园区娄葑学校　奚燕萍 …… 175
抓住三个关键　开展写字教学
吴江区金家坝小学　潘叶红 …… 177
浅谈结构教学在小学写字教学中的重要性
吴江区屯村实验小学　许建刚 …… 179
书法教材中的用笔
苏州市山塘中心小学　顾　放 …… 180

让孩子慢慢喜欢上写字
——写字教学实践之初探
苏州市高新区文星小学校　宋　娟 …… 182
浅谈书法教师应具备的教学能力
苏州市高新区金色小学　金耀敏 …… 184
例谈小学写字教学策略
苏州市高新区敬恩实验小学　夏培培 …… 185
中学书法教育浅行浅议
苏州市阳山实验初级中学校　金永昌 …… 187
有墨香浸润的童年——小学生书法兴趣培养途径探索
吴中区木渎实验小学　周　洁 …… 189
翰墨飘香润宝带　文化传承展魅力
——江苏省宝带实验小学写字特色教学札记
吴中区宝带实验小学　蔡巧英　王芹娟 …… 190
激情·引趣·导行
——努力提高写字教育效果
吴中区胥口中心小学　周柏荣 …… 192
写字与育人
——关于低年级写字教学的思考
姑苏区沧浪新城第二实验小学　蒋雪娟 …… 194
对当前写字教学的几点反思
——听于永正老师的《祖父的园子》写字教学片断想到的
昆山开发区实验小学　周　芳 …… 195
翰墨传承文化　课程彰显特色
昆山市爱心学校　王敏华 …… 197
浅谈小学语文中的书法教学
昆山市周庄中心小学校　韩　露 …… 200
交互式电子白板辅助,让学“书”之路愈加精彩
昆山市张浦中心小学校　孙怡明　黄建学 …… 201
浅谈小学写字教学方法
昆山市千灯中心校　韩　晔 …… 204
小学书法教学初探
昆山市周市中心小学 …… 206
高中书法教学策略之我见
太仓市沙溪高级中学　杨文忠 …… 208
低年级写字教学探索
常熟市杨园中心小学　葛丽萍 …… 209
翰墨飘香——趣味盎然学书法
张家港市金港镇占文小学　朱秋琴 …… 211

转变观念　培养兴趣　让写字成为一道亮丽的风景
张家港市东莱中心小学　周见孙 …… 213
五年级软笔书法楷书例字“水”的教学设计
苏州工业园区青剑湖学校　陆樱樱 …… 215
《“木”字的变化》教学设计
苏州市工业园区文萃小学　赵苏苏 …… 219
“横”的书写
苏州工业园区星洋学校　黄艺蓓 …… 220
短撇的书写
吴江经济开发区爱心小学　陈鹏飞 …… 222
左窄右宽的字和捺画指导
苏州市吴江区盛泽思进小学 …… 223
姿势和执笔
苏州市高新区镇湖实验小学校　濮英娟 …… 224
正楷笔画的名称及写法
吴中区木渎南行实验小学　顾大元 …… 226
四点底和心字底的写法
苏州市姑苏区新康小学校　钱幼芳 …… 227
《“山”之行》写字教案
相城区北桥中心小学　邹　燕 …… 228
单人旁的写法和运用
相城区御窑小学　钱群超 …… 231
“横折提”教学设计　一年级(下)
昆山高新区西塘实验小学　张　蕾 …… 232
撇画的写法
昆山市石浦中心小学校　王亚娟 …… 234
钩画
——弯钩、横折钩、竖折折钩、卧钩
昆山市实验小学　倪苗芳 …… 236
两个耳朵不一样——含有双耳旁的字的写法
昆山市陆家中心校学校　盛玉凤 …… 238
《颜体书法横的变化及其写法》教学设计
昆山市周市华城美地小学　戴　晴 …… 240

八、苏州市教师书法大赛一等奖作品选登

苏州市教师书法大赛一等奖作品选登 …… 245

苏州市教育学会书法教育专业委员会章程

第一章 总 则

第一条 本会的名称:苏州市教育学会书法教育专业委员会。

第二条 本会的性质:本会是由苏州市书法教育工作者、管理者自愿组成的群众性学术团体。

第三条 本会的宗旨:遵守宪法及其他法律、法规和国家政策,认真贯彻实施教育部《关于中小学开展书法教育的意见》《中小学书法教育指导纲要》文件精神,努力为本地区书法教育工作服务,积极开展书法教育理论与实践的研究,有效地促进书法教育事业的发展,为弘扬中华民族优秀传统文化,推进社会主义物质文明和精神文明建设做出贡献。

第四条 本会为苏州市教育学会分支机构。

第二章 业务范围

第五条 本会的业务范围:

(一) 面向苏州各区市,发展团体会员、个人会员。

(二) 协助苏州市教育学会承办书法教师培训活动,为各校培养专兼职书法(写字)教师。

(三) 协助各级教育学会承办书法(写字)优质课竞赛活动和书法(写字)论文评比。

(四) 指导并协助各学校编写书法(写字)校本教材。

(五) 协助苏州市语委办和苏州市教育局体育、卫生、艺术教育处举办各种形式的书法(写字)经验交流、研讨活动,促进各校之间书法教育成果的交流、共享。

(六) 协助苏州市语委办推进规范语言文字工作,举办中小学师生语言文字规范书写比赛,指导各学校创建"苏州市语言文字规范(示范)学校""江苏省硬笔书法教育基地""中国书法(写字)特色学校"等。

(七) 联系中国教育学会书法教育专业委员会,推荐本会团体会员单位申报全国书法教育实验(示范)学校,并指导创建工作。

第三章 会 员

第六条 本会会员分团体会员和个人会员两类。

第七条 申请加入本会的会员,必须具备下列条件:

(一) 拥护本会的章程;

(二) 热心于教育事业,愿从事书法及书法教育科学研究,有加入本会的意愿;

(三) 有一定的书法专业水平和书法教育、教学的实践经验或理论水平。

(四) 各学校在积极推进书法教育方面有措施有实效,可申请成为团体会员。

第八条 会员入会的程序是:

(一) 本人(或团体)提出申请。

(二) 由本会会员介绍或经市(区)教育学会推荐。

(三) 经本学会考核批准,发给个人(或团体)会员证。

第九条 会员有下列权利:

(一) 本会的选举权、被选举权和表决权;

（二）参加本会组织的活动；
（三）获得本会服务的优先权；
（四）对本会工作的批评建议权和监督权；
（五）入会、退会自由。

第十条　会员履行下列义务：
（一）遵守本会章程，执行本会决议；
（二）维护本会的合法权益；
（三）完成本会交办的工作，积极参加本会组织的各项学术活动；
（四）团体会员按规定交纳会费，个人会员不需交纳会费；
（五）向本会反映情况，提供有关资料。

第十一条　会员退会应书面通知本会，并交回会员证。如果不按规定交纳会费，或多次无正当理由不参加本会活动的，视为自动退会。会员如有严重违反本章程的行为，经理事会或常务理事会表决通过，予以除名。

第十二条　本会为中国教育学会书法教育专业委员会、江苏省教育学会书法专业委员会团体会员。

第四章　组织机构和负责人产生、罢免

第十三条　本会最高权力机构为会员代表大会。会员代表大会的职权：
（一）制定和修改章程；
（二）选举和罢免理事；
（三）听取并审议理事会的工作报告；
（四）决定其他重大事宜。

第十四条　会员代表大会须有2/3以上的会员代表出席方能召开，其决议须经到会代表半数以上表决方能通过。

第十五条　会员代表大会每届三到五年，因特殊情况需提前或延期换届的，须由理事会表决通过，报业务主管单位审查并经社团登记管理机关批准同意。

第十六条　理事会任期三到五年，其职权是：
（一）执行会员代表大会的决议；
（二）选举和罢免理事长、副理事长、秘书长；
（三）筹备召开会员代表大会；
（四）向会员代表大会报告工作和财务状况；
（五）决定会员的吸收和除名；
（六）决定设立办事机构、分支机构、代表机构和实体机构；
（七）决定副秘书长、各机构主要负责人的聘任；
（八）领导本会各机构开展工作；
（九）制定内部管理制度；
（十）决定其他重大事项。

第十七条　理事会须有2/3以上理事出席方能召开，其决议须经到会理事2/3以上表决通过，方能生效。

第十八条　理事会每年召开一次会议，情况特殊的也可采用通讯形式召开。

第十九条　出于工作方便，需增补、罢免理事会成员，须由理事长提议，理事会讨论通过。

第二十条　本会设立常务理事会。常务理事会由理事会选举产生，在理事会闭会期间行使第十七条第一、三、五、六、七、八、九项的职权，对理事会负责。

第二十一条　常务理事会是会员代表大会的执行机构，在大会闭会期间领导本会开展日常工作，对会员代表大会负责。

第二十二条　常务理事会须有2/3以上理事出席方能召开，其决议须经到会理事2/3以上表决通过，方能生效。

第二十三条　常务理事会每年召开一次会议，情况特殊的也可采用通讯形式召开。

第二十四条　本会理事长、副理事长、秘书长、副秘书长必须具备下列条件：

（一）坚持党的路线方针、政策。政治素质好；

（二）在教育系统内有较大的影响；

（三）任职年龄原则上不超过七十周岁；

（四）身体健康，能坚持正常工作；

（五）未受过剥夺政治权利的刑事处罚的；

（六）具有完全民事行为能力。

第二十五条　本会理事长、副理事长、秘书长、副秘书长如超过最高任职年龄的，须经理事会表决通过，报业务主管单位审查批准同意后，方可任职。

第二十六条　本会理事长、副理事长、秘书长、副秘书长每届任期三到五年。

理事长任期一般不应超过两届。因特殊情况需延长任期的，须经理事会2/3以上表决通过，报业务主管单位审查批准同意后，方可任职。

第二十七条　本会理事长、副理事长行使下列职权：

（一）召集和主持理事会（常务理事会）；

（二）检查会员代表大会、常务理事会决议的落实情况；

（三）主持研究本会的重大工作事宜，代表本会签署有关重要文件。

（四）副理事长协助理事长完成分管工作。

第二十八条　本会秘书长行使下列职权：

（一）主持办事机构开展日常工作，组织实施年度工作计划；

（二）协调各分支机构、代表机构、实体机构开展工作；

（三）提名副秘书长，交常务理事会选举决定；

（四）处理其他日常事务。

第二十九条　本会副秘书长行使下列职权：

（一）协助秘书长开展日常工作，组织实施年度工作计划；

（二）根据秘书处安排，处理其他日常事务。

第三十条　本会每年向苏州市教育学会提交工作计划和工作总结，重大活动需事先报告，并按时交纳相关费用。

第五章　资产管理，使用原则

第三十一条　本会经费来源：

（一）会费；

（二）教育行政部门拨款；

（三）捐赠；

（四）在核准的业务范围内开展活动或服务的收入；

（五）利息；

（六）其他合法收入。

第三十二条　本会按照国家有关规定收取会费。本会经费必须用于本章程规定的业务范围和事业发展,不得在会员中分配。

第六章　章程的修改程序

第三十三条　对本会章程的修改,须经理事会表决通过后报会员代表大会审议。

第三十四条　本会修改的章程,须在会员代表大会通过后15日内,并报教育学会核准后生效。

第七章　终止程序及终止后的财产处理

第三十五条　本会自行解散或由于分立、合并等原因需要注销的,由理事会或常务理事会提出终止动议。本会终止动议须经会员代表大会表决通过,并报教育学会审查同意。

第八章　附　则

第三十六条　本章程的解释权属本会的理事会。

第三十七条　本章程自理事会表决之日起生效。

苏州市教育学会书法教育专业委员会

二〇一五年三月二十七日

苏州市教育学会书法教育专业委员会
第一届理事会名单

顾　问：10 人（按姓氏笔画）

马培元　王伟林　王　胄　朱家珑　江　莉　李　亮　张维元　张　平　吴继宏　袁　迪

1．理事会组成人员：43 人

王　浩　王　庆　王敏华　冯凌燕　冯雪林　叶鹏松　庆　旭　朱行标　朱伟康　李守敏　许红琴
许建刚　孙怡明　孙亚芬　陆　华　陆林珍　陆丽梅　沈肖冰　陆宝根　陆　瑛　陈惠琴　李瑞达
何　鹏　张　敏　杨春芳　周卫根　周利人　金　星　金耀明　赵国华　洪　榴　翁永兴　钱品花
莫国平　顾　效　唐　曜　谢剑雄　徐雪明　靳慧慧　管文娅　蔡晓强　蔡建芳　薛丽芬

2．常务理事会组成人员：21 人

王　浩　王敏华　庆　旭　朱行标　许红琴　孙怡明　陆林珍　沈肖冰　孙亚芬　陆　瑛　陈惠琴
吴桂芬　周卫根　周利人　徐雪明　钱品花　翁永兴　莫国平　唐　曜　靳慧慧　薛丽芬

3．理事长：1 人

王　浩

4．副理事长：2 人

陆林珍　庆　旭

5．理事长助理：1 人

孙亚芬

6．秘书长：1 人

孙怡明

7．副秘书长：3 人

王敏华　薛丽芬　靳慧慧

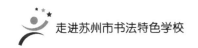

苏州市教育学会书法教育专业委员会
第一届理事会第二次理事扩大会议
关于增补顾问、理事等组成人员的提案

为全面贯彻落实教育部《中小学书法教育指导纲要》文件精神，以习总书记关于继承和弘扬中华民族优秀传统文化为指示，以苏州市委《关于进一步加强全市开发区宣传思想文化工作的意见》为依据，进一步推进苏州市中小学书法教育特色建设，经会长办公会议讨论，拟增补顾问、理事等组成人员如下：

一、增补顾问(4 名)：柯传才、刘有林、薛凯、赵锟。

二、增补理事(36 名)：陆彩萍、朱华萍、周荔、高岚、奚燕萍、汪明、宋兴国、杨福明、支俊华、卫培明、张凤良、计利珍、丁国元、夏静、邱春华、刘健、沈志豪、查人韵、汤艳梅、金明、朱小敏、杨静华、王建良、陈娟、邱彩萍、王凤芳、唐春官、韩珏、傅建军、汤岚、方元德，王丽云、韩珏、史卫琴、郑凤仪、顾林男。

三、增设展览部：顾林男任部长，金增龙，史元刚任副部长。

四、增设新闻部：朱华萍任部长，郑凤仪、葛丽萍、王林利、喻苏培、许懿任副部长。

五、增设办公室：史卫琴任主任(兼财务)。

以上拟增补情况，提请大会审议。

苏州市教育学会书法教育专业委员会
2016 年 12 月

苏州市教育学会书法教育专业委员会
(2015—2020 学年)五年发展规划

中小学书法教育是学校教育的重要组成部分，是基础教育的重要内容。为了认真贯彻国家、省、市教育部门关于在中小学实施书法教育的有关精神，进一步推进苏州市书法特色学校的书法教育，传承中华民族优秀文化，培养学生的书写能力、审美能力和文化品质，提升书法教师的专业素养，特制订本实施方案。

一、指导思想

全面贯彻教育部《关于推进学校艺术教育发展的若干意见》《关于中小学开展书法教育的意见》《中小学书法教育指导纲要》以及省教育厅《关于贯彻中小学书法教育指导纲要的实施意见》等文件精神，加快推进苏州中小学书法教育。本着扎实技能基础、坚持循序渐进、注重书法修养、提高文化素养的原则，面向全体学生，通过课程开设和开展各种书法教育活动，养成良好的书写习惯，感受汉字和书法的魅力，陶冶性情，提高审美能力和文化品位，激发热爱汉字、学习书法的热情，珍视中华优秀传统文化，促进书写教育和学生汉字书写水平的全面提升,丰富校园文化生活,提升学校教学质量。

二、组织领导

苏州市教育学会书法教育专业委员会成立了以王浩会长为组长,陆林珍、庆旭为副组长的“书法教育领导小组”,将中小学书法教育作为基础教育的重要内容,对苏州市书法特色学校的书法教育活动的开展进行整体规划部署,促使书法教育扎实开展,稳妥推进书法教育。

三、总体要求

中小学书法教育应本着打好技能基础、坚持循序渐进、注重书法修养、提高文化素质的原则。

1. 写字的基本要求。书法教育应培养学生正确的写字姿势,养成良好的书写习惯;一至三年级着重培养学生硬笔书写能力,首先要能使用硬笔熟练地书写正楷字,做到规范、端正、整洁;随着年级的升高,逐步要求行款整齐,力求美观,并学写规范、通行的行楷字,提高书写速度。三到四年级的学生除了能用硬笔熟练书写正楷字外,还要用毛笔临摹正楷字帖。五到六年级的学生能用毛笔书写楷书,而七到九年级的学生,能够临摹名家书法,体会书法的审美价值。

2. 使用毛笔书写的基本要求。学生要用毛笔书写楷书,临摹名家书法;大致了解书法历史和汉字字体源流;从书法作品的内涵、章法、结构、笔法等方面鉴赏历代重要书法家的作品,培养初步的书法欣赏能力,提高审美情趣。

四、教育目标

(一) 近期目标(2015—2017 年)

1. 从理论和创作两方面培训书法教师团队,提高团队成员的业务指导能力(如对书法特长学生的专题训练以及普通书法课堂教学)。

2. 建成 100 个省市书法教育实验基地。

(二) 终期目标(2018—2020 年)

1. 进一步提高书法教师团队的理论和创作水平。

2. 形成特色学校良好的书法氛围并向其他学校辐射,建成 100 个省市书法教育实验基地,建成 100 所全国省市书法特色学校。

3. 力争培养 300 名具有书法专业大专水平的中小学书法师资。

4. 争取形成中小学书法教育特色研究成果,向省、全国推广。

五、主要内容

1. 开设书法课推进书法教育。义务教育阶段书法教育每周至少安排 1 课时的书法课,其中小学三至六年级每周要安排 1 个课时用于毛笔字学习;还可在美术、综合实践活动、校本课程中结合学科特点开展形式多样的书法教育。做好课时安排,切实做到书法教育进课表、进课堂,开齐开足书法课。

2. 积极开展形式多样的实践活动,深化书法教育。通过社团活动、专题讲座、比赛展览、观摩研讨、建立书法教育名师工作室、信息化平台等多种形式开展书法课交流、名帖临摹、作品互动点评、作品展览、书法教师培训、书法社团活动,丰富书法教育的手段和内容,激发师生学习书法的热情,提升学校书法教育的文化内涵,营造书法教育的良好氛围,促进书法教育不断深化。

3. 建立书法教育实验基地,发挥辐射引领作用。苏州市学校书法教育有着良好的传统,不少学校是全国、省、市级书法教育先进学校、书法教育实验基地,在长期的教学实践中积累了丰富的书法教育经验,为了进一步总结和推广书法教育好的经验，力争在2020年之前培育出300名具有书法专业大专水平的中小学书法师资、建成省级市级200个书法教育实验基地和100所全国、省市书法特色学校（称为“苏州市教育学会书法教育专业委员会三二一书法教育工程”，简称“书专会三二一工程”，或“三二一工程”）。充分发挥基地学校、书法特色学校辐射带动、信息传递和资源共享的平台作用，全面推进苏州市书法教育活动的开展。

六、师资培训

1. 逐步形成以语文教师为主体、专兼职相结合的书法教师队伍。2015年秋季开学之前各中小学校要选配至少1名具有一定书法基础的语文或美术学科在职中小学教师，通过培训后转岗从事书法教学。有条件的学校可按照每千名在校学生2名书法教师的标准，配备专职书法教师。

2. 各书法特色学校要将教师书法教育纳入整体培训计划之中，制定2015—2020年书法教师培训计划。苏州市教育学会书法教育专业委员会针对目前书法师资力量薄弱，加大培训力度推出“培训书法教师”工程，开设初级班、提高班、高级研修班、校长书法文化班等，有计划、有步骤地安排书法教师培训，并抓好全体教师的书法基本功训练，逐步提高教师书写技能、书法欣赏水平和书法教育教学能力。在2016年秋季开学之前要达到至少50%的中小学语文、美术教师能兼教书法，2020年秋季开学之前分别达到100%。通过校本培训指导和引领学校全体教师提高书写水平，为整体提高学校书法教育教学水平创设条件。

七、资源配置

1. 各书法特色学校要设置专用书法教室，为开展书法教育提供必需的保障，配备相应的碑帖、挂图、书籍、电子出版物等必需资料。加强与地方书法协会等校外书法机构的联系与合作，形成一批校外书法教育基地。积极利用社会力量开展书法教育，鼓励社会各界及个人为学校开展书法教育活动提供支持。

2. 保障书法教育经费，并要逐年提高；设立书法教育专项经费，用于小学书法教育教研项目，奖励优秀及开展专项活动，扶持农村地区发展小学书法教育。

八、督导检查

1.“苏州市教育学会书法教育专业委员会领导小组”将定期开展经常性专项督导活动，确保各项要求和措施以及教育目标和内容的落实，力争将此项活动制度化、常态化。

2. 各书法特色学校、基地学校要积极开展活动，认真总结经验，收集相关活动经验材料、优秀作品、图片、视频的资料，苏州市教育学会书法教育专业委员会将组织定期交流。

苏州市教育学会书法教育专业委会
二〇一五年五月

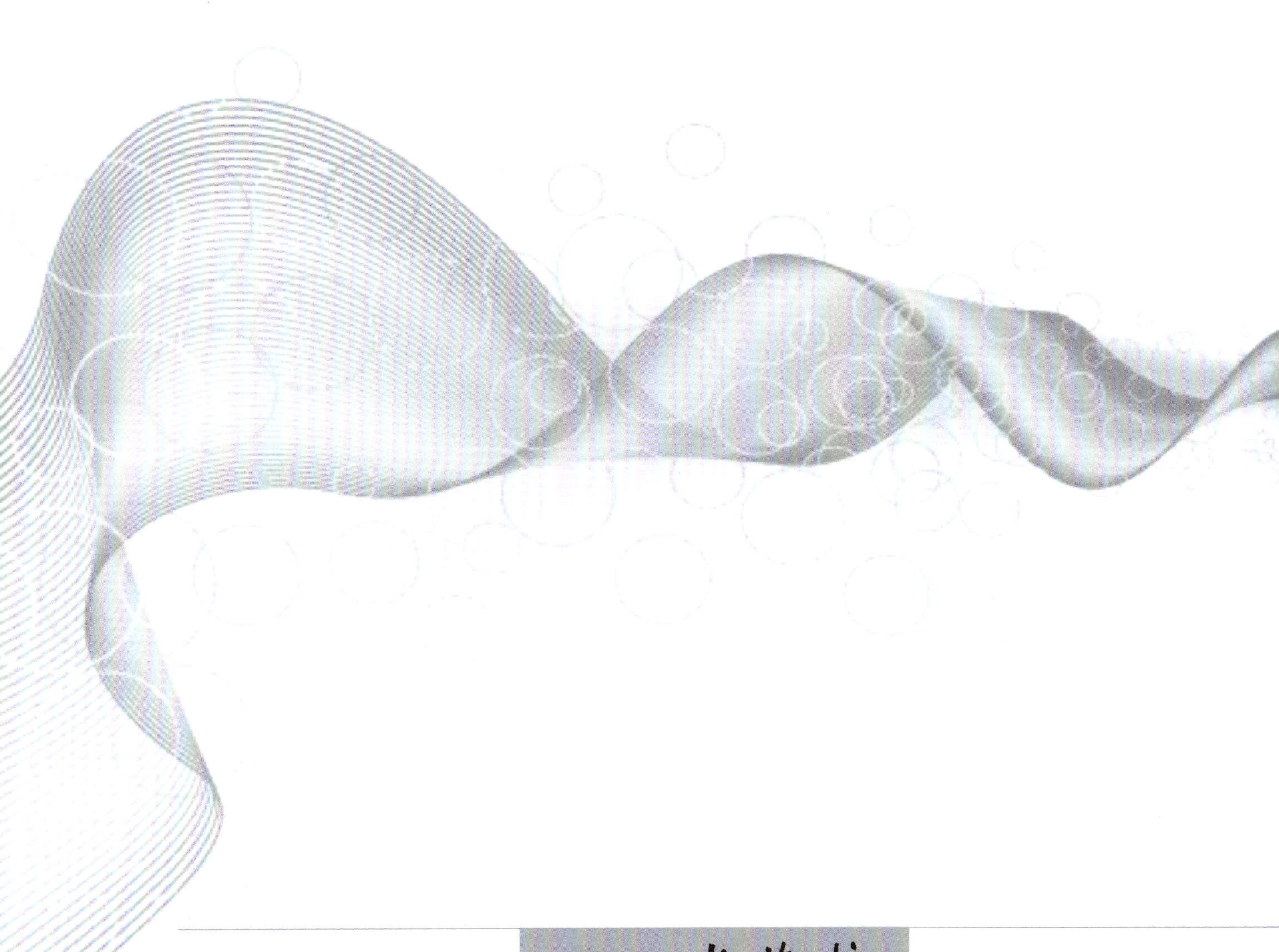

一、光荣榜

2015 年度苏州市书法教育先进集体名单

（排名不分先后）

苏州市吴江区屯村实验小学
苏州市姑苏区山塘中心小学
苏州市吴中区木渎南行实验小学
苏州工业园区唯亭实验小学
苏州工业园区青剑湖学校
苏州工业园区翰林小学
苏州工业园区莲花学校
常熟市董浜中心小学
常熟市徐市中心小学
常熟市谢桥中心小学
常熟市新区小学
太仓市科教新城南郊小学
太仓市沙溪镇第一小学
张家港市东莱中心小学
张家港市鹿苑小学
昆山市爱心学校
昆山市高新区西塘实验小学
昆山市国际学校
昆山市石浦中心小学
昆山市正仪中心小学
昆山市周市华城美地小学

苏州市教育学会书法教育专业委员会
2015 年 12 月

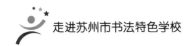

2015年度苏州市书法教育优秀校长名单

（排名不分先后）

莫国平	苏州市吴江区屯村实验小学
戴夏珺	苏州市姑苏区山塘中心小学
周卫根	苏州市吴中区木渎南行实验小学
陆林珍	苏州工业园区唯亭实验小学
谢剑雄	苏州工业园区青剑湖学校
冯凌燕	苏州工业园区翰林小学
汪　明	苏州工业园区莲花学校
李瑞达	常熟市董浜中心小学
曹　深	常熟市徐市中心小学
金　星	常熟市谢桥中心小学
朱行标	常熟市新区小学
陆凤娟	太仓市科教新城南郊小学
沈肖冰	太仓市沙溪镇第一小学
陆　瑛	张家港市东莱中心小学
唐建华	张家港市鹿苑小学
管文娅	昆山市爱心学校
陈惠琴	昆山市培本实验小学
蒯红良	昆山市国际学校
金　明	昆山市石浦中心小学校
冯雪林	昆山市正仪中心小学
蔡建芳	昆山市周市华城美地小学

苏州市教育学会书法教育专业委员会

2015年12月

2015 苏州市首届中小学教师书法比赛获奖名单

由苏州市教育学会主办，苏州市教育学会书法教育专业委员会承办的“2015 苏州市首届中小学教师书法比赛”，经过三个月的征稿，各学校积极组织，广大教师认真创作、积极投稿，共收到 1728 件作品。经专家评审，351 件作品获奖，其中：一等奖 50 件、二等奖 93 件、三等奖 208 件，集体组织奖 41 个。

公布如下：

评委会主任：王浩。

评委会副主任：庆旭。

特邀评委：王伟林、张平、赵锟。

评委：孙怡明、王敏华、靳慧慧、赵国华、王庆、陆华、许建刚、顾效。

凡是发现代笔等现象，将视情节轻重给予取消获奖资格处理。可向大赛组委会举报，联系人：王浩，举报电话 18626226282。

毛笔字一等奖：（24 人）

昆山市：霍正斌、朱成、单宇、陈思。

太仓市：陈红英、鲁月华。

工业园区：顾林男、陈忠武、拾双、杨其东、蒋勇。

常熟市：马建军、戴国栋、葛丽萍。

张家港市：张志开。

吴江区：邱永华、陈鹏飞、闫书领。

姑苏区：孙红霞、周敏蔼、陈奇忠。

其他地区：李超、金耀敏、何熠清。

粉笔字一等奖：（9 人）

昆山市：袁建良、徐花、胡文来。

太仓市：陆萍。

工业园区：张宇凌、余沟、沈丽娟。

常熟市：暂缺。

张家港市：暂缺。

吴江区：暂缺。

姑苏区：暂缺。

其他地区：陆东华、徐晓静。

钢笔字一等奖：（17 人）

昆山市：傅建军、郑冯莉、陶霞鹰、陈晓燕、曹谓清。

太仓市：杨文忠、陈红兵、孙建英、傅秋红。

工业园区：李瑛、许广碧、徐梦长、吴浩静。

常熟市：陆新红。

张家港市：陈燕红、黄瑾、周见孙。

吴江区：暂缺。

姑苏区：暂缺。

其他地区:暂缺。

毛笔字二等奖:(47 人)

昆山市:陈惠菊、沈崇旎、王家玮、陆英、蔡雄、邹婉萍、顾清清。

太仓市:刘叶、蔡丽琴、毛益杰、陈伟。

工业园区:姚洪元、李清、张洁、王红梅、韩珏、蒋彩芳、陈雪松、陆樱樱、张佳琦、徐静、李莉。

常熟市:花敏芳、吕娜、方月芹、何利明、朱燕萍、邹惠芳、卫培明。

张家港市:唐仁龙、刘素秦。

吴江区:徐秋菊、黄新英、计美红、田蔚芳、钱一欢、金彪。

姑苏区:陈伟华、马希哲、曲晓雯、顾奕。

其他地区:朱萍、唐建良、郁小牛、周益、顾建强、邹燕。

粉笔字二等奖:(16 人)

昆山市:沈燕、杨艳萍、许娜、戴春梅、庄雪龙、王凤芳、汤琴。

太仓市:徐良、朱晓峰。

工业园区:姚美娟、周飞、孙喜琴。

常熟市:邹建春。

张家港市:陆瑛、陈燕。

吴江区:暂缺。

姑苏区:刘梦溪。

其他地区:暂缺。

钢笔字二等奖:(30 人)

昆山市:华红艳、吴婷、姚建芬、陶静娟、韩烨、丁寒丹。

太仓市:张逸帆、范雁群、徐燕萍、王洁、沈芳、沈菁、范胡萍、姚静煜。

工业园区:唐素珍、钱玉芳、张爱丽、杨伟根、徐雪珍。

常熟市:杨向红、范丽欢、韩燕。

张家港市:李晓燕、王亭、卢彩红。

吴江区:暂缺。

姑苏区:钱菲。

其他地区:范霖晨、胡晓英、赵琰、王芹娟。

毛笔字三等奖:(82 人)

昆山市:吕静雯、黄红娟、张澄华、苏纯晰、黄锭钧、张晨迁、司艳玲、肖清凉、杨美清、王建雪、朱琳颖、朱苏婷、孙妮、唐春官、金桃林、陈丰、汪雷、戴秀兰、刘路平、沈梅琴、王广云、陆银花、陈桂男、王亚娟、黄强。

太仓市:龚秀琴、严红芬、顾建刚、江舟、潘静、费晓瑜、陶玲、崔芳。

工业园区:孙玉娟、陈静、梁慧娴、马娟、赵苏苏、石磊、王丹、徐卉。

常熟市:秦婷、薛士良、吴晓燕、陈万安、史玲珍。

张家港市:王林忠、朱秋琴、金晓丰、陈丽娟。

吴江区:周益华、邵素行、郭春林、张英、朱兴根、俞淑娟、钱美。

姑苏区:张丽、胡萍、袁琳、王玲玲、胡芝艺、曾敏、朱华艳、高平、黄俊芳、王蓉。

其他地区:郁芳馨、胡兴生、阙群理、叶勇、陈冰毅、杨韵琪、钱群超、孙玘、许珺、李阿敏、邹雅萍、胡向锋、汪钰、沈伟、许佳。

粉笔字三等奖:(29 人)

昆山市:沈爱琴、周林、周英、崔斌、王凌飞、曹益芯、王雪芹、荣亚萍、徐雅玲、徐颖、邹斌。

太仓市:顾珍妮、伊红。

工业园区:徐苏宁、董婷婷、陈迎春、赵晓峰、谈春怡。

常熟市:许颖凡、钱冬梅、杨燕、顾熠炯。

张家港市:钱建芳。

吴江区:暂缺。

姑苏区:王静璧、朱颖颖、李琴。

其他地区:徐晓兰、邵育明、蒋洁纯。

钢笔字三等奖:(97 人)

昆山市:殷晓红、黄文清、冯燕、蒋建春、陈瑜、邹琴、沈云华、邹逢霞、王慧、姚丽平、邹雯雯、张莉莉、俞洁、吴婕薇、张滟、徐贞华、周燕萍、金婷、丁洁明、顾玉琪、沈萍、朱秀兰、吴乔华、马盛秋、王玉帅、王莉娜、陆艳萍、胡晓燕、薛莲、施旻月、蒋晓菁、金玉兰、陈梦倩、黄建学、王丽芬、王若曦、桂晓兰。

太仓市:冯洁、陈琴、王静、徐燕、李华、吴吉君、戚雅芳、沈美峰、闻中秋、计雪亚、陈芳、许丹仙、金丽蓉、滕月芳、应岚、缪蓓华、杨萍、张华英、张荣芳、施晓磊、徐敏芳、韩晓玲、范丽华。

工业园区:陈维佳、赵玲莉、陈杰、顾苏婷、杨芳、陈渊、潘玉、戴小茜、龚永新、沈仕民、胡茹娟、张文艳、郝晓丽。

常熟市:郑郁、沙瑞华、施冬梅、金颖芳、金丽丽。

张家港市:谢冬梅、许建新、李清、黄一萍、朱剑强、虞祝萍、丁晓红。

吴江区:程瑞兰、施苏琴。

姑苏区:俞筠、沈薇、张丹。

其他地区:杨丽红、顾春兰、浦月芬、徐丽红、钱云、沈东、郁盈。

苏州市教育学会
2015 年 7 月 5 日

2015 苏州市首届中小学教师书法比赛组织奖名单

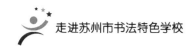

由苏州市教育学会主办，苏州市教育学会书法教育专业委员会承办的“2015 苏州市首届中小学教师书法比赛”，经过三个月的征稿，各学校积极组织，广大教师认真创作、积极投稿，共收到 1728 件作品。经专家评审，351 件作品获奖，其中：一等奖 50 件、二等奖 93 件、三等奖 208 件，集体组织奖 41 个。

公布如下：

集体组织奖：(41 个)

昆山市高新区西塘实验小学
昆山市国际学校
昆山市千灯中心小学
昆山市蓬朗中心小学
昆山市裕元实验小学
昆山市张浦中心校
昆山市开发区实验小学
昆山市柏庐实验小学
昆山市爱心学校
昆山市陆家镇夏桥小学
太仓市沙溪镇第一小学
太仓市科教新城南郊小学
太仓市经贸小学
太仓市港城小学
太仓市实验小学
太仓市陆渡中心小学
苏州工业园区唯亭实验小学
苏州工业园区青剑湖学校
苏州工业园区莲花学校
苏州工业园区车坊实验小学
苏州工业园区文萃小学
苏州工业园区金鸡湖学校
苏州工业园区娄葑实验小学
苏州工业园区胜浦实验小学
苏州市山塘中心小学
苏州市彩香实验小学
苏州市敬文实验小学
苏州市金阊实验小学
苏州市平江新城实验小学
苏州市立达中学校
苏州香雪海小学
苏州市相城区珍珠湖小学
苏州市相城区御窑小学
苏州市相城区东桥中心小学
苏州市高新区金色小学
常熟市东南小学
常熟市杨园小学
常熟市谢桥小学
常熟市董浜小学
张家港市东莱中心小学
苏州市吴江区屯村实验小学

苏州市教育学会
2015 年 7 月 5 日

2016年度苏州市书法教育先进集体名单

（排名不分先后）

苏州工业园区娄葑学校
苏州工业园区莲花学校
苏州工业园区唯亭实验小学
苏州工业园区翰林小学
苏州工业园区青剑湖学校
苏州工业园区文萃小学
苏州高新区文星小学校
苏州市相城区湘城小学
苏州市相城区御窑小学
苏州市沧浪新城第二实验小学校
苏州市山塘中心小学校
吴江区金家坝小学
苏州市吴江区屯村实验小学
吴江经济技术开发区爱心小学
昆山市千灯中心小学校
昆山市周市华城美地小学
昆山市正仪中心校
昆山高新区西塘实验小学
昆山市张浦中心小学校
昆山市培本实验小学
太仓市沙溪镇第二小学
江苏省沙溪高级中学
太仓市港城小学
张家港市东莱中心小学
常熟市杨园中心小学
常熟市东南实验小学

苏州市教育学会书法教育专业委员会
2016年12月

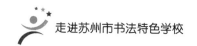

2016 年度苏州市书法教育优秀校长名单

（排名不分先后）

姓名	学校
沈素泉	苏州工业园区翰林小学
谢剑雄	苏州工业园区青剑湖学校
奚燕萍	苏州工业园区娄葑学校
计利珍	苏州工业园区胜浦实验小学
陆林珍	苏州工业园区唯亭实验小学
宋兴国	苏州市相城区湘城小学
曹　英	苏州市相城区御窑小学
张俊辉	苏州市阳山实验初级中学校
周　荔	苏州高新区敬恩实验小学
陆彩萍	苏州高新区文星小学校
吴桂芬	苏州高新区金色小学校
郁　莉	吴中区木渎南行实验小学
黄雪峰	吴江区金家坝小学
徐丽勤	苏州市吴江区屯村实验小学
方元德	吴江经济技术开发区爱心小学
汤　岚	苏州市沧浪新城第二实验小学校
周利人	苏州市山塘中心小学校
杨春芳	苏州工业园区文萃小学
蔡建芳	昆山市周市华城美地小学
冯雪林	昆山市正仪中心校
金　明	昆山市石浦中心小学校
管文娅	昆山市爱心学校
王建良	昆山市陆家中心小学校
顾建芳	昆山市实验小学
张凤良	昆山高新区西塘实验小学
徐卫国	昆山高新区西塘实验小学
陆宝根	昆山市张浦中心小学校
沈志豪	太仓市沙溪镇第二小学
王　燕	太仓市沙溪第一小学
张　军	江苏省沙溪高级中学
汤艳梅	太仓市浏河镇新塘小学
陆　瑛	张家港市东莱中心小学
卫培明	常熟市杨园中心小学
洪　榴	常熟市东南实验小学
朱行标	常熟市新区小学
李瑞达	常熟市董浜中心小学
沈美峰	太仓市港成小学
杨福明	苏州市相城区北桥中心小学

苏州市教育学会书法教育专业委员会

2016 年 12 月

2016年度苏州市书法教育先进工作者名单

（排名不分先后）

工业园区

孔维清　杨　芳　张梦曦　林　玲　潘　婕　钱苏叶　秦　怡　张懿萱　鲍　峰　张加良　张宇凌　徐　卉　周洪宪　安玲玲　张　洁　徐苏宁　戴斌斌　黄艺蓓　徐梦青　陈忠武　姚美娟　赵国华　石华琴　赵晓峰

高新区

朱华萍　宋　娟　宫利民　金永昌　古建军　夏培培　朱华萍　宋　娟　金志康　管靖霞　嵇明月　濮英娟　李炳俭　孙玉岭　蒋洁纯　徐丽红

吴中区

周　洁　徐正珏　顾大元　周柏荣　陈静韵　王芹娟　计聪骅

吴江区

庄金蝶　施　璐　金彩红　柯小玲　朱兴根　陈鹏飞　杜广苹

姑苏区

陈　玲　余赟翌　姚　晴　陆　虹　张程晓

相城区

阙云燕　沈　伟　阙群理　王腾腾　邹　燕　吴雪东　钱群超

太仓市

孙建英　鲁月华　陈红英　周　燕　杨文忠　刘　晴　王勤勤　邹恩伟　张祖旗　梁耿杰　沈颖梅　王　华　陈红兵　顾建刚

昆山市

王广云　戴　晴　王莉娜　沈云华　戴秀兰　胡玉芳　许芳芳　陈桂男　沈霄朦　谈　丽　王敏华　金玉兰　陈　思　傅　婷　朱秀兰　朱玢玢　许月红　邹金君　许　懿　倪苗芳　黄　静　王小红　俞　玲　周　丽　周　芳　顾　杰　邬国华　张晓薇　朱凤林　唐春官　张慧珠　谢　琳　孙　利

常熟市

张艳红　马建军　程晓燕　葛丽萍　沙瑞华　杨文娟　顾勤芳　黄　萍

张家港市

刘静晔　陈叶华　钱敏艳　浦敏芳

苏州市教育学会书法教育专业委员会

2016年12月

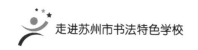

2016年度苏州市小小书法家名单

（排名不分先后）

苏州工业园区星洲学校

毛子煊　张洛嘉　王晗畅　潘一宸　黄业馨　钱宸宇　陈贝妮　吴雨璠　王　茜　王舒言

苏州工业园区娄葑学校

陈晨锶　顾欣逸　王梓杰　蒋　帆　孔晨晰　李欣怡　钱诗恬　邹哲浩　周　昊　朱红羲

苏州工业园区星海小学

顾子珺　蒋沐辰　施陆茗文　李欧宇　钟馨子　谢欣越　顾乐暄　李懿佳　周晨淇　李佳凝

苏州工业园区金鸡湖学校

陆胜宇　刘锶忆　夏朱宸玉　曾忆　乐伟航　田思行　陈若雪　王胤淏　王欣玥　尹瑞熙

苏州工业园区第二实验小学

李迈格　孙珂　朱宇辰　姚俊彦　许亦瑄　孟周希璘　陈秋晗　周睿宁　卞彤羽　赵姿芊

苏州工业园区胜浦实验小学

周雨杭　韩茗茗　袁馨雨　王柳妍　李佳怡　赵馨玥　明钰涵　何　苗　潘御舒　陈心宇

苏州工业园区星洋学校

刘淑娴　刘倩亦　陈星睿　程兮冉　常雨阳　侯伟杰　王浩博　朱子悠　尤振轩　赵单奇

苏州工业园区莲花学校

吴天翔　朱亲宇　虞明姬　周涔洋　史铭瑜　高润祺　姚清水　尤静佳　陆王俊　盛陆宇

苏州工业园区唯亭实验小学

周晨琛　曾杨婷　刘合丞　周　涵　金宇豪　蒋润飞　朴城慧　马怡雯　王子艾　孙智萱

苏州工业园区车坊实验小学

乔苏淮　陈安琪　陈　琪　史怡婷　姚　瑶　马俊伟　张惠文　夏芳菲　曹严匀　李文浩

苏州市相城区湘城小学

沈其悦　殷佳奇　金智杰　夏　昊　夏俊杰　沈宇悦　沈兮宸　戈晨栎　吴思源　林　艺

苏州市相城区珍珠湖小学

张佳怡　顾语琦　高馨怡　王乐怡　罗心燕　高宇凡　黄苏洋　康赛璐　陈雨萱　林正涵

相城区北桥中心小学

谈歆恬　黄雨伽　朱易璠　吴廉飞　藏烨雯　尤金洁　谢琪琼　戎曜　毛矛　岳锦辉

苏州市相城区御窑小学

余　妍　瞿　瑶　戈　弋　李征远　王岩　倪心舟　吴天乐　周倩蕊　谷思玥　唐明慧

苏州高新区文星小学校

宋欣妍　林子佳　姚苏芸　梁子涵　沈玉聪　任宇航　黄禹旋　黄思博　伍　宁　李　一

苏州市阳山实验初级中学校

周祥渝　黄　轩　俞恒昕　顾明敏　金高晔　朱佳怡　羊一帆　林诗琪　方　丹　徐诗音

苏州高新区敬恩实验小学

潘海兰　吴章健　李心怡　徐鹏宇　蒋静茹　罗欣怡　徐浩洋　周思雨　李嫣然　古郝杰

苏州文昌实验中学校

徐梦佳　王丽萍　吴纪君　朱晓筱　方珺瑶　韩天阳　陈昕琪　童　舟　谈　政　许　瑾

苏州高新区金色小学校

朱雨彤　唐李昊　陈桐果　唐王茜　班张愈　班陈怡宁　金苡萱　陆　畅　唐柔嘉　戈柏毓

藏书实验小学

朱　祎　张　尹　郁子诚实　郭蔡熠　林栋华　许晨熙　林　境　黄万怡　张　戌　朱紫怡

苏州香雪海小学

吴丝羿　吕汶珊　何雨欣　蒋积瑶　毛含箐　胡婷婷　钱雨嘉　孙雨梦　花蕊馨　陆佳怡

吴中区木渎实验小学

吴沁灵　徐欣韵　钱宇奕　徐嘉莹　吴文婕　邱　天　王　卓　顾子涵　顾金浩　陈忆帆

吴中区木渎南行实验小学

何泽宇　周　鸿　姜翰文　李诗语　王俊楠　单慧君　李雨桐　杭文宇　楚贺晴　邱志远

苏州市吴中区胥口中心小学

黄静怡　孙涵俊　李佳琰　姚　鹏　李明轩　邬振涛　任仲睿　梅忠宝　方姁珣　孙翊航

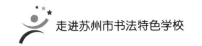

苏州市吴中区宝带实验小学

潘瑾晨　孙珺仪　陆澄楠　钱俊逸　徐　沁　陈梓涵　潘彧承　吕佳弈　祁　豫　卢威倪

江苏吴江盛泽思进小学

杨馨　　刘妙菲雪　史柯欣　管浩宇　李欣悦　蔡宇童　徐美婷　王延苏　易沈婷　陈倩倩

吴江区金家坝小学

吴雨萱　王　淞　沈佳逸　潘雅怡　沈璐瑄　吴陈歆　徐丽楠　蒋朱亦　朱艺青　陆敬希

苏州市吴江区屯村实验小学

朱越凡　顾　弈　徐婧雯　王张又优　施怡琳　吴佳怡　金淑雅　顾姚翊　邱　添　张蓓晰
邹佩君　何静一　包文静　赵文杰　沈子杰

吴江经济技术开发区爱心小学

谢婉如　江承旭　曹睿涵　夏　薇　陈苏皖　丁兆武　潘一娜　周永康　文雅怡　王丹媛

苏州市沧浪新城第二实验小学校

苏子晏　黄涵逸　温书语　黄佳希　宋雅惠　周　熹　周睿哲　徐诗涵　田一龙　黄奕铷

苏州市山塘中心小学校

代礼硕　马善婷　陈澹逸　邱欣媛　帅婉平　严嘉斌　蒋为君　郭纹吉　梁馨予　冯雨洙

苏州市平直实验小学校

湛乐康　查宇成　朱孙涵　钟泽宇　钟　毅　曹都昀　苏博纳　韩圣一　邹乐怡　张羽阳

苏州工业园区方洲小学

李牧瑶　孙歆瑜　高申歌　汪思彤　吴禹辰　陈　博　陈　洁　邹以恒　吴宇涵　董婷玉

苏州工业园区翰林小学

谢　玮　李凌宇　蒋　纬　周梓芃　沈怡可　钱夏锋　刘雨瞳　王　宁　张秋子　吴　优

昆山市周市华城美地小学

朱佳怡　朱夏涵　彭思怡　胡乐乐　陆睿琦　徐　钰　王志航　韦甜甜　程　淇　钱子悦

昆山市蓬朗中心小学校

张珂欣　蒋陆烨　沈子馨　李　硕　胡沁怡　吕欣怡　时娟娟　陈捷扬　袁未阳　王　彤

昆山市正仪中心校

阮欣宇　沈笑笑　戴静怡　戴鑫懿　刘　琪　周　全　何润泽　何钰苗　张国森　陆　赟

昆山市周庄中心小学校

顾舒涵　吴梦瑶　高致远

昆山市蓬朗中学

宋逸雯　杜心骑　赵益祥　程皓宇　段嘉宁　王微微　奚敏凌　张凯文　闵　杨　胡海涛

昆山市石浦中心小学校

朱姝璇　史儒瑾　曹　曼　朱言妍　张　哲　杨佳昕　龚姝慧　胡博文　张静媛　许佳勇

昆山市爱心学校

孙颖钰　黄浩杰　胡晓凤　王芸　杨紫嫣　殷佳琪　王梓烨　谢丹丹　周雨亚　辛鸿铭

昆山市城北中心小学校

朱孝哲　杨明江　许　诺　胥星卉　支松屹　赵星昱　郭宏坤　熊泽钰　蒋袁立蓓　陆彦羽

昆山市培本实验小学

季张祺　缪宫冉　何　喆　朱　迅　宋宸怡　金蕾嘉　毛翰晨　金梓凝　瞿辰翰　金　好

昆山市陆家中心小学校

汪梓浩　刘杰瑞　王思甜　李昕颖　徐　清　吴佳慧　王　子　张书桐　潘鲁斐　郑嘉轩

昆山市实验小学

吕中和　祁悦阳　莫艺贤　赵艺菲　周彦彰　朱荣钧　徐子涵　沈涵睿　吕欣岑　许馨月

昆山高新区西塘实验小学

柯俊杰　支明智　徐意诚　杜雨泽　邱悦行　张逸峰　储君至　王姝予　袁　颖　疏　倩

昆山青阳港实验学校

赵诗怡　徐明伟　林锦涛　孙嫣然　张徐烨　班子豪　朱亦凝　姚佳康　水　鑫　沈嘉辰

昆山市新镇中心小学校

仲佳依　陶昱文　陈　晨　吴佳声　王明哲　嵇佳蓉　朱费澄　涂致瑞　王　沁　江玉琪

昆山经济技术开发区实验小学

袁　媛　顾浚加　陆昕童　付孟琪　周虞欣　范智宇　罗甜心　杨欣瑜　陈怡臻　王廷羽

昆山经济开发区包桥小学

连祈涵　陈怡灵　张庭纬　潘钰琳　苏文佳　顾晨航　唐泽鑫　杨浩哲　魏　俊　龙紫睿

昆山市张浦中心小学校

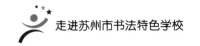

马　欣　武亦文　唐　萱　袁之航　樊嘉诺　周睿熙　文　雅　吴思佳　万海玲　尤静怡

昆山市柏庐实验小学

归心悦　申传琨　乔登封　王妤芯　朱梓豪　薛正浩　蒋心怡　陆靖宇　陈思睿　温庭瑞

昆山市玉山镇朝阳小学

董子怡　王文秀　匡宇婷　徐芳林　陈雪倩　吕佑怡

太仓市沙溪镇第二小学

徐严哲　孙语阳　曹邹楷　严欣悦　蔡以恒　李逸航　施奕涵　董倩瑜　王佳怡　夏爱颜

太仓市沙溪第一小学

郑金奕　陈小诺　金　凌　徐晔萌　杨亚男　陆志程　马鲲淇　杨婧婧　钱　婧　王梦妍

江苏省沙溪高级中学

朱庭怡　徐淑怡　邱韵清　倪嘉懿　徐春晖　徐芳颖　徐　萌　吴进达　周海怡

太仓港港口开发区第一小学

费依梵　李煜洁　王书羽　郑泽俞　奚淞萍　顾昊翔　倪徐瑶　周雨姚　何诗恬　肖　威

太仓市浏河镇新塘小学

周杜鹃　孙文翔　邵诗怡　赵冉冉　黄　怡　张　悦　冯一帆　陆一帆　马雨霏　丁　爽

太仓市浮桥镇牌楼小学

陈纬敏　瞿馨怡　金钱依　陆段岚　陆丹怡　吴承旭　简永康　黄艺静　高中超　张宇佳

太仓市新区第三小学

金雨萱　李梓轩　周超艺　支怡岚　郭心悦　房　羿　陈晓羽　崔秀英　许　催　闵高阳

太仓市港城小学

杨陆婷　王昶超　秦嘉铖　顾刘懿晟　展　望　陈紫瑶　陆瑜楠　沈万洪　孙子冉　黄依雯

常熟市董浜中心小学

徐嘉豪　沈佳雪　朱米薇　顾芯弘　何怡嘉　黄静静　方思圆　王静竹　徐贝依　吕　妍

常熟市杨园中心小学

马　艳　卜　恩　包喻烨　严亦菲　卜馨颖　周梦瑶　马异凯　沈佳磊　包逸涵　吴梦婷

常熟市虞山园区小学

王婕妤　颜哲远　周金凤　王少斌　汪丽婷　张梦怡　刘冰冰　黄雨欣　杨奕彤　钱玉玲

常熟市新区小学

张　越　张秋彤　黄嘉雯　钱茳郦　苏思洁　顾　瑶　徐嘉诚　支　健　张喜悦　浦子然

常熟市碧溪中心小学

吴俞潼　金苏妮　周倩瑶　俞佳怡　陆郭渝　苏嘉怡　陆沂韬　沈　周　王靓欢　殷君媛

张家港市东莱中心小学

周满之　陈睿喆　徐家豪　范宋琦　邹幸怡　顾紫涵　李悦涵　詹　鹤　陈朝晖　李歆怡

张家港市金港镇占文小学

任雨娇　何佳骏　朱可佳　缪雨桐　张淑琪　吴亚东　顾宇悦　蔡一齐　赵振博　樊珈琪

张家港市鹿苑小学

奚以洋　奚以洲　缪佳怡　郑云豪　司佳懿　张周恬　卢　申　赵　卓　袁　媛　虞紫妍

常熟市徐市中心小学

周诗渊　陈熠冰　马媛晴　徐秋煜　董金彧　陆佳宁　徐胡凝　钱颖孜　卞润成　杨悦天

苏州市教育学会书法教育专业委员会
2016年12月

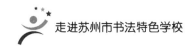

2016年度加入苏州市书法家协会会员名单

经苏州市教育学会书法教育专业委员会推荐，苏州市书法家协会批准，下列21位教师被批准加入苏州市书法家协会。

名单如下(排名不分先后)：

杨文忠	江苏省沙溪高级中学
陈鹏飞	吴江经济技术开发区爱心小学
闫书领	吴江经济技术开发区爱心小学
周潘泓	苏州工业园区莲花学校
黄　强	昆山市周庄中心小学校
陈　思	昆山市城北中心小学校
王　焱	昆山市实验小学
周敏蔼	苏州市东中市实验小学校
龚秀琴	太仓市沙溪镇第一小学
单　宇	昆山市玉峰实验学校
李艺静	苏州工业园区跨塘实验小学
赵苏苏	苏州工业园区文萃小学
马建军	常熟市董浜中心小学
浦雪芬	常熟市塔前小学
顾清清	昆山玉峰实验小学
花敏芳	常熟市董浜中心小学
卫培明	常熟市杨园中心小学
张　洁	苏州工业园区第二实验小学
许　佳	苏州市东中市实验小学校
张宇凌	苏州工业园区第十中学
蒋　勇	苏州工业园区唯亭实验小学

苏州市教育学会书法教育专业委员会
2016年12月

2016年度加入苏州市书法教育实验基地名单

（排名不分先后）

苏州工业园区星洋学校
苏州工业园区胜浦实验小学
苏州高新区文星小学校
苏州高新区敬恩实验小学
苏州高新区镇湖中心小学
苏州阳山实验初级中学校
苏州市山塘中心小学
苏州太湖国家旅游度假区中心小学
吴中区横泾中心小学
吴江经济技术开发区爱心小学
盛泽思进小学
昆山市培本实验小学
常熟市杨园中心小学
张家港市金港镇占文小学
藏书实验小学
苏州市吴中区胥口中心小学
苏州市吴中区宝带实验小学
苏州高新区金色小学校
苏州文昌实验中学
苏州市沧浪新城第二实验小学校

苏州市教育学会书法教育专业委员会
2016年12月

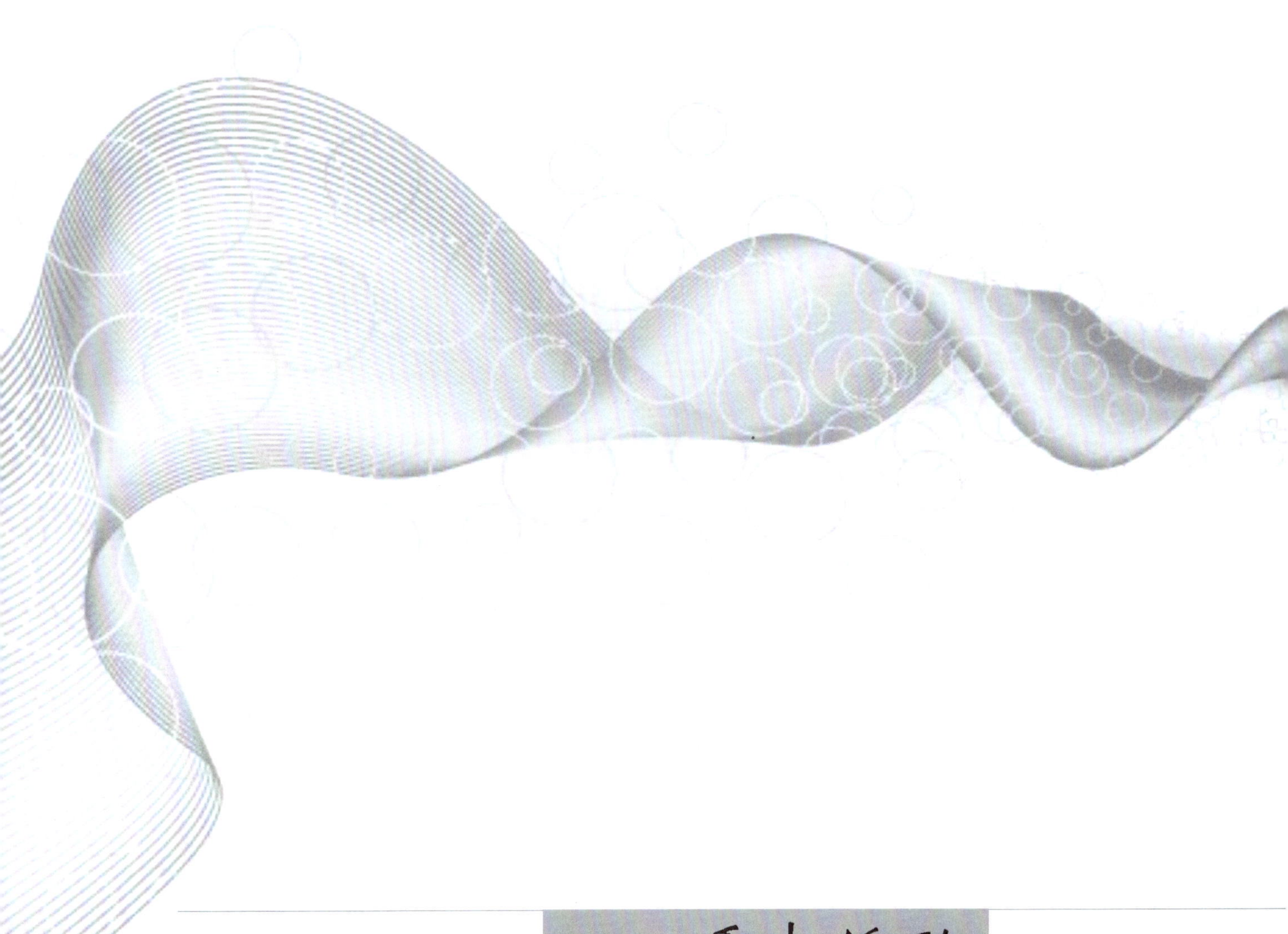

二、重大活动

苏州市教育学会书法教育专业委员会成立大会
暨苏州市首届中小学教师书法大赛启动仪式
在苏州市教师发展中心举行

2015 年 3 月 27 日，苏州市教育学会书法教育专业委员会成立大会暨苏州市首届中小学教师书法大赛启动仪式在苏州市教师发展中心举行，来自全市 88 所中小学校的 160 多名代表参加了本次活动。

江苏省教育学会书法专业委员会朱家珑理事长，江苏省教育厅教研室李亮博士以及苏州市教育局、苏州市语委办、苏州市教育学会的有关领导应邀出席了会议。

会场一角

陆林珍副理事长主持会议

苏州市教育学会书法教育专业委员会筹备组代表孙怡明介绍书专会的筹备情况

苏州市教育学会常务副会长袁迪宣读书专会批准成立文件

苏州市教育局李婧娟副局长对书专会的成立表示祝贺，并希望书专会在今后的工作中要做好带动和引领工作，团结苏州地区各中小学校，以培养专业的书法师资队伍为突破口，更好地推进苏州地区学校书法教育的开展

会议审议通过了书专会的章程和第一届理事会成员名单，选举产生了第一届常务理事会和正副理事长、秘书长、副秘书长

江苏省教育学会书法专业委员会朱家珑理事长作了热情洋溢的发言。他高度评价了近几年来苏州地区书法教育取得的成绩，鼓励书专会成立之后要抓住机遇，更好地为基层学校做好服务工作

书专会理事长助理孙亚芬宣读中国教育学会书法教育专业委员会的贺电和南通市书法、美术专业委员会的贺信

王浩理事长代表书专会向顾问颁发聘书

在苏州市教育学会书法教育专业委员会成立大会上，新任理事长王浩讲话，并部署了2015年书专会工作

随后，主持人宣布苏州市首届教师书法大赛正式启动。

苏州市教育学会副会长、秘书长张维元介绍了本次大赛的举办意义，要求各学校认真做好发动工作，以赛促练，为教师的书法水平提高搭建平台，提供机会

书专会副理事长、中国兰亭奖提名奖获得者庆旭老师为代表作了参赛的专业指导，受到大家的一致好评

苏州大学出版社副总编朱坤泉为首发式致辞，高度评价了近几年来王浩老师在书法专业书籍出版上取得的成绩

活动以王浩理事长《硬笔行楷速成》新书首发式和成功举行拉下帷幕。

王浩理事长向参加会议的十一所常务理事学校和全体教师赠送新书

合　影

2015 年苏州市书法教育推进会在张家港市东莱中心小学举行

5 月 19 日，夏日的骄阳开始升温，苏州市教育学会书法教育专业委员会在张家港市东莱中心小学举行了书法教育推进会，书专会领导班子、张家港市教育局、督导室、教科研室、教育学会领导及各小学书法教育分管领导和教师共 100 多人参加了活动。

下午 1 时，参会领导与教师们陆续走进东莱中心小学的风雨操场，观摩学校的书法成果展示和师生现场书写。教师们精彩的粉笔字，令与会者啧啧赞叹；孩子煞有介事的作品创作，充分展现了学校书法教育的常态化，令不少教师手痒，忍不住上去指导、点评。

随后，大家观摩了东莱中心小学周见孙老师的硬笔书法课《笔势连贯》和苏州工业园区青剑湖学校陆樱樱老师的毛笔书法课《水漾舞姿，灵动墨痕》。两位教师基本功扎实，书法素养深厚，让听课老师大开见界。特别是在指导学生进行书法学习时，两位教师都匠心独具，有的放矢地选取了名家古帖和精彩视频来激发学生兴趣，通过示范引领、练习点评和巩固实践等环节，有效地引导学生学习书法，让大家领略到书法课与书法练习的独特风采。

在接下来的推进会上，主持人、苏州市书专会陆林珍副会长回顾了三月底书专会成立大会上李靖娟局长对家乡张家港市书法教育的关切问候，简要介绍了举办本次推进会的经过。

东莱中心小学陆瑛校长代表学校向大家介绍了推进书法教育的具体措施。书香守诚韵、墨雅育真人，把书法融入学校教育教学全过程，让书法成为学校教育的一道亮丽光彩，东莱中心小学扎实有效的书法教育活动和丰富多彩的成果展示现场赢得了与会者的热烈掌声。

昆山市高新区西塘实验小学陈惠琴校长提出的“两句话、三个专用教室和一段视频”，一下子把大家引进了“翰墨书香、和美

西塘"的百年校园之中。西塘小学丰富多彩的书法教育活动和琳琅满目的书法教育成果，充分展示了该校多年来以书法教育为龙头，大力推进素质教育的显著成效。

张家港市教育局副局长、教育学会会长朱瑞春先生在会上致辞。他首先肯定了各学校在书法教育工作上取得的显著成绩，并要求各校今后在课程设置、师资培训、课堂教学研究等方面加大力度，更好、更扎实地贯彻《意见》和《纲要》精神，让每一个孩子在书法教育活动受到益处，更好地成长。

书专会秘书长孙怡明，围绕两位教师的观摩课，解读了《纲要》对书法教育的定义和基本理念。他充分肯定了两位教师在个人书法修养和书法课堂教学研究上所付出的努力，充分肯定了两堂书法课上教师切实有效的指导、示范和有的放矢的点评，建议大家在今后的书法课实践中淡化语文课讲读、理解，突出书法课的临写实践，建议大家关注学生兴趣的激发和传知授法上的有效探究，以书写实践为基本途径，提高学生的书法（写字）能力，并在此基础上适度融入书法审美和书法文化的教育。

书专会理事长王浩在会上做了重要讲话。他回顾了书专会成立以来开展的各项活动，简要介绍了书专会计划开展教师书法培训、师生书法比赛等常规工作，要求大家以这次推进会为契机，积极参与书专会举办的各项书法教育活动，多合作、多交流，共同推进学校书法教育。

会上，书专会陆林珍副会长宣读了苏教书专会特字（2015）1号文件《关于"苏州市书法（写字）特色学校"的批复》，王浩理事长向陆校长授铜牌，东莱中心小学成为首家苏州市教育学会书法教育专业委员会命名的书法（写字）特色学校。

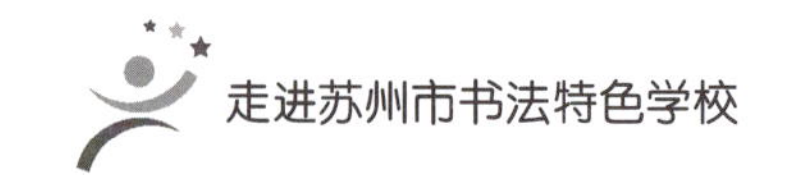

2015 年苏州市姑苏区书法教育推进会在山塘中心小学举行

由苏州市教育学会主办，姑苏区教师发展中心和苏州市教育学会书法教育专业委员会、山塘小学承办的“2015 年苏州市姑苏区书法教育推进会”，10 月 23 日在山塘小学举行。

苏州市教育学会副会长袁迪、姑苏区教育和体育局王依副局长、苏州市小学语文教研员许红琴老师，姑苏区教师发展中心惠兰主任、苏州市教育学会书法教育专业委员会王浩会长、陆林珍副会长、山塘小学周利人校长和来自苏州各区、市的校长、书法教师共 100 多人参加了本次活动。

大会主席台

会场一角

顾效老师公开课

2015年苏州市书法教育年会在苏州工业园区文萃小学隆重召开

12月22日，正值冬至——乙未年最冷的节气，却迎来了苏州市书法教育的春天，首届书法师资培训班结业典礼暨2015年苏州市书法教育年会在苏州工业园区文萃小学隆重召开。苏州市教育学会书法教育专业委员会会长王浩，副会长陆林珍、庆旭，秘书长孙怡明以及来自全市106所学校的校长、分管校长和书法教师共230多名代表参加了本次活动。中午时分，与会领导和教师签到后，在文萃小学的体育馆参观首届苏州市中小学教师软硬笔书法比赛的部分获奖作品，教师们在风格各异的作品前欣赏揣摩、交流共享。首届书法师资培训班的部分学员也当场进行了粉笔字展示，让与会代表赞叹不已。

下午两点，首届书法师资培训班结业典礼在文萃剧院举行，秘书长孙怡明主持，副理事长庆旭对为期半年的师资培训工作进行了总结。王浩理事长表彰了优秀学员，并向学员们颁发了证书。优秀学员常熟市杨园中心小学的葛丽萍怀着激动的心情代表培训教师们发表了培训感言。

下午2:45，2015年苏州市书法教育年会正式召开，副会长陆林珍主持了会议。会上，承办学校文萃小学校长杨春芳致热情洋溢的欢迎辞，并介绍了学校这两年书法教育的实施情况及取得的成果。

中国教育学会书法教育示范学校——苏州工业园区翰林小学的冯凌燕校长介绍了学校在书法教育方面的经验和成就，使与会校长和教师们受益匪浅。

会上，王浩、袁迪、张维元等领导为2015年命名为“苏州市书法（写字）特色学校”的单位授牌。表彰了21所书法教育先进集体、21名书法教育优秀校长、200名书法教育先进工作者。表彰了1000名小小书法家。王浩会长还向21所获得先进集体的学校赠送了他最新出版的硬笔字帖。

王浩会长对2015年书法教育工作进行简明扼要的汇报总结，并部署了2016年的工作设想。他表示：苏州市书专会将继续团结苏州地区各中小学校，积极开展“书法进校园”“书法进课堂”“书法师资培训”“书法讲座”“书法比赛”“书法展览”等多项活动，着力培养书法专业师资队伍建设，推进苏州地区学校书法教育，弘扬中华优秀传统文化，为苏州文化教育事业的发展做出更大的贡献。

最后，江苏省教育学会书法专业委员会秘书长柯传才作重要讲话。苏州市教育学会常务副会长袁迪做了重要讲话。这两位领导充分肯定了书专会在短短九个月时间内所取得的令人瞩目的成效，也对今后书专会的工作及所有的与会校长和教师们提出了殷切希望。

赤橙黄绿青蓝紫　谁持彩练当空舞

——苏州工业园区翰林小学接待“哈尔滨市校长代表团”参观访问

2015 年 10 月 19 日,“哈尔滨市校长代表团”一行 40 人在苏州市教育学会书法专业委员会王浩会长陪同下来到苏州工业园区翰林小学,实地考察苏州工业园区翰林小学推进素质教育方面的经验做法。

漫步翰林小学,浓浓的书卷气、翰林韵让人印象深刻。古朴的拱形木门、错落的御窑金砖、恢宏的碑帖长卷,勾勒出延展开阔的墨趣书法天台。雍容大气的楷书立轴、飘逸灵动的隶书小品、酣畅淋漓的行草条屏,书法长廊尽显“翰林人”涉足翰墨的芳香之旅。

悠悠墨韵润桃李　菁菁校园溢芬芳

——苏州工业园区莲花学校接待“哈尔滨市校长代表团”参观访问

下午,“哈尔滨市校长代表团”一行 40 人在苏州市书法专业委员会王浩会长的带领下来到苏州工业园区莲花学校参观考察。来宾们在汪校长、缪校长等行政领导的陪同下参观了学校艺体楼、书法特色园林——馨园、书画长廊,来宾们对具有苏州园林特色的馨园赞不绝口,流连于馨园的小桥流水、碑刻长廊中,纷纷驻足拍照留念。来宾们在爱莲堂、福斯苑两个具有传统书法特色的教室听取了两位青年教师的书法课。

苏州市 35 名教师加入江苏省硬笔书法家协会

2015 年 11 月 20 日上午，苏州市教育学会书法教育专业委员会在苏州工业园区翰林小学举行了江苏省硬笔书法家协会新会员颁证仪式。本次加入江苏省硬笔书法家协会的教师为苏州市中小学书法师资培训班学员，在学员的努力和王浩与庆旭老师的长期悉心指导及推荐下，培训班 100 名学员，其中 35 位优秀学员成功加入江苏省硬笔书法家协会。

王浩在江苏省 2015 年书法教育年会上作经验交流

江苏省书法专业委员会领导表扬了苏州市教育学会书法专业委员会，并邀请王浩老师代表苏州市书法专业委员会在年会上作经验交流。

朱家珑理事长作重要讲话

王浩会长讲话

苏州市教育学会书法专业委员会王浩会长从六大方面介绍了书专会的主要做法：

（1）办好各类书法大赛，搭建提升教师书法水平的平台；

（2）举办书法师资培训，培养专业的书法师资队伍；

（3）组织教师参加江苏省书法优质课评比，提高教师书法教育水平；

（4）加强区域交流互动，推进区域书法教育；

（5）开展丰富多彩的校园活动，营造浓郁的书香文化氛围；

（6）完善报道宣传，推广书法教育成果。

组团参加江苏省中小学书法教学优质课观摩评比活动

江苏省第十四届中小学书法教学优质课观摩评比活动

园区二实小安玲玲老师参赛

相城区湘城小学沈伟老师参赛

姑苏区沧浪新城二实小汤岚校长参赛

昆山市正仪中心小学戴秀兰老师参赛

昆山市巴城小学沈雅纯老师参赛

姑苏区山塘小学顾效老师参赛

相城区御窑小学钱群超老师参赛

高新区敬恩实小韦怡华老师参赛

获奖教师代表上台领奖

研书法技能　修国粹文化

——苏州市中小学校长书法文化培训班开班

校长们进行书法技能学习与体验，王浩会长、庆旭副会长、专家们进行了针对性的指导

苏州市中小学校长书法文化培训班开班仪式于2016年5月5日在苏州市相城区湘城小学隆重举行。苏州市书法家协会王伟林主席，苏州市教育学会书法教育专业委员会王浩会长以及陆林珍、庆旭副会长，中国书协会员董水荣先生及近50名校长出席了本次活动。

同时，湘城小学成为苏州市第一个“校长书法文化培训基地”，为湘城小学的沈周文化以及书法特色学校的创建又迈进了一步。这次活动推动了湘城小学书画特色项目的建设，为学校传承和发扬沈周文化添上了浓墨重彩的一笔。

漫步书法特色学校　感悟书法艺术魅力

——记苏州市中小学校长书法文化代表团赴南京中央路小学参观学习

2016年5月6日，苏州市中小学校长书法文化培训班学员在王浩会长的带领下，赴南京参观中国书法特色学校——南京中央路小学。此次培训参观受到江苏省领导的亲切接见，也受到了南京中央路小学的热情接待。

苏州市中小学校长书法文化培训班学员受到江苏省教育学会书法专业委员会朱家珑理事长的亲切接见。朱家珑理事长、刘有林秘书长向陆林珍、庆旭颁发常务理事聘书，肯定了陆林珍、庆旭两位教师在书法艺术教育一线取得的成绩，勉励他们为书法艺术教育继续努力。

随后，南京中央路小学林虹校长介绍学校书法特色的创建工作和取得的成绩与经验。漫步校园，处处可以感受到中央路小学所散发的艺术魅力。古朴的校园墙壁诉说着学校所开展的书法艺术教育活动；校园里展示的教师粉笔字体现了书法教育已走入师生日常生活；师生的作品展示反映出学校在书法教育方面取得的累累硕果；学校书法兴趣小组正开展得有声有色，引得王浩会长、庆旭副会长等书法艺术家为中央路小学纷纷题字。

此次苏州市中小学校长书法文化培训班赴南京中央路小学参观学习活动，丰富了学员的生活，拓展了校长的视野。

苏州市校长代表团受到朱家珑理事长的亲切接见

朱家珑理事长、刘有林秘书长向陆林珍、庆旭颁发常务理事聘书

林虹校长介绍中央路小学

参观教师粉笔字

参观校园

王浩会长为中央路小学题字

言词尽舞弘扬书法艺术　挥毫泼墨传承书法精髓

——2016 年苏州市中小学书法师资培训基础班开班

2016 年 5 月 20 日，由苏州市教育学会书法教育专业委员会主办的“2016 苏州市中小学书法师资培训提高班”开班暨首次培训活动在翰林小学举行。全国书法教育名师、苏州市教育学会书专会理事长王浩，苏州市书法家协会教育委员会秘书长、苏州市教育学会书法专业委员会副理事长庆旭，江苏省教育学会书法专业委员会秘书长刘有林，著名书法家陈宇先生等亲临培训现场，倾情传授书法精髓。来自苏州大市 70 多位各学校优秀书法教师参加了此次培训活动。

笔墨挥洒书法韵味　深入浅出培育教师

——2016 年苏州市中小学书法师资培训基础班开班

5 月 27 日上午，来自苏州大市 70 多位各学校一线书法教师参加了此次培训开班典礼。

开班典礼上，西塘实验小学徐卫国副校长介绍了西塘实小开展书法特色教育的历程。苏州书法家协会副秘书长、教育委员会秘书长庆旭对本次培训做了具体安排。随后，由中国书法家协会会员、苏州市书法家协会理事陈宇为全体学员作《关于篆书的临摹与创作》的主题讲座，深入浅出地向培训班学员介绍了古文字的演变过程，展示了书法专业独特的魅力。苏州市教育学会书法教育专业委员会理事长王浩为开班典礼作总结。他指出：书法是培养中小学生审美素质的重要途径，书法基础教育可以弘扬民族文化。开设书法课程的关键是教师，切实加强书法教师队伍建设，提高教师的书法能力。通过几年的努力，逐步培养出一支专业强、素质高、能力强的书法专业教师队伍。

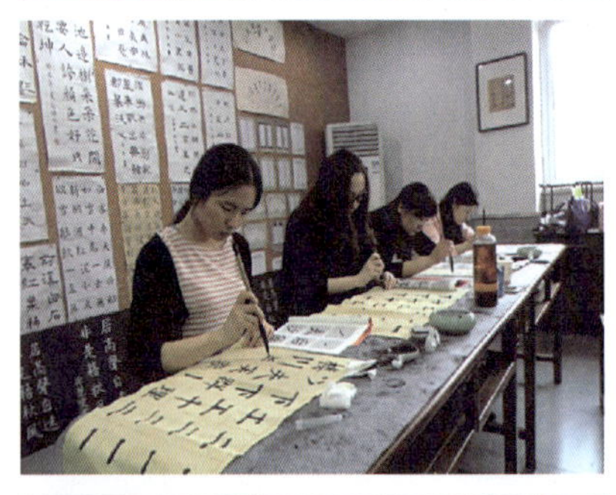

我市书法教师参加“翰墨薪传”国培活动

2016年7月11日上午，由教育部和中国文联主办，中国书法家协会、中国教育学会、教育书画协会、江西省文联、江西省书法家协会共同承办的“翰墨薪传·全国中小学书法教师培训项目”第二期培训班（华东地区）在南昌举行开班仪式。苏州市有四位教师参加了本次培训。

字里乾坤天地宽

——苏州市书法师资培训姑苏班赴无锡兰亭小学参观学习

2016 年 11 月 24 日，苏州市书法师资培训－姑苏班全体学员，在苏州市教育学会书法教育专业委员会王浩会长、陆林珍副会长、班主任郑凤仪老师的带领下，前往无锡市兰亭小学参观学习，受到兰亭小学的热情接待。

参观校园书法文化

无锡兰亭小学赵星玥老师书法示范课－四年级(上)草字头的写法

参观书法体验馆

在兰亭小学书法体验馆，邵华强副校长介绍学校书法特色创建经验

在书法体验馆合影

参观太湖之畔书画碑廊

苏东坡云:“神、气、骨、肉、血,五者缺一不为成书也”。一天的参观学习,老师们充分感受到学习书法,不但提高了人的写字水平,传承了民族的文化艺术,还修练了人的涵养素质。书法学习从娃娃抓起,书法学习意义非凡。

参观程及美术馆江浙沪三地五校书画印联展

陆林珍副会长参加江苏省首届中小学书法教育论坛

2016年11月14、15日，首届江苏省中小学书法教育论坛在泰州举办。教育部原副部长、江苏省人民政府原副省长、国家基础教育课程教材专家工作委员会主任王湛，省政协常委、医卫体委员会主任、省教育书协主席李一宁，原省教育厅副厅长、省政协教育文化委员会副主任丁晓昌，省教育厅基教处处长马斌，南京艺术学院教授、省书法家协会副主席徐利明等领导专家纷纷作了精彩的报告和讲话。全省各书法特色学校校长和教师代表共400余人出席会议。

苏州市教育学会书法专业委员会副会长，工业园区唯亭实验小学校长陆林珍作为六名嘉宾代表之一，参与了主题为“书法教育：中小学校的责任与使命”的书法公开沙龙活动。陆校长观点鲜明，娓娓道来：书法是中华民族的文化瑰宝，是世界文明的宝贵财富，是基础教育的重要内容，所以，我们中小学校开展书法教育责无旁贷。但实施过程中困难也不少，如课时的保证，师资的培养，书法教室的建设，教学指导研究，督导评估考核等。当然，各校应努力创设条件，自觉落实《意见》和《纲要》……

陆林珍副会长在省书法教育论坛上发言

陆林珍副会长参加省书法教育论坛

陆林珍副会长与李主任、丁厅长等合影

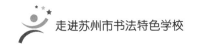

翰墨流香弘扬国粹　书法教育落地生根

——王浩会长在苏州市2016年书法教育年会上的讲话

各位领导、各位同道、各位代表：

大家好！今天我们齐聚在太仓市沙溪第二小学召开苏州市2016年书法教育年会。是书法——中华的国粹吸引着我们，是书法教育——独有的情怀召唤着我们。

翻开日历，还记得2015年3月，在苏州市教育局、苏州市教育学会以及各级领导的关心支持下，苏州市教育学会书法教育专业委员正式成立。近两年来，我们的工作得到了江苏省教研室、江苏省教育学会书法专业委员会、江苏省书法家协会、江苏省硬笔书法家协会、苏州市教育局、苏州市教育学会以及书专会近百家团体会员学校的鼎力支持。借此机会，我想感谢始终给予我们无微不至关怀的各级领导，感谢始终给予我们关心支持的书专会会员学校的校长和教师，也要感谢一起为书专会努力的每一个书专人。感谢你们，一路相伴，大力支持，无限厚爱。

我们苏州市教育学会书法教育专业委员会弘扬社会主义核心价值观和中华优秀传统文化，积极开展“书法进校园”“书法进课堂”“书法师资培训”“书法讲座”“书法比赛”“书法作品展”等活动，走进苏州地区各中小学校，以培养专业的书法师资队伍为突破口，着力推进苏州地区学校书法教育的开展，取得了明显的成效。

下面，请允许我代表苏州市教育学会书法教育专业委员会向大会作工作汇报。岁月匆匆，回顾走过的2016年，我们书专会弘扬中华优秀文化的主旋律，推进苏州地区学校书法教育的开展，主要做了以下工作：

一、点击关键：刷新观念，在培训中建设书法专业队伍

为全面实施素质教育，贯彻落实教育部出台的《关于中小学开展书法教育的意见》文件精神和印发的《中小学书法教育指导纲要》内容，面临的是各中小学校书法教师紧缺的问题，经苏州市教育学会批准，书专会组织了第二届苏州市书法师资培训班。从2016年7月到12月，每月按照区域集中培训一次，12月举行结业典礼，历经半年。为了鼓励骨干提优，开展骨干教师书法文化培训活动，内容有三个“一”：一次研讨、一场笔会、一个考察。2016年3月—2017年2月，举办了姑苏区教师书法培训班。2016年5月份启动了苏州市校长书法文化培训班。活动安排：书法史讲座、作品欣赏、课堂观摩（硬笔、软笔各一堂）、专家点评等。期间穿插书法教育管理讲座、学校书法教育沙龙研讨、参观书法特色学校、考察书法文化名城等。

这些培训的形式是集中培训和网络指导相结合，面授和网络指导相结合，突破了时间和空间的限制，有针对性地与学员进行交流，线上与线下相结合，对学员予以指导。

功夫不负有心人，在大家的共同努力下，我们抱团前进，取得了令人欣慰的成绩。今年有32位学员加入了江苏省硬笔书法家协会，16位学员加入了中国教育学会书法专业委员会，21位学员加入了苏州市书法家协会。我们还将推荐一批优秀教师加入江苏省书法家协会，给教师们创造一个展示自己的舞台，全面提升教师的教育水平和创作水平。以培养专业的书法师资队伍为突破口，激发教师专业内涵发展的需求，着力推进苏州地区学校书法教育的开展。

二、聚焦核心：搭建平台，在评比中提高书法专业水平

书专会自成立以来一如既往办好各项书法大赛，以赛促练，努力为教师书法水平的提高搭建平台，提

供机会。

1. 在书法比赛中,切磋技艺,提升教师团队的书法专业水平。

2016 年 4 月,由苏州市教育学会主办,苏州市教育学会书法教育专业委员会承办的“2016 苏州市第二届中小学教师书法比赛”正式启动,内容分毛笔、钢笔、粉笔字三组。书专会认真细致做好大赛的组织、发动、宣传、评审等各项工作,得到了苏州各学校积极响应。在各学校积极组织,广大教师认真创作的基础上,经过专家组公平公正的评审,共评出 573 人获奖,其中毛笔字一等奖 25 人、二等奖 56 人、三等奖 86 人;钢笔字一等奖 30 人,二等奖 73 人,三等奖 115 人;粉笔字一等奖 17 人、二等奖 82 人、三等奖 89 人。

2016 年 11 月,举办了苏州市“校长杯”书法比赛。12 月建立了一批苏州市书法教育基地和江苏省硬笔书法教育基地、苏州市书法特色学校、江苏省书法特色学校、中国教育学会书法教育实验及示范学校。

2. 在书法课堂上,赛课竞技,打造书法教育的日常生态课堂。

2016 年 3 月,组织参加苏州市教育学会“中小学、幼儿园优秀书法教案评选活动”,把书法教育落实到学校的日常工作中,在浸润中培养师生热爱书法。

苏州是中国书法名城,历来注重书法教育,许多学校在写字教学方面积累了丰富的经验,涌现出了一批以书法教育为特色的学校。为了进一步加强书法师资的培养,提升书法师资的教育水平,2016 年 10 月开展了苏州市书法评优课比赛。初赛根据苏州市书法特色学校以上团体会员单位,各校报名参加,最终择优推荐参加省书法优质课比赛。

经过团队磨课、大师指点和个人努力,青年教师参加了在南通举行的江苏省书法优质课评比活动,汤岚、安玲玲、沈伟、戴秀兰四位老师获得一等奖,钱群超、韦怡华、沈雅纯、顾效四位老师获得二等奖。通过活动,进一步促进了教师对书法教育的重视,提高了教师书法教育水平和学生的书写水平。

三、关注热点:创新助推,在常态中开展校园书法活动

继承和弘扬中华民族优秀传统文化,书专会组织书法特色校园教育创新展示活动。旨在加大中小学校重视书法教育的力度,将书法教育融于学校课程设置,激发教师专业内涵发展的需求,创建书法教育特色学校,从而不断提升学校办学内涵。

2016 年 6 月,苏州市教育科学研究院主办、书专会承办了“七彩语文杯”2016 年江苏省第十届中小学生硬笔、软笔书法展示赛,组织苏州市中小学生参加《七彩语文》书法大赛。比赛已有 10 月底截稿,经专家评审,毛笔组、硬笔组 435 人获等级奖。优秀作者将推荐参加江苏省现场决赛。

苏州工业园区翰林小学:积极承办苏州市书法师资培训班活动,做好书法友好学校的交流研讨活动,与新疆乌鲁木齐第 73 中学结成友好学校并定期交流互访,获评“苏州市特色文艺创作基地” 称号、国家课程书法录像课指定拍摄基地。

苏州市相城区湘城小学:积极承办苏州市校长书法文化培训班活动,参加 2016 年“铭记光辉史、书写中国梦”全省少儿书画作品展。获苏州市七彩语文教师书法大赛组织奖,教师分别在粉笔字、钢笔字和毛笔字中获一等奖。

吴江区屯村实验小学:二十几年来坚定不移地开展书法特色教育,成立了写字(书法)研究中心,每两周一次为全体语文教师进行书法辅导。学校逐渐走出了一条“全员参与、全科覆盖、全程教育”的校本化写字(书法)教学之路。

吴江经济技术开发区爱心小学:自 2010 年 10 月开始,把硬笔书法教育摆上学校重要工作日程,着手创建硬笔书法特色学校。学校的书法特色建设得到了社会各界的有力支持,率先走在民办学校书法教育的发展道路上,为成为苏州民办学校中的书法特色“标杆”学校继续努力。

昆山高新区西塘实验小学:积极承办苏州市中小学书法师资培训班,组织师生参加各级各类书法比

赛，每周二晚上坚持对青年教师进行书法培训。学校被江苏省教育厅评为“江苏省中小学书法特色学校”。在2016年苏州市第二届中小学教师书法比赛中荣获集体组织奖。

常熟市杨园中心小学：师生参加“翰墨薪传——全国中小学师生书法”比赛师生同获一等奖，“2016苏州市第二届中小学教师书法比赛”毛笔一等奖1名，二等奖3名，粉笔字一等奖1名，钢笔字三等奖3名。葛丽萍老师参加“中国梦 盛世情”苏州地区政协书画作品展，还参加苏州—无锡两地女书画家展。

常熟市东南实验小学：学校“王羲之书法小社团”被评为常熟市十大社团之一，师生作品近400幅发表于《校园文学》等各级各类报刊杂志或在省市级比赛中获奖，学校参加的苏州市、常熟市整班性毛笔字、钢笔字、铅笔字比赛，连续13年获得一等奖，形成了硬笔、软笔书法课的教学模式，编制了硬笔校本教材《100字写字要诀》。

苏州高新区文星小学：依托浒墅关的书画文化底蕴，扎实开展书法特色教育，打造“书香墨韵，品高行远”的校园文化。学校加快校本教材开发，细化校本书法教学目标体系，优化书法课程教学与管理，加强书法教师队伍建设与发展。目前，学校被确定为“苏州市书法教育实验基地”和“苏州市书法师资培训基地”。

太仓市沙溪镇第二小学：历来重视书法教育在培养学生技能品德，为加强书法教育工作，学校成立书法写字教育的工作领导小组，加强组织管理，提供经费保障。设立书法教研组，探索教法学法，研究总结经验。定期邀请知名书法专家到校给师生讲座，专门开设了校书法展览室，定期进行书法作品巡展，编印了校本硬笔书法教材。现在各班开设写字课，校级层面开设书法提高兴趣班，涌现了一批能承担书法教学任务的骨干教师。学校获2016年翰墨薪传太仓市中小学生书法展览优秀组织奖，创建了江苏省硬笔书法家协会教育基地。

四、辐射成果：交流互动，在融合中推动区域书法教育

书法，是“国粹”之一，是一门最古老的艺术。从古至今，书法一直散发着一种独特的魅力，吸引着成千上万的人。苏州市书专会自成立以来，致力于交流、分享、推广、传播，为的是弘扬民族文化。

1. 线下参观聆听，面对面传授经验。

为贯彻落实习总书记关于继承和弘扬中华民族优秀传统文化的指示精神，切实有效提高苏州市中小学书法教师的业务素养和创作水平，在苏州市教育学会领导的关怀下，各校领导的支持下，书专会分别在苏州工业园区翰林小学、苏州市沧浪区第二实验小学、苏州市山塘中心小学校、常熟市杨园中心小学、昆山高新区西塘实验小学、昆山华城美地小学等学校建立“苏州市书法师资培训基地”。

苏州市相城区湘城小学、吴江区屯材实验小学、苏州工业园区青剑湖学学校、苏州工业园区唯亭实验小学承办了校长书法文化培训班活动。苏州高新区文星小学校承办了苏州市“校长杯”书法比赛活动。

2016年10月13日，姑苏区书法培训班全体学员参加粉笔字现场大赛活动。比赛现场气氛紧张而又热烈，展现了学员们扎实的基本功。粉笔字大赛结束后，学员们还现场聆听了工业园区翰林小学书法专业教师韩珏老师题为《软笔书法课堂教学分享》书法讲座。竞赛与学习相融的培训活动，让学员们受益匪浅。

2016年11月10日，苏州市姑苏区书法师资培训班公开课在苏州市山塘中心小学举行，何宏娟、黄俊芳、顾效老师参加了公开课示范，课后由庆旭副会长进行了点评讲解。庆老师在点评的同时还不断传授经验，受到学员的热烈欢迎。

2016年11月24日，苏州市书法师资培训姑苏班全体学员，在苏州市教育学会书法教育专业委员会王浩会长、陆林珍副会长和班主任郑凤仪老师的带领下，前往无锡市兰亭小学参观学习。教师们参观了兰亭小学的校园书法文化，观摩了省评优课获软笔一等奖的赵星玥老师的公开课，聆听了邵校长介绍学校书法特色如何融入到学习的创建经验。

2. 线上浏览互动,点对点交流推广。

书专会利用网络新媒体,通过博客、微信公众号等系列报道宣传一批苏州市教师书法大赛一等奖获得者,“苏州市书法教育精英”,“苏州市大、中、小学师生书法临帖网络展”,“书法教育优秀校长”,“各书法特色学校”创建工作等。

各位领导、各位代表:落实好中小学书法教育,传承中华优秀文化书法艺术,虽然任重而道远,但有我们上级组织和领导的重视与支持、有我们各位校长和教师们的手拉手凝聚一股精神和力量,再多的困难我们也能克服,再大的问题我们也能攻坚克难。在书法教育工作如此受重视的形势下,正是我们书法教育人扬帆起航的好时机,我们定不辜负市领导的信任和期望,把推进苏州地区学校书法教育工作做得更扎实、更到位,传承好中华传统文化,为苏州文化教育事业的发展做出更大的贡献。

今天我们在这里,将要表彰28个书法教育先进集体,表彰36位书法教育优秀校长,表彰220名书法教育优秀教师,表彰1200名“小小书法家”。

下面我谈一谈2017年的工作计划和打算:

(1) 姑苏班书法培训。

(2) 书法提高班。

(3) 高级研修班。

(4) 书法优质课评比活动。

(5) 全市青年教师粉笔字基本功大赛。

(6) 承办第三届教师书法大赛。

(7) 发展书法教育基地;书法(写字)特色学校,进行各类创建评审。

苏州市书法教育基地、苏州市书法特色学校、江苏省书法特色学校、中国教育学会书法教育实验、示范学校。

(8) 在县市区举办1—2次书法教育推进会。

(9) 建立命名一批书法教育工作室。

(10) 2017年12月将举行年会进行总结表彰。

各位领导、各位代表,书法教育对培养学生的书写能力、审美能力和文化品质具有重要作用。弘扬和传承经典的中华书法文化和艺术,教育孩子们周周正正写字,端端正正为人,是时代的迫切需求,具有现实意义,又有深远的历史意义。如今,我们已经行进在书法教育事业的道路上,弘扬民族文化精髓,演绎书法神奇魅力,让我们把文化精神带回家!谢谢大家!

2016年12月28日

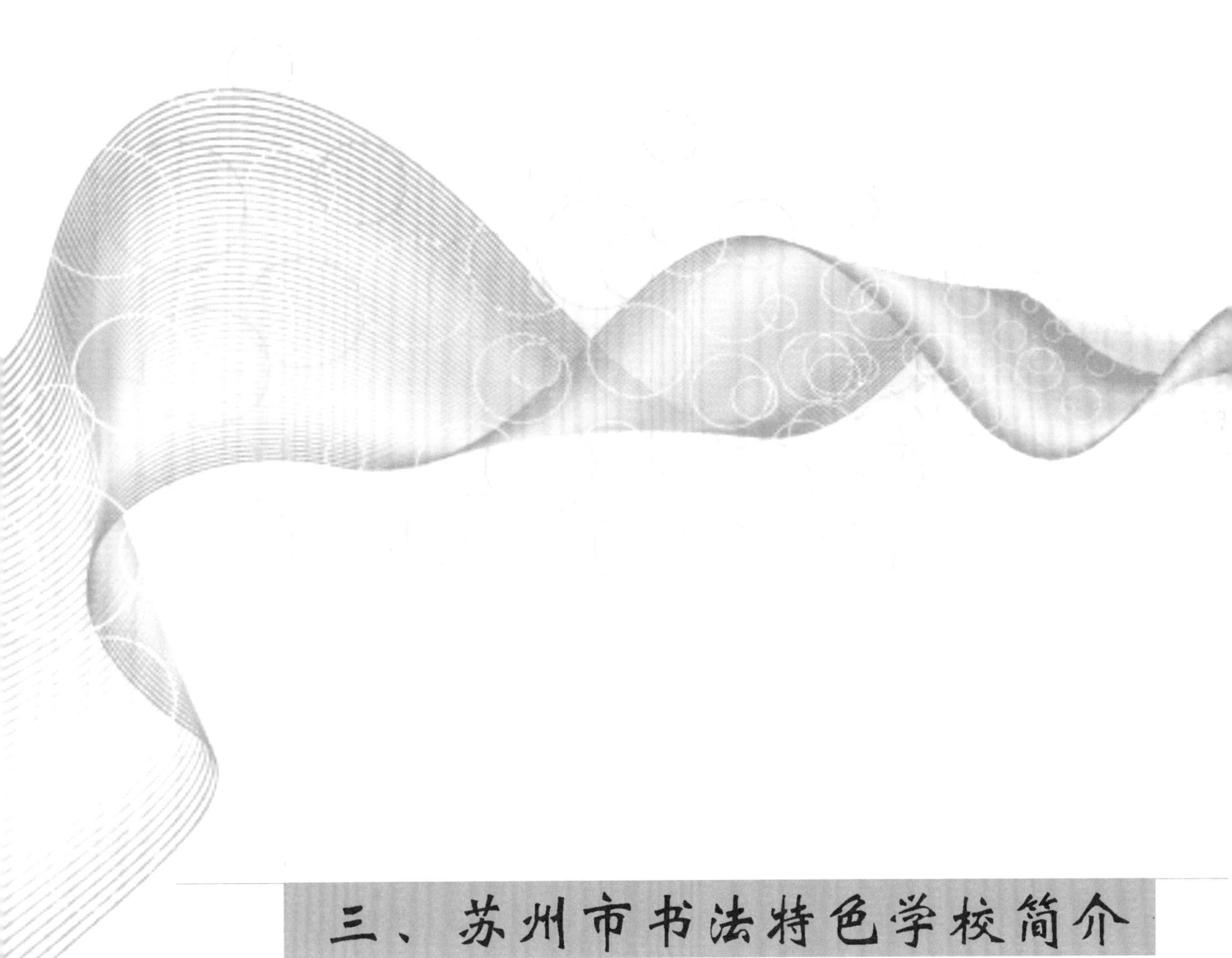

三、苏州市书法特色学校简介

苏州工业园区书法特色学校

融古今中外之神韵　攀现代特色之巅峰

——苏州工业园区翰林小学简介

翰林小学作为独墅湖科教创新区内第一所公办小学，坚持以园区教育现代化、均衡化、特色化、国际化的“四化战略”为指针，以高度办学、力度德育、深度教研、宽度管理、效度教学、维度发展的“六度方略”为方向，秉持“弘真、弘毅、弘智”的校训精神，践行“融古今中外之神韵，攀现代特色之巅峰”的办学目标。

学校在筹建过程中就融入了书法教育理念，如书法专用教室、书法递进阶梯、书法墨趣天台等。同时将传统书法教育和国家级非物质文化遗产项目之一的御窑金砖有机结合，还创办了书法教育的户外活动场所，活化了书法教育形式。走廊上的学生书法作品展、大厅里的教师书法作品展等，无不体现出浓郁的书法艺术氛围。学校还编写了书法软笔和硬笔校本课程，制定了《翰林小学书法教学五年规划》，编写了《翰林书韵》师生书法作品集，建设“墨趣”书法特色网站，为学校特色的打造和发展奠定了基础。

书法特色的打造，必须培养一支具有书法教育能力的专业教师队伍。学校把目标放在了教师培训上，组织教师聆听书法专题讲座，开展书法技法切磋活动。学校还聘请了苏州市书法家沈锡泉老师指导全体老师练习毛笔字，聘请江苏省书法家王浩老师指导全校教师练习钢笔字、粉笔字，每周四的下午，全校教师进行三笔字练习（单周教师自行练习、双周书法家进行指导练习）。

冯凌燕校长

翰林小学建校初就将书法教学纳入正式课程，把课堂作为创建书法特色的主阵地，为了使学生真正写好字，逐步提高他们的书写能力，七年来，通过扎扎实实的特色教学，不仅指导学生每天中午 15 分钟硬笔书法练习，抓好平时每一节书法课进行书法特色打造，更利用课余时间，对有书法潜质的学生进行个别辅导，树立典型，让学生学有榜样。学校针对小学生学习书法的特点，结合翰林小学的校名，创设了书法评价体系：书法小童生、书法小秀才、书法小进士、书法小学士这四个等级，每一级都有其达标的要求，达标的学生会取得相应的达标标志与证书，极大地鼓励了学生的兴趣。在德育评价体系“十佳现代小翰林”的评选活动中还专设了“艺术小翰林”，通过德育评价来促进学生认真练习书法，提高艺术修养，学会做人。

学校环境

凭借着鲜明的办学特色，翰林小学先后被授予“中国教育学会书法教育示范学校”“中国书法（写字）特色学校”“中国书法名城苏州书法教育‘千百工程’培训基地”“江苏省中小学书法特色学校”（省教育厅遴选的 152 所学校之一）“江苏省硬笔书法实验基地”“苏州市语言文字规范化示范学校”“苏州市规范汉字书写教育特色学校”“苏州市书法家协会教育基地”“苏州工业园区特色学校 AA 级”等多项荣誉称号。

苏州工业园区青剑湖学校简介

苏州工业园区青剑湖学校是苏州工业园区管委会直属的九年一贯制公办学校。学校南枕青剑湖，北倚阳澄湖，风景秀丽、生态独具。占地面积为44804平方米，总建筑面积为27183平方米，设计规模为小学4轨，初中8轨，总投资近1亿元人民币。2011年9月1日正式开学，现有教学班64个，在校学生3155人，专任教师199人，其中特级教师1人，全国优秀教师1人，大市级学科带头人10人，区级学科带头人21人，教学能手19人，教坛新秀20人，骨干教师占教师总数的36.2%。

校园大门

办学五年来，学校以“书香剑气、湖韵墨痕”的剑湖文化为依托，秉持“中西合璧、古今交融”的剑湖理念，努力培养浸润传统文化的现代国际人。学校以打造剑湖品牌为核心，以“制度管人、文化育人、精神励人”的三线管理为抓手，坚持依法办学，大力实施素质教育，在自主德育、生态课程、特色办学等方面均取得了丰硕成果，现已成为园区北部区域的教育高地。

李学勇省长视察学校书画特色

在坚持内涵发展的同时，学校还积极响应园区的“一校一品”战略，努力打造以书画为重点的办学特色。学校以剑湖“生态课程”为依托，以具有浓郁传统文化气息的剑湖书院为基地，让书法走进课程，全面实施书法教育。五年来，学校学生在各级各类书法比赛中先后有2000多人次获奖，10多位教师加入省市书协，8位教师参加省级书法优质课比赛获一等奖，一大批优秀的书法后备人才脱颖而出，初步形成了书法文化厚实、书法气息浓郁、书法生态优良的育人环境。除书法外，学校的经典诵读、武术、国画、健美操、科模等也成为区域教育的特色品牌。

学校先后荣获“全国书法教育示范学校”“中国书法特色学校”“全国首个星级绿色建筑学校”“全国环境教育示范学校”“全国作文教学先进单位”“江苏省中小学书香校园阅读基地”“江苏省健康促进银牌学校”“江苏省硬笔书法基地”“苏州市德育先进学校”“苏州市首批书香校园”“苏州市中小学家庭教育项目首批实验学校”“园区先进集体”“园区综合发展评估A等学校”“园区体卫艺先进学校”“园区AA级特色学校”等称号。省、市、区领导多次莅临学校视察，学校先后接待了国内外考察来访200多次，学校的办学成果先后被《人民日报》《新华日报》《美术报》《书法报》《苏州日报》《姑苏晚报》和江苏教育电视台、苏州电视台等媒体报道。

学校的晨曦书画社赴兰亭开展夏令营活动

立字立品　以文化人

——苏州工业园区文萃小学简介

“言心声也，书心画也。”书法作为中华民族的文化瑰宝，不仅是基础教育的重要内容，更是学校立德树人教育的载体。文萃小学自建校以来，秉持“为每一个学生提供自由平等的时空”的理念，致力于“以文化人”的积极体验式教育。践行“双读双写”、开发“三慧课程”之“慧写课程”，形成了“立字立品，以文化人”的育人理念和书法特色。

杨春芳校长

文萃小学在书法特色创建方面，首先建立管理体系，自上而下引领，成立核心领导小组并建立书法特色奖励机制，规范书法教育制度。其次建设书法环境，以古色古香书法室营造翰墨氛围，一笔一画修静气；展示平台书法秀，一展一览修底气；国际交流赠墨香，一文一墨修文气。此外，文萃小学还注重建构书法课程，提升教学质量，精心打造教师队伍，培养教学骨干，重视开发校外资源，提升书法品质。

学校启蒙广场照片

2012年，文萃小学二年级整班书写比赛获区一等奖；2013年，四年级整班书写比赛获区一等奖；2014年，三年级整班书写比赛获区一等奖；2015年，二年级整班书写比赛获区一等奖。2012年至今，每年组织学生参加江苏省书法等级考试，共计800余人获得2级以上等级证书。2015年，学校承办江苏省文联书画等级考试活动，并作为考场组织学生参加考级。2015年6月，文萃小学教师参加苏州书法教育“千百工程”学员作品展活动，4位书法教师作品在市图书馆参展，19位教师书法作品被收入刊印成册，为苏州书法教育千百工程画上了一个圆满的句号。2015年，学校被评为“苏州市书法（写字）特色学校。”

翰墨书香文萃园，立字立品文化人。文萃人将继续秉持“立字立品，以文化人”的理念，让书法的翰墨香韵一路相伴，一路成长。

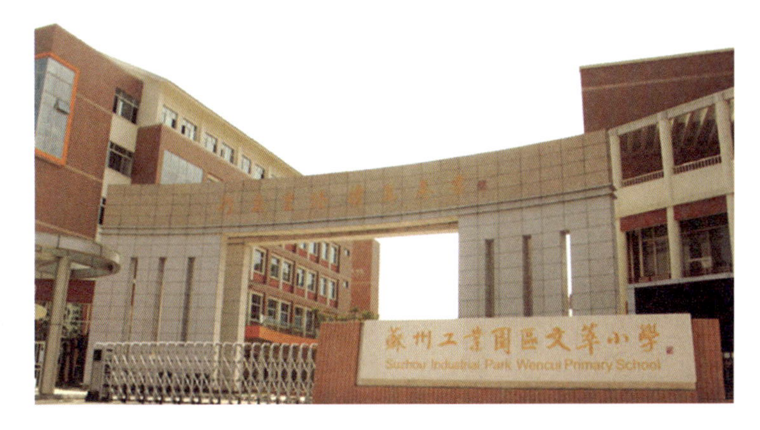

学校正门照片

悠悠墨韵　桃李芬芳

——苏州工业园区莲花学校简介

高洁、高雅、高远，始终是莲花人不懈的文脉和追求。书法特色也已成为莲花校园内一道最美丽的风景。

学校确立了以“莲文化”为背景，以“种一朵莲花在心上”为办学愿景，精心打造“书香·墨香·莲香”的“三香”校园文化，致力探索“书品·学品·人品”的三品育人途径，确立了“读好书·写好字·做好人”的育人目标。

汪明校长

学校精心打造了书法专用教室——福斯苑、爱莲堂，苏州地区第一个学校书画园林——馨园。学校师生书画长廊也布置一新，为特色建设营造了浓郁的氛围，也为进一步促进师生书法学习创造了有利条件。

目前莲花学校已形成了一支热心于书法特色建设的教师队伍。这支队伍中有省书协会员5人，市书协会员1人，区书协会员7人。周潘泓、高爱华两位教师曾在江苏省中小学书法优质课评比中荣获一等奖。学校书法特色建设工作小组曾被苏州市教育局评为“苏州市巾帼文明示范岗”“模范教工小家”。

莲花学校教学楼

学校还成立了馨园书画社，定期开展丰富多彩的活动，聘请专家来校指导不断提升书写技能，外出参观欣赏开阔眼界，前往书法基地感受书法魅力。

经过多年坚持不懈的努力，学校的书法特色工作已取得明显成效，学校先后被授予“中国教育学会书法实验学校”“中国书法（写字）特色学校”“江苏省硬笔书法实验基地”“《书法报》全国少儿书画教育实验基地”“苏州市书法特色学校”“苏州市书法家协会教育基地”“苏州市吴文化教育基地”“苏州市首批规范汉字书写教育特色学校”“苏州工业园区AA级特色学校”等荣誉称号。《书法报》《苏州日报》《科学大众》《现代教育报》《教育文摘周报》和江苏电视台、苏州电视台以及新华网等也均对学校的书法特色做了专题报道，在全区乃至全市产生了一定的影响。

馨园（书法园林）

意唯小　翰墨长香

——苏州工业园区唯亭实验小学简介

春耕秋种十余载，书香扑面济时才。

唯实求真心里悦，览胜师古梦中思。

笔回童趣画争艳，印到宽博字更奇。

芬芳淡雅令人醉，引得桃李情满怀。

陆林珍校长

草鞋山下书写翰墨人生，阳澄湖畔弘扬国学精粹。苏州工业园区唯亭实验小学，一所积淀了丰厚文化底蕴的百年老校，以“唯实求真”为校训，以培养人格健全，适应现代社会的阳光少年；知书达理，具有传统文化气质的美德少年；奋发向上，爱学习、会学习的智慧少年为办学愿景，自1998年以来，走出了一条特色办学之路。2011年1月，被评为“苏州工业园区特色学校AAA级”；2011年10月，被苏州市语言文字工作委员会、苏州市教育局授予“市级规范汉字书写教育特色学校”称号；2011年10月，成为江苏省硬笔书法实验基地；2012年9月，被苏州市语言文字工作委员会、苏州市教育局授予“市级语言文字规范化示范学校”称号；2013年12月，被授予“苏州市书法家协会教育基地”称号，并获得省教育厅组织评选的2013年江苏省教学成果奖基础教育类二等奖；2013年12月，被江苏省教育学会书法专业委员会授予“书法教育先进学校”；2014年10月，又被苏州市文联授予苏州市“书法进校园先进集体”。2015年8月，学校被江苏省教育厅遴选为152所中小学书法特色学校之一。

北门

学校抓住各种机遇，承办了很多规格较高的活动，让许多书法名家走进校园，提升了学校的办学品位。如2012年4月，学校成为中国书法名城苏州书法教育“千百工程”首批培训基地，苏州市文联副主席王伟林、苏州市书协秘书长王国安等五位领导、专家莅临学校指导。2013年，学校成立了“国粹艺术传承中心”，通过开展包括书画、篆刻、评弹、苏绣等丰富多彩、形式多样的国粹传承课程，使全校师生深入了解、继承和发扬国粹艺术，提高审美情趣，增强爱国主义情感，全面提升学生的综合素质，努力构建创新学校、特色学校、精品学校。

学校正门

苏州工业园区胜浦实验小学简介

计利珍校长

苏州工业园区胜浦实验小学是苏州工业园区管委会直属的公立学校，现有教职员工222人，学生3761人。学校被评为“江苏省绿色学校”“江苏省平安校园”“苏州市教育现代化小学”“苏州市德育先进学校”“苏州市特色体育项目学校”“苏州工业园区教育工作先进单位”“苏州市书法教育实验学校”。

学校以“营造自由灵动的发展空间，享受幸福成长的阳光教育”为办学理念，打造“阳光教育”品牌：以“生命成长教育”丰富德育的内涵，以“智慧课堂”发展学生的情智，以“阳光体育”提升学生的体质，以“特色教育”点亮学生的人生。

学校正门

学校已形成一校多品的“特色教育”，开设书法、象棋、自行车、篮球、足球、纸泥、中国鼓等特色课程。书法教育作为特色教育中最新的一张名片，熠熠生辉。学校人人练习书法，学生获苏州市小学四年级整班钢笔字比赛二等奖，苏州市小学二年级整班铅笔字比赛三等奖，园区小学四年级整班钢笔字比赛一、二等奖，园区小学二年级整班铅笔字比赛一、二等奖，数千名师生在省市级中小学师生书法大赛中获奖。学校正努力以书法益智、以书法育人、以书法怡情，让师生在墨香四溢的文化校园里幸福成长。

胜浦实小行政管理团队

以规范教写字 用翰墨树人格

——苏州工业园区星洋学校简介

“端端正正写字，规规矩矩做人”是苏州工业园区星洋学校师生常挂嘴边的一句话。学校“以书立人”，着力培养具有中华传统文化底蕴的现代人。

叶鹏松校长与王浩会长

学校首先将硬笔字作为年轻教师必备的基本功常抓不懈，邀请著名书法家胡一帆先生来校开设专题讲座，外聘专家王浩老师为培训导师定期来校指导。教师们对照《粉笔字帖》（王浩主编）每天一练，周周一版，展示在师生必经的走廊内。一排排写满粉笔字的小黑板，成了校园里一道独特的风景。

校园一景

学校语文教研组研制了一套校本写字教程，现已形成“班级书法基础普及、校本书法艺术选修、课外书法社团提高”三位一体的书法教育模式。一周一节专门写字课，语文课专设写字教学环节。从描红、临摹到反馈、修改，在每一堂语文课上，教师们严格要求，规范指导；从笔画、偏旁到字形间架结构分类，在校本书法艺术选修课中，教师根据年段特点、班级学情选修课程。学校还专门为对毛笔字感兴趣的学生开设软笔书法艺术班，配套相应的软件支持，坚持面授指导。学校对家长宣扬写得一手好字的重要性，使家长转变观念，加强关注，共同监督，让书法教育深入人心。

在短短的三年时间里，学校已经组织了三次升级书法等级考试，全校有500余人次通过考试获得教育部颁发的等级证书，占全校学生的68%。同时组织教师积极参加省、市、区级的各项比赛，在“2016年苏州市第二届中小学教师书法比赛”中，学校在粉笔书法、钢笔书法、毛笔书法比赛中共有9位教师获奖，此外还经常组织校内师生书法艺术展示活动，让墨香飘满校园。

展望明天，学校将进一步系统地根据特色教学的需要改进不同学段的书法特色教学计划，编纂修改更为科学合理的系统教材，继续丰富校园书法教育文化氛围。我们坚信，在上级教育主管部门的正确领导、全校师生的精诚努力下，孩子能从具有深厚中华民族底蕴的书法教育中留下最值得骄傲的烙印。

春联进社区

苏州工业园区娄葑学校简介

奚燕萍校长

苏州工业园区娄葑学校坐落于园区东北隅，毗邻姑苏区、相城区和风光旖旎、碧波荡漾的阳澄湖。学校创办于 1999 年 9 月，是园区第一所九年一贯制公办学校。学校现有 68 个教学班，在籍学生 3089 人，教职员工 210 人。

建校以来，学校确立了“用爱和智慧引领学生进步”的办学理念和“授人玫瑰，手留余香”的校训，形成了“低求高、缓取快、密促精”的课堂教学风格和“蹲下看学生，站着评老师”教育教学评价特色。在十几年的教育教学实践中，学校坚持德育优先，创新“善小”德育品牌，通过丰富多彩的活动，促进学生全面发展。积极推进“蒲公英创意生活课程”为核心的特色课程建设。统整国家课程、地方课程和校本课程，创新开发以“趣”为核心的“生活课程”，致力于积淀孩子素养，把培养一个个精神独立、人格完整、品德高尚、懂得担当，能够自食其力的合格公民作为己任。通过跨学科的过程性学习，使学生生活能力得到拓展，生活品质得到提升，直面生活的心态得到健康发展。学校着力打造体教结合特色项目——围棋，以围棋的传统礼仪、缜密思维为抓手提升学生的素养。学校将足球、昆曲、书法、魔方、体育舞蹈、无线电测向等项目进入课堂，从“一校一品”的单一到“一校多品”的多元，学校为学生整体素养的提升搭建了一个融合的平台。学校注重国际教育交流，通过与新加坡国专长老会中学的长期合作，广泛开展教学交流、课题研究等活动。开设 JA 课程和 DTD 课程，让学生关注自然和社会，加强团结协作精神，拓宽了学生的视界。

校门

学校凭借科学的管理模式和务实的教育实践，教育教学质量不断提高，先后获得“全国艺术教育特色单位”“苏州市现代化先进学校”“苏州市德育先进学校”“苏州工业园区综合发展 A 等学校”“苏州工业园区先进集体”等荣誉称号，学校正朝着理念先进、质量稳定、管理规范的现代化校园迈进，逐渐成为学生喜爱、家长信任、社会认可的家门口的好学校。

“孔子归来　寻三千弟子”——开班仪式合影

苏州市吴江区书法特色学校

墨香绘童年

——吴江区屯村实验小学简介

吴江区屯村实验小学曾是一所薄弱的农村学校，依托书法（写字）教育使学校亮起来、强起来、精神起来，实现了“丑小鸭”式的蜕变，2004年成为江苏省实验小学。

莫国平校长

二十年来，学校逐渐走出了一条“全员参与、全科覆盖、全程教育”的校本化书法（写字）教学之路。

2011年12月，学校承办省中小学教研室主办的“江苏省小学书法（写字）教育观摩现场会”，省内外近200所学校的500多位教师来校观摩。2014年5月14日，苏州市小学语文书法（写字）教育教学特色展示暨教师粉笔字书写培训活动在校举行，300名来自苏州市各市（区）的小学语文骨干教师来校观摩并参加培训。

书画专用教室

二十年来，学校先后接待来自新加坡、新疆、北京、山东、重庆、安徽、浙江、江苏等地的写字教育考察团近三百批次。《人民教育》《中国教育报》《江苏教育报》《光明日报》《江苏教育》《江苏教育研究》《基础教育参考》《中国书画报》等报纸杂志均报道过屯小的书法特色建设。

屯小的学生历年来在国家、省、市各级各类书法比赛中获奖无数，学生作品曾获江苏省“五星工程奖”金奖、江苏省少儿艺术节银奖及人民教育出版社“人教小书法家”称号。学校有专业化书法教师队伍，其中，中国书法家协会会员2名，江苏省书法家协会会员3名，江苏省青年书法家协会会员1名，苏州市书法家协会会员3名，吴江区书法家协会会员13名，江苏省硬笔书法家协会会员4名。

学校的教学成果《农村小学书法（写字）校本化实践》被评为由江苏省人民政府、江苏省教育厅组织的江苏省2013年教学成果奖（基础教育类）一等奖。

学校现为江苏省书法特色学校（省教育厅）、中国书法教育示范学校、中国书法教育实验学校、中国书法（写字）特色学校，江苏省书法教育先进学校，是教育部农村艺术教育实验学校、苏州市书协书法教学基地、省文联书画考级培训基地、《书法报》硬笔教育实验基地，学校连续十多年获得吴江区AAA级特色学校。

屯小墨池

吴江区金家坝小学简介

蔡晓强校长

吴江区金家坝小学创办于1913年，东临上海，南接浙江，北靠苏州，是一所以写字教学为特色的水乡农村小学。学校基于特色转型和内涵发展需要，传承“立本求真、好学明志”的校训，确立“本真教育”的发展理念，坚持“立天下之大本，求天地之真育”的办学目标，描绘“书写本真童年，打造金色校园”的办学愿景，彰显“端端正正写字，踏踏实实做人”的办学特色。

学校写字教育恪守“朴实与灵动、坚持与通变、疏朗与缜密”的原则，主要通过“在课程文化中引领，在环境文化中熏陶，在制度文化中坚守，在活动文化中提升”这四个方面的实践，让中国书法艺术、书法技艺走进学校，走进课堂，走进学生，使学生书写方正之字，做有根之人。学校坚持确保学生每天20分钟一小练，每周40分钟一大练；建立书法课外活动小组，健全活动机制，配备书法教师指导。学校重视师资力量的提升，一方面抓实教师“三字”基本功，做到天天小练小展示；另一方面聘请省市书法家来校定期上书法指导课，20年来从未间断；同时还将一批优秀教师输送至省市一级基地培训，以强化师资力量。学校每学年定期开展贯穿整学年的“写字节”，至今已连续举办十五届，使得学校的师生们在活动中展现自我、提升自我。

金童碑廊

学校致力于写字教育研究，被评为“吴江市AAA级特色学校”“苏州市书法进校园先进集体”，成为“苏州市书协书法教育基地”“苏州市书法（写字）特色学校”“江苏省硬笔书法家协会书法教育基地”“江苏省书法（写字）特色学校”“全国书法教育实验（示范）学校”。

学校校门

吴江区爱心小学简介

方元德校长

吴江区爱心小学创建于2001年8月，2008年在上级领导的支持下成功创建苏州市合格外来工学校，当时有学生600多人，11个班。校园占地面积为8300平方米、建筑面积为2400平方米。随着教育形势的发展，原有校舍已不能满足教学需要。在开发区政府的大力支持下，将开发区原国腾厂的四幢5层的宿舍楼作为新的校区。学校投入1800万元进行改建装修，改建后的爱心小学占地面积约为17333平方米、建筑面积为12000平方米，拥有标准教室36个(为6轨制小学)，专用教室18个，分别为计算机室2个、科学实验室2个、图书室2个、阅览室2个、音乐室1个、美术室1个、书法室1个、多功能教室1个，250米环形跑道1个，篮球、网球场各1个，食监药监部门监督设计的标准化的食堂1个。学校还拥有500个座位的学生餐厅、园林设计部门设计的校园景观、林荫小道和大面积的校园绿化。2016年9月1日，新学期开学正式启用，班级小学部25个，幼儿部8个。目前有学生1600多名，教职员工90多名。

学校环境

王浩会长为爱心小学报刊题字

几年来，学校以书法教学为教育特色。2010年春，在吴江硬笔书法家协会的支持下，创建了“吴江硬笔书法家协会爱心小学培训基地”。同年10月，召开了华东地区硬笔书法研讨会。目前学校拥有国家级、省级、区级书法家协会会员6名。学校提出“端端正正写字，踏踏实实做人”的口号，让学生在传承国粹的过程中，潜下心来认真写字，陶冶了学生的情操。学校的特色建设得到了社会各界的有力支持，几年来，学生有500多人通过了江苏省社会艺术教育中心书法美术水平考级考试，书法特色教育成了爱心学校教学的一个亮点。

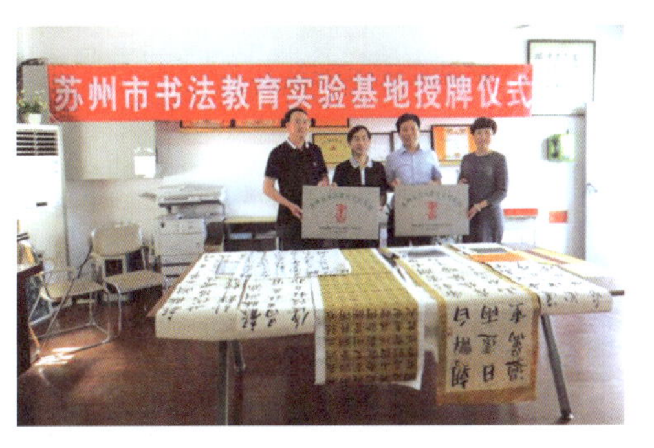

王浩会长、庆旭副会长给学校授牌

在教学管理上，学校力争精细化管理。前几年，和长安花苑小学成功结对，有力地促进了本校教育教学工作的提高。从办学以来，区教育局每年都要在规范招生、教学管理、安全管理、财务管理等十个方面对所有外来工学校进行考核，由于学校一直坚持执行抓细、抓实的教育教学管理模式，多年来一直获得上级部门的好评，近10年来，分别获得了年度考核一等奖和二等奖。

高品位的校园文化、高效率的教育管理、高素质的教师队伍、高水平的教学研究、高品质的校园生活是学校的追求目标。

吴江区盛泽思进小学简介

黄丽云校长

吴江区盛泽思进小学位于“日出万匹，衣被天下”的中国绸都盛泽，创办于2000年8月。办学以来，就以“学而思进”为校训，以“练好身体写好字，做好家务读好书”为培养目标，以“武术强身、书法怡情、阅读养心、劳动达人”为办学特色。在“乐学善思”的学风、“乐教善导”的教风的指引下，做到“教师发展，学生发展，学校发展”和谐同步，真正达到“学生快乐地学，教师幸福地教”。

思进小学占地面积约为9333平方米，建筑面积为5000平方米，书香浓郁、设施一流、环境优美、装备齐全。现有23个班级，在校生达1000多名。

十多年的孜孜追求，取得了一个又一个实实在在的成就：学校在区、镇教育部门工作考核中多次荣获一等奖；在区、镇各种比赛中多次获奖，成绩始终名列前茅。学校还被评为“苏州市首批合格外来工子弟学校”“吴江市绿色学校”“吴江市优秀家长学校”“苏州市网上家长学校实验基地”。

学校一景

学校正门

思进小学以“办好这一所学校、教好每一位学生、发展好每一位教师”为追求，怀着办一所令人向往的学校的美好愿景，为了让学生享受成长的快乐、教师享受教育的幸福、父母享受成功的喜悦，努力把学校打造成为吴江区一所具有示范性的学校。

学校教学楼内景

苏州市姑苏区书法特色学校

打造山塘文化品牌　弘扬传统吴地文化

——苏州市姑苏区山塘中心小学简介

苏州市山塘中心小学位于古朴雅致的“姑苏第一名街”——山塘街508号，始建于1912年，2012年已迎来百年华诞。2009年9月1日，一所融古典园林特色与现代化教育设施于一体的新校正式启用，百年老校焕发勃勃生机。新校占地面积为10566平方米，建筑面积为7168平方米，为四轨制小学。

周利人校长

位于山塘街上的学校正门，是仿古恢复重建的陕西会馆牌楼。牌楼上方精美的砖雕，表现出明清时期山塘的繁华昌盛。陕西会馆遗址公园内的一对石狮子和三块石碑记载了陕西会馆近三百年的历史，可以看到当年的础石和条石以及雕刻精美的祥云石、荷花石。遗址公园内还设计了一条文化气息较为浓厚的碑刻廊。新校建设过程中，学校校友——苏州知名书法家李少鹏先生联系一批负有盛名的书法家，用不同的字体展示了不同时期的文人吟诵山塘街，山塘河的诗、词作品，并用碑刻的形式展现出来。

学校精心布置、建设了书法教室，用金砖作为学生习字的主要工具，既减少了资源的浪费，又避免学生传统笔墨砚携带之不便，还取得了最佳的练习效果。2013年秋，学校成立了“书法教学中心”，安排了专职教师，做到一到四年级每周有一节课由专职书法教师进课堂授课，使书法教育落到实处。同时，学校有近40名教师参加了为期近三年的“名城苏州书法教育千百工程”培训活动，为学校全面推进书法教育提供了师资保障。

近年来，学校先后获得了“江苏省中小学书法特色学校”“江苏省平安学校”“江苏省绿色学校”“苏州市教育现代化学校”“苏州市文明单位”“苏州市依法治校先进学校”等称号，为学校可持续发展提供了坚实的保证。学校将以山塘文化为核心，努力办成一所人民群众满意的特色学校，为姑苏教育的可持续发展做出新的贡献。

碑刻长廊

市书协专家带领乐天书法社的同学们共同参与迎春赠联活动

端正写字　方正做人

——苏州市姑苏区新康小学简介

冯磊校长

苏州市新康小学成立于2009年，创办伊始，就把书写作为学校的特色，并将“写规范字”作为开展教育教学管理工作的重点之一。

学校在书写特色的创建、发展过程中，各学科教师分工协作，各司其职，形成了书写工作的管理网络，并将“端正写字，方正做人”工作拟进了学校工作计划，与学校的发展结合起来，与教育教学常规管理工作结合起来。

为了将规范汉字书写教育的工作扎实深入开展，学校向全体师生发出关于开展“书写规范汉字、传承中华文化”活动的倡议书，并利用升旗仪式讲话、红领巾广播、班级学习园地、班队主题活动、校园文化宣传栏等渠道，加强规范书写工作的宣传力度。为此，在校园里设置了“艺术长廊”，在教学楼过道间设计安装了文化标志牌——笔墨纸砚，在楼梯过道的墙壁上悬挂了师生书画作品，畅通的宣传教育渠道，营造了浓郁的校园书法文化。

学生书画作品展

书写教学，不可能一蹴而就，需要时间的浸润、岁月的熏陶。为此，学校整合课时资源，每个班每周安排一节写字兴趣课，一二年级着重练习书写铅笔字，三四年级着重练习书写钢笔字，五六年级着重练习书写毛笔字，做到书写教育的常态化、课程化。

为了使书写教育更有成效，学校研究制定了《新康小学学生写规范字的有关指标与要求》和《新康小学学生写字素质评价表》，采用恰当的评价标准及方式培养了学生良好的书写习惯和浓厚的写字兴趣。

“端正写字，方正做人”是学校书写教育的基本目标，学校每年进行学生写字比赛，涌现出了一批批“写字小明星”，学校参加的书写比赛佳绩不断，在2010年、2012年区级写字比赛中都荣获了一等奖。学校也分别获得了“苏州市规范汉字书写教育特色学校”“苏州市书法特色学校”“江苏省书法特色学校”等诸多荣誉称号。

未来学校将日益凸显书写艺术特色，积淀学校文化，不断提升办学质量。

新康小学学生展示书法作品

一小点　一大点　一点点　无数点

——苏州市姑苏区沧浪新城第二实验小学校简介

沧浪新城第二实验小学校建于 2009 年 9 月，坐落在沧浪新城南端，毗邻古运河，遥望沧浪古城。学校秉承了千年沧浪的文化传统，以水的灵动滋养生命，以水的波澜汇聚智慧，以水的宽厚沉淀德行，着力在教育教学中塑造学生智慧、纯洁、宽容、灵动、博大的人格品性。学校开办七年来，以“起步、发展、创新”为流程主线，以“管理善治文化、教师善仁文化、学生善能文化、课程善渊文化”四条路径为走向，因势利导，润物无声，打造“水韵校园”。

汤岚校长

学校总占地面积为 28847 平方米，总建筑面积为 23078 平方米，绿化率达 37%，是一座规划超前、按现代化标准设置的城市完全小学校。学校文化定位高起点，校舍以及设备均获得高位配置，拥有高标准的教育技术装备，于 2010 年 10 月获评“苏州市教育技术装备管理先进学校”。

学校自开办以来，在课题引导下，学校开发了特色校本课程，通过灵动自主的兴趣活动、丰富多样的德育实践打造无界校园和幸福工程，多次被主流媒体集中报道。建校以来，学校先后获得了“苏州市教育技术装备管理先进学校”“苏州市高水平现代化小学”“苏州市阳光团队”“江苏省优秀家长学校”等荣誉称号，社会美誉度节节攀升。

学校环境

苏州市高新区书法特色学校

书香墨韵　品高行远

——苏州市高新区文星小学校简介

陆彩萍校长

苏州高新区文星小学校为苏州浒墅关经济技术开发区所属全日制公办小学，是服务开发区飞速发展的一所新建的现代化小学。学校位于真武路南，关署路北、文昌路西，紧依美丽的大运河。

学校于2015年正式成立并对外招生，办学规模为8轨48班，目前开设一、二年级。学校设施一流，现有未来教室、多媒体教室、书法教室、书画教室、计算机房、美术教室、音乐教室、舞蹈教室、科学实验室、图书馆、艺体馆、校园电视台录播室等现代化专用教室。学校坚持“让每一位师生个性飞扬，幸福健康成长”的办学目标，打造“真实真情、真心真意”的生态家园，营造“相生相成、相知相亲”的快乐家园，构建“同学同乐、同心同德”的幸福家园，走“积极体验”的特色之路，把“书法”项目作为学校的特色项目。

校　门

为了扎实开展书法特色工作，学校主要从加强领导、完善制度、立足校本、优化师训、优先投入、优化环境、丰富活动、培育特长、科研先导、引领特色等方面，以“高起点、步子稳、点击重、落到位”为抓手，以“经典与现代相融合，人文与科技相辉映”为办学特色，加快校本教材开发，细化校本书法教学目标体系，优化课程与管理体系，做优书法教师队伍建设与发展，打造“书香墨韵 品高行远”的校园文化。办学一年来，学校已被授予“苏州市书法教育实验基地”“苏州市书法师资培训基地”荣誉称号。在2016年苏州市第二届中小学教师书法比赛中荣获集体组织奖，教师的多个书法作品也在各类竞赛活动中屡创佳绩。

学校书法特色项目的推广，不仅有效提升了教师的业务素养和创作水平，还促进学生养成细致、专注、沉着、持久的学习品质。我们会进一步依托浒墅关书画文化的底蕴，立足校本、培训师资、发展学生，让文星校园的每一个地方都飘溢着书香和墨韵，让文星的每一位学生都健康、快乐地成长。

校园文化一瞥

教师书法培训

学生书法课

墨韵染金色　书道传校园

——苏州市高新区金色小学简介

吴桂芬校长

苏州高新区金色小学坐落在美丽的狮子山西麓，2009 年 9 月开办，2010 年 5 月独立建校。学校以“六年幸福一生”为校训，遵循“让每一个孩子在家门口就能享受到优质教育”的办学宗旨，追求“金色童年、金色梦想、金色人生”的教育理想。

2013 年 4 月，苏州书法教育“千百工程”培训基地在本校落成，书法导师便是本校教师、青年书法家金耀敏。

学校制定了详细的书法教学方案，采取课堂教学模式，现场接受导师的临帖和创作辅导。教学内容包括楷书、隶书、篆书、行书的临摹，字帖选用优秀的范本。

“千百工程”培训基地揭牌

每年 3 月，金色小学都会开展语文教师“三笔书法”比赛和青年教师“三笔书法”比赛；每年 5 月，开展校园文化艺术节；每年春节前，开展教职工春联撰写和书写大赛。

2014 年 5 月 30 日下午，苏州市书法教育“千百工程”高新区观摩交流会在金色小学召开。学校十多名教师精心创作的书法作品入展，得到了书协领导的一致好评。为提高教师的书法专业知识和技能，学校还定期请校外知名书法家进校讲座，并委派教师参加全国及省市级的书法专业培训。

经过几年的实践与积累，书法教育逐渐深入每位金色学子的心田，书法特色逐渐取得成效。2014 年 3 月，5 名语文教师在苏州高新区语文教师“三字比赛”中脱颖而出，不但在单项奖和综合奖中赢得盆满钵满，更取得了团体一等奖第一名的好成绩。2014 年 10 月，“翰墨薪传”2014 年中国书法名城苏州书法教育“千百工程”现场推进会上，学校被评为“翰墨薪传”苏州市书法进校园活动先进集体。金耀敏老师作为培训基地的书法导师，被评为“翰墨薪传”苏州市书法进校园活动先进个人。苏州市首届中小学教师书法大赛中，金耀敏老师获得一等奖，范林晨、顾春兰和杨丽红老师分别获得了二等奖和三等奖。

金色学子“小金豆”们也表现不俗，在 2015 年高新区艺术展演艺术作品评比中，学生的书法作品取得了一个一等奖、两个二等奖、三个三等奖的好成绩。2015 年 5 月，在首届苏州市“七彩语文”小学生写字（书法）比赛中，祝赫、赵家伟同学荣获一等奖，王誉翧、周诗夷同学荣获二等奖，孙晨同学荣获三等奖。同年 11 月，在“七彩语文”苏州赛区中小学生书法比赛中，曹越获得一等奖，张晏霖获得二等奖，熊静雯获得三等奖。

2015 年 9 月，学校被江苏省教育厅正式命名为“江苏省书法特色学校”，苏州电视台教育频道做了“翰墨树人，打造幸福校园”专题报道。

书法，源远流长，博大精深，有笔能行走天下，有墨方能育桃李，金色小学师生正徜徉在墨海中，陶醉在书艺里。

金耀敏辅导学生书法照片

桃李天堂新校园　美丽绽放苏绣娃

——苏州市高新区镇湖实验小学校简介

刘健校长

在美丽富饶的太湖之畔、风光旖旎的苏州西部生态城，坐落着一所苏式风格的现代化学校，那就是苏州高新区镇湖实验小学校，它位于至今已有百年历史的中国苏绣艺术之乡——镇湖。2014 年，镇湖小学易地新建。这所 8 轨 48 班建制的崭新学校于今年 6 月正式启用。校园苏式特色鲜明，建筑质量上乘，校园文化氛围浓郁，各类设施配置先进完备，是一所环境优美、格调高雅的现代化学校。

学校先后被评为“联合国教科文组织世界遗产教育基地”“苏州市百年老校和文化传承实验学校”“江苏省科技特教育色学校”“苏州市艺术教育特色学校”“苏州市文化特色学校”“全国亿万学生阳光体育活动优秀学校”“中国轮滑运动示范学校”“苏州市手球特色学校”等。

学校环境

近年来，在刘健校长的带领下，学校各项工作全面转型升级，坚守“恒成”校训，践行“给孩子幸福人生的起步”办学理念，努力实现“秉承百年教育的文化传统，建构面向未来的课程体系，营造自由成长的生态校园，培育快乐优雅的智慧儿童”的办学目标，面向全体学生，致力于使学生成长为健康、善良、智慧的国际儿童。

艺术怡情是镇湖实验小学校的办学特色之一。2015 年，学校被评为“苏州市文化特色学校”。2016 年，学校被评为“苏州市艺术教育特色学校”。经高新区教育局推荐和苏州市教育局审核，2016 年 5 月 23 至 6 月 4 日，学校在苏州市教育局金色大厅展出了学生艺术作品。学校还开设了舞蹈、童声合唱、打击乐、吴语相声、苏州评弹、儿童画、书法等校本艺术课程，建设丰富的学生艺术社团，培养了一批批特长生。每年组织学生参加全国规范汉字比赛和江苏省教育学院的书法等级考级，涌现出一大批热爱写字、写好字的学生。

教学楼内一角

艺术，给孩子幸福人生的起步。

苏州市高新区文昌实验中学简介

苏州文昌实验中学校创办于1978年，是一所公办中学。2014年，由苏州市浒墅关中学与苏州市文昌实验中学合并而成。学校先后两次移地办学，新校园于2016年9月启用，占地面积约为40000平方米，建筑面积为36000平方米，设施、设备均达到江苏省一级标准。学校现有教职工115人，专任教师96人，研究生15人，98.96%专任教师为本科学历，其中有市学科带头人1人，区学科带头人14人，区教学能手18人。多人次被评为市、区级优秀教育工作者和优秀班主任。目前有28个初中教学班，在校学生1149人。

惠人民校长

自2000年来，学校连续被评为“苏州市文明单位”，先后获得了“苏州市德育先进学校”“苏州市依法治校先进学校”“苏州市教育科研先进单位”“苏州市师德模范群体”“苏州市收费规范化学校”“苏州市教育信息化实验学校”“苏州市先进家长学校”“苏州市语言文字规范学校”“苏州市绿色学校”“高新区平安校园先进集体”等殊荣。2007年，学校被苏州市教育局评为“苏州市教育现代化初中”。

校门

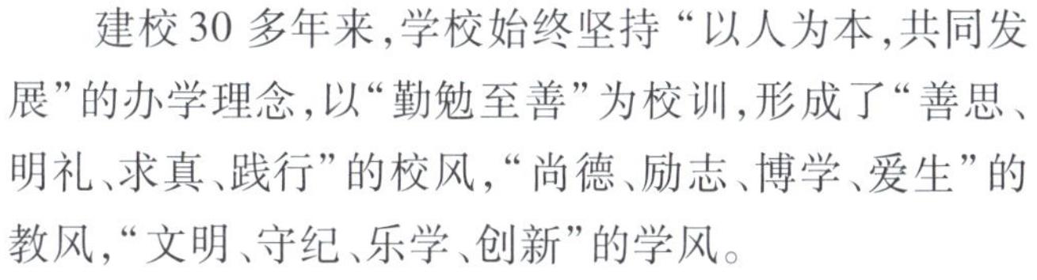

建校30多年来，学校始终坚持“以人为本，共同发展”的办学理念，以“勤勉至善”为校训，形成了“善思、明礼、求真、践行”的校风，“尚德、励志、博学、爱生”的教风，“文明、守纪、乐学、创新”的学风。

2009年，学校成为苏州市唯一的中学生书法教育基地；2010年，被评为“苏州市首批艺术教育特色学校”；2013年，成为“江苏省书法课程基地建设”学校；2015年，顺利通过江苏省教育厅的合格验收。学校通过打造书法艺术教育的办学特色，努力使每一位学生在满园墨香的熏陶下获得健康成长、特色发展。

“办一所理想的学校，建设自己心中向往的学校”是苏州文昌实验中学校立足现实、展望未来提出的教育理念。学校始终坚持办“学生喜欢、教师幸福、家长满意、社会认可”的学校，教学生做人，教学生生活，陶冶学生健康的情趣，激发学生对生活的热情和感恩社会的情感。

校园操场

墨香浸润童心　妙笔书写人生

——苏州市高新区敬恩实验小学简介

苏州高新区敬恩实验小学原名牌楼小学，后易地重建，2007 年 8 月新校落成。学校在“懂得珍惜、学会感恩”的校训指引下，以“享受优质教育，奠基幸福人生”为办学理念，以“艺术点亮人生，行动实现梦想”为教育特色，注重内涵发展，追求卓越品质，以满腔的热情为幸福教育奠基。

周荔校长

书法是中国文化艺术传统的国粹。浒墅关镇自开展少儿书画特色教育以来，已有多人次在全国、省、市各种少儿书画比赛和展览中入选、获奖。学校地处浒关工业园区，依托浓厚的地域特色，在“敬恩精神”的指引下，一直把书法教育作为学校特色教育的主题，不断地探索写字教学规律，深化书法教育的内涵，扎实推进书法教育之路。学校特聘请全国书法教育名师王浩老师一起开发编写了书法校本教材。同时，学校开设写字课，利用“午写一刻钟”的时间，指导学生进行书法练习。在实践中总结出苏州高新区敬恩实验小学硬笔书法评价标准，如今，“与书法为伴，塑造美好心灵”已成为敬恩实验小学书法特色发展的主旋律。

书法文化廊

学校先后获得“苏州市规范汉字书写教育特色学校”“苏州市书法教育实验基地”的称号。2014 年 3 月，学校举行了“书法名家进校园”的启动仪式，苏州市书法家协会秘书长王国安先生、副秘书长钦瑞兴先生对学校书法教育活动的有序开展进行指导，为“书法工作室”隆重揭牌。学校专门成立了书法社团，聘请中国书法家协会会员陈益民为指导老师，让身边的名家引领书法教学。近年来，师生参加校内外各项书法竞赛活动取得了喜人的成绩，多篇书法作品在省、市等各级评比中获奖。2016 年 3 月，学校加入苏州市教育学会书法教育专业委员会，成为团体会员单位，学校书法教育特色得到社会各界的肯定，真可谓“传承经典育学子，敬恩园内墨香浓”。

校园鸟瞰

上善若水　厚德载物

——苏州市高新区阳山实验初级中学校简介

张俊辉校长

苏州市阳山实验初级中学校，溯源于1969年9月创办的吴县观山小学加冠初中。学校在几十年变迁中几易校址、数更其名。2004年7月，经苏州高新区管委会批准设立苏州市阳山实验学校，为高新区唯一一所九年一贯制公办现代化实验学校。2013年8月，为适应苏州经济社会发展需要，将原苏州市阳山实验学校中、小学部分设，初中部设立为苏州市阳山实验初级中学校。

学校打造书香校园，实施师生书法教育文化建设，以书香和墨香的融合营造特色校园文化；依托浒墅关经济技术开发区丰富的历史人文资源与秀美的自然风光，积极开设“吴文化研究”的校本教研；开展科技体育活动，初步形成了以无线电测向、海模和建模为代表的学科特色。

学校荣获“江苏省教育先进单位”“苏州市文明单位”“苏州市教育现代化初中”“苏州市十佳书香校园”“苏州市‘中华诵·经典诵读’基地学校”“苏州市规范汉字书写特色学校”“苏州市书法教育实验基地”“苏州市书法教育‘千百工程’优秀教育基地”等多项荣誉称号。学校办学成绩显著，多次被人民网、苏州电视台、《苏州日报》等主流媒体报道。

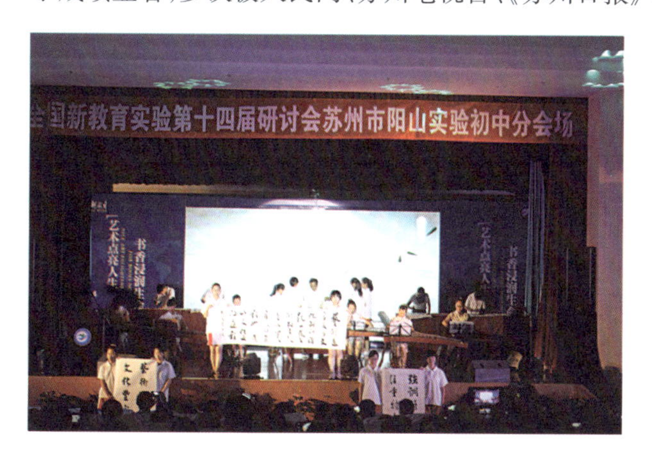

学校书法家书法活动

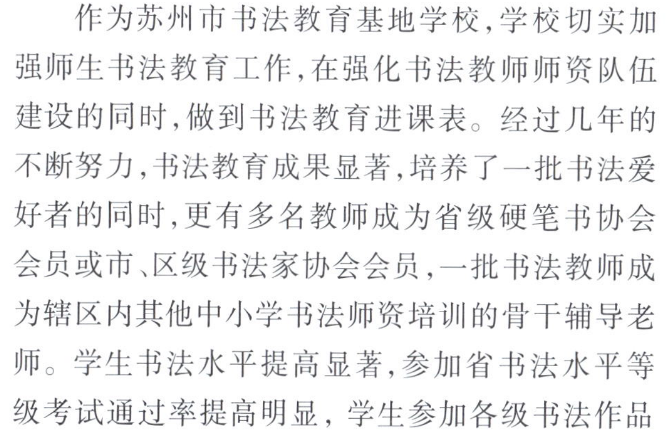

作为苏州市书法教育基地学校，学校切实加强师生书法教育工作，在强化书法教师师资队伍建设的同时，做到书法教育进课表。经过几年的不断努力，书法教育成果显著，培养了一批书法爱好者的同时，更有多名教师成为省级硬笔书协会会员或市、区级书法家协会会员，一批书法教师成为辖区内其他中小学书法师资培训的骨干辅导老师。学生书法水平提高显著，参加省书法水平等级考试通过率提高明显，学生参加各级书法作品比赛获奖等级不断提高，每年学校艺术节展出的师生书法作品水平也在不断提升。师生人文素养和艺术修养的提高，使校园的每一方立石、每一个院落、每一幢楼宇散发出更加浓郁的文化气息，透析着人文精神，浸润着每个人的心灵。优美的校园环境，浓郁的文化气息，鲜明的地域特色，使阳山中学成为每一个孩子生活的乐园。

学校书法展厅

苏州市吴中区书法特色学校

传承百年精华　展望象勺腾华

——吴中区木渎实验小学简介

江苏省木渎实验小学建于1904年7月,位于太湖之滨、灵岩山麓的江南古镇——木渎。1978年,学校被定为江苏省重点小学;1981年,被定为江苏省首批办好的实验小学之一,1997年12月,被再次确认为“江苏省实验小学”;1999年12月,被评为“江苏省模范学校”。

叶俊校长

百年的历史,学校积淀了丰厚的底蕴。多年来,学校坚持走以素质教育为目标的教改之路,致力“传承百年教育之精华,展望木小象勺之腾华”。学校始终以教育科研为先导,以创新教育为重点,选择课堂教学研究作为教研与科研的切入口,紧扣“低耗高效”和“优效化”问题进行深入研究。始终走关注“小课堂”,研究“大教育”之路,探寻影响课堂教学“效度”的成功策略,努力将“小课堂”这篇“大文章”做实、做强、做优。“优效的课堂教学”现已成为学校特色建设的一个亮点。学校坚持“合格+特长”的素质教育思想和行动,大面积保持了教育教学高质量,办学成果显著,赢得了家长和社会各界的普遍赞誉。

教学楼

教师的发展,成就了学生,成功了学校。学生在区级及以上各级各类竞赛中有2000多人次获奖,并先后被评为“江苏省模范学校”“江苏省教育科研先进集体”“苏州市中华经典诵读基地”“苏州市规范汉字书写教育特色学校”“苏州市语言文字规范化示范校”等近百项荣誉称号。近年来,学校每学期开展书法等级考试活动,辅导学生参加全国、省、市、区等各级各类竞赛,成绩显著。

百年老校展新姿,素质教育争模范。追求与期待,必将使木渎实小展现崭新的辉煌!

校园俯瞰图

吴中区宝带实验小学简介

蔡巧英校长

江苏省宝带实验小学位于苏州城南古代名桥宝带桥畔，创办于1994年8月，现占地面积约为36667平方米（包括附属幼儿园），建筑面积为25000平方米，现小学部有48个教学班，附属幼儿园有20个班级，师生共有近3000名。首任校长为郭瑞燕，现任校长为蔡巧英。1998年，通过江苏省实验小学验收；2006年，通过苏州市教育现代化小学验收。

在“承传民族文化，培养国际意识”理念的引领下，学校通过举办阅读节活动，诵经典、读书籍、承传统、养气韵；通过举办外语节活动，学英语、通世界、开眼界、扩胸怀，“为学生创造自由发展的空间，让每一个学生的每一天都能按照自己的优势去发展”。在此基础上，学校着眼于学生的未来，不断推进科技教育，通过与气象局、科技局、农业局合作，建立科普基地，增强学生的科学意识，培养学生的创新实践能力，通过活动取得了丰硕的成果；通过举办校园体育节、艺术节等平台，全面提升学生素养。学校为培养一流的师资队伍，通过“走出去”“请进来”的方式加快教师成长，同时为提升教师专业素养创设多元平台，加入江苏省名校联盟，成为“教育部‘国培计划’骨干教师研修项目基地”，还积极与华东师大、同济大学、南京师范大学等著名高校合作，把教师送上专业发展的快车道。

办学二十多年来，学校培养了40余名市、区知名教师和学科带头人，先后获得了“全国学校文化建设金奖”“国家级语言文字规范化示范学校”“全国基础教育名校”“江苏省文明学校”“江苏省教育现代化示范学校”“江苏省书法等级水平考试优秀学校”等市级以上荣誉称号80多项。先进的教育理念，一流的办学条件、浓郁的文化底蕴、雄厚的师资力量、科学的管理方法、鲜明的教学特色、优良的教育质量、显著的办学成果，使今天的江苏省宝带实验小学成为闻名省内外的现代化教育窗口。

文化立校 质量兴校 特色强校

——吴中区胥口中心小学简介

胥口中心小学占地面积为44288平方米,建筑面积为16424平方米,活动场地面积约为12000平方米。学校环境优美,各类专用教室齐全,功能设施配套到位。教育技术装备达江苏省Ⅰ类标准。现有37个教学班,学生1736人,教职员工118人,其中专任教师92人。高一级学历比例教师达91.3%,有区级以上骨干教师14人。

周柏荣校长

学校坚持正确的办学方向,全面推进素质教育,教育质量稳步提高。近10年来,学校依托胥口镇“中国书画之乡”这一独特的人文背景,以打造书画特色品牌为突破口,不断丰富办学内涵,努力提升教育质量,全面实施素质教育。目前,艺术教育已经成了学校鲜明的办学特色。在艺术教育的带动下,根据学生的个性特点和兴趣爱好,学校先后开设了作文、舞蹈、书画、竹笛等10多个特色兴趣小组,发展学生的综合素养,在学生家庭和社会上形成了良好的口碑。学校秉承“文化立校、质量兴校、特色强校”的理念,逐渐走上了“常规兼特色”的品牌办学之路。日本NHK电视台、江苏教育电视台、苏州电视台等媒体对学校艺术教育进行了专题报道,学校知名度、美誉度不断提升。

胥口中心小学

学校近几年获得了“江苏省艺术教育特色学校”“江苏省绿色学校”“江苏省健康促进(金奖)学校”“苏州市常规管理示范学校”“苏州市教育现代化小学”“苏州市文明单位”“苏州市德育先进学校”“苏州市特色文化学校”“苏州市教育信息化示范学校”等荣誉称号。

胥口中心小学

建美丽校园　做幸福教师　育快乐学生

——吴中区木渎南行实验小学简介

吴中区木渎南行实验小学坐落于苏州古城的发祥地——风景秀丽的江南千年古镇木渎，有近七十年的办学历史。前国家副主席荣毅仁之堂公荣柏云先生于1947年在当时吴县七子山麓创办全免费学校——南行农村小学，新中国成立后改名为七子中心小学。1996年，木渎镇启动教育现代化工程，易地重建，命名为吴中区木渎第三小学。

周卫根校长

校园一景

随着教育事业的不断发展，2011年底，木渎第三小学迎来了新的发展机遇，木渎镇党委、政府决定将木渎第三小学迁入原苏州瑞华双语学校，经过初步改造，小学部于2013年1月整体搬入占地面积达77333平方米的美丽新校，2014年10月又更名为吴中区木渎南行实验小学。

教师参加书法考级

十多年来，在各级教育行政部门和当地党委、政府的正确领导下，学校全面贯彻党的教育方针，坚持科学发展观，努力推进素质教育，深化课程改革，全力创建和谐校园，办学成果显著，教育质量不断提升，教育特色不断拓展，形成了石文化、邮文化、茶文化以及读书写字教育的特色。学校先后被评为“江苏省文联书画考级培训基地”“江苏省书画考级先进集体”“江苏省硬笔书法家协会教育培训基地”“中国书法名城苏州书法教育千百工程培训基地”“苏州市语言文字规范化示范学校”“苏州市规范汉字书写教育特色学校”“苏州市书法进校园先进学校”等荣誉称号。

学生书法练习

今后，学校将继续坚持用“育人为本，质量为先，健康第一”的办学理念来指导学校的各项工作，本着“依法治校，质量立校，科研兴校，特色强校”的治学方针，努力实施文化管理，精心构建管理文化，以“石”的精神，“茶”的礼仪为抓手，激励人、教育人、影响人、成就人，真正使学校办成“人文性、科学性、质优型、和谐性、现代化、园林式、示范性、特色明”的品牌学校，成为生态、和谐、快乐、平安、健康、幸福的校园，成为孩子一生中最美好的回忆。

苏州市相城区书法特色学校

传承百年文化　争创优质教育

——相城区北桥中心小学简介

北桥中心小学创办于1908年，至今已有100余年的办学历程。百年老校，根深叶茂，树人万千，桃李芬芳。

杨福明校长

校园建筑总面积达25430平方米（含幼儿园），小学主体区域包括1幢行政实验楼、3幢教学楼、1幢艺体楼、300米跑道标准化塑胶运动场和能容纳1500人同时就餐的食堂餐厅。整个校园，功能区分合理，楼体连廊相通，既动静分离又和谐相连，浑然一体。完善的教学设施和现代化的教学设备达到了江苏省中小学教育技术装备一类标准。共有48个标准教室、20多个专用教室，风雨操场、报告厅 、图书阅览室、校园局域网、智能广播系统、防盗监控系统、大屏幕电子显示屏等现代化设施一应俱全。学校本部现有44个教学班，2046名学生，专任教师118名，区级学科带头人、教学能手、教坛新秀等58名，中高级职称人数占教师总数的49%。

学校正门

文化走廊

教学楼

近年来，学校全面贯彻党的教育方针，以德为首，以师为本，致力于打造德艺双馨的师资团队，培养秀外慧中的阳光儿童，积极推进素质教育。以“汇聚每一种精彩，成就每一个梦想”为办学理念，以“立德立才”为校训，规范办学行为，引导教师遵循教育规律，运用科学方法，提高教学质量，在学校里把学生教会、教好，减轻学生过重的课业负担，把时间、空间还给学生，积极开展丰富多彩的校园活动，努力创设学生自由发展的新天地。学校立足国家课程，充分挖掘地域传统文化教育资源，吸取吴文化的精华，博采众长，兼容并蓄，努力构建以吴文化为主要载体的校本特色课程体系，以写字教学、戏曲教学、评弹教学、开口船拳武术教学等特色项目为抓手，在学生中弘扬优秀的民族传统文化，初步走出了一条特色办学之路。

学校先后获得了“苏州市常规管理先进学校”“苏州市德育先进学校”“苏州市教育信息化先进学校”“苏州市优秀家长学校”“苏州市青蓝文明岗”“苏州市校务公开先进学校”“苏州市教育技术装备管理先进学校”“苏州市特色文化学校”“首批苏州市规范汉字书写教育特色学校”“苏州市书法特色学校”“苏州市体育传统项目学校”“江苏省依法治校示范校”“江苏省健康促进学校”“江苏省绿色学校”“江苏省优秀家长学校”“江苏省教育科技工会模范职工之家”等荣誉称号。

相城区御窑小学简介

支俊华校长

御窑小学坐落在具有文化底蕴的御窑旁，深厚的传统文化为学校增添了独特的气息与魅力。建校以来，在“御窑文化进校园”的主题背景下，学校秉持“传承御窑文化，争创一流教育”的办学宗旨，先后被评为“江苏省平安校园”“江苏省健康促进学校银奖学校”“苏州市首批级规范汉字书写教育特色学校”“苏州市书法（写字）特色学校”。

学校建校初就将书法教学纳入正式课程，把课堂作为创建书法特色的主阵地，编写校本教材《御窑金砖书法》；各年级每周开展一节金砖书法课；每周三、五中午是全体学生集体练习硬笔、软笔字的时间，伴随着悠扬典雅的古筝曲，全校学生在教师的指导下静心习字，已然成为御小校园里一道独特的风景线！学校有专职书法教师两名，多次面向参观团、兄弟学校开课及市区级展示。两位专业教师注重学生书写习惯的养成，运用多种生动的教学方法充分调动孩子们学习书法的积极性，寓教于乐。领导专家对她们的课堂给予了充分的肯定和高度评价。

学校校门

御窑小学将书法特色作为载体，注重全体师生书法素养的整体培养与提升。写一手漂亮的“三笔”（毛笔、钢笔、粉笔）字是最基础的教师技能，光靠一两个专业教师是无法将学校书法特色进一步做大做强，必须培养一支具有书法教育能力的专业教师队伍，因此，学校把目标放在了教师培训上。作为首批苏州市规范汉字书写教育特色学校，结合“书香校园”建设及“书法名家进校园”活动的开展，将书法名家请进校园，开展书法培训系列活动，进一步打造鲜明的学校文化特色，凸显办学特色，提升办学品位。学校特聘全国书法教育名师，著名书法家王浩老师指导全校教师练习钢笔字、粉笔字。每月邀请著名书法家张继玉老师来校为师生指导书艺。此外，学校还要求青年教师每周在小黑板上练习粉笔字，挂在学校大厅里展示。

学校大厅

在翰墨名家的指导下，通过练书法、修内功、强素质，御窑小学的青年教师们练就一手好字，对于更好地指导学生书写、全面提高学生的书写水平具有重要的作用！

相城区湘城小学简介

宋兴国校长

湘城小学坐落在相城区东北阳澄湖畔、沈周的故里，始创于清代同治年间，历经150多年的传承演变，于2008年整体搬迁至新校园。新校园环境清静优美，校舍宽敞美丽，充满人文气息。

加强教师队伍建设，是提高教育质量、提升办学水平的关键。经过多年努力，一支以区学科、学术带头人，教学能手，教坛新秀为骨干的师资队伍基本形成。学校现有全国优秀教师2人、市优秀教育工作者11人，市级学科带头人4人、区学科带头人12人。

学校启南书画苑

2008年以来，学校以书画和跆拳道为特色项目的体艺特色初显成效。为更好地深化素质教育、打造学校特色，2014年学校以打造“沈周文化”特色为抓手，把“沈周文化”所蕴含的“爱国、勤奋、和谐、创新”理念贯彻到学校的各项工作中去。在苏州市文明办、苏州市美协、相城区宣传部的大力支持下，2015年10月“启南书画苑”挂牌，并成立了“苏州美协书画名家志愿工作室”，邀请“吴门画派”著名书画家柳承宗先生定期来校指导，并在地方活动课程中增加“沈周文化”书画文化教育的内容。2015年，学校被评为“苏州市书法特色学校”。2016年3月，学校经苏州市教育局批准成为“苏州市小学特色文化建设工程项目基地学校”。

学校将利用“沈周文化”这个得天独厚的教育资源，构建出独具特色文化的校本课程体系，凸现学校的办学特色。

学校正门

昆山市书法特色学校

百年开小　人才的摇篮
快乐开小　成长的乐园

——昆山开发区实验小学简介

昆山开发区实验小学的前身创立于1907年，几经变迁，几度易名，于2012年秋迁入新校址——昆山开发区黄河北路127号。现校园占地面积近26667平方米，建筑面积达20000多平方米。学校现有35个教学班，1800名学生，100多名教职员工，拥有包括省特级教师、苏州市名教师、昆山市学科带头人在内的骨干教师40多人，约占教师总数的45%。

昆山开发区实验小学校门

学校坚持“我可以，我行！（I can，I do！）”的核心办学理念，秉承“笃行、求真”的校训以及“创建快乐校园，建设快乐开小”的办学愿景，遵循“规范管理、均衡发展、强化特色、打造品牌”的工作思路，努力提升办学水平。

校园美景

昆山开发区实验小学是苏州市开展手球教学最早的学校。自2010年以来，学校一直蝉联苏州市以及国内小学生手球比赛冠军。2014年，学校应邀赴克罗地亚代表国家参加“伊斯特拉杯”世界少年手球锦标赛，荣获2000～2002年年龄组第三名。2015年秋，学校成功承办了“两岸三地”国际青少年手球夏令营。

学校的游泳队成绩斐然，十多次蝉联昆山市中小学生游泳比赛团体冠军。学校艺术教育也蓬勃发展，其中有4名学员摘得中国少儿戏曲比赛的最高奖——金花奖。

多年来，学校已经获得了“昆山市语文学科基地学校”“昆山市文明单位”“苏州市未成年人思想道德建设先进集体”“苏州市体育传统项目学校”“苏州市教育科研先进单位”“苏州市德育先进学校”“苏州市教育信息化先进学校”“江苏省现代教育技术示范学校”“江苏省青少年科技四星级学校”“江苏省体育传统项目学校”“江苏省实验小学”“全国青少年手球运动传统学校”等众多的荣誉称号。

校园美景

阳光特校　翰墨飘香

——昆山市爱心学校简介

昆山市爱心学校位于昆山市马鞍山东路188号，直属于昆山市教育局，听障和智障两类残疾少年儿童是学校主要教育对象，目前在校学生148人，在职教职员工41人。

学校创办于1973年，是江苏省创办最早的县级特殊教育学校之一。近年来，学校在全面实施免费义务教育的基础上，积极推进义务教育向学前教育、高中教育延伸工程，形成了涵盖学前教育、九年义务教育、职业高中教育的特殊教育体系，在全省率先普及残疾儿童少年15年免费教育，同时设立了特殊教育指导中心，辐射全市随班就读，逐步完善特殊教育体系，全面满足残疾少年儿童的教育需求。

管文娅校长

校园一景

学校认真落实《特殊教育学校课程改革方案》，扎实推进特殊教育课程改革，全面提高素质教育实施水平，积极培育以书法(写字)教学为龙头的艺术教育办学特色。2011年，学校被评为“苏州市书法学校”；2013年，通过“全国书法教育实验学校”验收；2015年，被命名为“全国书法教育示范学校”。

学校按照“遵循教育规律，运用科学方法，提高教育质量”的总体要求，有序开展书法写字教学。一是以实施校本课程推进特色建设，认真编写系列校本教材，科学建立教学评价标准，先后获全国校本课程录像课评比二等奖、全国校本课程教材评比三等奖。二是以优化教学模式推进特色建设，构建“以教师为主导、以学生为主体、以练写为主线”的写字教学模式。近年来，学生在各级书法作品评比中获奖400多人次。三是以提高队伍素质推进特色建设，狠抓教师书法教学基本功，定期开展教研活动。学校现有6名江苏省书法家协会会员、苏州市书法家协会会员、昆山市书法家协会会员教师，多名教师获评“江苏省书法教育先进个人”“苏州市书法教育先进个人”，1名教师获聘中小学写字学科高级教师。学校还成立了“王敏华书法工作室”，定期组织研讨，多名教师在各级各类研讨活动中开设展示课、观摩课，并获一致好评。

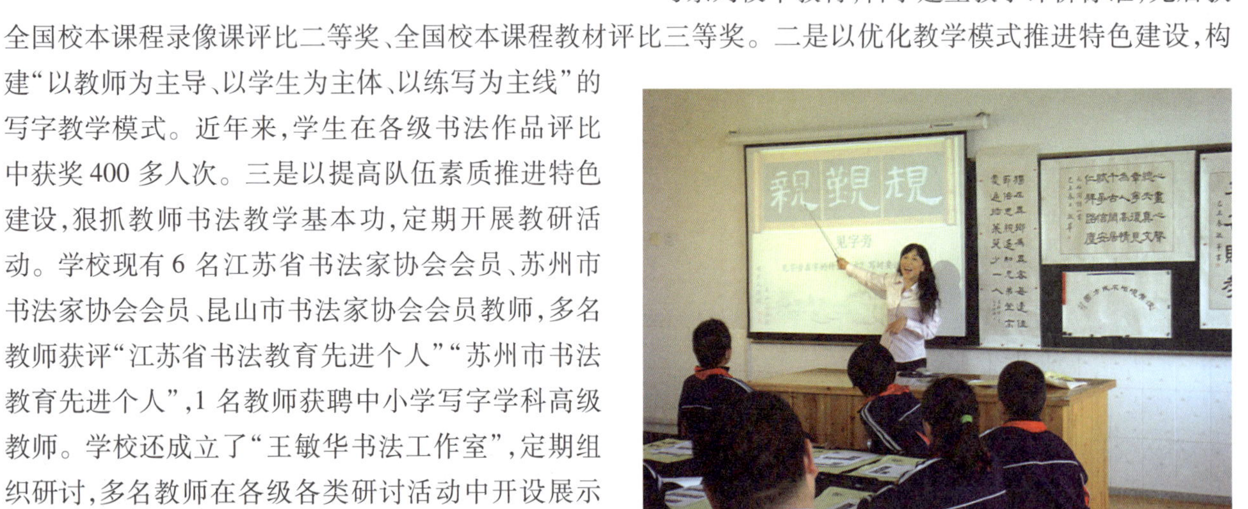
书法教学

昆山市周庄小学简介

倪桂荣校长

周庄小学位于周庄镇淀南路269号，北靠风光秀丽的太师淀，南临气势宏大的白蚬湖，与千年古镇隔湖相望。学校占地面积为41302平方米，建筑面积为14326平方米，学校教育设施先进，教育环境优美。学校现代化教育设备完善，达到江苏省教育技术装备Ⅰ类标准。

近年来，周庄小学坚持走教育现代化之路，积极挖掘和凭借古镇特有的资源，建构“以水乡文化为主要教育内容，以综合实践活动为主要实现形式”的特色教育，编辑校本教材《我爱周庄》和《“水乡文化”教育读本》，开发建设校本课程，引导学生了解周庄的水乡文化特色，熟悉周庄的发展历史，学会关注家乡，关注社会，表达自己热爱水乡的思想情感；积极创设“求真、求美、博学、博爱”的办学风尚，致力于“为每一位学生终生发展奠定基础，为每一位教师专业发展提供平台”，努力促进学校、教师、学生三者和谐发展。

学校正门

2005年以来，学校先后获得了“苏州市教育现代化小学”“昆山市素质教育先进学校”“昆山市文明单位”“昆山市依法治校示范学校”“江苏省健康促进学校（银奖）”“苏州市中小学教育技术装备管理先进学校”“江苏省绿色学校”“江苏省红十字示范学校”“江苏省节水型学校”等荣誉称号。

近年来，学校以传统文化为抓手，着力推进书法艺术进校园活动，努力提升校园文化内涵；以提高教师书法意识和书写水平为切入口，切实提高教师的业务能力；以创“书法特色班”为手段，提高学生的书写能力，培养学生对传统文化的兴趣和爱好。通过努力，学校被江苏省硬笔书法家协会授予“江苏省书法教育基地”称号。学校积极组织教师参与上级部门举办的各种书法培训活动和竞赛活动，并取得了一定的成效。学校现有江苏省硬笔书法家协会会员2名，苏州市书法家协会会员1名，昆山市书法家协会会员1名，昆山市硬笔书法家协会会员2名，昆山市青年书法家协会会员3名。

校园一景

学校主体教学楼

翰墨书香　和美西塘

——昆山市高新区西塘实验小学简介

高新区西塘实验小学新校区(以下简称新校区)始建于2012年,总投资约为1.17亿元人民币,于2013年8月交付使用。新校区占地面积为32371.87平方米,建筑面积为24509.28平方米,办学规模6轨36个班,教育装备全部按省Ⅰ类标准配备。

张凤良校长

学校大门

在传承老校区(创办于1905年)百年历史所形成的优良传统和丰厚文化底蕴的基础上,学校进一步开拓创新,坚持“让每个孩子享受不一样的幸福”的办学理念,以“和而不同,美美与共”为校训,努力打造和美校园。

西塘人秉持“书香养慧、翰墨润灵”的优秀文化基因,精心打造“书香·墨香”校园,取得了丰硕的教育成果。近年来,学校成功创建“全国书法教育示范学校”,先后获得“苏州市书香校园”“江苏省全民阅读活动——中小学书香校园阅读基地”“江苏省中小学书法特色学校”“全国新教育实验优秀学校”等荣誉称号。

学校书法教室

弘传统文化　树培基新人

——昆山市张浦中心小学简介

学校大门

学校创建于光绪三十一年（1905 年）春，时名培基小学堂，开设两个班，学生 20 余人。一百余年的薪火相承，学校规模不断扩大。而今学校已拥有占地 40000 平方米的崭新校园，建筑面积为 15322 平方米，绿化面积为 14400 平方米，建有室内体育馆、300 米环形塑胶跑道、两块塑胶排球场、三块篮球场。高规格、高起点的校园规划与设施设备为学校内涵发展提供了优质保障。

学校确立了“博学健体，秀外慧中”的校训，提出了以“教育设施一流、师资队伍一流、教育资源一流的农村示范中心小学”为办学的宏伟目标，以“为学生的全面发展、终身发展奠定坚实基础”为办学理念，以“德育为首、五育并举、夯实基础、发展特长”为培养目标，以“为学生健康成长奠基，为教师持续发展铺路”为办学宗旨，精心打造“文明、守纪、团结、奋进”的校风，“严谨、热情、求实、创新”的教风和“勤奋、好学、活泼、向上”的学风，努力彰显“读写教育”（诗歌诵读、写字教育）和“昆山市柔道训练基地”的学校特色，全面实施素质教育，积极推进教育现代化建设，努力办人民满意教育。

近年来，全校教职员工发扬“艰苦创业，勇于创新，争先创优”的“三创”精神，团结一致，务实奋进，扎实工作，学校办学水平得以不断提升，并赢得了良好的社会声誉，学校先后被评为：“全国书法教育实验学校”“江苏省平安校园”“江苏省绿色学校”“江苏省健康促进学校”“江苏省书法（写字）特色学校”“江苏省硬笔书法实验基地”“昆山市文明单位”“昆山市体育传统项目学校”“昆山市校园文化建设先进单位”。

书香华小　活力华小

——昆山市周市华城美地小学简介

昆山市周市华城美地小学位于昆山市周市镇北部新区，2006 年动土兴建，2008 年秋季正式投入使用。2013 年进行扩建，学校占地面积为 27664 平方米，建筑面积为 13413 平方米。目前学校现已成为一所功能齐全、设备先进的现代化小学。壮观实用的教学楼，秀美玲珑的绿化带，高速互联的校园网，充满文化气息的校园环境，立体折射出了学校深厚的文化底蕴。微格教室、音乐室、劳技室、乒乓球室、科学室、图书阅览室、自然实验室、电子备课室和书法教室等功能教室一应俱全。学校以“志存高远，脚踏实地”为校风，致力营造“为人师表，诲人不倦”的教风和“快乐读书，健康成长”的学风，为追求“创造有涵养的学校、锻造有素养的教师、塑造有教养的学生”的办学目标而不懈努力。

蔡建芳校长

学校在团结务实的领导班子带领下，有一支爱岗敬业、积极奉献、素质精良、争创一流的教师队伍。学校现有 1 名昆山市学科带头人，2 名昆山市学术带头人，7 名教师被评为昆山市教学能手，十余名教师被评为昆山市教坛新秀。学校先后被评为“全国书法特色学校”“苏州市现代化学校”“苏州市教育技术装备先进学校”“苏州市一级图书馆”“昆山市德育先进学校”。

华城美地小学校门

学校对学生实施艺术的熏陶教育，由外及内，让学生感受快乐。以写字教学作为素质教育的突破口，牢固树立“认认真真写字、端端正正做人”的写字教育宗旨。在学校领导的高度重视下，定期开展师资培训，聘请书法家来校开设讲座，提高教师的书写技巧水平。学校编写了书法校本教材，积极组织全体师生参加江苏省硬笔书法大赛，2013 年被评优秀组织集体，有一名教师被表彰为省先进教师。学校成立了王浩（江苏省著名书法家）书法工作室。2014 年，学校被评为“全国书法教育实验学校”。

学校的明天将抢抓机遇，传承优良传统，励志革新，以为了每个孩子的健康快乐成长为目标，一步一个脚印地迈进，为办人民满意的特色学校而不懈奋斗！

校园鸟瞰图

昆山市实验小学简介

顾建芳校长

昆山市实验小学创办于1958年,坐落于美丽的玉峰山下、娄江河畔,是江苏省首批命名的95所实验小学之一、昆山市教育局直属小学。学校先后获得"江苏省模范学校""江苏省文明校园""全国首批科技体育传统学校"等荣誉称号。

在传承和创新的基础上,学校提出了"智慧实小"品牌建设,努力实现"智慧教育"。其核心思想是智于行,慧于心。其培养目标:健康、得体。其核心内容:构建智慧校园,打造智慧课堂,成就智慧教师,培育智慧学生。

学校积极实施"名师支持,科研兴校,质量取胜"的战略,坚定不移地走内涵发展之路,全力打造领导班子、班主任、骨干教师、辅导教师、青年教师五支队伍。

打造智慧实小,是每一个昆山实小人的理想和信念。实践中,智慧实小内涵不断充实,逐渐清晰。学校以"做一个智慧的人"为校训,以"民主、融合"为校风,以"厚德、博学"为教风,以"乐思、善行"为学风。

智慧实小,实小智慧,我们不懈努力着!

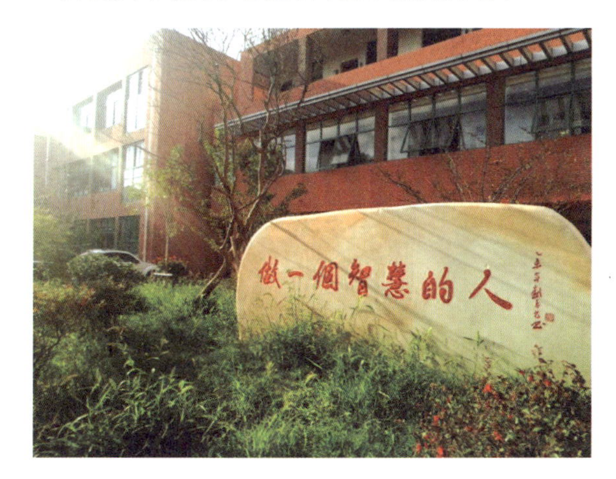

百年千小：一所“好美”“好雅”的学校

——昆山市千灯中心小学简介

昆山市千灯中心小学校创办于1905年，是苏州市百年老校之一，学校有南北两个校区。占地总面积为86667平方米，建筑面积为40000多平方米，活动面积为25000多平方米，绿化面积为20000多平方米。南北校区各6轨，现有59个班级，在职教职工200多人、学生3000多人；有苏州市、昆山市学科学术带头人、教学能手、教坛新秀共50多人。

陈春明校长

在新时期，百年千小坚决贯彻镇党委政府大力创办优质教育、一流教育，推进生活城市化的工作目标，抓内涵建设，走品牌发展的道路。学校充分尊重并发扬光大百年办学的优秀传统，全体教职员工进取创新，坚持文化立校、课程育人，以“转型升级”建设乡村“好学校”。以“好”为核心，以北校区的“好美学校”、南校区的“好雅学校”文化建设为抓手，用文化浸润人、感染人、引领人、改变人、发展人，全面促进学校管理模式的转型，从原来的“强化管理推动型”转型到“文化建设成长型”。着力学校特色提升，从原来的“特色活动开展型”升级到“特色课程开发型”，“千小六艺”特色课程建设成就显著。

学校南校区

近年来，学校先后被授予“全国新教育示范学校”“全国艺术教育先进单位”“全国校园文化先进单位”“江苏省艺术教育特色学校”“江苏省科学教育特色学校”“江苏省健康促进学校银奖”“江苏省平安学校”“江苏省发明家摇篮学校”“江苏省绿色学校”“江苏省书法(写字)特色学校”等众多荣誉称号。

学校申报成功“中央专项乡村学校少年宫”项目，通过评审立项“江苏省小学特色文化建设基地”，分别成为“苏州市义务教育改革项目”“苏州市家庭教育课程化项目”五十校之一。学校被誉为“一所乡村学校的理想模样”“教育试验田的千灯标杆”，新华网、光明网、《中国教育报》、《中国教师报》、《江苏教育报》、《苏州日报》、苏州电视台等媒体对学校进行了专题报道；新教育实验成果代表中国在世界教育创新峰会上专题播放。

学校北校区

弘扬书法艺术　建设特色学校

——昆山市周市中心小学简介

学校创办于 1906 年,是一所百年老校,占地面积为 32826 平方米,现有 31 个教学班,学生 1504 人。近年来,学校坚持科学发展观,努力办人民满意的学校,通过不断强化内部管理,建设和谐校园,加快课程改革步伐,加大校本教研力度,不断提高师资素质,努力提高办学条件,促进了素质教育的全面实施和教育质量的不断提升。

杨立群校长

学校先后被评为“江苏省健康促进学校”“苏州市德育先进学校”“苏州市语言文字示范学校”“苏州市指导孩子‘三会’先进学校”“苏州市工会工作先进集体”“苏州市女职工先进集体”“苏州市教学技术装备先进学校”“苏州市一级图书馆”“苏州市校务公开先进学校”。环绕素质教育这个中心,以科技教学为突破口,加强机器人教学为抓手,建设学校科技教学特色,为学生全面发展奠定坚实的基础。书法教学是学校于 2012 年确立的一个特色项目。抓好书法教学,促进学生良好的写字习惯、写字品质、写字技能,是推进课改进程、提高师生写字水平、营造墨香校园的必要条件。

校园一角

学校积极创造“人人参与,师生共练”的校园氛围,打造以书法教育为特色的校园。把书法特色教育工作贯穿于学校的教育教学各项工作,贯穿于学生学科教育、品德教育的全过程,让学生“端端正正写字,堂堂正正做人”。利用书法教育中汉字的文化内涵滋养,促进学生良好素养的形成。近几年来,学校领导班子进一步提高认识,取得了较为显著的成效。2012 年 9 月,被苏州市语言文字工作委员会授予“苏州市语言文字规范化示范学校”称号;2014 年 11 月,被江苏省硬笔书法家协会授予“书法教育基地”称号;2015 年 12 月又被授予“苏州市书法特色学校”称号。

书法进课堂

辛勤耕耘,学校的书法教育取得了一定的成绩,同时也在不断地摸索之中。今后,学校将更加深入、持久的开展书法教育研究,用古老的中国书法文化弥漫校园,浸润童心!

百年积淀　内涵发展

——昆山市陆家中心小学校简介

王建良校长

春秋战国时期的娄邑，镇区有一河浜，称“鹤塘浜”，河里长一种草名“菉葭草”，合草、浜之称名：“菉葭浜”。又据清乾隆《菉溪志》记载，三国鼎立时，吴国丞相陆逊之孙陆机、陆云曾客居于此，因此而取名“陆家”。1966 年 4 月，经江苏省人民政府批准将“菉葭”改名“陆家”。穿镇而过的吴淞江，是这片土地上一支流动的歌，碧水流淌，哺育着拥有百年历史的陆家中心小学校。

陆家中心小学校原名菉葭国民小学，创建于 1907 年，原址位于镇北路北宅。1952 年正式更名。1991 年异地重建于陈家浜路。2000 年，作为分校的西校区在镇南粮路西端落成。2011 年学校行政搬至西校区。现学校总占地面积为 55048 平方米，建筑面积为 24235 平方米。全校现有 64 个教学班，3192 名学生，专任教师 141 名，其中研究生学历 8 人，本科 107 人，大专 20 人。大专及以上学历占比达 95.8%，中级以上职称教师 65 人，占比 46.1%，昆山市级以上骨干教师 52 名，其中昆山市学科学术带头 8 人，教学能手 19 人，教坛新秀 25 人，占教师总数的 36.9%。

校园风光

今天，有着深厚文化底蕴和优良办学传统的百年老校，正以其勃发的青春姿态，书写华彩篇章。学校确立了“以德为首、以人为本，培养学生良好的做人习惯和学习习惯”之办学理念，坚持以质量为中心，以团队正能量为动力，以排球特色为引领，带动体育、艺术、科技、书画特色全面发展。“习惯成就品质、特色打造品牌、文化提升品位”是陆小人不懈的追求，“做人民满意教师，办人民满意学校”是陆小人共同的目标。近年来，学校获“江苏省平安校园”“江苏省绿色学校”“江苏省优秀家长学校”“江苏省健康促进学校（银牌）”“江苏省书法基地”“苏州市体育传统项目学校”“苏州市特色文化学校”“苏州市技术装备管理先进学校”“苏州市书法特色学校”等荣誉称号。

校园风光

雄关漫道真如铁，而今迈步从头越！

利用状元文化资源　引领学校特色发展

——昆山市石浦中心小学校简介

金明校长

吴淞江畔，状元故里。昆山市石浦中心小学校，坐落于千灯镇石浦街道卫丰路60号，始建于1904年，是为纪念昆山历史上第一个状元——卫泾而创办的一所百年老校，迄今已有112年办学历史。如今的石小，占地面积为27877平方米，建筑面积为11000平方米，科学、艺术、计算机等专用教室齐全，设施完备。现共有教学班33个，学生1671名，专任教师76人，其中市级以上骨干教师37人。学校以“务实奋进办一流学校，锐意创新育一流新人”为办学目标，务实奋进，团结合作。以“状元文化”精髓为引领，全面推进素质教育，培养“合格＋特长”的阳光儿童。在“思贤求真”的校训指引下，在全校师生努力下，逐步形成了特色品牌文化——“状元学府”，开设必成武术学院、卫泾民乐学院、毛澄航模学院、希周书法学院、元文科学学院等，引导广大师生从历史上状元成长、成才、成功的非凡历程中寻找人才成长的规律，传承地方优秀文化，构建具有鲜明时代特色的“状元文化”。由校长亲自担任主编，开发、编印《石浦蒙童谣》《状元名贤集》《武术》《三字经 弟子规》等校本教材，学习家乡名贤刻苦学习、奋发向上的精神，为学生特长发展提供坚实的基础和保障。同时取得了喜人的成绩，学校先后获得昆山市小学生文艺会演一等奖、500多人次通过了各级别的民乐考级，400多人次在国家级、省市级航模比赛中获奖，百余人次的师生书法作品在各级各类比赛中获奖。

中国书法进校园

学校先后被评为“江苏省书法教育基地”“苏州市书法教育先进集体”“昆山市文明单位”，学校现为“江苏省绿色学校”“苏州市教育现代化小学”“苏州市常规管理示范小学”“苏州市体育传统项目（田径）学校”“苏州市特色文化学校”“苏州市德育先进学校”“苏州市语言文字规范学校”“苏州市依法治校先进学校”“苏州市教育技术装备先进学校”“苏州市航空模型训练基地”“苏州市科技体育智突出贡献奖”等，赢得了家长的广泛赞誉。

昆山市石浦中心小学校正门

根深叶茂特色亮　书以载道翰墨香

——昆山市正仪中心校简介

冯雪林校长

作为一所有着90年历史的学校，昆山市正仪中心校文化底蕴深厚，书法氛围浓郁。学校十多年来一贯重视写字教学，确立了“水墨”文化品牌，以文化引领学校发展，力争让每一个学生拥有水的品质，墨的情怀。

为了给全校师生营造浓郁的书法艺术教育氛围，学校在硬件和软件上下大功夫，建好一间书法陈列室和两间书法专用活动室，为书法特长生开辟学习的良好平台；建成40米长的书法碑廊，进一步为学校增添特色文化氛围；浮雕景墙、信义亭、羲之像，提升了学校的书香品位。同时学校浓郁的书香氛围辐射到了各个班级，班级环境布置中处处可见学生书写的古诗、对联。

碑廊

为了开展写字教育，学校不仅每周开设一节40分钟的写字课，用好学校的写字校本教材，还每天增设一节20分钟的午间写字课，给学生配上舒缓的音乐，组织学生练习硬笔字，教师巡视指导，定期展示在学校外墙的作业展示栏中。近十年，学校利用巴城镇的“才艺普惠”开展书法提高班学习，将一部分写字优秀的学生组织起来，由专业教师进行辅导，以满足这部分特长生的发展需要，处理好写字教育普及和提高的关系，现在周末软笔书法和篆刻班已经达到9个班。

书法陈列室

学校一方面积极承办各类书法活动，如承办“苏州市书法年会”、昆山市“中小学生书法大赛”等，另一方面组织师生参加各类书法活动，如推荐优秀小选手到北京、武汉、南京参加现场书法比赛等；还把少先队红色文化结合到学校实际，在本校开展生动活泼、形式丰富的书法活动，通过举行师生现场书法表演、书法知识竞赛、校园十佳书法家评选来促进学校师生对书法的热爱之情，激发少先队员对党和社会主义祖国的朴素感情。我们不仅立足本校实际，还深入幼儿园、社区等地积极推进书法（写字）教育，开展送春联、寻访革命前辈、探访孤寡老人等活动。

信义亭

被评为“中国书法教育特色学校”“中国书法实验学校”“国家级规范汉字书写教育特色学校”“江苏省书法特色先进学校”等十多项荣誉称号。学校不求每位学生都能成为书法家，但求每个人都能写一手整洁的好字。让写字教学成为水墨正小的一个驿站，丰盈学生的一次灵魂之旅，成就学生的一段精彩人生！

昆山市石牌中心小学校简介

胡雪源校长

昆山市石牌中心小学校坐落于昆山市最北端的戚浦塘畔。作为全国小梅花戏曲的培训基地，学校以传承中华优秀传统文化为己任。学校充分利用校园内的每一个角落、每一面墙壁打造校园书法文化。同时，学校还设立了书法专用教室、书法展示区，方便师生学习书法、欣赏书法，让学生随处可见书法艺术之美，产生“我要写好字，写一手漂亮字”的强烈愿望，使“一字一画皆育人”的理念深入到每个学生心中，不断引领学生用智慧和勤奋叩开理想的大门。

校长胡雪源，小学高级教师，大专学历。2008 年 9 月调任昆山市石牌中心校校长、党支部书记。曾先后获得“昆山市劳动模范”“苏州市优秀教育工作者”“江苏省优秀教育工作者”等光荣称号。他的座右铭是：“让每一个在校学生受到最好的文化熏陶”。

校园

校门

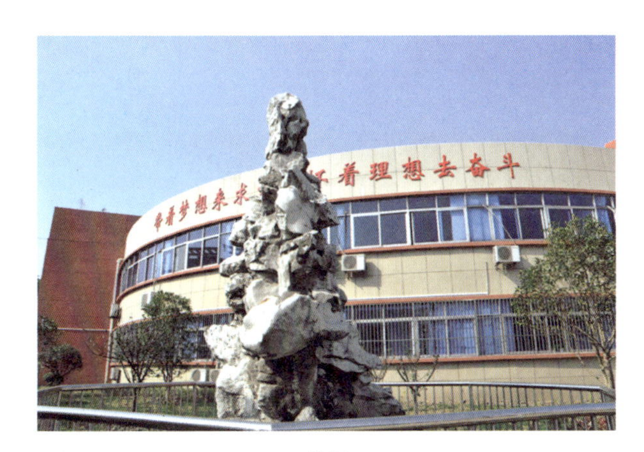

校园

校园

昆山国际学校简介

蒯红良校长

昆山国际学校自开办以来，坚持以书法教学为契机，不仅促进了学生全面发展，也推动了学校办学特色的发展。为了让学校的书法特色继续传承和发扬，使书法教学开展得更加扎实而富有成效，2014 年，学校成立了“兰亭书社”校级书法社团。兰亭书社的成立以及各类书法活动的开展，在全校师生中掀起了一个书法学习的热潮，为昆山国际学校的特色文化建设增添了一道亮丽的风景线。兰亭书社的学员屡次在昆山市、苏州市级各类书写比赛以及在全国规范汉字比赛中取得一等奖的好成绩，学校也成了国家级、省级书法实验基地，在国家级、省级报刊上都有学校书法特色的报道和师生作品的展示。在书法科研课题的引领下，学校的书法特色进一步向规范化、科学化发展，学校已成为一座翰墨飘香、人文气氛浓厚的优质教育名校。

学校书法特色建设硕果累累

2015 年度苏州市小小书法家

2016 年 3 月“中国书法进校园”活动中书法家现场挥毫泼墨

每周三、五兰亭书法社准时开展活动

昆山青阳港实验学校简介

朱小敏校长

昆山青阳港实验学校地处国家级昆山经济技术开发区，是一所九年一贯制公办学校。从1969年创办至今，已有近50年的历史。岁月变迁，青阳港学校曾4迁校址，历8任校长。从土墙校舍到如今占地面积达105333平方米的现代化的崭新校园；从资源匮乏的老青阳到不断进取的大青阳，时光孕育出青阳人说真话、办真事的精神底蕴。

学校设施、设备一流，拥有符合省Ⅰ类标准的实验室、多功能教室、图书馆、艺体室、室内篮球场、400米跑道运动场等设施及场地，以及星空地理教室、机器人科技展示厅、书法教室、书法展览长廊等，为学生提供优质一流的教学环境。学校先后获得了多项国家级、省市级荣誉："中国书法（写字）特色学校""江苏省硬笔书法协会书法教育基地""江苏省健康促进学校（银奖）""江苏省青少年科技教育先进学校""苏州市德育先进学校" "苏州市红十字示范学校""苏州市特色文化学校""苏州市平安学校""苏州市绿色学校" "昆山市文明单位"等。

学校正门

走进青阳，你会感受到庄严典雅与博大厚重在她身上巧妙地结合与淋漓尽致地发挥。走进青阳，你会深切地感受到这里浓郁的育人氛围，触摸到她怦怦跳动的脉搏，嗅到她扑鼻的芳香，感受到她的包容与和谐。走进青阳，她丰厚的文化底蕴、浓郁的人文气息、幽雅的环境会令你沉醉流连，一如在书林画卷之中穿行。她用浓厚的文化底蕴感染着每位青阳港的师生，用独特的人文环境为学生的全面发展奠定着坚实的基础。

校园一景

"书法特色学校"一直是青阳港始终坚持重点发展的方向。书法有境、有气、有灵，点横竖撇的运笔勾画间大有"天不言而日往月运，地不言而山高海深"的气韵。学校承担着培养学生，传承中华文脉的重担，倡导学生学习书法、练写书法，让学生在笔墨的浓淡晕染中感受汉字的魅力，体会到中华文化的博大精深，感受到书法带给人的宁静致远。学校充分利用书法教室、书法长廊等资源积极开设书法社团课程，由专业的老师进行指导，定期在师生中开展书法比赛，笔墨切磋。学校师生积极参加校外各省市级、国家级书法比赛，成绩喜人。

学校操场

追风赶月向未来，春华秋实在青阳。青阳人怀揣着理想，用四十余载的坚实积累，以改革创新的豪迈气度，正乘风破浪，扬帆远航！

太仓市书法特色学校

江苏省沙溪高级中学简介

张军校长

江苏省沙溪高级中学创办于1914年。长期以来，一直是太仓普教系统最具代表性的学府之一，素以儒雅深厚的文化底蕴和启迪有方的教学闻名遐迩。1997年，高考成绩列江苏省第7名，创造了农村重点中学的教育奇迹，两位同学在高考中以优异成绩荣获李政道奖学金，其中一位同学同时获得谈家桢生命科学奖。2001年，被确认为“江苏省国家示范性普通高中”；2004年，被确认为“江苏省首批四星级普通高中”；2010年，被评为“苏州市中小学艺术教育先进学校”。

校园一景

2010年以来，学校新领导班子在传承和创新中寻找最佳契合点，优化办学思想，创新工作思路，以精细化、精致化管理为抓手，提出了“五大教育工程”。2011年以来，连续5年在太仓市教育质量综合评估中荣获一等奖，其中4次获第1名；高考成绩稳步提升，连续5年实现新突破，2016年高考，本二以上出线人数和比例创出了十余年来的新高。

校园一景

书法教育是学校的一大特色。学校以硬笔书法教学为突破口，遵从实用性与艺术性相结合的原则，开发了校本教材《高中生规范行书的书写》，形成了一套比较成熟的写字教学理论和写字教学方法。学校设立了专用书法教室，按计划开展书法教学活动。定期举办师生书法艺术观摩、书法比赛、书法展览等活动，极大地激发了师生学习书法的兴趣，有效地提高了师生的书法水平。近年来，师生多次在全国、省、市级书法比赛中获奖。2011年10月，学校被江苏省硬笔书法家协会命名为“江苏省硬笔书法实验基地”。2011年12月，学校被江苏省教育学会书法专业委员会授予“中国书法特色学校”称号。

立足翰墨文化　打造墨香校园

——太仓市沙溪镇第一小学简介

沈肖冰校长

沙溪镇第一小学创建于1904年，是一所百年老校，有着深厚的文化底蕴。学校自2004年起致力于书法艺术教育，提出了“翰墨飘香，立字立人”的口号，以“端宁、和雅”的墨香精神为引领，以“规范汉字书写为基础的写字教学来培养学生良好习惯，陶冶学生情操、提高学生审美水平、塑造学生坚韧品格”为目标，努力营造“面上铺开、点上出彩，墨香浸润、品格飘香”的浓浓艺术氛围。

学校拥有一支素质良好、爱岗敬业的师资队伍，成立了“陈红英书法工作室”，同时还成立了“风荷”书法教育协作组，采取“请进来，走出去”的策略，搭建起教师成长的平台。

学校每周有书法课，利用校本教材《硬笔书法》《硬笔楷书（启蒙教程）》及《浸润墨香书法校本教材》等，由语文教师指导学生开展书法练习。同时，书法协作组的教师利用教研活动，研究书法教学，改革单一的写字练习课，增加对书法家成长历程的了解。

“馨香师表”百名教师硬笔书法现场赛

“馨香师表”教师软笔书法现场赛

学校将教学楼命名为“墨香楼”，力图让学校的每一面墙壁都会说话，每一扇橱窗都充满传统文化的翰墨气息。在校园东墙布置书法长廊，定期展示师生的书法作品，起到引领、激励的作用；并将学校的“墨香精神——端宁、和雅”展示在学校的南墙上，让学生时时浸润在墨香氛围中。学校还专门辟出了书法专用教室，让学生能够在此静心练习书法，教室内的布置同样透露着浓浓的翰墨气息。

学校积极开展书法教育实践活动，拓宽书法学习空间，极好地将认识和行动结合了起来。如“墨香班级文化建设”“墨香书香品格飘香”的综合实践研究、促进学生全面发展的“墨香校园　七彩篇章”；校艺术节的千人书法现场赛、整班硬笔书法现场赛；暑期三会书法现场汇报赛。在普及书法教育的同时，也为学生个性发展提供了良好的平台。

学校普及书法教学，在校学生人人都能写一手端正的字，书法社的成员则在全国、省市级各类书法比赛中屡获佳绩。近年来，学校被评为“书法报全国少儿书画教育基地”“中国书法（写字）特色学校”“中国书法（示范）实验学校”“中国书法教育示范学校”“江苏省硬笔书法实验基地”“江苏省书法教育先进学校”“江苏省书法特色学校”“江苏省认真贯彻教育部《中小学书法教育指导纲要》先进单位”，“苏州市规范汉字书写特色学校”“苏州市艺术特色学校”，苏州市书专会第一批团体会员单位，并在苏州市整班硬笔字书写比赛中屡获一等奖。

今天，在沙溪镇第一小学，翰墨之香已飘满整个校园。学校将继续让汉字之美流淌在学生的笔尖、心田，让书法特色教育进一步彰显出独特的魅力。

幸福，从这里起航

——太仓市沙溪镇第二小学简介

沈志豪校长

沙溪镇第二小学地处历史文化名镇沙溪，学校创建于1968年12月。2014年9月学校异地新建，新建的校区占地总面积约为44625平方米，总建筑面积为20176平方米，设计规模为6轨36班，新校专用教室数量齐全，教学设施装备按省Ⅰ类标准配备，室内体育馆，塑胶跑道，人工草皮足球场，报告厅等配套设施一应俱全，已成为沙溪教育的一张名片。按照“以人为本，夯实基础，彰显特色，提升内涵”的办学方针，立足课堂本位，致力养成教育，借助经典阅读，依托社团活动，为学生成长服务，让学生喜欢学校，让教师体验幸福，让课堂充满快乐，让学校焕发生机。

沙溪是太仓武术的发源地，沙二小找准这一得天独厚的传统优势，于2004年起在全校学生中推广长拳套路练习。学校被命名为“太仓市武术特色项目学校”，并先后被评为苏州市“十佳”特色体育项目学校、苏州市青少年业余训练先进集体。

学校正门

学校加强书法特色活动组织管理，提供经费保障，成立领导小组，设立书法教研组，探索教法学法，研究总结经验。重视师资培训，培养了一批书法教师。定期邀请知名书法专家到校给师生讲座，专门开设了校书法展览室，定期进行书法作品巡展，编印了校本硬笔书法教材，组织学生参加江苏省书法水平等级考试。学校于2015年创建了江苏省硬笔书法家协会教育基地。

“一花一世界”，学校本着合格加特长的培养目标，充分尊重学生不同的兴趣爱好，利用现有基础设施和师资力量，成立了“萤火虫”乡村少年宫。书法、舞蹈、合唱、排球、乒乓、围棋、绘画等兴趣班百花齐放，力求让每一位学生获得成功的体验。学校先后多次获得了太仓市艺术节、科技节、读书节的优秀组织奖。学校尤其重视培养学生的课外阅读兴趣，精心设计了“书香伴我成长，经典浸润人生”为主题的读书节活动，让每一个学生都能感受到阅读是一种创造、一种快乐、一种享受，学校由此也获得了首届太仓市学生读书节优秀组织奖。

学校关注每一位学生的健康成长。多年来，学校德育工作在规范中求创新，凝练出了“星星娃”德育体系，分化出分别代表道德、知识、健康的“六色星”来引领学生、班集体和校园文化的发展。

乘风破浪会有时　直挂云帆济沧海

——太仓市港城小学简介

查人韵校长

太仓市港城小学创办于1903年,前身乃太仓市浮桥中心小学,是有着113年历史的百年老校。学校秉承“同心同德又共奋”的校训,坚持“德为先、质为上、勤思考、善实践”的办学理念,正以“开拓创新,勇于进取”的郑和精神为指引,焕发着勃勃生机,向着内涵发展、文化立校的理想前进。

2014年5月4日,太仓市浮桥中心小学整体搬迁,并正式更名为“太仓市港城小学”,翻开了百年老校的新篇章。拔地而起的新学校投资近1.7亿元,占地面积为55333平方米,建筑面积近3万平方米,可容纳48个教学班,2000余名学生。绿树掩映中,条件优越的教学大楼,功能齐全的综合楼,设施一流的体育馆,藏书丰富的图书馆,科学现代的田径场,宽敞大气的报告厅,窗明几净的环保食堂等一幢幢现代化建筑巍然耸立。学校还拥有机器人实践室、航模教室、科学数字化探究室、德宝实践操作室、象棋室、书法教室、未来教室等众多特色教室。在这里,优雅怡人的校园环境与浓郁的时代气息融为一体,充分体现“弘扬百年历史文化”与“彰显现代学校文化”的交融,高品位校园环境得到了完美的诠释。

学校致力于精心培植“精准、勤勉、明达”的德才兼备、敬业创新的智慧型教师群体,让管理者、教育者充分展示自己的智慧才华。学校将深化“聚焦课堂、学会学习”为核心的课堂教学改革扎根在教研组,通过同课异构、一课多上、骨干示范、师徒汇报等多种形式,积极探索提高教学质量的有效途径。学校成立了“扬帆班主任俱乐部”,努力培养和造就一支思想素质好、专业水平高、奉献精神强的优秀班主任团队,让班级管理日趋精细、科学、高效;学校建立了“师徒结对”制度,以老带新,以新促老,携手共进。

学校致力于培养“尚真、重思、善创”的全面发展的优秀小公民,让每个孩子的智慧都得到不同程度的开启和发展。一年一度的科技节、体育节、艺术节、读书节、扬帆娃争章等活动精彩纷呈:既有机器人、航模等实战创新比赛,又有强健体魄、锻炼意志的田径运动会,既有促进学生全面发展,提高学生审美能力的绘画摄影书法艺术作品展览,又有沐浴文化恩泽的快乐阅读,更有日积月累、催人奋进的系列争章活动。

红日,正喷薄而出;云彩,已霞光万道。抚今追昔,沧桑与自豪共生;畅想未来,信念与理想同在。“奠基人生、扬帆远航”已然成为港城小学师生认同并为之奋斗的共同愿景。扬帆是一种态度,一个信念,一份期盼,是遇到挫折磨难时的不畏风暴,迎难而上!“扬帆吧,少年!”是港城小学教育人发出的热切希望!港城小学一定会是孩子们向往的、美丽的、最有能量的人生起点!

学校正门

真诚致善　意在教育

——太仓市浏河镇新塘小学简介

汤艳梅校长

太仓市浏河镇新塘小学地处浏河镇，全校总面积为30830平方米，建筑总面积为8974平方米，现在校学生723名，共设18个班，教师49名。学校以“真诚致善”为校训，意在教育引导全体师生真心待人，诚实做人，求真崇善，不断进步，追求美好之境。学校坚持以育人为本和实施素质教育为主题，以提高教育质量为核心，以形成乡村办学特色为发展目标，确立了“发展的乡村、文化的学校、幸福的教育”的发展理念。

近年来，学校先后被授予“江苏省硬笔书法实验基地”“苏州市楹联教育基地”“江苏省教育学会班主任专业委员会研究基地”“中国书法（写字）特色学校”“中国教育学会书法教育实验学校”等称号。

学校开辟了书法专用教室，每周兴趣小组的学生都会在这里上课，在教师的指导下提笔挥毫。

学校把有限的资金用于书法特色的建设上，尽可能地为更多学生免费提供书法学习资料、用品，积极筹款举办各种活动，为教师创造培训的机会，为学生创设最佳的书法学习条件及环境。学校先后数次邀请新塘籍书法家王浩老师来校做书法讲座。平日里，教师们利用字帖，进行钢笔字的书写练习。学校还给每位教师配备了练习小黑板，每日练习，双周进行一次展示。期末开展教师粉笔字评比活动，在全校教师会上进行表彰。学校在工会的安排下，设立了教师书法社团，一些爱好书法的教师报名参加，并定期到书法教室一同练习书法，切磋技艺。为了进一步提高书法水平，积极选派教师参加国家、省、市各级各类书法培训活动。

2012年5月25日，江苏省书协会员政定荣先生在博雅笔会现场挥毫泼墨

学校结合课堂教学，在各科教学中渗透写字教育，要求学生写好每一次作业。学校将书法纳入课程，确保每班每周都有一节书法活动课。同时还邀请王浩老师一同策划、编撰了书法校本教材《精选楹联诵读楷书字帖》。

学校组织师生积极参加各类比赛，取得了较好的成绩。2010年，一生在太仓市语委和太仓市教育局联合举行的学生规范汉字书写大赛现场赛中获一等奖。2011年，一生在第三届江苏省“书写经典”规范汉字书写大赛中荣获小学二组硬笔比赛二等奖。此外，在历年的太仓市钢笔字、铅笔字比赛中，学校也屡次获奖，在今年举办的第二届“相约金陵”全国硬笔书法大展赛中，师生共获奖13人次。

2012年11月12日，新塘籍书法家王浩先生回母校指导教师书写粉笔字

常熟市书法特色学校

常熟市杨园中心小学简介

常熟市杨园中心小学，始建于1911年，地处常熟最南边，南接苏州，西邻无锡。所在地杨园交通发达，境内有省级苏虞张公路和锡太公路通过。因家家户户种植草坪，故享有“园艺之乡”的美誉。

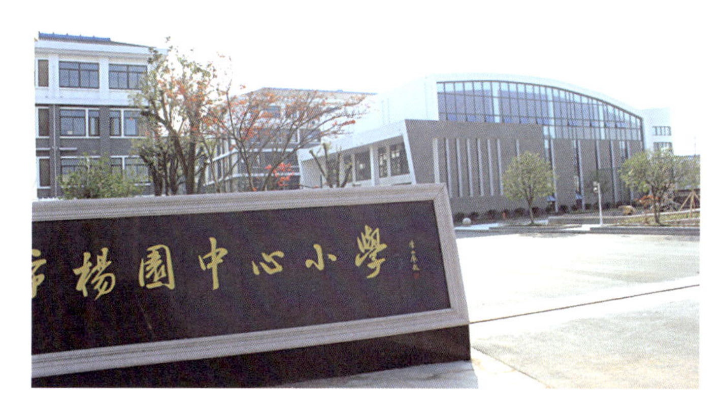

常熟市杨园中心小学概貌

在辛庄镇政府的关心下，2016年2月，投资8000万元的杨园中心小学新校落成启用，与杨园中学合署办公。新校占地面积为46666多平方米，设施设备齐全，校园环境优美。目前，学校有学生1079人，教职员工90人。中心校本部有20个班级，凤兰分校有5个班级。67名专任教师中，中级职称占62.7%，高一层次学历占86.6%，市级骨干22名。

卫培明校长

学校先后获得“江苏省绿色学校”“苏州市德育管理先进学校”“苏州市装备管理先进学校”“苏州市平安学校”“苏州市一级图书馆”“常熟市文明单位”“常熟市教师交流先进集体”“常熟市学校宣传工作先进单位”“辛庄镇先进基层党组织”等集体荣誉称号。

学校园艺特色凸显，书画成绩斐然。书法社团成立几年来，在葛丽萍老师的带领下，许多教师和学生纷纷参与到学习创作中来。2011年，师生作品在《江苏省校园书法》上发表。2012年，江苏省第六届中小学师生书法展示比赛获硬笔书法金奖6人，银奖5人，铜奖8人。2013年，苏州市首届青少年苏艺杯美丽苏州书画比赛三等奖2人。2014年，苏州市“松花砚杯”青少年书法比赛4人获奖；葛丽萍老师入展第五届全国妇女书法展。2015年，常熟市、苏州市规范汉字比赛一等奖各1人；苏州市中小学生优秀艺术作品展二等奖2人，三等奖2人；第七届全国规范汉字比赛一等奖1人，优秀奖7人；葛丽萍获苏州市教师书法大赛一等奖。2016年，葛丽萍、邹惠芳分获苏州市教师书法大赛粉笔、毛笔一等奖；全国小主人书法比赛2人进决赛，获得优秀奖；在翰墨薪传——全国中小学师生书法大赛，葛丽萍老师和韦晔星同学双双获得全国一等奖。学校获得“苏州市书法比赛先进单位”“江苏省硬笔书法家协会教育基地”称号，葛丽萍老师被评为省书法教育先进个人。

在领导重视、教师努力和校外专家指导三方面的共同努力下，相信学校在书法的道路上会越走越好。

张家港市书法特色学校

追梦赤子心 浓浓翰墨情

——张家港市东莱中心小学简介

张家港市东莱中心小学创办于民国十九年(1930年),是一所历史厚重、百姓青睐的书法特色学校。学校秉持“抱诚守真”的教育训导,努力创造适合每一个师生梦想的教育生活;学校怀揣“至诚、择善、不悔”的家国情怀,让每一位师生积极、乐观、坚定地成长。学校现有两个校区,教职工86名,学生1429名。

陆瑛校长

学校1992年8月迁入现址,书法作为学校特色发展的种子悄然落下。教师们率先垂范,毛笔字坚持每周一练,粉笔字坚持每周一展;书法课程每周一节,班级外墙硬笔字每月一展,百名小书法家每年一评。学校书法梦想馆,既陈列学校书法特色建设历史沿革、荣誉成果,还接受学校师生的书法作品私人定制展览,成了学生书法梦想的起航之处。把简单的事情做好就是不简单,沿着书法之路,这一走就是二十多年。在各级各类书法比赛中,师生们积极参与,多次获得“七彩语文杯”等各大赛事的丰收。2016年张家港市学生暑期创意作业展示活动中,孩子们的现场的书和书签赠送得到了大家的好评。书法已经成为全校师生心中的骄傲。

校园一角

学校创办至今,历任校长对书法情有独钟,梦想“三宝”之首的优先发展地位坚不可摧。特别是近十年来,学校在书法教育这块土壤上生根发芽,枝繁叶茂,硕果累累。学校以“书法教育推进学生素质发展的研究”为抓手,先后获得“中国书法(写字)特色学校”“江苏省规范汉字书写教育特色学校”“江苏省硬笔书法家协会教育培训基地”“苏州市书法(写字)特色学校”等荣誉称号,先后承办了苏州市书法推进会、苏州市写字教学研讨活动、张家港市写字教学研讨活动,学生硬笔字整班展示连续十多年获苏州市一等奖。书法教育已经成为学校一张靓丽的文化名片。

书法梦想馆一角

百名小书法家评选之现场书写

研墨润心书香远,追梦路上谱新篇。汲取着书法文化之理,弘扬着书法文化之美,洋溢着书法文化之趣,东莱中心小学始终站在儿童立场,在墨香飘逸的校园里营造着厚重的文化气息,滋养着师生成长,用墨韵渲染每个孩子的童年梦想!

张家港市金港镇占文小学简介

朱秋琴校长

占文小学创办于清光绪三十二年(1906年)秋,是一所具有110年历史的公办老校,也是张家港市较有特色的农村小学,2008年,荣获"苏州市书法特色学校"荣誉称号。

学校占地面积为10000平方米,绿化面积为6500平方米,建筑面积为3232平方米。开设6个年级,教师23位,有市级骨干教师2位。学校全部实现了教育现代化,实现国家阳光体育工程,体育活动区、塑胶场地已成为学生活动的乐园。

学校设有书法专用教室用于平时的上课和练习,坚持开设中高年级学生每周一节的书法必修课,由朱秋琴校长执教。在课堂教学中,贯彻新课程理念,合理运用自主、合作、探究的教学模式,利用好书法教材,重视感受书法文化与培养民族情感的相互结合,培养审美鉴赏能力与提高书写能力的相互促进,培养良好书写习惯与提高书写水平的相互并重。学校下午开设香稷少年宫活动时,"书法班"吸引了众多书法爱好者前来参加,学习内容为提升练习,学校聘请校外书法辅导员担任主要教学,学校书法教师辅助教学,除了临帖练习,还有楷书、隶书、篆书等的兴趣辅导,创作书法作品以及各级各类比赛的赛前辅导。不仅如此,学校还对学校全体教师进行书法辅导,使全体师生对书法有了更多的了解和接触,对书法的学习也更加积极。

学校校门

书法墙

学校一景

学校经常开展"我是书法家"作品展评活动,书法学习的氛围愈加浓郁,也为师生的展示和学习提供了舞台。每年都有多名学生和教师的书法作品在各级各类比赛中获奖。

占文小学,蕴藏丰厚,她也将厚积薄发,以雄厚的力量,继往开来,再续百年老校新辉煌!

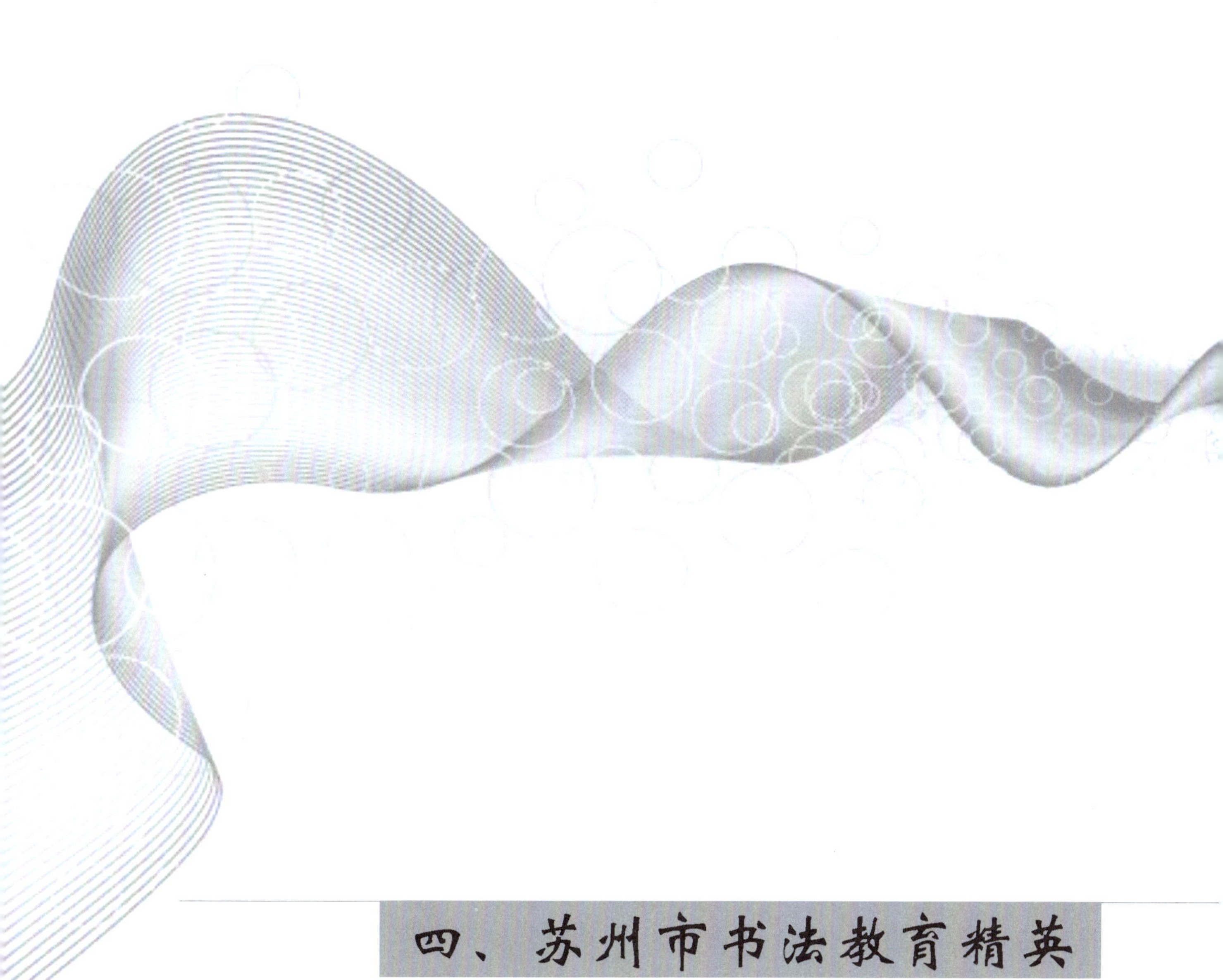

四、苏州市书法教育精英

苏州市书法教育精英

苏州市书法教育精英——王浩

王浩，全国书法教育名师，中国教育学会书法专业委员会副秘书长，江苏省硬笔书法家协会副主席，《书法报》全国书法教师高级研修班授课专家，江苏省青年教师基本功培训班授课专家，中国书法特色学校评估组专家，苏州市教育学会书法教育专业委员会会长。

近十年来，王浩在上海人民美术出版社、上海书画出版社、江苏人民出版社、江苏美术出版社、苏州大学出版社、古吴轩出版社等出版毛笔字帖、钢笔字帖、粉笔字帖等专著100余种。

毛笔作品

硬笔作品

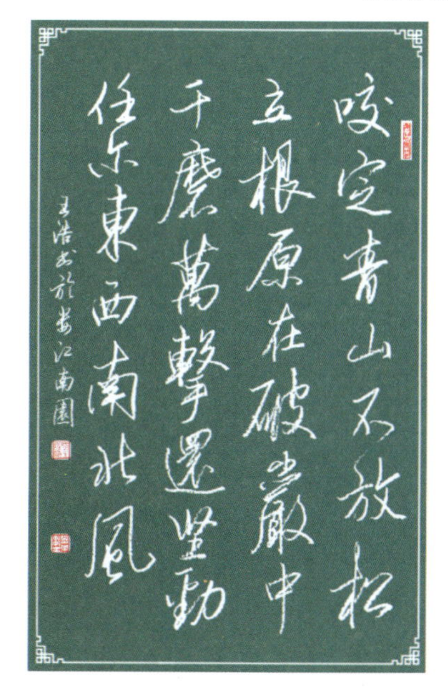

粉笔作品

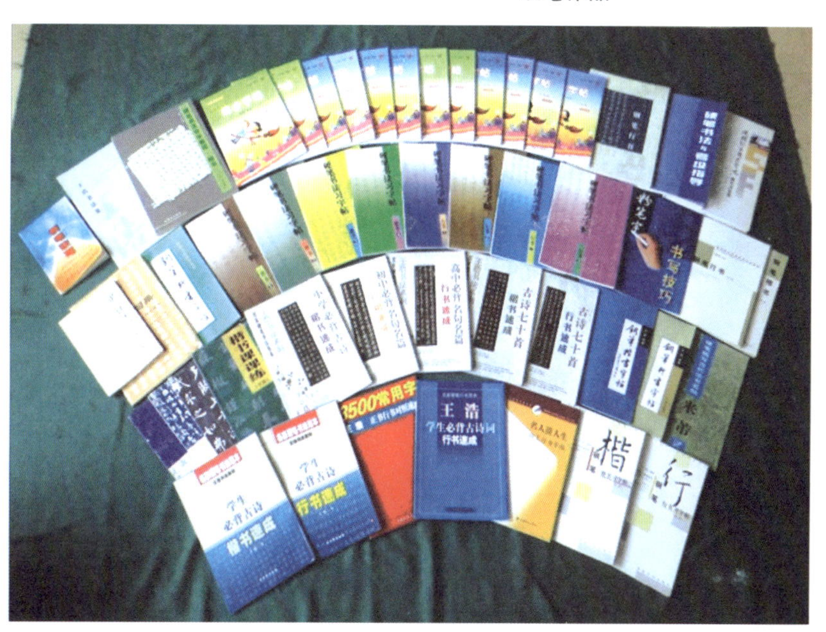

出版的部分著作

苏州市书法教育精英——庆旭

庆旭，副教授，1994 年考入南京师范大学美术学院，书法专业本科、研究生毕业。

有 100 余篇论文在专业报纸杂志上发表。由古吴轩出版社、陕西人民美术出版社、复旦大学出版社、苏州大学出版社、西泠印社、中国书法出版社出版论文集、教材、专著 70 余种。2007 年 11 月至今，在《书法报》《书法报书画天地》开设“经典临摹”“庆旭临古”“读帖”“作品点评”等专栏连载。主持中国教育学会“十一五”科研规划立项课题。

作品入展全国首届行书大展等，论文获首届岳安杯国际书法论坛提名奖，2009 年获第三届“中国书法兰亭奖”，2014 年 10 月获首届“苏州市书法名师工作室”称号（全市 10 人），同年 12 月获首届“苏州书法张旭奖”。

现为苏州幼儿师范高等专科学校美术教研室主任、苏州市中青年学科带头人、苏州市青年书协学术委员会副主任、苏州市书协副秘书长兼教育委员会秘书长、苏州市教育学会书法教育专业委员会副会长、中国书法家协会会员。

苏州市书法教育精英——张平

张恨无，原名张平，号止斋，斋号小槐花馆。文学硕士、博士（书法方向），苏州学院（筹）副教授，中国书法家协会会员，中国文艺评论家协会会员，江苏省教育书协理事，苏州大学艺术学院特约研究员，苏州书协理事、学术委员会秘书长。苏州书法教育千百工程导师、先进个人。发表学术论文 40 余篇，《当代中青年书法批评系列》《书法报》2012 连载。系列评论《书法导报》2014—2015 连载。参加香港第二届“书海观澜——楹联、帖学、书艺国际研讨会”等国际、国内学术研讨会十余次。参编论著多部，其中担任《苏州书法史讲坛文集》一书副主编。著作有《墨域：张恨无现代书法暨水墨意象作品选》《看取吴钩：张恨无书法作品选》《超越笔墨——大文化视角下的书法情境》《行书的学习与鉴赏》（第一著者）。

怒髮衝冠憑欄處瀟瀟雨歇抬望眼仰天長嘯壯懷激烈三十功名塵與土八千里路雲和月莫等閑白了少年頭空悲切 靖康恥猶未雪臣子恨何時滅駕長車踏破賀蘭山闕壯志飢餐胡虜肉咲談渴飲匈奴血待從頭收拾舊山河朝天闕

岳飛滿江紅 乙未春月於吳門小槐花館 止齋張恨無

苏州市书法教育精英——陈红英

陈红英，字半莲，斋号风荷轩。太仓沙溪人，太仓市女书法家协会会长。2015 年，苏州市教师书法比赛一等奖；2014 年，书法作品入选九届新人展；2013 年，毛笔作品获江苏省教师书法篆刻比赛一等奖；作品《锲而不舍　金石可镂》刊登在 2014 年第 10 期《七彩语文 · 写字与书法》上。

1990 年毕业至今，一直在沙溪镇第一小学任教，担任“小星星”书法社的辅导教师。自幼喜爱书法，在太仓师范学习时的启蒙老师是高涌泉老师，期间得到校友上海书法家张达的点拨，1997 年参加了王浩老师主讲的教师书法培训。2011—2013 年，在太仓市女子书法研习班的培训中，得到了李志炜、郁文明、郑健雄三位导师的指点。近年来，在学习书法上取得了一定的成绩。

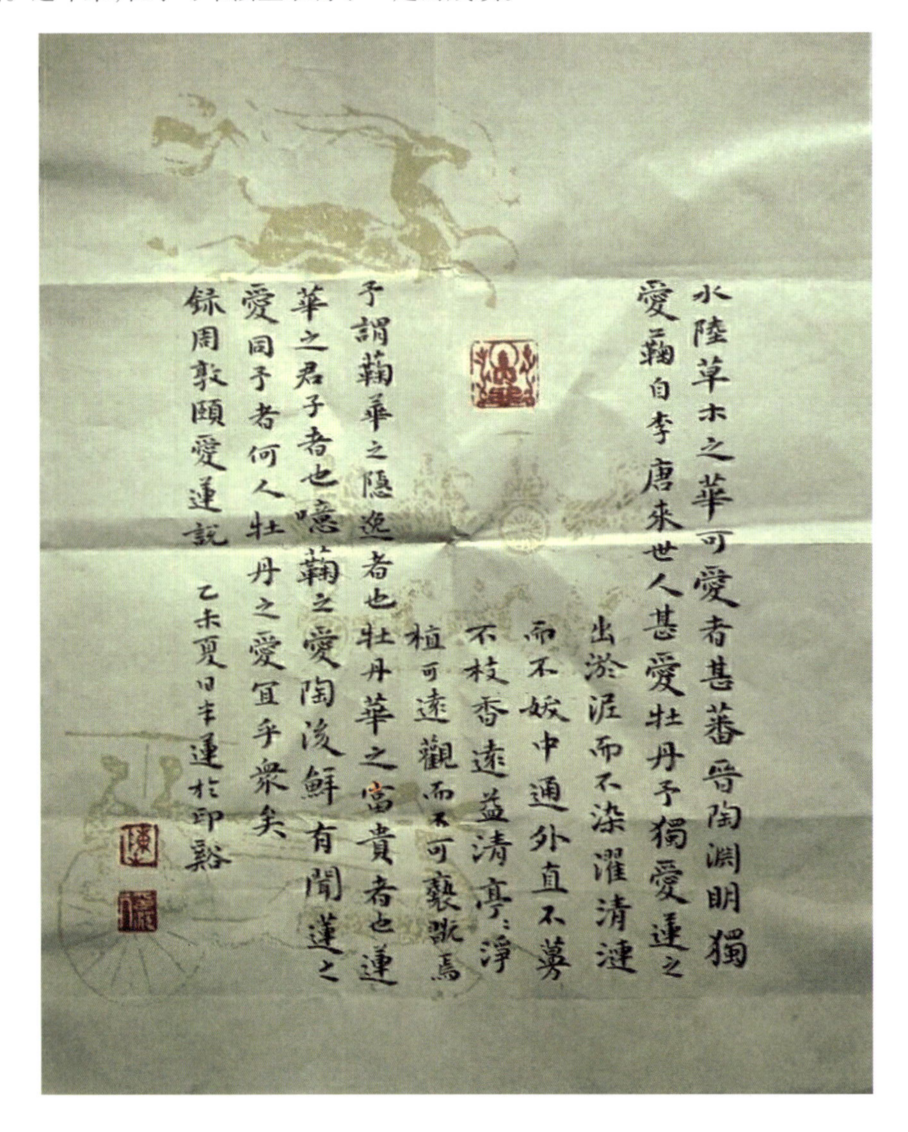

苏州市书法教育精英——陈宇

陈宇，中国书协会员，苏州市书法家协会理事、教育委员会委员，东吴印社理事，《江苏教育·书法教育》《书谱》杂志编辑。

师从著名书法家、书法理论家王伟林、张培元先生。作品入展“全国第二届青年书法篆刻展”“全国首届册页书法展”“全国第三届扇面书法展”“全国第九届书法篆刻展”等，获“全国首届篆书展”三等奖。在《经典书法导临教程——石鼓文》一书中担任主编。

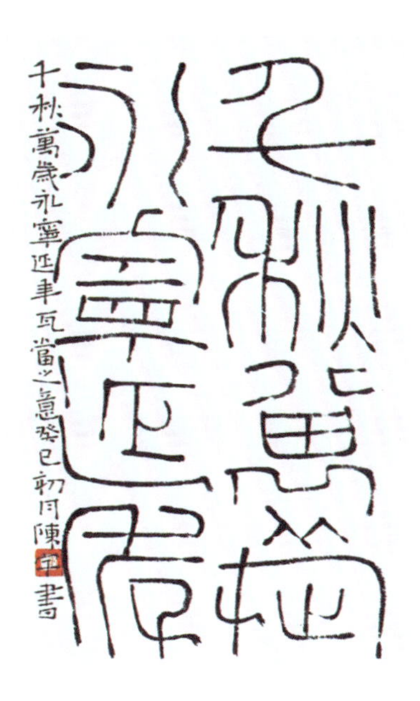

苏州市书法教育精英——孔维治

孔维治，1968 年生，江苏昆山人。2002 年毕业于南京艺术学院书法大专班。现为中国书法家协会会员、东吴印社社员、昆山市书协理事、亭林印社副社长兼秘书长。作品参加全国第三届新人展、第四届楹联展、江苏省第三届青年篆刻展，2013 年在江苏省第七届青年书法篆刻展中获奖。长期从事少儿书法教学工作，2000 年 6 月 1 日，辅导昆山市玉山镇第一中心小学少儿书法班在江苏省美术馆举办了“小墨花”学生书法作品展。曾先后执教正仪书法之乡、昆山书画院书法成人班。现供职于昆山市青少年宫，任书法老师。

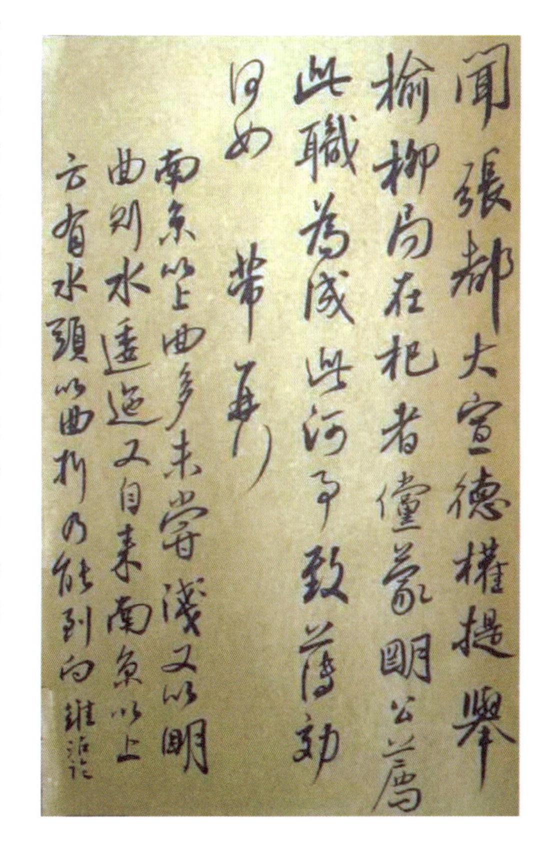

苏州市书法教育精英——陆华

陆华，中国书法家协会会员，苏州市书协事业发展委员会委员，苏州市青年书协理事，张家港市书协常务理事，“中国少年儿童校外教育名师”，民盟盟员，张家港市少年宫书法专职教师。

作品入展第九届、第十一届全国书法篆刻展，入选“冼夫人奖”全国书法艺术大赛，入展首届“江苏书法奖”，在江苏首届妇女书法篆刻展中获奖，入展“得意之作”苏州中青年书法展；入展吴门书道苏州书法晋京展、哈尔滨展、韩国展等。

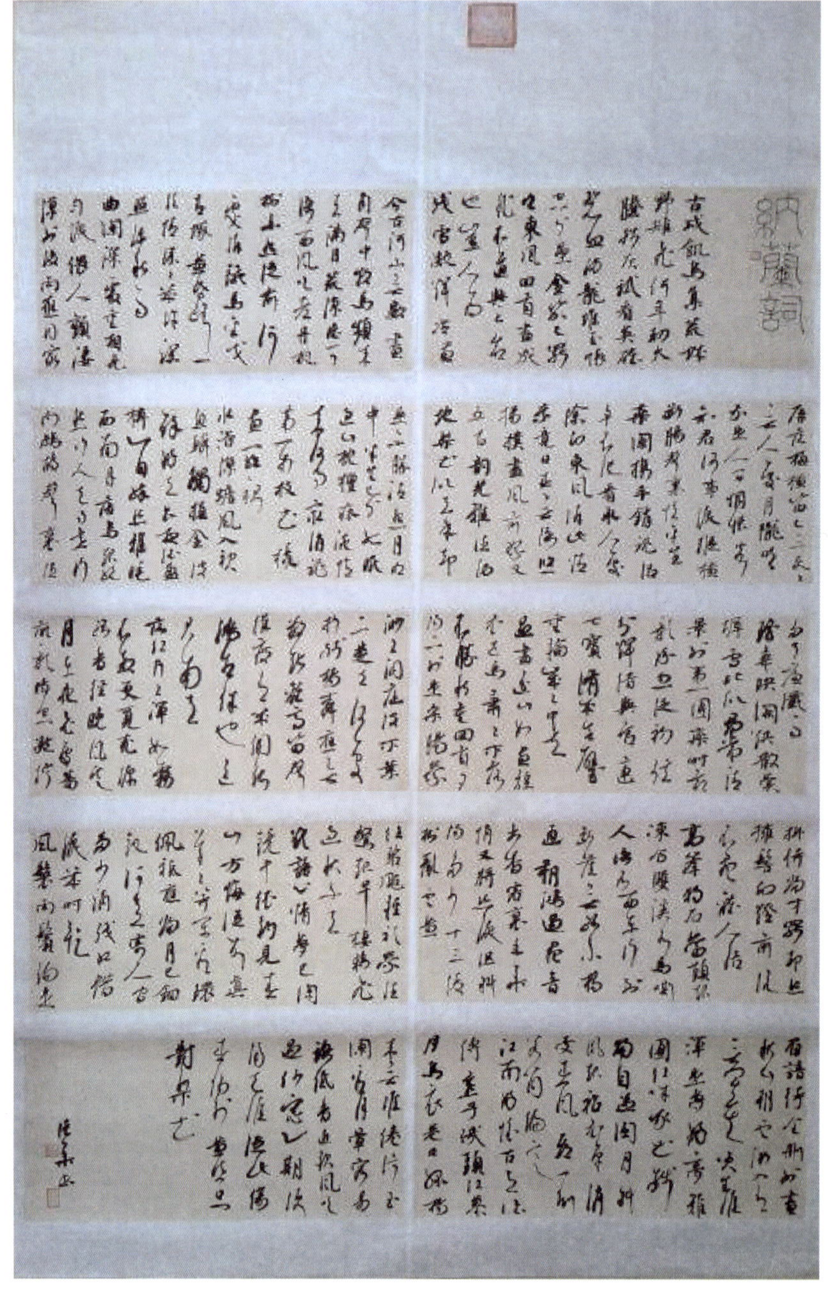

苏州市书法教育精英——钱娟英

钱娟英，室号青花涓泉居。中国书法家协会会员，南吴门书社社员，吴江区书法家协会理事，区妇女书法家协会主席，区硬笔书法家协会理事，区书画院特聘书法家。师从王伟林先生、李双阳先生。

书法作品曾入展全国首届手卷书法展、“邓石如奖”全国书法展、全国五届妇女展、“廉江红橙”全国书法展等。

书法作品被北京锦龙堂文化传播中心、安徽百纳文化传播有限公司、江苏省美术馆收藏，于《书法报》《书法导报》《中国书画报》等刊物发表。“钱娟英书法艺术展”于书法网、南吴门书法艺术网展出。

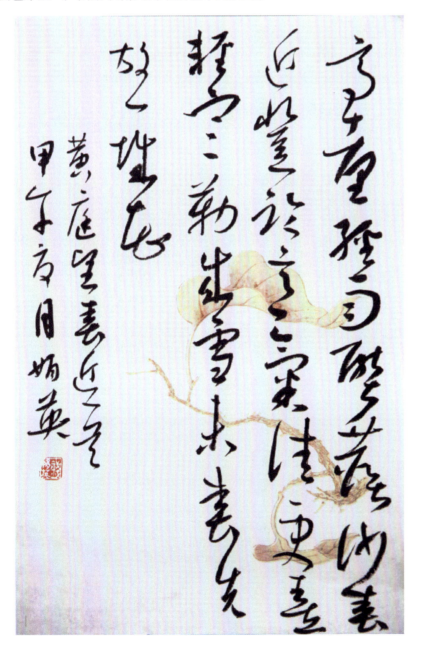

苏州市书法教育精英——秦健

秦健，1978 年出生于江苏常熟，中国书法家协会会员，常熟市书画院专职书法家，苏州市青年书法家协会创作委员会秘书长，常熟市青年书法家协会副主席，硕士研究生在读。荣获《书法》杂志 2010 年中国书坛青年百强榜“十佳”书法家称号，作品在首届“中国书法院奖”评比中进入三十强，连续三届被评为中国书坛中青年“百强书家”，2010 中国书坛中青年“百强榜十佳”第四名，2015 全国第二届手卷展最高奖。入展首届、二届、三届全国草书大展、首届全国册页展、行书展、二届青年展、九届全国展、三届扇面展，入展中国书协举办的专业展览二十余次。

苏州市书法教育精英——王敏华

王敏华，1987 年 7 月毕业于江苏省太仓师范学校，同年参加工作，本科学历。2013 年被聘为中小学高级教师（写字学科），同年被评为“昆山市写字学科带头人”，曾先后获评昆山市、苏州市优秀教育工作者，全国交通银行“特教园丁奖”等项荣誉。自编两套毛笔书法教材，根据聋生的视觉优势，心理、认知特点，采用现代教学技术，营造良好的学书氛围，努力提高学生的书写水平。多次承担写字教学公开课，《上下结构》一课曾获全国特教课评比二等奖。所指导的学生作品在全国、省、市等各级各类比赛中屡屡获奖，先后组编结集出版两本师生艺术作品集。被评为江苏省书法教育先进个人、昆山市艺术教育先进个人。多篇论文在各级各类刊物上发表或获奖。其中《聋校书法教学校本化课程的探索与实践》获全国特教论文评比一等奖。《校本课程促发展书法教育显特色》一文在 2012 年中国教育学会书法教育专业委员会书法年会上交流。

空山新雨後天氣晚
來秋明月松間照清
泉石上流竹喧歸浣
女蓮動下漁舟隨
意春芳歇王孫自
可留
王維詩 敏華書之

苏州市书法教育精英——吴继宏

吴继宏，1976 年生，江苏吴江松陵人。吴江区农工党党员。现为中国书法家协会会员，江苏省教育学会书法教育专业委员会委员，苏州市书法家协会理事、教育委员会委员，吴江区书法家协会主席，南吴门书法社执事，苏州市第十四届青联委员。

作品先后入展：

首届全国行书大展；

首届全国册页书法展；

第二届全国草书书法展；

“吴门书道”中国书法名城苏州晋京展，南京、台湾、日本、法国、美国巡展；

第三届中国书法“兰亭奖”艺术展；

“邓石如奖”全国书法作品展；

第三届“林散之奖”书法双年展；

第七届全国楹联书法展；

苏州市中青年“得意之作”展。

魏故鎮遠將軍步兵校尉高慈妻趙夫人墓誌銘
夫人南陽白水人也其先軒轅之苗裔魏文帝趙侯
之胤資土運呂開源因封菜而命氏莖條散而弥
蘭枝芳注而惟馥蘊德與金石等音流名與風聲
同遠冠冕不殞其舊朱輪華蓋結駟相望祖鑒
素貫清頵貞俗所重離居開外陏運昇降遂擾
京都今為魏郡臨漳人也前冀州唐陽縣令趙安石留
之長女夫人體局貞正容狠和邑仁義禮端弱常以禮
將仁風不夫應受天百福永茲偕老冥善無徵奄隨物化
春秋六十有六天平四年三月廿四日沒於室行路酸慟
五親悲切粵以元儒元年歲次戊午四月己丑朔廿一
日己酉塟於西門祠西南三里崗亍其地乃作銘曰巖
巖峻始邑邑有終其猶雲布有若星宮鴻漸不已
鳳鳴望風珠生漢水玉出蕃隆有婦如林德比後王
行邁伯姬契素蒸姜彼倉者天殲我人良清風肅：
墳塋芒芒玄幃虛靜埏埏幽長空宮奄跡刊石泉堂
乙未年秋月臨東魏高慈妻趙夫人墓誌吳繼宏

苏州市书法教育精英——赵国华

赵国华，1977 年生，江苏省书法教学优秀教师，苏州工业园区学术带头人。现为江苏省书法家协会会员，江苏省硬笔书法家协会会员，中国教育学会书法教育专业委员会会员，苏州教育学会书法教育专业委员会理事。

书法教育成果简列：2015 年 1 月，其工作室被江苏省教育学会书法专业委员会授予“赵国华书法教育工作室”称号；2014 年 12 月，在 2014 年年度书法教育工作中被江苏省教育学会书法专业委员会评为“先进个人”； 2006 年 9 月，写字课《横的变化及组合》荣获江苏省优质课一等奖；2013 年 4 月，软笔课《口字旁日字旁》在江苏省第十届中小学书法教学优质课观摩评比活动中荣获二等奖（江苏省教育学会书法专业委员会）；2014 年 11 月 28 日，为全校教师做题为《硬笔行楷书技法》的讲座；作品和个人简介得到《书法报 · 硬笔书法》“名师风采”栏目和《七彩语文 · 写字版》“杏坛书家”栏目推介；有作品发表于《中国钢笔书法》《校园书法》等专业报刊，入编多部作品集；2013 年 11 月，在“江苏省首届中小学教师书法篆刻作品展览”中荣获二等奖（江苏省书法家协会，江苏省中小学教学研究室）；负责江苏省教育学会“十一五”省级教育科研规划课题“小学生良好写字素质培养的研究”；《教书与教“书”》发表于《苏州教育》2000 年第 4 期，20 多篇书法论文随笔发表或获奖；2014 年 9 月，在 2014 年苏州市“中国梦 · 我的梦”主题教育实践活动中荣获“书法活动优秀指导教师”称号（苏州市教育局）；在 2015 年园区青少年庆元宵系列主题活动之对联创作比赛中，指导的学生周晨琛获得特等奖，周吟菲获得一等奖，叶天舒和顾黎君获得二等奖（园区教育局）。指导学生近 500 人次获奖。

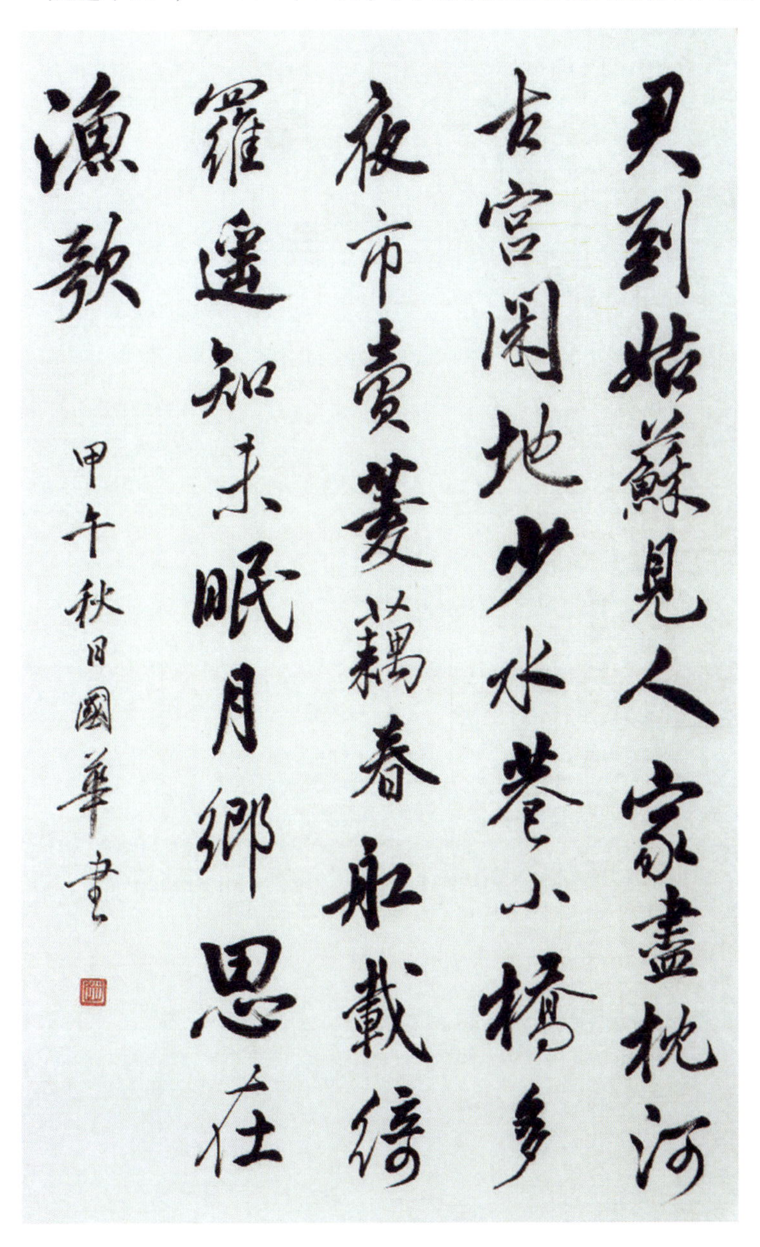

赵国华软笔作品

苏州市书法教育精英——周见孙

周见孙，江苏省书法家协会会员，江苏省硬笔书法家协会会员。

1976 年生，现为张家港市东莱中心小学教师。

1996 年，张家港市教师基本功比赛，获优秀奖；

2002 年，苏州市教职工书法大赛，硬笔获苏州市一等奖；

2010 年，获得第二届全国学生规范汉字书写大赛优秀辅导老师称号；

2010 年，执教苏州市语文特色活动教研课《汉字结体》；

2011 年 11 月，获张家港市“笔书华章精彩在沃”硬笔书法比赛二等奖；

2013 年 10 月，书法论文《历史沉淀　经典永恒》发表在《七彩语文 · 写字与书法》；

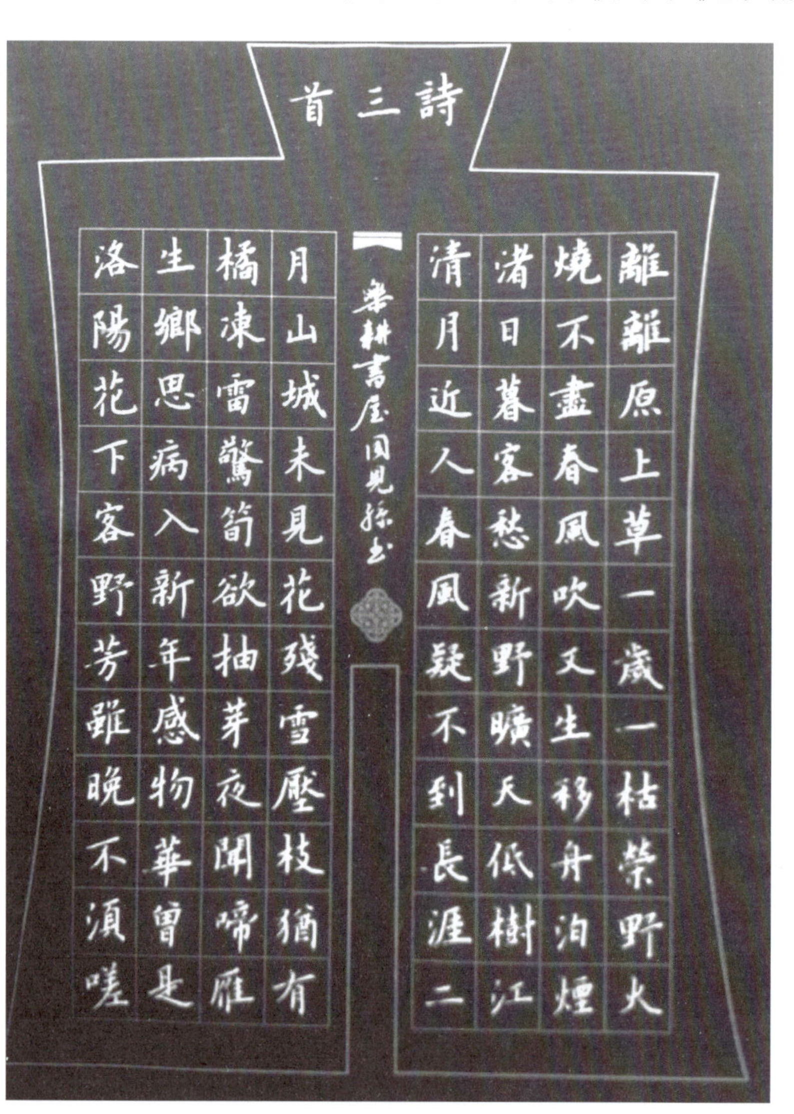

作品

2013 年，“家在苏州书写经典”规范字比赛，苏州赛区获优秀指导老师称号；

2013 年 11 月，江苏省首届中小学教师书法篆刻作品展，毛笔书法获得优秀奖；

2014 年 5 月，张家港市“美丽中国 · 七彩梦”师生书画大赛，获小学教师组一等奖；

2014 年 9 月，庆祝第 30 个教师节系列活动五（秀手艺），作品获张家港市二等奖；

2014 年 10 月，暨阳湖欢乐世界杯张家港市硬笔书法网络大赛，获成人组一等奖，并被评为十佳辅导老师；

2014 年 12 月，在规范汉字比赛中获评苏州市优秀辅导老师；

2015 年 5 月，执教《垂露竖》，获张家港市三等奖；

2015 年 5 月，执教苏州市级书法教研课《笔势连贯》。

苏州市书法教育精英——朱小玲

朱小玲，女，莼溪书屋主人，吴江市屯村实验小学教师。南吴门书社社员，中国书法家协会会员。书法作品入展全国第四届妇女书法篆刻展、全国首届手卷展、江苏省第七届新人新作展、全国职工书法篆刻作品展，江苏省首届妇女书法展，获江苏省五星工程奖铜奖。参加吴江市十二园丁书法篆刻展，向建党90周年献礼吴江女性视界翰墨丹青十家展，拥抱太湖吴江宜兴两地展等各类展览。在南吴门书法艺术网、千道茶艺举办个展。

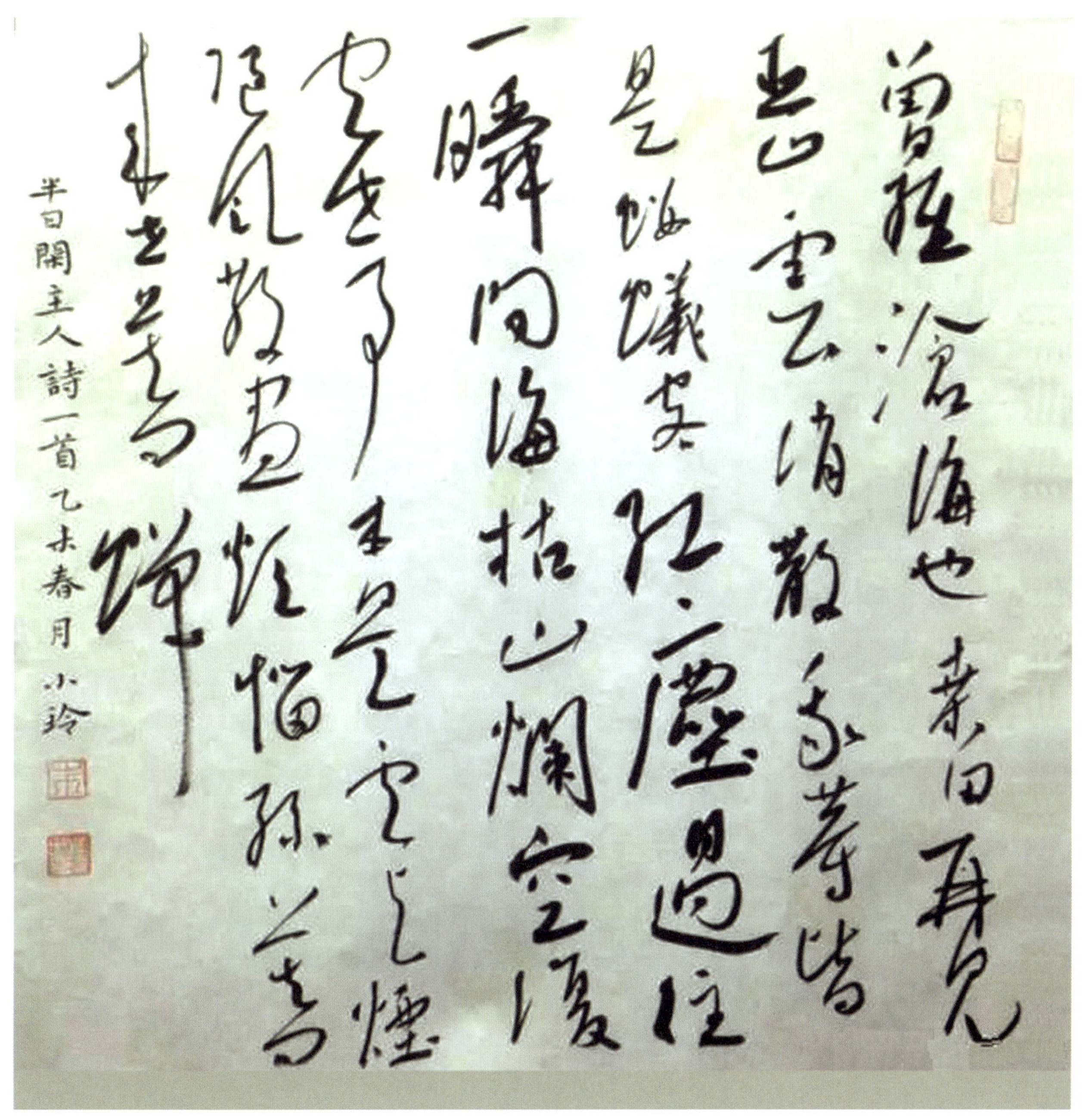

苏州市书法教育精英——戴国栋

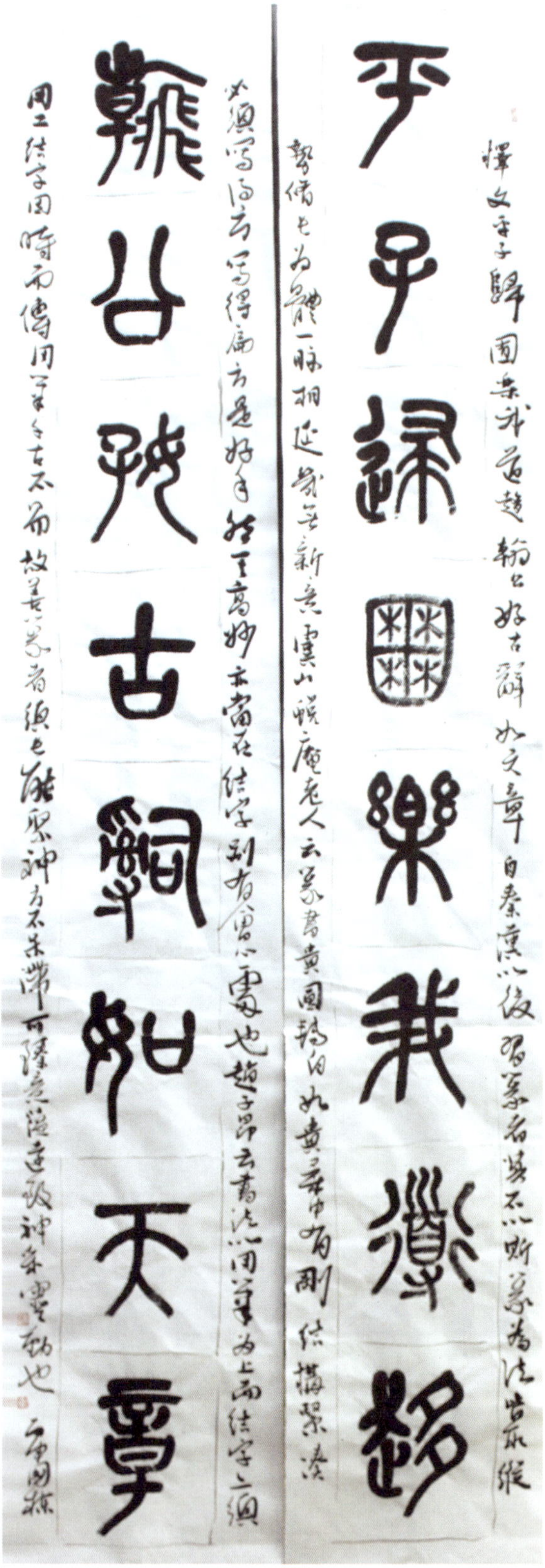

戴国栋，1979年生，常熟莫城人，民进党员。师从南京艺术学院金丹博士，现为中国书法家协会会员、江苏省硬笔书协理事、苏州市青年书协会员、苏州市甲骨文学会会员、常熟市青年书协副秘书长、常熟市书画艺术研究院院士、虞山印社社员、常熟市政协特邀委员、中国教育学会德艺双馨书法教育名师。

平时工作踏实、认真，始终以饱满的热情投身写字教学。对学生循循善诱，激起学生学习的兴趣，最大限度地体现学生的主体性。在课上，学生没有坐姿不正的，没有不思考的。每一朵小花都在他的呵护下娇艳开放。在戴国栋老师的熏陶下，学生们都能写出一手漂亮的汉字，在写字中收获了精彩。

苏州市书法教育精英——韩珏

韩珏，翰林小学专职书法教师，特色部主任，任江苏省硬笔书法家协会理事，江苏省青年书法家协会会员，苏州市书法家协会“千百工程”书法导师，苏州市书法家协会会员，苏州市书画家协会会员，苏州工业园区学科带头人。

翰林小学建校至今仅六年，从建校初的一张白纸，现今成为墨香校园。韩珏老师在翰林小学书法特色打造上立下翰墨书功。

在韩老师这几年的辛勤努力下，翰林小学从默默无闻，到现今的“苏州工业园区特色学校AA级”“中国书法（写字）特色学校”“中国书法教育实验学校”“中国书法教育示范学校”“中国书法名城苏州书法教育‘千百工程’培训基地”“江苏省书法教育先进学校”“苏州市硬笔书法实验基地”“苏州市书法家协会教育基地”“苏州市语言文字规范化示范学校”“苏州市规范汉字书写教育特色学校”“苏州市书法师资培训基地”。同时，江苏省教育学会在翰林小学设立“韩珏书法教育工作室”。

韩珏书法课堂指导

她，引领了一支书法特优队伍。在她的带领下，翰林小学的教师每天坚持练习书法，教师们的书法作品得到了国家级书法家华人德、王伟林、沈锡泉、王国安、王浩等专家们的认可；在她的指导下，六名教师在省书法课堂教学评比中获一等奖。

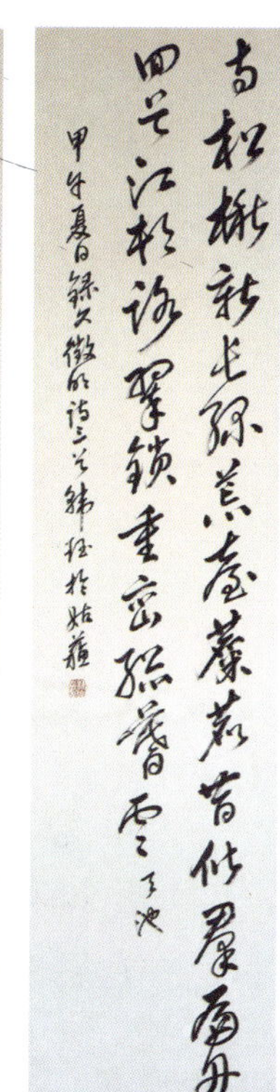

她，培养了一批书法特长学生。翰林小学从建校初的108名学生，到现在的895名学生，在她的培养下，参加国家、省、市书法比赛获金奖达650多人次，全校学生每年都参加并通过江苏省考试院组织的书法水平等级证书考试，学生书法作品30多人次在省市书法刊物及报纸上发表。

苏州市书法教育精英——张宇凌

张宇凌，师从杨烈君、王浩等著名书法家。中国硬笔书法协会会员，江苏省硬笔书法家协会会员，苏州市书法家协会会员。全国书画大赛金奖，苏州西安两地毛笔、粉笔书法各一等奖。在《铅笔字启蒙》《硬笔书法教程高级本》等书法教材中担任主编。2008年起潜心研究硬笔书法速成，大量阅读书法书籍，2013年在书法年会上发表个人自创代表作《10小时直击中高考作文书写》，并被江苏省教育学会授予“张宇凌书法教育工作室”进行推广，受聘多家小学任书法顾问，辅导沧浪新城第一实验小学和青剑湖学校的书法课，都荣获苏州市整班写字大赛一等奖。在苏州网上教师学校、苏州教育学会网上分别特设个人专题视频《教师粉笔速成》《趣味写字启蒙》等，使全苏州教师受益，目前全职于苏州工业园区第十中学。

予幼則從先生受書然是時方樂與家人童子嬉戲上下未知好也十六七時窺六經之言與古今文章有過人者知好之則於是銳意欲與之並而是時家事亦滋出自斯以來西北則行陳蔡譙苦淮汴睢泗出於京師東方則絕江舟漕河之渠逾五湖並封禺會稽之山出於東海上南方則載大江臨夏口而望洞庭轉彭蠡上庾嶺游湞陽之瀧至南海上此予之所涉世而奔走也蛟魚洶湧湍石之川巔崖莽林貔虺之聚與夫雨暘寒燠風波霧毒不測之危此予之所單游遠寓而冒犯以勤也衣食藥物廬舍器用箕筥碎細之間此予之所經營以養也天傾地壞殊州獨哭數千里之遠抱喪而南積時之勞乃畢大事此予之所遘禍而憂艱也太夫人所志與夫弟婚妹嫁四時之祠屬人外親之問王事之輸此予之所皇皇而不足也予於是力疲意耗而又多疾言之所序蓋其一二之粗也

宇凌書

张宇凌老师作品欣赏

苏州市书法教育精英——陈桂男

陈桂男，原昆山市蓬朗中学英语教师，因为喜欢书法，从2013年开始教书法，2014年，参加昆山市书法骨干教师的培训，2015年参加苏州市书法教师的培训，并获得了江苏省考试院和南京艺术学院艺术考级委员会颁发的“书法考级培训高级教师”的证书，现加入中国教育学会书法教育专业委员会和江苏省硬笔书法家协会。

获奖情况：2015年苏州市首届中小学教师书法比赛获毛笔书法三等奖，2015年昆山市中小学教师书写经典获毛笔书法一等奖，2015年昆山市美术教师基本功获书法组一等奖。现为南社胡石予书画院特聘画家。

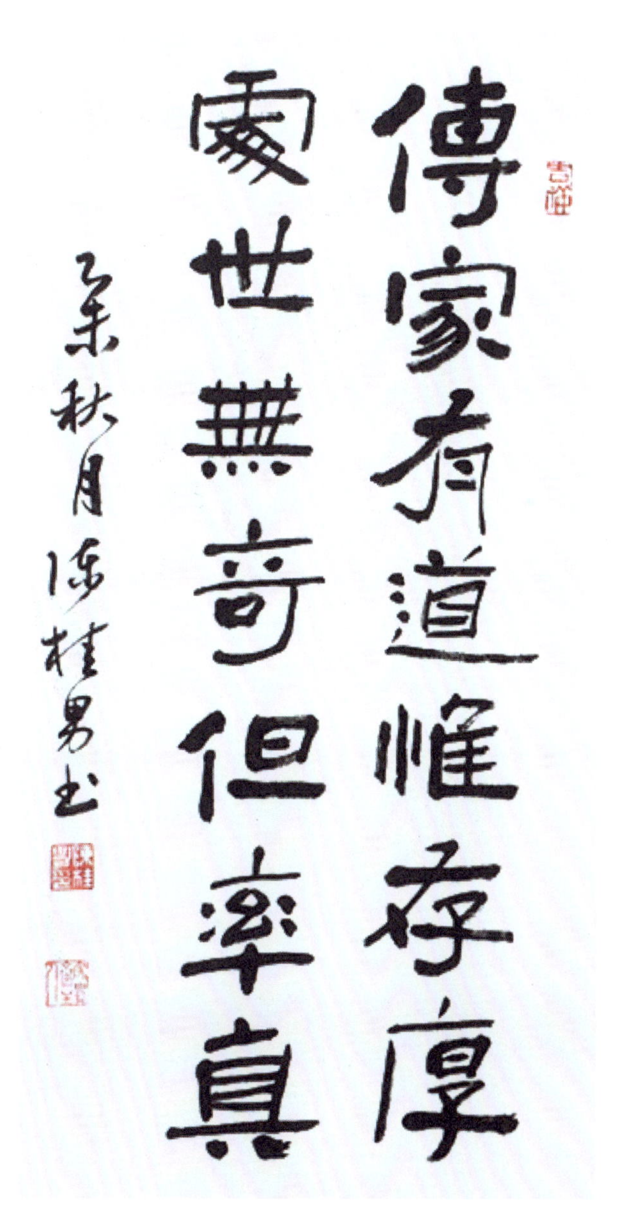

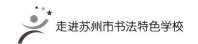

苏州市书法教育精英——拾双

拾双，字景双，号渊瞻。毕业于江苏师范大学书法篆刻专业，文学学士。江苏徐州人，客居苏州。受业于侯学书、马亚、刘淮、刘文秋诸先生。五体皆擅，喜治印，旁通中国画。

中国教育学会书法教育专业委员会会员，江苏省书法家协会会员，苏州市书法家协会会员，苏州工业园区书法家协会会员，江苏省硬笔书法家协会会员。

《现代苏州》专题个人介绍，作品多次发表在《姑苏晚报》《书法报》《城市商报》等刊物上。

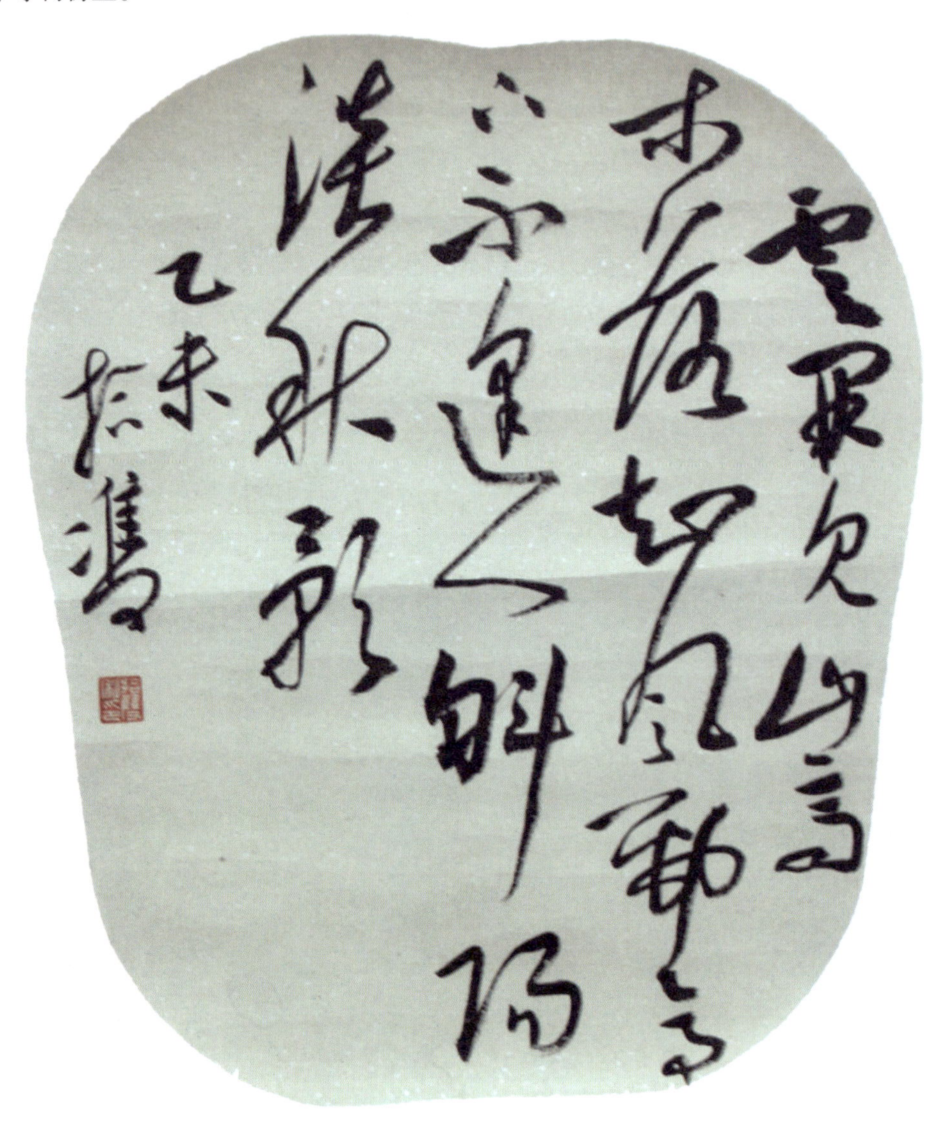

苏州市书法教育精英——许建刚

许建刚，师从著名书法家李双阳先生。现为中国书法家协会会员、南吴门书社社员、中国教育学会书法教育专业委员会会员、苏州市书法家协会教育委员会委员、苏州市吴江区书法家协会副秘书长、苏州市吴江区书法家协会教育委员会主任、苏州市吴江区硬笔书法家协会副主席、苏州市教育学会书法专业委员会理事。2013年被中国教育学会书法专业委员会授予“书法教育名师”称号。现就职于江苏省苏州市吴江区屯村实验小学。

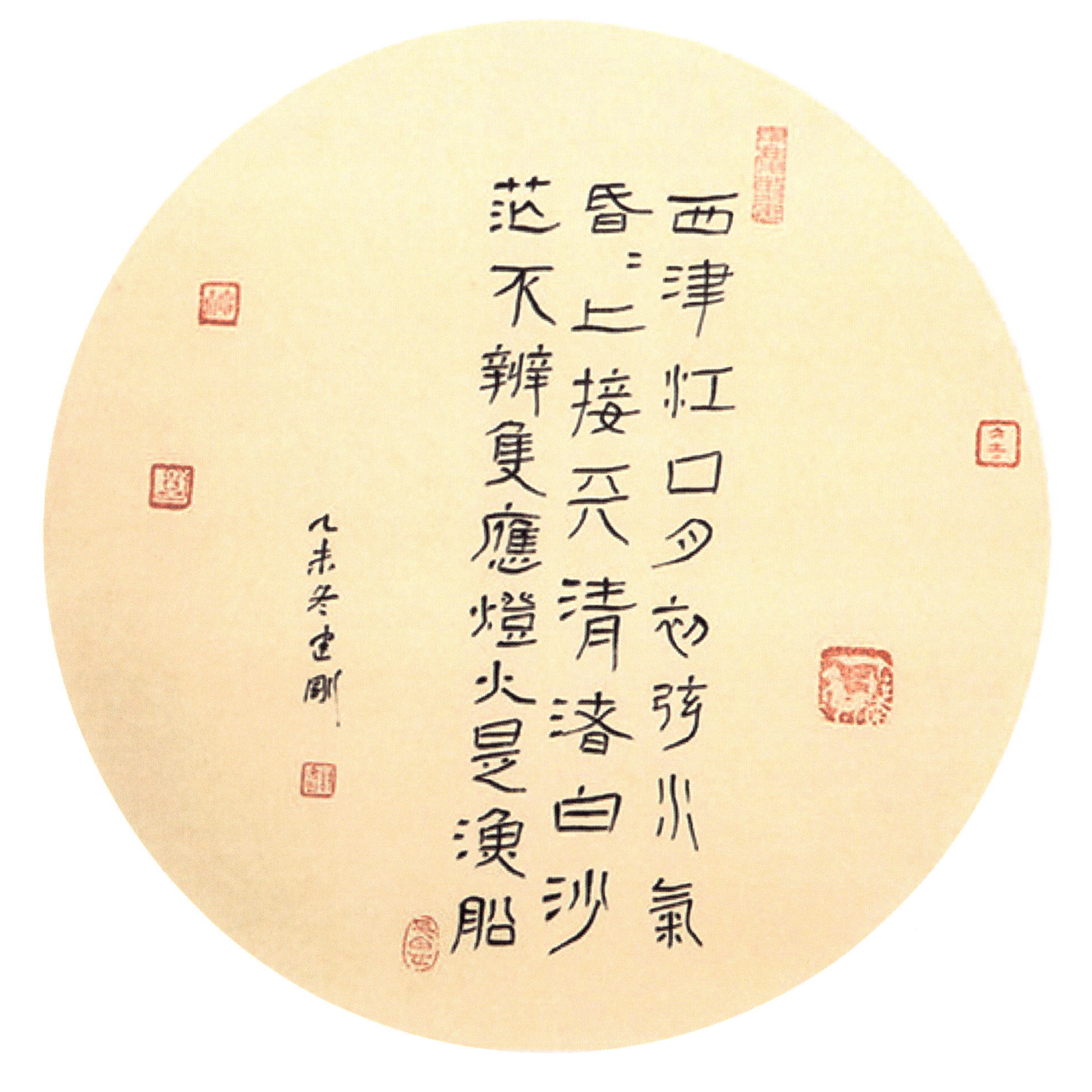

苏州市第一届、第二届中小学教师书法大赛一等奖作者介绍

苏州市第一届中小学教师书法大赛
毛笔书法一等奖获得者——葛丽萍

葛丽萍，女，1978 年生，江苏常熟人，现为江苏省书法家协会会员，常熟作家协会会员，虞山印社社员。现于常熟市杨园中心小学任教。

1994 年进太仓师范，随王浩老师学习欧体《九成宫》，毕业后得到王浩老师和张浩元老师的指点，临习晋唐小楷。其书法获第六届全国规范汉字书写大赛成人组一等奖，“首届五台山杯”全国写经书法大赛中获优秀奖。入展第五届全国妇女书法展、江苏省首届妇女书法篆刻展、第六届中国临沂中小学生书法节教师组展。作品获苏州首届中小学教师书法比赛毛笔字一等奖。作品被苏州档案馆、常熟市档案馆、美术馆、博物馆等专业机构收藏。出版散文集《心有菩提》。

【書之道】

苏州市第二届中小学教师书法大赛
粉笔字一等奖获得者——蔡杰

蔡杰，男，1973 年出生，江苏省如东县人。毕业于江苏省如皋师范学校，现就职于苏州外国语学校，担任小学教导处主任，任教小学数学。高新区小学数学学科带头人，江苏省教育学会会员。平时喜爱书法，擅长楷书，多次参加书法比赛获奖。

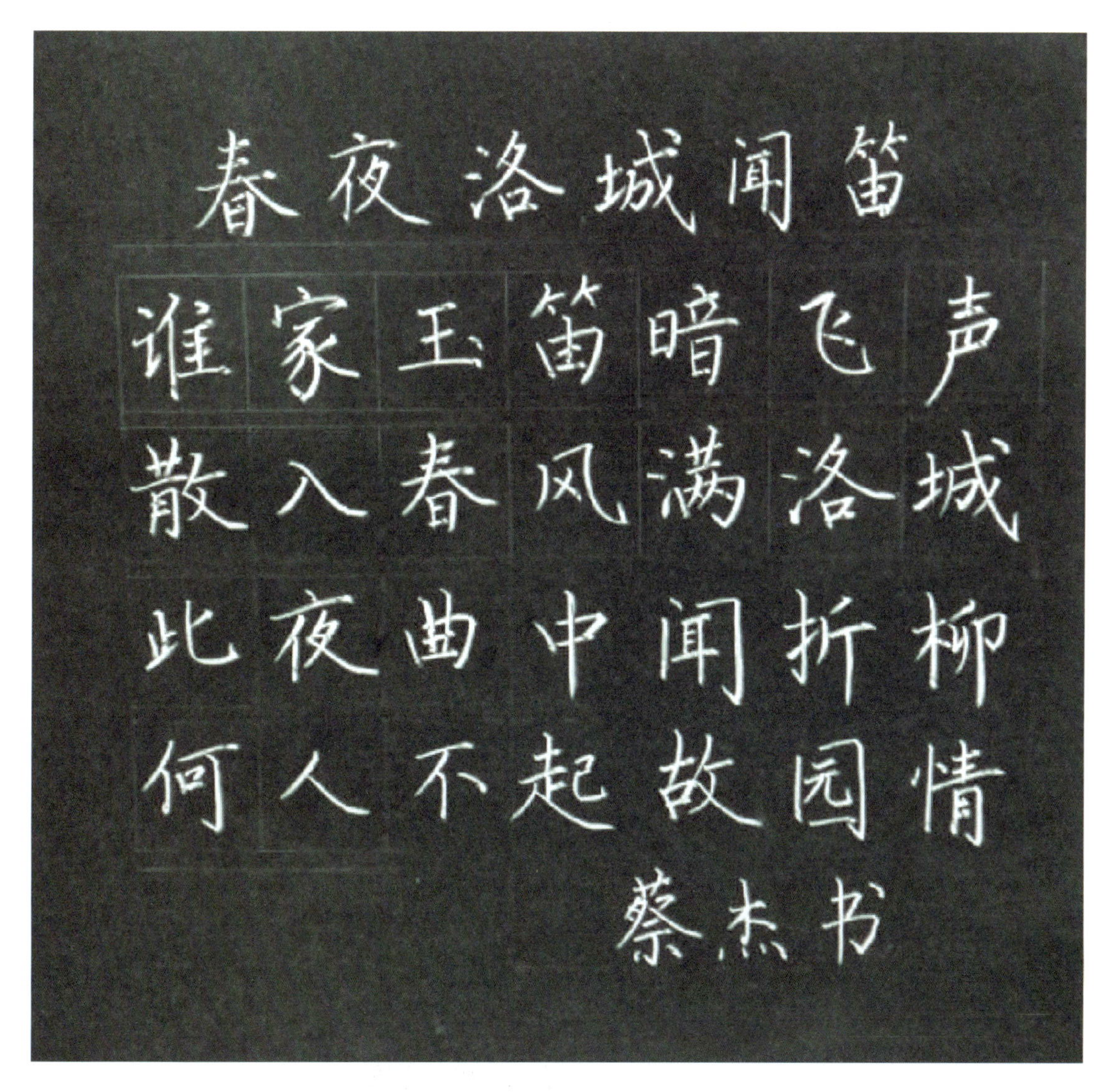

苏州市第二届中小学教师书法大赛
钢笔字一等奖获得者——鲁月华

喜爱画画，命运却让她当了语文老师；
吟诗填词，却偏偏学起了书法和国画；
有点儿不务正业，又有点儿认真；
有点儿散漫，又喜欢安静；
诗词文赋里浅唱，丹青墨语中徜徉。
时间煮雨，她的生活里更多的是，
一路风景。

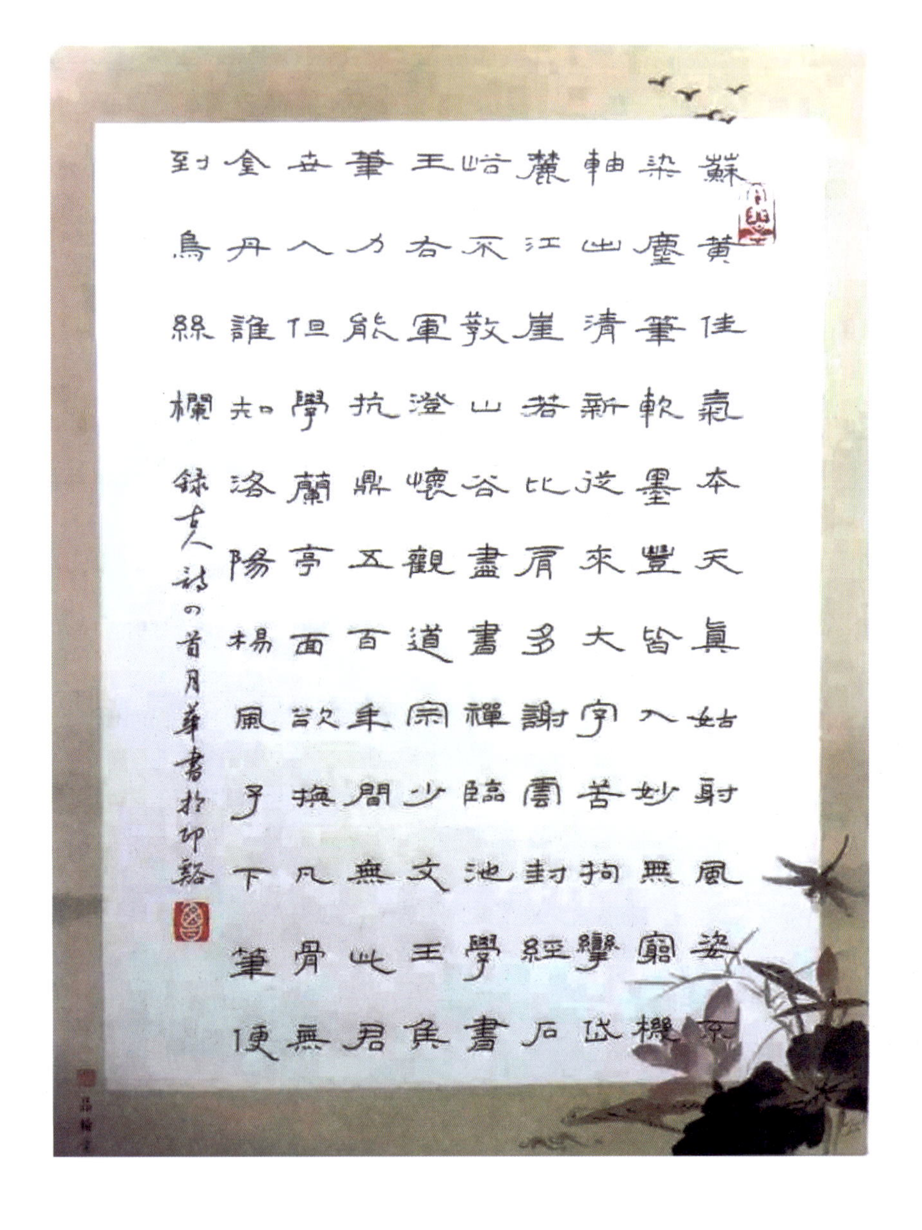

她，就是鲁月华，1974年生，现就职于太仓沙溪镇第二小学。江苏省书法家协会会员，太仓市女书法家协会副会长，太仓市师德标兵，苏州市优秀作文辅导员，太仓市作家协会、楹联协会会员。受教于王伟林、郑建雄、李志炜、郁文明、王浩、陆培明、马永先等。作品曾进入中国书法家协会首届临帖展，参加苏州市女书画家作品展、太仓吴江两地书法展等多次展览。2015年获苏州市第一届中小学教师书法大赛毛笔字一等奖。辅导的学生多次在省市等各级书法比赛中获得佳绩。

苏州市第二届中小学教师书法大赛
钢笔字一等奖获得者——王亚娟

王亚娟，1983年生，2004年毕业于太仓师范学校，师从王浩老师，现任教于昆山市石浦中心小学校教科主任，江苏省硬笔书法家协会会员。

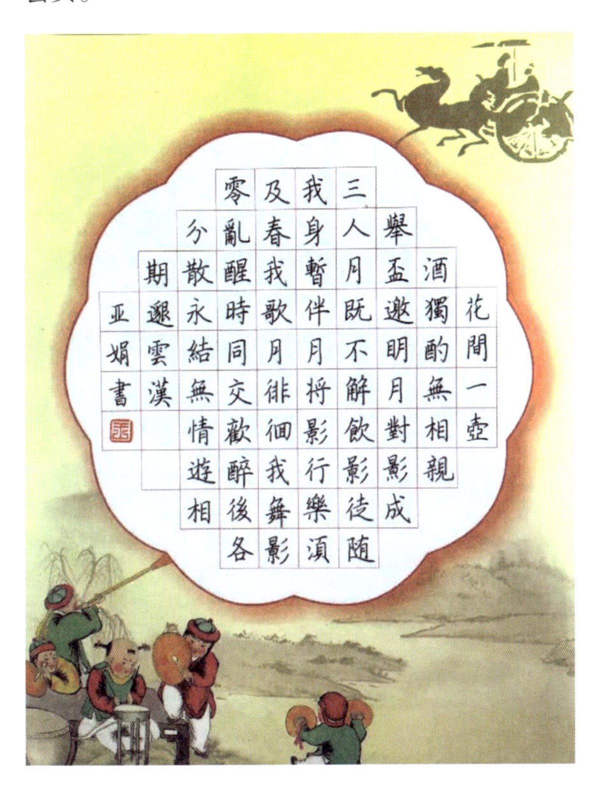

源于对书法的热爱和追求，平时在繁忙的工作之余，坚持练习书法。硬笔作品曾5次刊登于《书法报——硬笔书法》，获昆山市第一、二届教师书法比赛一等奖。软笔作品《治家格言》于昆山市昆仑堂展出，先后获苏州市中小学教师书法比赛三等奖、江苏省书法指导课一等奖。

夫君子之行靜
以脩身儉吕養
德非澹泊無以
明志非寧靜無
以致遠夫學須
也非學無以廣
才非志無以成
學淫慢則不能
勵精險躁則不
能治性年與時
馳意與日去遂
成枯落

諸葛亮語

乙未冬亚娟書

苏州市第二届中小学教师书法大赛
毛笔一等奖获得者——鲜海平

鲜海平，男，1982年出生，江苏扬州宝应人，毕业于扬州大学艺术学院美术教育专业，现为江苏省书法家协会会员，江苏省教育书法家协会会员，中国教师书画院会员，宝应县书法家协会理事。现就职于苏州外国语学校。被评为扬州市“教坛新秀”、宝应县美术学科带头人。小学高级教师。

作品获奖情况：

入展“江苏省第五届新人书法篆刻展”；

入展“江苏省第五届省青年书法篆刻展”；

在“江苏省首届中小学教师书法篆刻展”中获三等奖；

在“江苏省第二届中小学教师书画大赛”中获一等奖；

在“扬州市运河情中小学教师才艺大赛”中获特等奖；

在“中国教师报首届全国教师书画大赛”中获优秀奖；

在“苏州市教职工书法大赛”中获一等奖；

在“苏州市第二届中小学教师书法大赛”中获一等奖；

作品多次发表于《中国书画报》《书法报》《写字》《书法报·书画教育》《扬州日报》，辅导的学生多次在全国、省、市、县赛中获奖。

苏州市第二届中小学教师书法大赛
毛笔字一等奖获得者——许建新

许建新，别署叶斋，江苏省张家港市鹿苑小学书法教师。中国教育学会书法教育学会会员，江苏省书法家协会会员，江苏省教育学会书法教育协会会员，苏州市书法家协会会员。从事书法教育近四十年，积累了较为丰富的书法教育经验，指导的学生多次在全国、省、市各级各类书法比赛中获奖，近二十次获得优秀教师指导奖。

作品入展、获奖与论文发表获奖情况：

2005 年作品入展江苏省第五届书法新人新作展；作品在国家级、省市级以上比赛中分获一等奖 2 次，二等奖 3 次，三等奖 2 次；书法作品先后在《中国钢笔书法》《书法报》《中国校外教育》《日本习字研究会》等刊物上发表。书法论文在《中国钢笔书法》上发表 4 篇；《从汉字到书法与时俱进的全人教育》入选《中国硬笔书法理论研究二十年论文集》；所撰写的《鹿苑小学书法特色文化教育的实践研究》一文，获江苏省教育论文一等奖。2008 年荣获“江苏省书法（写字）教育先进工作者”称号。

尚書宣示孫權所求詔令所報所以博示逮于卿佐必冀良方出於阿是芻蕘之言可擇郎廟況繇始以疏賤得為前恩橫所眄睨公私見異愛同骨肉殊遇厚寵以至今日再世榮名同國休戚敢不自量竊致愚慮仍日達晨坐以待旦退思鄙淺聖意所棄則又割意不敢獻聞深念天下今為已平權之委質外震神武度其拳拳無有二計高尚自疏況未見信今推款誠欲求見信實懷不自信之心亦宜待之以信而當護其未自信也其所求者不可不許許之而反不必可與求之而不許勢必自絕許而不與其曲在己里語曰何以罰與以奪何以怒許不與思省所示報權疏曲折得宜神聖之慮非今臣下所能有增益昔與文若奉事先帝事有數者有似於此粗表二事以為今者事勢尚當有所依違願君思省若以在所慮可不須復節度唯君恐不採故不自拜表

右鍾繇太傅宣示表
甲午年正歲江南西水葉齋臨

苏州市第二届中小学教师书法大赛
毛笔字一等奖获得者——杨文忠

杨文忠，江苏省沙溪高级中学书法教师，江苏省硬笔书法家协会理事，江苏省青年书法家协会会员。从事书法教育三十年，积累了较为丰富的书法教育经验，指导的学生多次在全国、省、市各级各类书法比赛中获奖。

平时勤于临习与创作，积极参加各类书法培训，努力提高业务水平，曾获第三届江苏省“书写经典”规范汉字书写大赛最佳指导老师奖，苏州市首届教师书法比赛钢笔一等奖，太仓市中小学美术教师书法国画比赛书法一等奖，“江苏省书法教育先进个人”称号等。

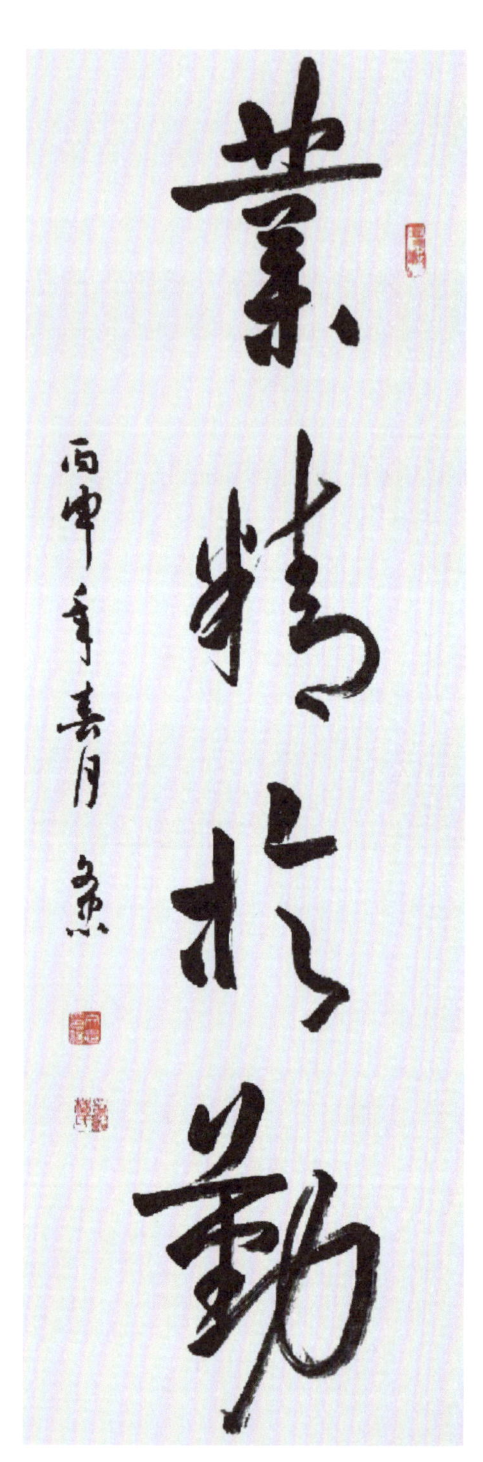

苏州市第二届中小学教师书法大赛
毛笔字一等奖获得者——邹惠芳

邹惠芳，1978 年生，1998 年毕业于太仓师范学校。现任教于常熟市杨园凤兰小学，江苏省硬笔书法协会会员，苏州市书法家协会会员。

作品在江苏省第二届中小学教师书画大赛中获三等奖，在第一届苏州市中小学教师书法大赛中获二等奖，在第二届苏州市中小学教师书法大赛中获一等奖，在辛庄镇“巾帼翰墨情”女职工书法大赛中获一等奖，作品入展江苏省教育书法协会纪念抗日战争胜利 70 周年“洋河杯”书法篆刻展、云南红河——苏州工业园区书法联展、“南京人杯”兰亭会全国第三届书法跨年展、苏州大运河美术馆展览、苏州工业园区成立二十周年展览。

棟花飄砌簌々清香細梅雨過
蘋風起情隨湘水遠
夢繞吳峰翠琴書倦鷓鴣喚
起南窗睡密意無人寄幽恨
憑誰洗脩竹畔疏簾裏
歌餘塵拂扇舞罷風掀袂人
散後一鉤新月天如水衣帶漸寬
終不悔爲伊消得人憔悴
柳永鳳棲梧虞山惠芳

苏州市第二届中小学教师书法大赛
毛笔字一等奖获得者——张志开

张志开，男，1980年9月出生，中国书法家协会会员，张家港市书法家协会理事，张家港市硬笔书法家协会理事，张家港市书画院特聘书画师，东渡印社社员。现任职于张家港中等专业学校，张家港市老年大学外聘书法指导老师。

作品入展、获奖情况：2005年，江苏省第五届新人新作展入展；2006年，全国第二届兰亭奖“安美”杯新人展入展；2008年，江苏省五届青年书法篆刻展入展，全国首届册页展入围，全国第二届草书展入围，苏州市教职工硬笔书法比赛一等奖；2010年，江苏省六届青年书法篆刻展入展，全国第三届扇面书法展入围；2011年，全国首届手卷书法展入展；2012年，全国第二届册页书法展入展；2015年，全国第二届手卷书法展入展，苏州市首届中小学教师书法比赛毛笔字一等奖；2016年，苏州市第二届中小学教师书法比赛钢笔字一等奖。

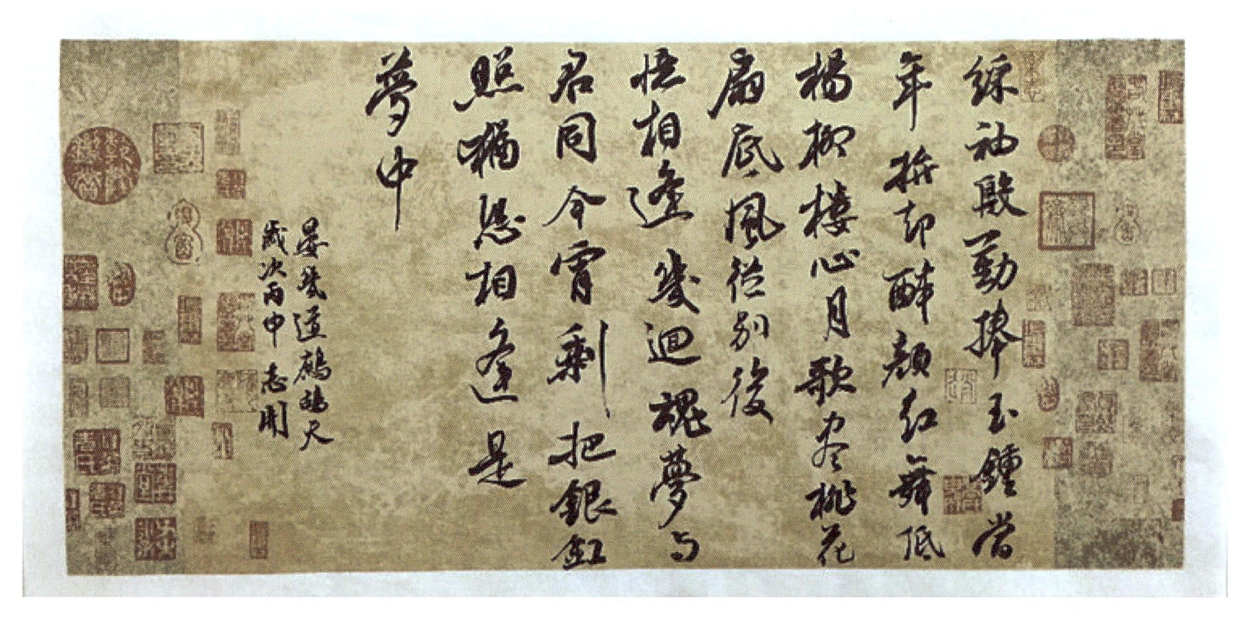

苏州市第二届中小学教师书法大赛
硬笔字一等奖获得者——杨璇

杨璇，女，1988 年出生，江苏苏州人，毕业于新苏师范学校小学教育双语专业，现就职于苏州外国语学校，小学一级教师，任教小学数学。

获奖情况：

苏州高新区 5 年内青年教师优课赛一等奖；

苏州市教育学会 2013 年优秀教案评比二等奖；

苏州外国语学校 2014 年度“教学之星”；

2013 年硬笔书法作品获校级青年教师基本功大赛一等奖；

2014 年硬笔书法作品参加“中华魂”全国硬笔书法大赛二等奖。

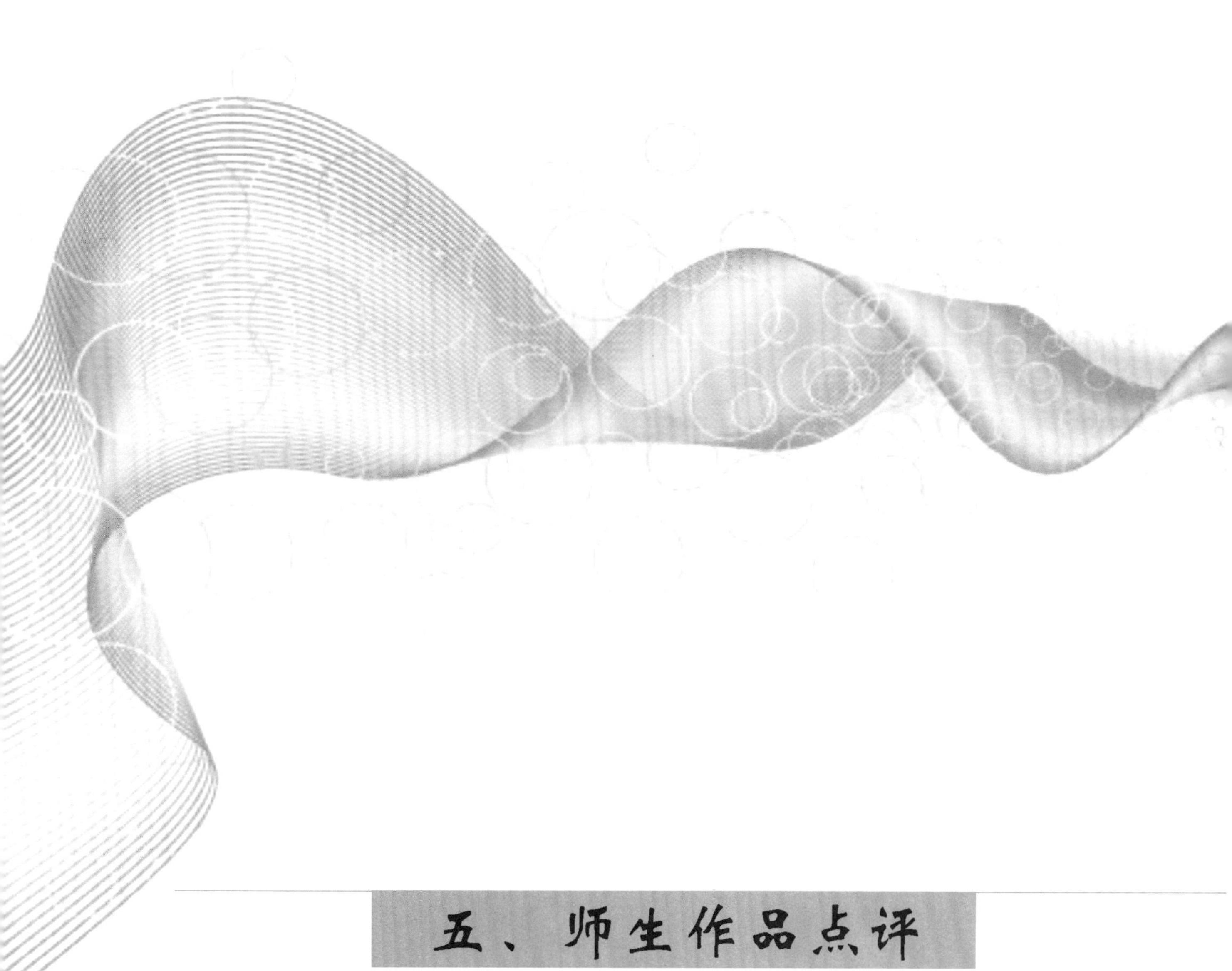

五、师生作品点评

高熠珂，一个自信、开朗、友好、积极向上的小女孩，就读于太仓市朱棣文小学三年级。爱好看书、舞蹈、书法、表演。学习书法虽短短的一年半时间，但是已经顺利通过了书法三级考试，被评为江苏省 2013 年年度“小小书法家”称号，在第七届中小学生书法展示赛中，毛笔书法作品荣获小学组一等奖。

王浩点评：

“不”字，长横的倾斜角度控制得较好，收笔时回锋可以再圆润些。斜撇写得较挺。短竖略偏左，应在中心线上。最后的长点写得较好。

“知”字，左部写得较好，撇、横两笔用一笔来完成。右部“口”的第一笔短竖可以倾斜一点点。

“明”字，比较难写，小作者基本上把握了字的宽度和长短。如将横折钩中的竖钩写得再直一些，就更好了。

“镜”字，左右结构，左窄右宽。字形布局较合理。不足的是，第一笔写得粗了一些，与整个字对比，显得不够协调。

“里”字，笔画可以再粗一些，中间竖画要直。

“何”字，左右结构，左窄右宽、左高右低，符合书写要领，写得较好。

“处”字（繁体），横钩的起笔、顿笔不能过重，最后一笔是斜捺，要写得自然，“一波三折”的感觉没能体现出来。

得

“得”字，左右结构，左窄右宽，写得比较好。

秋

“秋”字，结字较稳，字形也美。如能将第一笔横撇向左移一些会更好。

霜

“霜”字，第一笔短横可以放平一些。四个点画也要有所变化。下部的“木”，撇画可再倾斜一些。“目”的短横要写得平一些。

九歳

“九”字，竖弯钩要写得细一点。“岁”字，第一笔短竖要直，下部的“小”，可以写得大一些。

高熠珂

“高”字，上部的两竖要直一些，下部的横折钩，转角时顿笔要控制好轻重和速度。“熠”字，火字旁和“白”写得很好，“羽”部，是左右同类，应左部写得小，右部写得大一些，四个小点也要有大小和形态变化。

“学”字（繁体），上部的左中右靠得很近，写得紧凑。中间的横钩可以再放平一些，下面“子”钩画应该是弯钩而不是竖钩。“书”字（繁体），横画布局安排合理，写得很好。最后的印章，盖得略向右倾斜，以后也要注意到这些细节，使作品质量得到进一步提高。

我们期待高熠珂小朋友写出更多、更优秀的作品。

郗陈旭，9周岁，就读于太仓市实验小学。从小喜欢写写画画。二年级时，经王浩老师指导，字很快有了进步，作业清晰、整洁，经常得到各科老师的表扬。曾获彭城杯小学组书法一等奖，江苏省硬笔书法比赛小学组银奖。

王浩点评：

郗陈旭书写认真，有一定的书写基本功。

作品中的“野”字，左部中竖要写得直，右部写得较好。

“竹”字，左右同类，左边缩，右边放。

“有”字，长横可以放手一些，斜撇应由重到轻，过三分之二时要提笔渐行。

“高”字，写得较好，注意了中心线，横折钩向右扩展得恰到好处。

“节”（繁体）字，左右结构，左右平分，左高右低，符合了结字的规律，但是最后一竖要写直。

“文”字，做到了撇捺伸展，注意了轻重提按，写得较好。

“禽”字，第一笔斜撇，起笔较好，收笔时要控制好速度，下部的横折钩，折角处顿笔要注意，不能过重。

“无”（繁体）字，长横要放平一些，最后一点也可以写得长一点、大一点。

“俗”字，第一笔撇显得略粗，右部斜捺有“一波三折”的感觉，但不是很到位。

“声”（繁体）字，笔画较多，应紧密排列，使字更紧凑。上部可以再向上靠一些，斜捺可写得细一点，下部的竖画可以再直一些，使字站得直。

落款一行，可以再向上移一个字左右的位置，使整个作品更协调。

傅建军，江苏省硬笔书法家协会会员；入选第二届“相约金陵”全国硬笔书法大赛；入选开源生态杯昆仑奖全国硬笔书法大展；入选全国第二届硬笔书法册页手卷作品艺术大展；昆山市首届小学教师硬笔书法比赛一等奖；昆山市“美丽校园”教职工书画比赛一等奖；作品曾发表于《硬笔书苑》等。

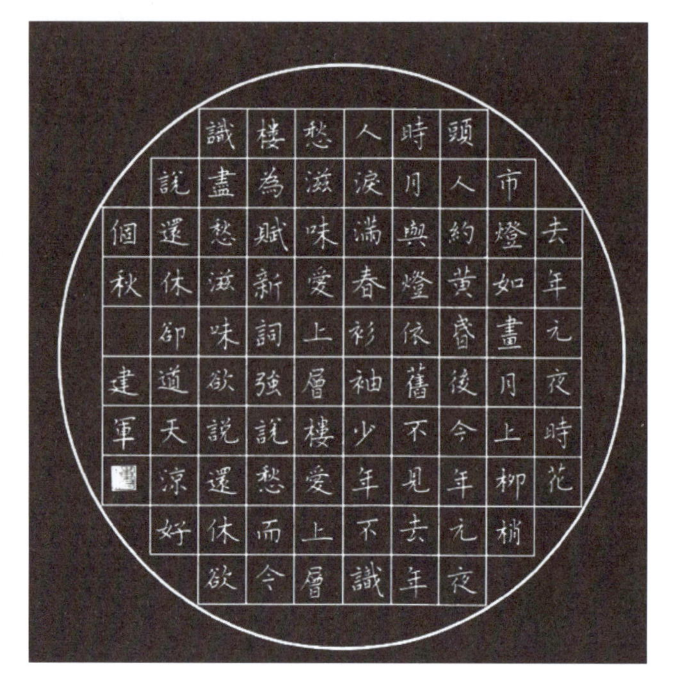

王浩点评：

傅建军老师的楷书作品，取法“二王”，用黑底白字创作，给人醒目的感觉，笔画较精到，结构严谨，是一幅比较成功的作品。

上　“上”字，结字很好，但是要注意，第一笔竖画，应在中心线上，作者把它写得偏左了一些。

柳　“柳”字，作者能把左中右三部分的长短、宽度、高低控制得恰到好处，体现了扎实的基本功。

年　“年”字，两个短横，均能写得向右上方倾斜，长横写得略有弧形，短竖灵巧地改为了“点”，最后一笔竖画写得笔直，使整个字平稳美观。

賦　“赋”字（繁体），做到了左窄右宽，左短右长。主笔斜钩得到了很好的体现，字形美观生动。

還　“还”字（繁体），虽然笔画较多，但作者能将它写得很紧凑，走之儿的捺画写得一波三折，很自然。

滿　“满”字，三点水写得灵动且有呼引关系，最后一部分的“四个点”，也写得有大小，姿态各异。

樓　“楼”字（繁体），左窄右宽，字形比例把握得很好，但需注意的是左右不可靠得太近，应分开一些。

層　“层”字（繁体），字形瘦长，应将竖撇写得再直一些，“曾”部，要向右移出来一些。

欲　“欲”字，左部写得较好，右部的最后两笔没写好，撇画写得太斜，应写得直一些，捺画应是斜捺，写得太平了。

滋　“滋”字，左右结构，字形略显偏，应再写得长一些会更好。

傅建军老师作品中出现的：“上”“柳”“年”“赋”“还”“满”等字，是整个作品中最精彩的部分，非常耐看，有灵气。我们期待傅建军老师能在古代的碑帖中吸取营养，创作出更多的优秀作品。

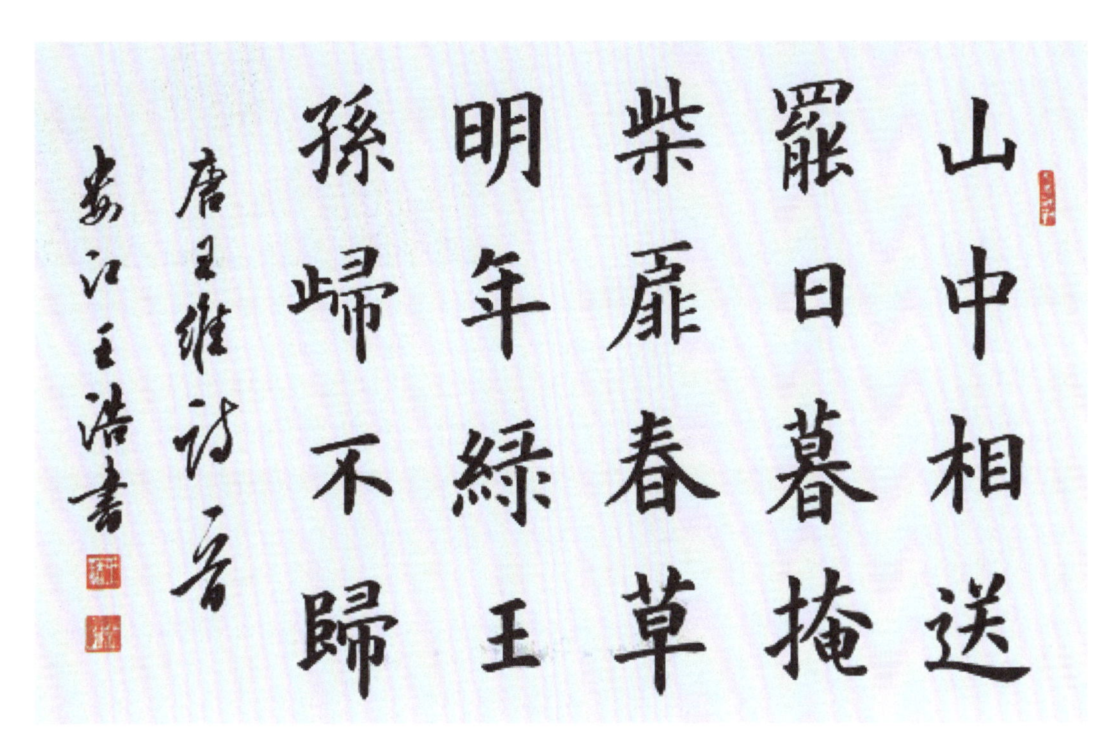

王浩老师创作示范一

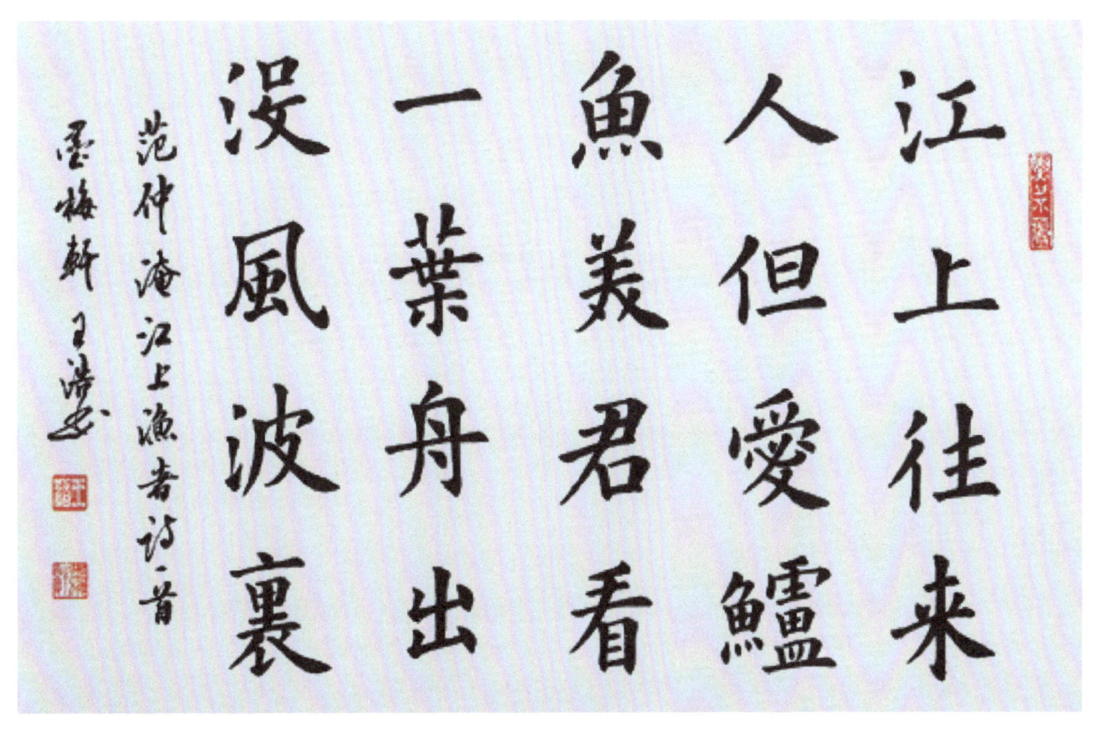

王浩老师创作示范二

王建雪，1978年2月出生，1997年毕业于太仓师范学校体育班，现任昆山西塘小学体育教师，2005年被评为昆山市教坛新秀，曾获昆山市青年教师体育基本功比赛一等奖，教学能手比赛二等奖。平时爱好书法，利用课余时间学习、练习书法，现为江苏省硬笔书法家协会会员。

王浩点评：

王建雪老师楷书，正文、落款、印章三大部分齐全，组成了一幅完整的书法作品。

江　“江”字，三点水呼引关系，右边“工”两个短横的长短、倾斜和取势都很好，如能再把“工”向右移一点点则更好。

上　“上”字，竖画较直，短横可以再向下一点，长横写得很好。

往　“往”字，第一撇短，第二撇写得稍长了一点，第三笔竖画很好，右边部分可以再向右一些，第二个横画可再向下一点点。

来　“来”字，第一笔短横，相向点呼引关系，第二个横画收笔时可再向右一些，竖画较直，撇画较挺，捺画写得长了一点。

人　“人”字，撇画可以再挺直一些，捺画是斜捺，要注意倾斜方向，写得平了一些，也偏长了。

但　“但”字，左右结构，左窄右宽，左长右短。单人旁写得很好，右边“日”要向右移一些会更好。

愛　“爱”字（繁体），横钩写

江上往來人
但愛鱸魚美
君看一葉舟
出沒風波裏

江上漁者詩一首
王建雪書於玉峰

得过于向右上方倾斜,应放平一些,中部要紧凑,撇捺还要自然一些。

“鲈”字(繁体),左边写得很好,右边略显偏大,而且有向左倾斜之感。

“鱼”字(繁体),笔画写得很好,下部四点可以再拉开一些,使之更稳。

“美”字,结构较稳,最后一笔捺画写得不够自然。

“君”字,“尹”部横画排列均匀,撇画较挺,“口”部略显偏大。

“看”字,第一笔是横撇,欧字的下面两个横画都写成短横,在创作中可以把第三笔写得长一点,撇画要写得挺,最后的“目”要瘦长。

“一”字,起笔稍顿,行笔向右,略向右上方倾斜,收笔回锋,写得非常到位。

“叶”字(繁体),上中下结构,笔画较多,突出了中间的长横,使上部、下部收紧。

“舟”字,外形基本正确,竖钩写得较软弱。

“出”字比较难写,特别是字的大小很难把握,创作中宁可写得小一点。竖画要直,右边的两个短竖写成两个点,点画还要写得精到一些。

“没”字,三点水呼引关系,第一、二笔写得很好,第三笔提画方向不对,可以再斜一点。右边都写得比较好,捺画可以写得短一点。

“风”字(繁体),外框大小把握准确,中间安排合理,钩画要再写得挺一点,弯度要控制好,最后的点画收笔要讲究。

“波”字,三点水写得较好,横钩出钩可以稍短一些,竖撇写得很挺,第二个撇的方向不对,最后的捺画也写得偏长了。

“里”字(繁体),中心线把握较准,横画较多,安排合理,最后一笔捺画写得软弱了一些。建议王建雪老师以后要在基本笔画上下功夫,特别是撇捺和钩画是弱点,要攻关。只有把基本笔画过关了,字形结构抓住了,字才会有新的起色。还有行书的落款要加强训练。最后祝愿王建雪老师百尺竿头,更进一步。

秦健简介：江苏常熟人。首都师范大学中国书法文化研究院硕士毕业。师从张锡庚、胡抗美、解小青教授。荣获《书法》杂志2010年中国书坛青年百强榜“十佳”书法家称号。作品在2015全国第二届手卷展中获最高奖。入展首届、二届、三届全国草书大展，首届全国册页展、行书展，二届青年展，九届全国展，三届扇面展，入展中国书协举办的专业展览二十余次。

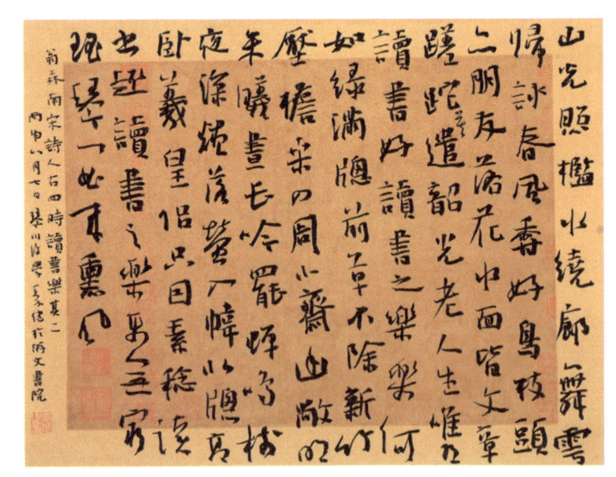

秦健作品

妙在方寸之间

——由秦健书法所想

庆　旭

任何一位娴熟的书者都有一套自认为能够胜人的“把式”，何以言此？因为这“把式”乃私家所有，概不外传，所以此中的秘诀只有书者本人知晓，外人当然如在雾里了。那反过来，外人其实另一位也是娴熟的书者，那么该君是否也有一套“不足为外人道”的“把式”呢？辩证地看，应该说有，只是他的“把式”可能还未达到“一招制敌”的境地。秦健在十年前的小行书、小行草的创作方面即已初见个人的“把式”了，时常能够“一招制敌”——屡进各级各类的专业大展。

秦健对自己的笔法选择无疑清醒而坚定。他可以很有把握地在5—10厘米见方的空间内把各种动作运用得游刃有余。尤其是飞动的小草笔法（多取《书谱》）的巧妙拿来，使得他在同一地区同一批次的作者群中脱颖而出，这就是“把式”的强力。现在很多一线的书写者就没有这强力的“把式”——对毛笔、对锋颖的各种运动形式的有效控制、字形精美、章法饱满，诸如此类，这是十年前的秦健在小行书、小行草领域的风格追求。强力的把式也给他带来了诸多专业上的荣誉。另外，他所主持的“流水琴川”书法公益网站使他收获到书法创作之外的良性的公众影响力。秦健所处的常熟地区是有着深厚传统文化底蕴的江南历史文化名城，孔子七十二贤能弟子中唯一的江南人士——言子（名偃，字子游）和世人熟知的清朝两代帝师翁同龢就是土生土长的常熟人，所以文化底蕴自不必说。作为苏州大市范围内的书法创作强市，常熟仅中国书协会员人数已达37人，位居苏州第一，在全国的县级市中也是第一位。想在这37名（以后还会增加，这是肯定的）中国书协会员中脱颖而出也并非轻而易举之事。难能可贵的是他在强手如林的常熟地界还是做到了专业小成，但又不沾沾自喜，而是潜下心来，北上求学于皇城脚下。存有这样的心境和规划意识，在不久的将来定会结出又一轮成熟的果子，这并非妄言。常常会遇到这种情况（一般多在小的范围，如街道、乡镇或县城），当一个人（如“甲”吧，甲乙丙丁的“甲”，不是“J”的声母，所以勿对号入座）在他的专业范围内辛苦耕耘，历经百般磨砺，始终未能如愿，但初心不改之际，示人的总为谦恭；一旦有朝终于上位之后脸色立马会变了颜色，这就是小区域、小范围的空间环境、生态环境和社会环境所致。当然最主要还是人的问题。任何一位“大人物”，从事学术研究时还是憋在“陋室”中，那“陋室”也不一定很大，但“大人物”的心胸却与狭隘的“甲”大相径庭，“甲”或者只看到了常熟，或者苏州吧，大家知道这常熟、这苏州也只是江南的一小部分，江南还有除苏州之外的更大部分，还有我们国家的更大部分还有江北、江东、江西呢！这也是绝对肯定的。所以从事任何艺术形式，放眼历史就有持续发展的可能，而不是沾沾自喜故步自封。秦健不是这样，虽然他确实是地道的常熟子民(此处加个笑脸)。

“变更”或谓“变化”是物质世界存在的一个特质。“把式”作为多样世界的精神符号的存在形式理当顺应作者内在追求层次的不同而变化，笔者毫不保留这样的认知观念，在别的文章中也曾有过相关的论证。只是这“变化”在不同的个体的心里、手里又有了千差万别的选择门径。选择对路，诚如书法选帖的“性之所近”，事半功倍；选择歧路，亦如隔靴搔痒，则事倍功半。也就是说，“变化”(或者从创作领域考察，以一个专用的名词“变法”而称之，不过“变法”一词常与老年变法，甚至衰年变法连为一体，有一种炉火纯青的感觉，又掺杂一股莫名的暮气，总之一般不用来形容年轻人，哪怕他再有为)必与作者原有的思维系统、审美选择、表现惯性有着诸多有效的关联，如此才会有“站在巨人肩膀上”(“巨人”并非他人，而是作者自己原有的艺术积淀)的便利和实效。回过头来，看看秦健近期的“变化”。切入作品而言，整体的风格指向依然在小字系列的精致、典雅、唯美的架构内——这是一种逐步推进、步步为营的招式，也是“变化”一系既保险又经典的方式。因为，创作者皆知，变法可有渐变，可有突变分野。阐述二者的内涵并非旨在厘清高下优劣之别，虽然它们在形式上看来确实十分迥异。关键在谁适合前者，谁适合后者，彼此对应则成。有一种声音叫作“人生是一场单程的旅行”，什么意思呢？静下心来想一想不就是说选择的单一性、唯一性嘛，只有一个选择。是这样的吗？是，应该是。选渐变者一方面既能够保住曾有的辉煌，同时还有意料之中的前进，虽然不一定有大喜，但保证不会有大悲，总之在稳步前行。如果选的是后者只能说是存有更多的可能性，甚至无限风光啦等等，但它没有前者的定向，仅此而已。

就目前的作品来看，长线是秦健所暂时回避的。线条的长短直接决定字形的大小，虽然从形貌看来，仅仅是单字占位的空间计量分别，实质上几乎是两个完全不同的用笔方式、运笔程式。所以在创作实践中笔法与字形大小的对应方式十分重要，然而现实中常能发现很有一些实践者们总喜欢以小手法、小动作去完成大作品，显得很吃力，效果不佳，真不知何故。这就看出秦健的步步为营的优势了，在他的作品中从来没有显示出招架无力的窘境，相反总会有弥漫闲庭信步、溪鸟山花的娴雅的滋味。这意境是如何营造的呢？或者这就是所谓的人生的单程旅行！但是凡有心人者总会调整自己的步伐，比如前两年内单程，第三年开始也许突变了呢，皆未可知吧，如此而已。

吴继宏简介：江苏吴江人。现为中国书法家协会会员、江苏省教育学会书法教育专业委员会委员、苏州市书法家协会理事、教育委员会委员，吴江区书法家协会主席，南吴门书法社执事。苏州市第十四届青联委员，吴江区无党派知识分子联谊会会员。

秀雅与苍质的分野

——初说吴继宏的变法

庆　旭

帖派风格的创作，“二王”为宗，这是历史的创造与规定，千百年来未有质的变革。先作声明：如此话语的气味不含有对古老书艺可能的、潜在的“腐气”“朽味”的贬义质疑。某一程度甚至高扬着对传统的敬畏。习帖之人自东晋始，未有一个可以绕开王羲之而独出新径。但其终极效果到底达到了哪一步、哪一层面？先看一看李煜的言论，其《书评》有云：“善法书者，各得右军之一体。若虞世南得其美韵而失其俊迈；欧阳询得其力而失其温秀；褚遂良得其意而失其变化；薛稷得其清而失于拘窘；颜真卿得其筋而失于粗鲁；柳公权得其骨而失于生犷；徐浩得其肉而失于俗；李邕得其气而失于体格；张旭得其法而失于狂；献之俱得之而失于惊急，无蕴藉之态。”如此说来，历史上的一些大家在学王的时候也只达到“得右军之一体”而已，况当下多心浮气躁之吾辈乎！

我所从事的教育阶层的同行们，经常谈论时下各种教育“创新”之举，玄乎的名词一个接着一个（具体名词略）。有名词就要为之付出行动，付出行动就要有从事活动的设计者、活动场所、时间安排、实验群体等，着实是一项大工程。既然是大工程，肯定会有一个较长的周期，也许未有显现的即时效果。但令人遗憾的是，此一实验正在行进中，另一个更加时尚的“创新”设计又出来了。此番“你未唱罢我登场”之繁茂景象在书法创作园地颇相类似，即未有站稳传统的脚跟，立马搞起创新来，似乎不创新不足以表达书写的高度。须知在对“传统”倍加珍重的诸多中国艺术中，书法不能不说是其中最鲜明的代表——不管从内到外，还是从外到内，书法都最直接地体现着中国的传统人文精神，“书法提供了中国人民基本的美学”（林语堂《中国人》）。其次，作为“书法构成”本身极为有限的物质规定（笔墨纸砚）；作为远离物象，极为形式化的艺术的内在特性决定了其对传统的更加重视。所以说在书法学习过程中，临摹古人优秀法帖几乎是所有学书人的必由之路，这便是从“传统”入手。何谓传统？钱钟书先生说“风气的长期不变即为传统”，这说法基于广阔的人文领域。那么何谓书法传统？邱振中先生谓“杰作——传统存在的一种方式”。（《书法的形态结阐释》）那么，如何对待“传统”呢？笔者以为有继承传统与发展传统之别。二者相较，窃以为“发展传统”更有持久的生命。因为相比于我们最常说的“继承传统”来说，它的外延似乎更加广阔，某种程度上，包含“创新”的成分，虽然我们尽量少谈创新。王羲之是尊重传统的，从他早期书风很明显地流露汉魏质朴气息便可看出，但王羲之

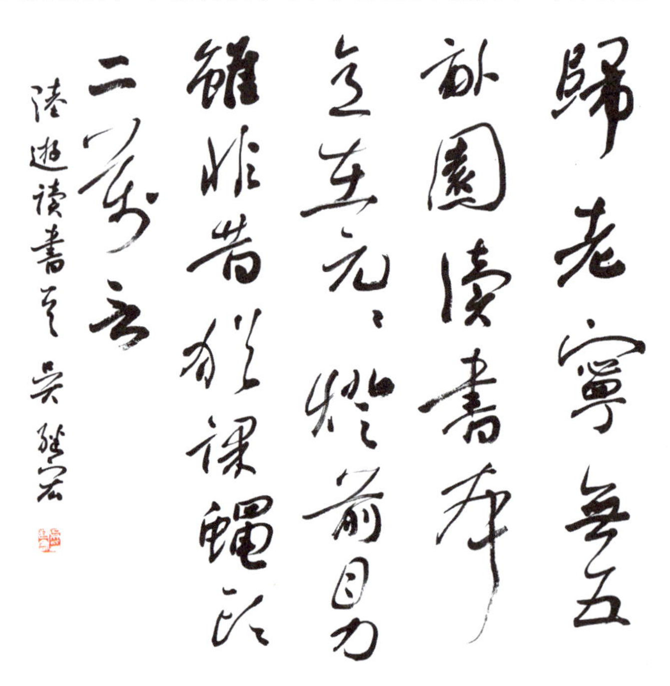
吴继宏作品

的历史意义却更多地来源于其发展前人传统，创立妍美流便的新书体这一层面。那么又如何才能“创造”出有“新意”的东西来呢？

客观地说，一直以来包括笔者在内的大众认知层面始终以为不管如何“创新”，但最后的落脚点还是以“美”为终极回归，而非“做丑”为新时期的书法理想。然而，就目前许多展览会上所谓“创新”之作，实在看不出美在何处，“丑”倒是极致了。于是这里衍生出有关“美丑”的议论。郭熙《林泉高致集》谓“人之耳目，喜新厌故”，不过这“新”，总要“身体健康”才好，不能“生病”。时下许多创作者为了追逐“国展”获奖入选过多地把精力放在很不合理的线改造和字结构的怪异摆布而忽视线条内在质量的建设上——以为这是“新”，其实“丑书”诞生了。碑为多，帖也有。艺术的美与丑，不是以新旧作为尺度，这是定论。

笔者在另一篇正在行文还未发表的文章中谈到过，目前对王系书风的创作改造与融合大约通过以下一些路径：其一加进小草。以孙过庭《书谱》为主，怀素《小草千字文》为辅。这一创作模式在目前的王系书风的改造中暂占主流。只要取法“二王”，他们会不约而同地加进《书谱》，此路风格熟练是其根，甜俗是其病。于是其中另有深度思想者开始投入怀素小草，与孙过庭妍美流便所不同的是怀素的“拙”意与“二王”融合颇有看点，似乎更有“味道”。只是这一路要贵在“融合”，融不好还是“夹生饭”，主旨表达不清晰，艺术指向不明，算不上成功。其二加进大草。以张旭《古诗四帖》为主，怀素《自叙帖》为辅，这将是目前和以后相当一段时间的又一主流风尚。“二王”行草一路的风格是一时代特色，楷书（行楷）开篇、行书行文、草书收尾几乎为这一派创作的通用模式。从理念上看有其逻辑的必然。但是，这一精湛短小、生动活泼的尺牍风格样式与当下展厅文化实不相属。如何排其场、壮其气？颠张醉素的长线使转自然发挥了其应有的优长。其三加进碑意。这一路的风格追求在增其古雅、沉厚气息。其四放大书写。这一路的审美追求的重点在形式感方面。最后一点，有思想深度与技术高度的墨法运用。我以为目前的吴继宏的书写变法即从后面三点进入，择其一者已有可贵的艺术观念与技法追求，附带品即是产生了各类展事之折桂。而从三方面同时进发，厘清思路，我以为甚是高明。不过，其间的痛苦可想而知，尤其是常态的创作者们。

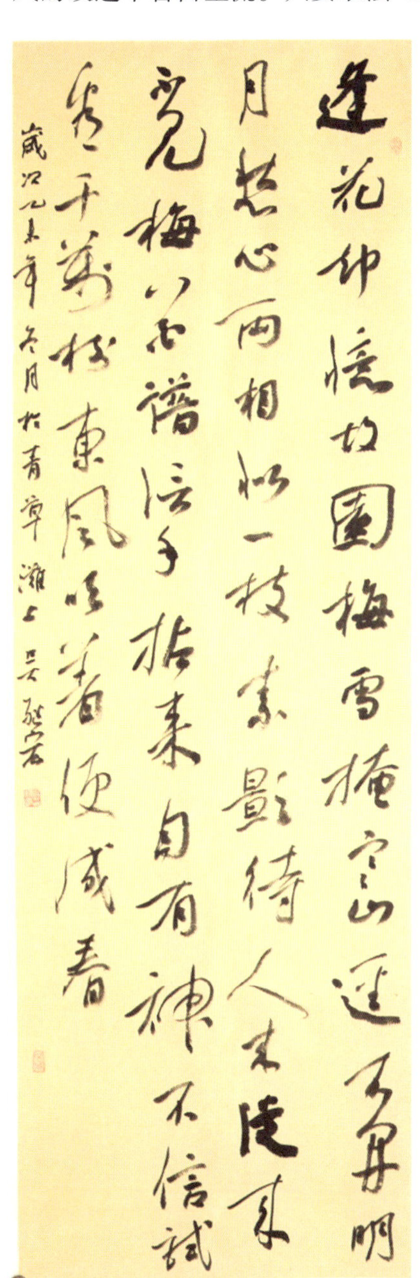

吴继宏作品

吴继宏的书学之路简洁明朗——师范学校的书法基础学习，走上工作岗位后对“二王”一路的心仪，王系风格掌握后的变法。这三段中有一个明显的形貌变革：由妍而质。然而，具体到书写实践中其创革路途令人思索。王系的洒脱，使众多追随者魂牵梦绕，裹足不前。于是产生了更多的浅层的“技术的复制”，大量似曾相识的面貌难免让人顿有生厌之感。碑意融入着实明智之举，这中间有两个途径：一是直接入碑，暂且放下帖派流利，真诚临古。从古碑中找逸趣，找拙，找真实。二是间接借鉴，他的取法多从有清碑帖融合的高士入手，一是何绍基，一是八大山人。此二人即是碑帖融合的高手。当然在实际的创作中借鉴颇有即时显现的实效——短暂的耳目一新，但终于还要从古碑中来，这一点又是他的敏感点，也是可贵点——近几年来，对北碑名品的多样式临习从来没有间断过，也就是说，勤奋的人虽然多花了一点时间，多受了一点苦，却收获了该收获的。关于放大帖本临写、创作的招式，一段时间以来很为一线实践者们引为玄妙的伎俩。其实，白蕉在写二王的时候已经开始实验了。吴继宏近来的创作，大幅不少，很合拍当代展览文化的需要，但如何把线条的空间撑起来，却需要作者对线条空间形式架构的理性思考与富于艺术性的创造、实验。

“二王”是秀美的、雅逸的，但也是雄强的，不明事理者得一其难。若想脱其标识，再创新色，其难更甚。入碑与放大乃线性、线质、线形之所求。再做一小小的变革则又进一步。从这点看，吴继宏有了一个王系书风创作者们所忽略的突破——墨色求变。魏晋之用墨“湛湛如小儿目”，乃时代原因使然。墨色之变由古而今各有其态，但若能把魏晋俊朗之线与五色之墨融为一体，其妙难言。他对于水墨交融效果的把握我以为切入了线条质感的相当的敏感高度。陈绎曾《翰林要诀》云：“字生于墨，墨生于水，水者字之血也。笔尖受水，一点已枯矣。水墨皆藏于副毫之内，蹲之则水下，驻之则水聚，提之则水皆入纸矣。”听起来是形而下的问题，做起来你可以试试，呵呵。

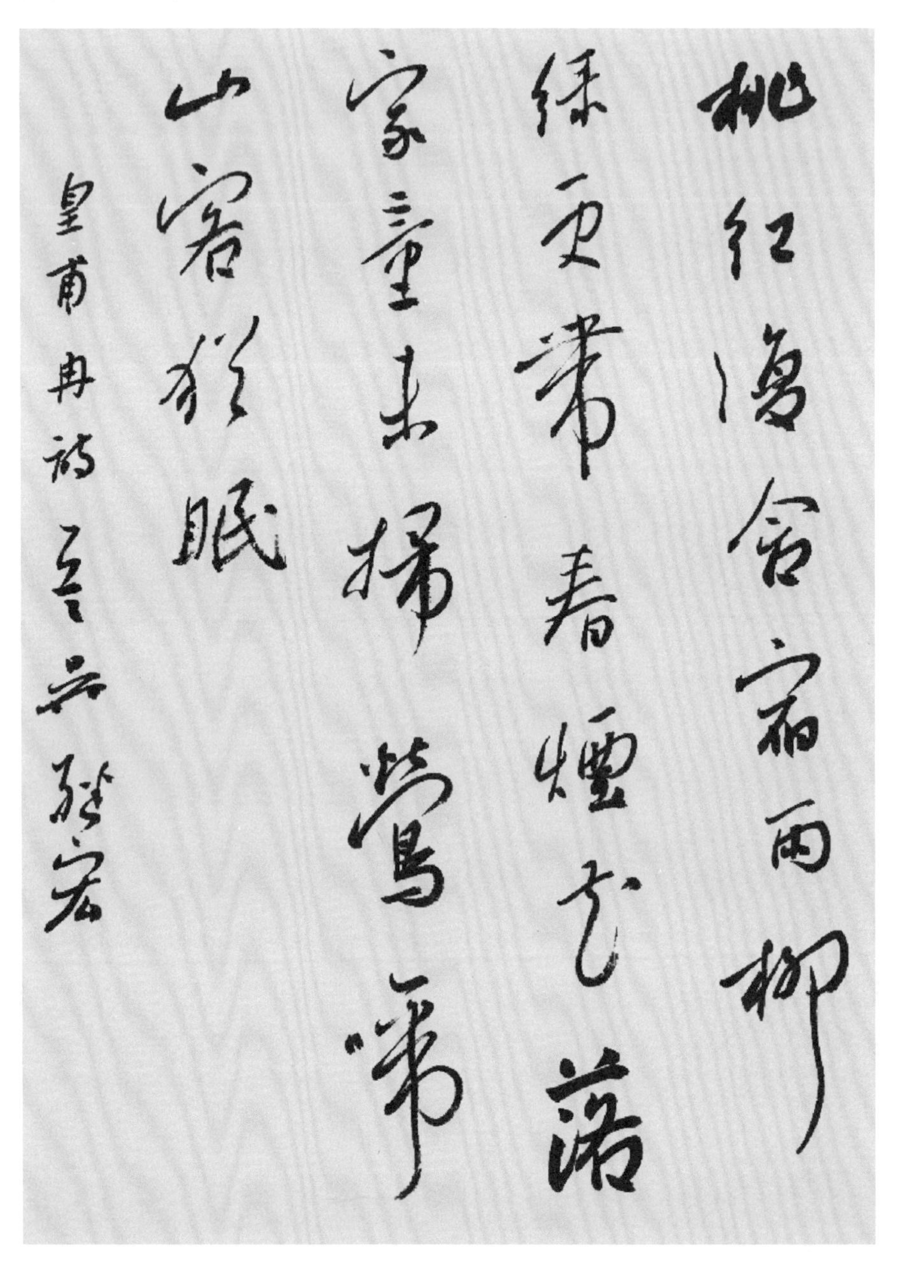

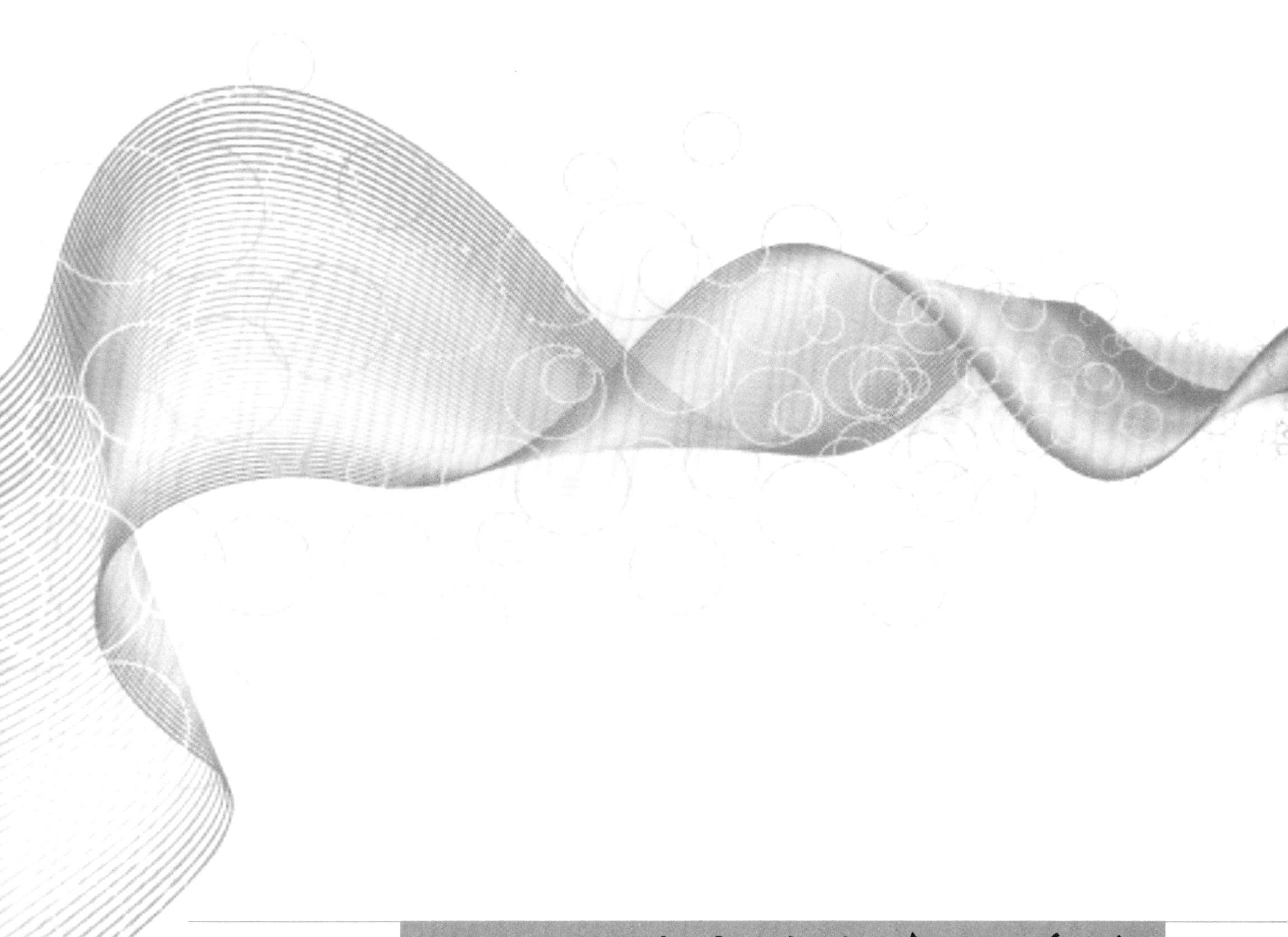

六、王浩书法教育与慈善

王浩书法教育与慈善

成立王浩书法教育慈善基金

王浩创作出版各种书法教材上百种

太仓市首个个人慈善冠名基金——王浩书法教育慈善基金，2013 年 9 月 23 日在太仓市慈善总会设立，设立者王浩首笔认捐 6 万元善款

"星空下的慈爱"助学活动，每年都对贫困学生进行慰问和救助

太仓市首个以个人名称冠名的慈善基金——"王浩书法教育慈善基金"带来了两幅书法长卷作品，并在现场进行义卖，所得款项全部捐赠给慈善公益组织

王浩书法教育慈善基金太仓市向明德高级中学师生捐赠硬笔字帖

王浩向母校捐赠字帖，获得“最美新塘人”称号

王浩书法教育慈善基金字帖捐赠仪式在沙溪高级中学举行。太仓市慈善总会张主任出席并讲话，沙高李校长给王浩颁发捐赠证书

王浩书法教育慈善基金向贵州山区孩子捐赠书法字帖

王浩书法教育慈善基金向“吴江区爱心小学”捐赠书法字帖

王浩书法教育慈善基金向太仓市实验小学捐赠书法字帖

王浩书法教育活动

一笔一画一点一捺，持之以恒书写“大爱”

王浩，全国书法教育名师，著名书法家，出版书法系列字帖近百种。几十年来，他不仅坚持不懈地练习书法，还致力于书法教育的推广，弘扬国粹文化，帮助学校开发书法教学校本教材，推动学校书法教育。

王浩先生一直热心慈善事业，2013 年 9 月成立太仓首个个人慈善基金“王浩书法教育慈善基金”，致力于弘扬中国传统文化的公益事业。他先后参加苏州地区、太仓市大型公益活动，向各地学校捐款捐物，书法作品慈善拍卖等，捐赠总额达 80 余万元。王浩先生满怀对书法的热爱，用自己的爱心融于笔尖书写“大爱”。

王浩应邀在云南作苏少版写字教材师资培训

王浩应《书法报》邀请，担任全国骨干教师高级研修班授课专家

王浩每年对徐州地区青年教师进行培训，每年都有教师在江苏省主办的青年教师基本功大赛中获奖

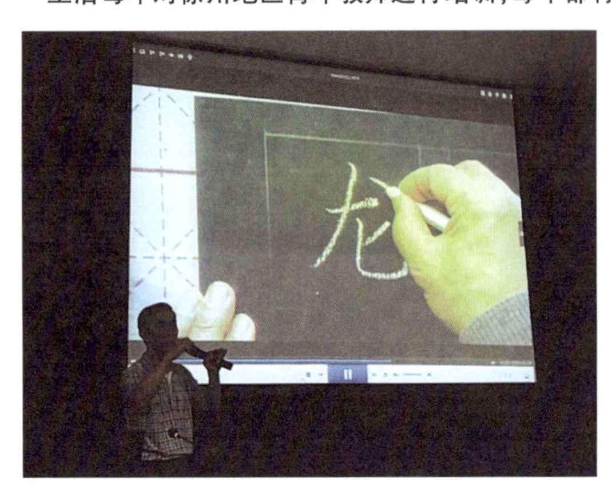

王浩应邀在南京师范大学讲学

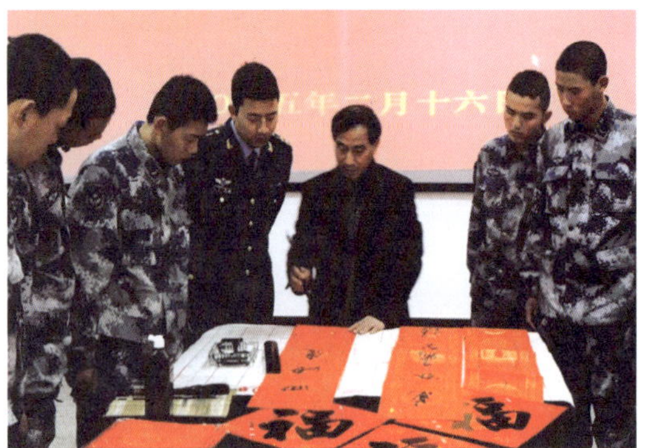

王浩书法进军营

王浩应邀在淮安讲学

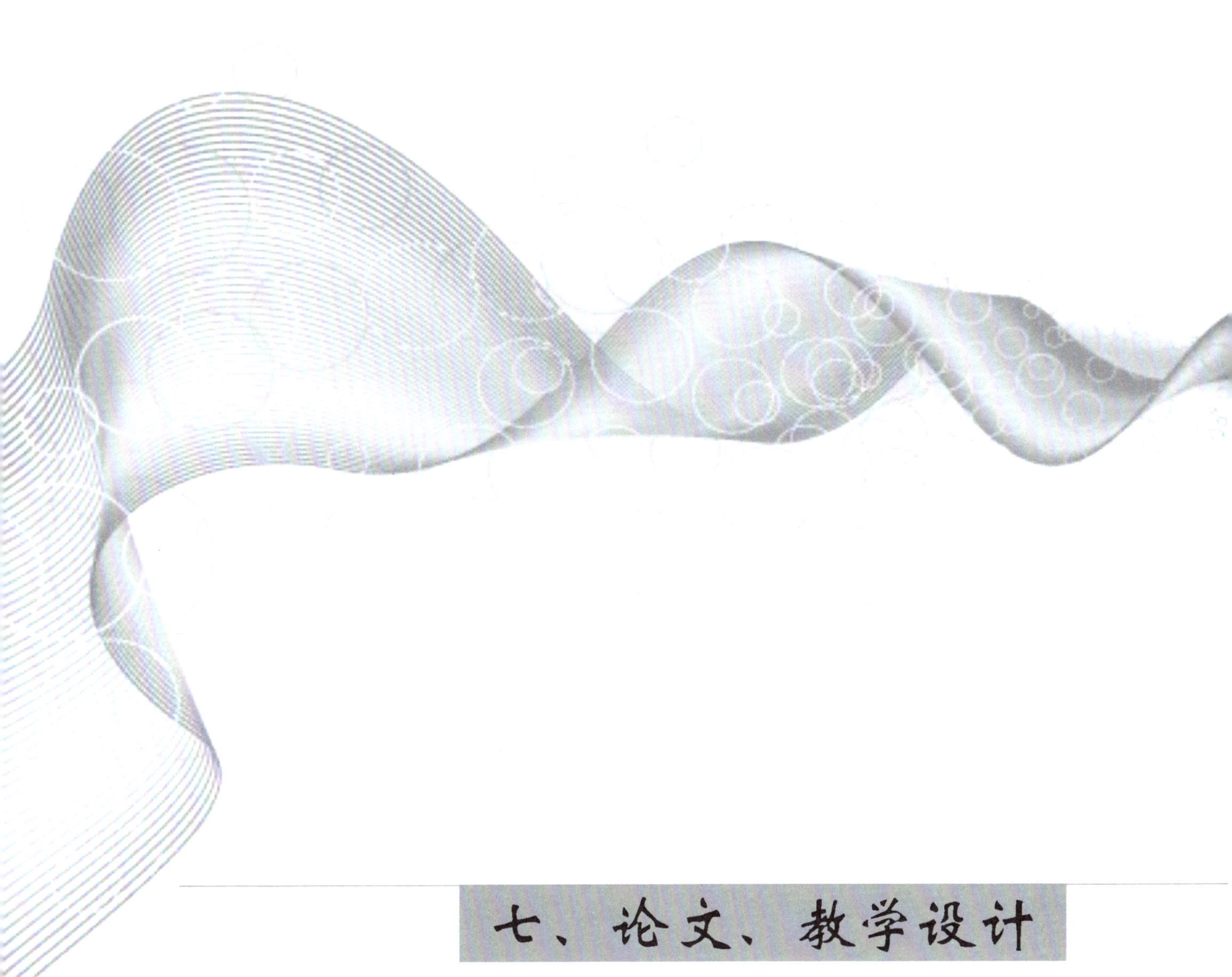

七、论文、教学设计

浅说中国画的线条意识

苏州幼儿师范高等专科学校　庆　旭

在传统中国画的艺术要素里,线条占据十分重要的地位。这一点在漫长的中国画发展历史中几乎从来没有改变过。经过考古工作者的辛勤努力,所发现到的许多原始绘画的遗迹,不管是岩画、壁画、还是陶画等,我们都可以清楚地看出其线条构成的二维空间的艺术形象。①

但这种艺术认识,在现代中国画的演变中是有过激烈争辩的,即素描、线条(严格意义上讲,"线条"也是素描要素中的一部分,完全从西方的艺术理论中来。我们此处的"线条"是具备东方艺术素质、韵味,甚至专指用毛笔画出的线条)与中国画的关系。大体有两派,一派认为中国画是中华民族特有的绘画艺术样式,它更加注重的是作者人格精神的物化,而不必拘泥客观世界的纷繁芜杂。另外,它与书法有着不可分割的内在联系,在用笔原理、墨法技巧、章法构成、意境等上面,二者相通。它完全可以脱离西洋画中关于光影、色彩的客观存在而尽情徜徉于个体创造的精神世界中。这一派以潘天寿先生为代表。潘先生曾说:"我过去一直反对有些留学西洋回来的先生认为'西洋素描是一切造型艺术的基础''绘画都是从自然界来的''西洋素描就是摹写自然最科学的方法'等说法。"在潘天寿先生看来,"人类绘画的表现方法,不外乎点、线、面三者。线明确而概括,面较易死板,点则易琐碎。中国画即注意于用线,更注意空白,常常不画背景,以空白作为画材的对比,即使画背景也注意空白,以显现全幅画材及主体突出。故线和空白的处理,就是中国画的明确因素,这是中国画的特点。"②另一派恰恰认为"素描是一切造型艺术之基础",这一派以徐悲鸿先生为代表。"徐悲鸿一生提倡'写实'……严格地要求他的学生必须如此,但他最欣赏的画家齐白石、傅抱石、黄宾虹、张大千等,却恰恰不会画素描,也不是以素描为基础,也不是以写实为特征。"这种存在很有意思,用陈传席老师的话讲,"这问题我已提出很久,希望有关专家深刻地研究一下。"③

事实上,中国画的发展从20个世纪末到目前为止,又有一个新的情况出现,那就是"新文人画"与"水墨画"的复兴。"新文人画"从20世纪80年代后期开始以维护和发展中国传统文人画的价值的面貌出现,到了90年代成为美术界关注的一个美术现象。我们暂且不论"新文人画"在特定时间的文化价值地位,只从表现手段来看,还是以传统的线条为构成要素(其中一些画家在作品中配上大量的书法作品,当然更多的是所谓画家书法,注重的是一种趣味,而不是水写水平的高低)。我们可从"新文人画"代表画家常进、刘二刚、王孟奇、何建国、王镛等作品中看到蕴涵万千风情的线条构成。"水墨画"的出现原因比较复杂,其中最主要的因素是理论家的策划。在"水墨画"的现代演进中,名称的固定花费很大精力,在传统的"中国画"概念里,国家的身份过于明显,这样有碍于这一画种在国际上的传播,于是"水墨画"便仿效油画,以物质材料命名。"油画作为一种国际化很强的画种,在某种意义上说,也证明了以材料命名画种对于获得国际身份的重要性。"④当然我们必须承认现代"水墨画"在艺术手法上对西方的借鉴和艺术家们"在民族文化身份与国际身份的统一中寻求安身立命的依据,这是中国艺术家在全球化语境中寻找自身地

① 吴诗池. 中国原始艺术. 第四章,绘画艺术。我国目前已知最早的岩画距今10000多年,如内蒙古磴口县格尔敖包沟第一地点第13组岩画中鸵鸟形象. 5000多年前新石器时代牛河梁红山文化"女神庙"遗址发现的图案画,堪称我国壁画艺术的鼻祖. 仰韶文化中西安半坡遗址发现陶器上的人面鱼图,反映了原始社会中鱼与人类生活的密切联系。所有这些图画皆以生动的线条构成.

② 潘天寿. 潘天寿美术文集. 人民美术出版社,1983.

③ 陈传席. 画坛点将录——评现代名家与大家. 生活·读书·新知三联书店,2005.

④ 邹跃进. 新中国美术史. 湖南美术出版社,2002.

位的一种策略和努力”。从具有代表性的“水墨画”作品中看出，艺术家对西方超现实主义、现代主义、形式主义等的影响，已与传统的“中国画”的概念彻底地拉开了距离。与此同时不由得表现出对传统的“线”的忽略，但需注意，这只是其中的一种存在。事实上，并非所有“水墨画”作品都将“线条”无情地隐去，刘进安的《山·地·人》(1989年作，59×68厘米)、陈平的《费洼山庄之三》(1990年作，60×60厘米)等作品中还是夹杂诸多的线造型在里面，意境悠远。①

可见，不管是古代，还是现代，不管传统中国画的名称发生什么样的变化，在其主流发展过程中，线条作为造型、载情、表现的手段始终坚定存在。反观一下，个中何种缘由使然？

原来线条表现出的深厚的内在质量。在具体作品中，我们可以这样认为，所谓质，既线的质地、质感；所谓量，既线的重量、分量。任何一条线都有其质量，都有其情感色彩，即情调。利用制图工具画出的线，整齐匀称，比较理性；随手画的线灵活多变，富于感情变化。邱振中先生关于几何线与徒手线的论述即指此。从某种层面上看，中国画也是一门关于徒手线的艺术。每条徒手线都有它的感情特征，如清灵、豪放、流动、干涩、秀逸、雄强等不一而足。虽然我们已经尽可能地运用语言文字去表达各种线条给人的感受最终还是未如人意，但这些表达还是在人们对线条的认知过程中起到了或多或少的衔接作用。

线条的内在质量从哪里来？且看黄宾虹先生对于笔墨的见解：“笔法是骨，墨法肌肉，设色皮肤耳。骨法构造虽有不同，骨肉停匀，方为合法。”“墨法尤以笔法为先，无墨求笔，至笔有未合法，虽墨得明暗，皆所不取。有笔兼有墨，最为美备。”②墨法控制不在本文讨论之列，那么笔法呢？笔法控制线条的速度与力度。速度指笔锋在纸面上行进的快慢，力度指线条的力量感。若再往下给这种“力度”作科学的定义却十分困难，因为艺术范畴内的许多审美界定往往更多地依赖于人内心的微妙感受而并非异常清晰的概念表达，虽然那些表达看起来确实天衣无缝，这也许是理性的科学与感性的艺术之分界吧。绘画种线条的力度与两方面因素有关，一是物理力，二是技法力。前者是客观存在的物理属性的下压力，这种力在表达书法力度时的作用十分微小。后者是指通过用笔的多种运动方式而产生各种不同形状的线条而给人以力量感受的各种“力”。这种“力”(用笔技巧)是表现力度的主要手段。之所以乐此不疲地去追求“力度”技巧，是因为在艺术的各种审美感受中，崇尚力度、力量美是最为重要的美感之一，它简直就是生命意识的一种价值存在显现。古今中外的许多文艺观念中“都不同程度涉及，因为力是人类对自然、自身的观察后的一种美的发现，力度是事物的运动属性之一”(梅墨生)。在力的表现过程中，往往与速度控制同时完成很难分开。行笔过程中有快慢变化，就会使线条的情绪、质量出现各种变化。行笔慢时，由于笔锋在纸面上的停留时间稍长，则墨汁的渗化就较彻底，线条的边廓就较毛，从而使整根线条呈现出敦实、厚重的情调，比如李可染先生的线条；行笔匀速时，由于笔锋在纸面上经过的时间相等，所以出现的线条边廓就较整齐、光亮(这里就需要用力地控制)，从而使线条呈现出安静、规整的情调，如潘天寿先生的线条；行笔速度快慢有序，提按变化多端，线条就呈现出舒展自如的态势，如陆俨少先生的线条等。

而实际操作过程中，往往会出现控制不到位的情况，具体有三：一是技术层面上的工夫欠缺，这种情况，问题不大，随着时间的延长，认识增加，不断磨炼，积累经验，会逐步到位，古人有很多苦练成功的范例可作楷模；二是江郎才尽，翻来覆去就是那几下子，拓展不宽。第三种情况是因为艺术观念的偏差而造成的表现方法的格调不高，即缺少必要的文化品格——雅的素质，而从书法艺术的本质上看那些外在之形，实际上就是控制不到位，在这种情况下，有“如何理解控制到位”这一问题。对于要把“雅”在控制到位中表达出来，其实要先弄清“雅”的本质，它作为一种文化——

① 新中国美术史. 湖南美术出版社，2002.
② 黄宾虹. 黄宾虹论画录. 浙江美术学院出版社，1993.

知识信息反映在艺术作品中,总是与文化素质息息相关着。文化素质支配并制约人的行为取舍,于是作品中不自然的机械的圆转,意象的单调,面貌的雷同等就成为必然。改变这种情况的途径还是那句老话,“读万卷书,行万里路”。林散之老人说过“万病好医,惟俗病难医”,但并非就不能医,接着他又说,“读书医俗”。

除了人为的控制(所谓主体因素),能够使线条出现各有千秋的情绪变化外,工具和材料对线条的表现效果也是一个不容忽视的因素。比如软毫和硬毫所表现出的不同趣味,宣纸的自然渗化的特殊性能,也给笔墨相融提供了无限变化的可能,这就使得中国画线条的质量包含更多的兼容性,韵致十足,回味无穷。

草书“绞转”笔法与“断点”的关系

苏州幼儿师范高等专科学校　庆　旭

【内容提要】在草书实践中,其根本大法为“绞转”笔法。但“绞转”笔法与各种辅助笔法关系密切,其中,“断点”作用重大。它的恰当运用,能使作品具备鲜活气息,畅而不堵,布局通透。

【关键词】“绞转”;“断点”

线条是书法的核心。

从某一侧面可以说书法是一门线条的艺术,确切地说是一种特殊的、能够表情达意的线条艺术,不管应用于何种字体,此特征都存在。当然因具体体势的不同,其线形、线性特征也是不同的——楷书有楷书的线条特征,其注重对端点的处理,对运笔过程的提按顿挫的处理;隶书的蚕头雁尾、一波三折;行草的形态上的更加丰富多变、规律性的相对弱化;等等。

线条的表现手段是由各种要素组成的,如笔法、工具、主体情性等,主要是笔法。它是书法之所以为法的一个桥梁,只有通过该桥梁,书法才能得以物质上的生存。在各种笔法中,每一种笔法都担负着与自身对应的任务,行使其应有的功能,从而表达一定的审美要求。对于这一问题的深入研究,不管是古代的多以比喻、联想等手法来获得感性认识的富于历史和民族特色的书论模式,还是到现当代,一些学者以开放的思维观念,如从西方的构成原理或动力学等科学方面出发,从而构建出新的理论模式等,一直没有停止过。

“绞转”笔法作为书法用笔的一个重要组成部分,充分地发挥其独特的作用,展示其无穷的审美精神。一般来说,“绞转”多在篆隶中使用,圆转而行,富于弹性,有厚重的体积感。草书中使用“绞转”笔法,能使快速流转的线条不飘浮,入木三分,坚实有力。古人书论中,虽然很少对“绞转”作名词上的解释,但与“绞转”笔法相关联的用笔技巧多有存在。不过,作为技巧的具体可行的操作步骤与其内在构成原理,古人鲜有论及。更多的是对类似笔法所产生的效果的形象比喻,如钟繇《用笔法》中有:“岂知用笔而为佳也。故用笔者天也,流美者地也。”“点如山摧陷,摘如雨骤;纤如丝毫,轻如云雾。”①诸如此类。

“绞转”笔法不论在形式还是内涵上都是构成草书生命的第一要素。通过这种笔法,各种盘绕线条的有机组成才能成为可能。但在草书实践的笔法体系中,“绞转”虽是主流但并不能代表一切,它无时无刻不与其他笔法要素发生关联,如与“断点”之间的关系。首先提出“断点”技法的原因是草书的流畅在大众视野中多根源于连绵不绝的线条递接的客观存在。显然这一认识是有很大

① 钟繇.用笔法.汉魏六朝书画论.湖南美术出版社,1997.钟繇在《用笔法》中虽没有对用笔技巧做具象的分析,但通过比喻,使人能联想到笔法中使转的运用.“点如山摧陷,摘如雨骤;纤如丝毫,轻如云雾”中的“纤如丝毫”即为笔势往来时留下的痕迹,即牵带、引带、牵丝、游丝.

局限的。“断”的含义很复杂，最主要为“截开”的意思。《说文·斤部》：“断，截也。”《释名·释言语》：“断，段也。分为异断也。”两者的解释可延伸理解为：长形的物体从中部分开，如截断、断线的风筝、断面等；也可理解为停止、不继续，如断流、断续、断片等。这恰恰是我们在书法创作实践中需要理解和运用的——在书法中，特别是草书中的“断点”，可以是客观一条长线中的截断点，也可以是字组连缀的分段点。这个截断点、分段点何时出现，在整个作品中出现的频率，具体分断点的间距是否需要变化，变化多少为宜等都是大有文章可做的。

1 “断点”的作用与方法

在产生的效果方面，“断点”是线条与点画的关系。草书实践中，连绵线可增其流动华美，但一味缠绕，易使人眼花缭乱，视觉疲惫。解决的办法是加入“断点”。

这种“断”，是具体“形迹”上的不连贯，但其中的内势却呈现着连绵不断的递接关系，所谓“笔断意连”“笔断势连”“笔断气连”“笔断神连”等，皆谓这个效果。这种“断”势，有几个方法都可以达到：

一是上下之间笔画的故意不连，此法较为简单，也让人有一种理所当然的感觉，不足为奇。此处所谓的上下笔画，可以是单字内部的相互笔画，也可谓上下两个字之间的相互笔画（章草不需要顾及上下两字之间的这种关系，因为它个体属性不需要字字相连）。当然相反在需要讲究气脉贯通的一些行书，甚至行楷中，有时则是通过这种客观不连而主观要连的处理方法来达到预期效果，那是另外一回事。

二是穿插适当的点画（彼此不连的笔画），可使作品产生透气感，有松动明快的效果。有两种方案：其一，本身在规范的草法中已经存在的一些断点，不加连带；其二，本身的草法是一条连绵线，但可以通过“破草法”，即在草书作品中加入一些行书字的写法，当然这种行书字切不能孤立存在，要注意与周边草书要素完美结合才不觉突兀，“突兀”会阻碍草书的气脉贯通。如果结合得好，则大大增加了单字中点画的数量，常能产生另外的奇趣。从结体和章法上看，这种独立的点画渗入，使单字内部的线条组织更加秩序井然，意境空灵。由此而成的通篇布局呈现出一种清新明快、通畅爽朗的艺术气氛。包世臣《艺舟双辑》云：“世人知真书之妙在使转，而不知草书之妙在点画，此草法所为不传也。大令草常一笔环转，如火箸划灰，不见起止。然精心探玩，其环转处悉具起伏顿挫，皆成点画之势。由其笔力精熟，故无垂不缩，无往不收，形质成而性情见，所谓画变起伏，点殊衄挫，导之则泉注，顿之则山安也。后人作草，心中之部分既无定则，毫端之转换，又复卤莽，任笔为体，手忙脚乱，形质尚不备具，更何从说到性情乎！盖必点画寓使转之中，即性情发形质之内，望其体势，肆逸飘忽，几不复可辨识，而节节换笔，笔心皆行画中，与真书无异。”①

2 连断关系的时代流变

在具体的连断之间的关系上，要根据作品所追求的艺术风格进行合理的排列组合的变化。

2.1 汉代草书

汉代草书存在两条明显的发展脉络，一条是由隶书而来的单字独立，字字不连的章草样式；另外一条则是今草模式。在今草中，对单字草法的严谨性讲究较多，如转折提按、线条的走向角度等，还没有把更多的目光转向对线条表现力，特别是上下连缀所造成的气氛的潜质的开发。线条在单字内部的穿插异常精准，对线条的力度控制也很到位。在字字相连方面，多为两字连。笔势的呼应更多的是自然过渡，没有为达到某种艺术气象所进行的一些技巧处理。

2.2 晋代草书

晋代草书的连接方式多为两字、三字连，很少四字连，如果是四字连，又有连—断—连、断—断—连、连—连—断等多种形式。赵宧光《寒山帚谈》云：“晋人行草不多引锋，前引则后必断，前断则后可引，一字数断者有之。后世狂草，浑身缠以丝索，

① 包世臣.艺舟双辑.历代书法论文选.上海书画出版社，1979.

或连篇数字不绝者，谓之精练可耳，不成雅道也。”①在王羲之《十七帖》和一些草书意味较浓的尺牍作品中，除了本身构字所需的连接或断开外，作者常常采取别具一格的线条推进方式，如加强字内断，字外连的个人特色，使观者顿觉新奇。这种连缀方式对明末的王铎影响至深。

2.3 唐代草书

唐代草书与汉代相似，也呈两条线索发展，一是以孙过庭、贺知章为代表的小草系列；一是以张旭、怀素、高闲为代表的大草（所谓狂草）系。不管是小草还是大草（尤其是大草），唐代都取得了骄人的成绩。小草方面，孙过庭一变王羲之的典雅醇厚为劲健犀利，加强了书写意识和表现效果，加快了书写速度。线条的连缀方式多为字内连，少数两字连。行气的流贯很大一部分通过字形的大小斜正收放来完成。大草方面，张旭和怀素稍有不同，主要是怀素的连接线与主笔相差不大，多以实线为主，有单调之嫌；张旭在线形变化上更加丰富。

2.4 宋代草书

当然古人的种种连缀方式，有字体演变上的风格意义和审美追求，也有文化层面的历史规定，“自唐以前多是独草，不过两字属连。累数十字而不断，号曰连绵、游丝，此虽出于古人，不足为奇，更成大病。古人作草，如今人作真，何尝苟且。其相连处，特是引带。……而未尝乱其法度。张颠、怀素规矩最号野逸，而不失此法。近代山谷老人，自谓得长沙三昧，草书之法，至是又一变矣。”②黄庭坚《诸上座帖》中对线条连接时的节奏处理又出一奇，主要是其时间的停顿对矫正笔形和连续绞转有足够的铺垫，所以他的线条韵味在狂草书家中别具一格。

2.5 元代草书

元代草书风格亦可分为鲜明的两条，其一是以赵孟頫为代表的复古主义；其二是以杨维桢为代表的锐意改革者。前者在线条连带上一如大王，极尽流畅之势，只是相比于有汉魏碑意内质的王羲之线条来说，赵孟頫滋润华美的线条时有飘浮滑软之嫌；杨维桢的生硬执拗极具个人特色，其引带之线扎实有力，有着意刻画之感，取法上前无古人后无来者。

2.6 明清草书

明清时代因宣纸制造日益兴盛，高大宽敞的居室建筑为艺术家才情的表现和展示提供了物质帮助，非常适宜情感宣泄的大草模式的连断关系呈现出新的时代特色，即所有艺术手段似乎都在为一个目标服务，那就是对气势的偏爱和尽情讴歌。其连接方式多为两字、三字、四字连，有时更多。作为气势表现的一个元素，构字线与连接线有时候分得并不清晰。

“断点”自有本身的美学特质，但在实践中要运用恰当才能尽其所用，当断则断，该连则连，不可为求形式上的“停驻”而一断到底，此画蛇添足也。

---

① 赵宧光. 寒山帚谈. 明清书法论文选. 上海书画出版社，1994.

② 姜夔. 续书谱. 历代书法论文选. 上海书画出版社，1979. 普遍认为，在书法审美、技法发展和风格流变中，尚意是宋代书法的显著特征. 但由于偏重意趣追求，在法度方面的讲究也就相应弱化（徐利明《中国书法风格史》130页）. 这一方面指出了书法发展的历时必然，又揭示出宋人尤其是北宋书家尚意轻法的时代特点. 但作为靖康之变以后的南宋，有较大变革思想的书家姜夔却十分重视法则的运用.《续书谱》即是其重法的理论总结. 关于草书用笔，他十分重视点画本身形态与牵丝引带之间的差异. 同时指出唐代以前的古法草书多单独成字，一味连绵便是病. 这在当今的草书创作中是很有警戒作用的，因为当今草书创作，连绵不绝的浮躁之气时现，缺少静观，缺少沉着，缺少对“断点”的深刻思考.

用书体影响学生的认知风格

苏州工业园区翰林小学　韩　珏

【内容提要】中小学生尤其是刚入学儿童正处于具体形象认知到抽象认知的过度之中，是树立世界观、人生观、价值观，端正学习态度的重要时机。而书体教育是素质教育的重要部分，具有实用性和艺术性，对于学生的全面发展、培养个性具有重要作用。本文将书体教育融入学生认知风格形成过程中实现"以书法怡情""以书法养性""以书法促行"。

【关键词】书体教育；认知风格；学生；创新

书法是中华民族独有的文化精髓，其独特的雄浑之美、秀丽之色历来都受到文人墨客的青睐，随着社会的发展、科学的进步、课堂教育体系的完善，书体教育的重要性越来越突出。根据1990年国家教育委办25号文件明确地指出了书法教育是进行素质教育的组成部分，而2013年2月教育部颁发《中小学生书法教育指导纲要》，将中小学书法教育提高到空前的高度，进一步说明了书法教育在素质教育中的重要性。学生认知风格的形成，离不开课堂教育的实施，而教育方式的多样化以及新媒体的运用，虽然拓宽了学生的视野，但也造成学生传统知识获取能力的丧失、传统文化精神退化等弊端。书体教育具有育德、启智、审美、健身四方面意义，利用书体教育，用传统优秀文化在潜移默化中修养心性、启发心智、锻炼人格，可以实现学生的全面、健康成长。

1　相关术语及基本概念

1.1　书体

书体，又称书法体、字体和书法字体，是指传统书写字体、字形的不同形式和区别。传统有五种，即行书体、草书体、隶书体、篆书体和楷书体。除此之外，每种书体有派生出了许多书法派系。[1]

1.2　认知风格

认知风格，又称作认知方式，是指个体在认知过程中所经常采取的、习惯化的方式，具体地说，认知风格包括个体在知觉、记忆、思维等方面的认知差异。同时，也包括动机、个体态度等在人格形成、认知能力和认知功能方面的不同风格。[2] 对于学生自主合作探究式学习、培养学生研究性学习能力具有重要的指导意义。

2　用书体影响学生认知风格的重要性

2.1　学生教育存在的不足

（1）学生素质危机严重。

虽然学生获取知识途径不断拓宽，但课堂上敏感话题的规避，长期不注重学生心理问题和行为问题以及教学指挥棒等因素，使学生缺乏必要的引导和素质教育，最终导致唯分数论、自我中心论所引发的教学危机日益严重。加之西方自由主义思潮影响，造成了一部分学生价值观扭曲、社会责任感下降，以及一味崇洋媚外。目前而言，在我国大部分地区，教师评判一个学生的好坏的标准在很大程度上是学业成绩，这导致了部分学生学习兴趣的下降，创新能力的扼杀以及人才的流失。辍学和出国留学现象比比皆是。社会科学文献出版社17日在北京发布的《国际人才蓝皮书：中国留学发展报告》显示，2011年中国出国留学人数达33.97万人，占全球总数的14%，居世界第一。[3] 同时，由于各国放宽了中国留学生的留学条件，出国读本科、高中甚至是初中的学生数量越来越大。而学生出国上学很大一部分原因是因为国外教育更尊重学生个性，注重学生创造力的培养。而近年来高校学生矛盾危机、中小学师德危机等，也为中国的教育体制敲响了警钟。

（2）中小学教育责任的缺失。

学生的人生观、价值观、世界观形成于儿童到青少年时期，端正的人生态度、严谨的学习方式、明确的社会责任等都是这一时期重要的学习内容，强健的体格、开放的大脑、迷人的艺术气息都是学生应该追求的目标。而这段时间正是我国从幼儿园到小学、初中到高中的时期。如果说大学是学习专业知识，为走上社会做铺垫的话，这一时期的课堂教育更应该注重学生品德的培养，素质全面发展，然而，在绝大部分地区，教师只是把课堂当成传授知识的地方，将教书作为自身谋生的一种手段。在教书过程中部分教师也未表现出自身应具有的素养和责任，教育唯独缺乏了育人。

2.2 书体教育在学生认知风格形成过程中的作用

（1）书体教育能够培养学生心性。

中国的书法有两义，一是毛笔字书写法则，二是以字映人的精神气质。前者注重书法执笔、用笔、点画、结构、分布等基本要素，而后者注重于凸显借助精湛的技法结合自身的性格、兴趣、素养、气质等精神因素以达到“心画”的境界。两者融会贯通，构成中国的书法。不同的书体，如篆书的古雅朴厚、隶书的沉雄遒劲、楷书的严整瑰丽、行书的秀娟活泼、草书的奔放奇逸，每一种书体，都代表了不同的胸襟和人生情怀，传达作者的意志和情愫。对学生而言在欣赏学习时，与书法艺术产生一种心灵的交流、情感的共鸣，精神得以愉悦，情感得到升华，心灵得以滋养，情操得以陶冶。“书学不过一技尔，然立品是第一关头”，中国人研习书法历来都以人品为重，学生在书写过程中，不仅是能写字、写好字、写对字，更是让学生能够心胸开阔。

（2）书体教育能够启迪心智。

王羲之曰：“一点失所，若美人之病一目；一画失节，如壮士之折一肱。”书体教育初期，学生主要为临摹字体、字帖、拓本等，这都要求学生首先要学会观察字体构成的美学规律；通过观察比较，掌握书写技巧，这样才能把握书写技艺美和整体美。书体是中华民族几千年文化荟萃的结晶，充满了历代文人墨客的人文情怀，含蕴着中国几千年来形成的朴素的哲学思想。笔画长短、精细、曲直，用笔的中锋、倒锋、涩疾、提按，用墨的浓枯，结构的高低、大小、整齐与错落、匀称与布白、虚与实等，无不是既统一又对立的矛盾体。[4]书体学习不仅是技艺的学习，更像是哲学的渗透，对这些原理的理解，可以挖掘人的智力，使学生思维更有灵活性。书写时手脑并用，既能提高技法，又能促进大脑的发展。而书体的严谨细致，也培养了学生善于琢磨、善于体味的习惯。

（3）书体教育可以端正人生态度。

古语有云：“字如其人。”学生认真学习的态度之一即是字体整洁、端正和正确，而自由散漫、纪律松弛的学生大多字体潦草、马虎、多错别字。多年的实践表明，研习书法并非一时之功，切忌急功近利，欲速则不达。书体教育可以使目前日益浮躁的学生心平气静、端正姿态，通过持之以恒的练习，领悟艺术真谛，打开艺术之门。书体艺术看似简单的一笔一画，但通过长久地坚持，可以锻炼学生的韧劲与耐力。在长期的书体学习过程中，由于学生经常用分辨美丑的眼光审视自己的作品，审美观念、追求美的习惯在潜移默化之中培养出来，在学习上和生活中更会对知识和人生态度锲而不舍，形成正确的价值观和批判性态度，具有细心谨慎、不畏困难的优良品质。

（4）书体教育可以提高学生的创造力。

“书画同源”，书体与美术一样也是无限的、充满个性化的。而目前教育越来越强调培养学生主动创造的素养，书体教育恰恰能够影响学生的创造力。与哲学论“世界上没有两片相同的树叶”一样，每位学生的字体都具有自身的独特性，是个体审美观、书写技法的充分体现，用书体教育让学生产生不同的书写效果，让学生体会书写过程中笔画、章法、结体的变化莫测，其过程本身也是对学生创造力的一种探索。其次，书法研习过程中，书体临摹的观察字体笔画形态、书写方式、笔画的位置、结构搭配等，这是锻炼创造能力的前提。对照字帖、看字、临摹、临帖写字的记忆训练是创造力的基础。而书体结构搭配合理性则是“悟性”的思维训练，这是创造力的关键；最终的动手实践则是锻炼创造力的手段。书体学习过程，是一个从继承到创新，从模仿到创造的过程，这与新课标要求学生开拓思维、发展个性、有独创见地的宗旨是一致的。

3 用书体影响学生认知风格的推广策略

3.1 提高认识，加强教师的书写水平

教师是书体教育的直接教授者，教师自身书写

水平的优劣直接影响到对学生书体教育的成败。《教育周刊》记者在 2013 年 3 月 12 日对国内推广书法课做了一项调研，结果显示在《中小学书法教育指导纲要》颁布之后，大多学校均开设了书法课，但最大的问题在于专业书法教师的瓶颈，这对学生接受专业的、多样化的书体教育起了的阻碍作用。而学生的书写规范与否、字体优美程度在中考、高考过程中可能拉开 3 ~ 6 分的距离。因此，学校要转变观念，增强意识，充分认识书法教育的重要性。而目标的实现离不开一支业务能力强、技能高的专业教师队伍，在目前专业老师缺乏的情况下，一方面加大引进力度，另一方面定期组织老师培训，交流书体教育经验，同时寓教于乐，创造教师乐教、学生乐学的环境和氛围。同时，也要涉猎书法基础理论的学习，提高书法欣赏能力。

3.2　制定长远规划，明确目标

书体教育是一项需要长期坚持、潜移默化的系统工程，课堂教育必须有长远的计划和明确的目标。完整的书体教育过程一般包括选帖、读帖、临帖三个阶段，就临帖阶段来说，具体须做到“三定”，即定帖、定时、定量：定帖就是在已选定的帖作为范本，矢志、矢勇、矢勤地学习一段较长的时间；定时即要规定具体时间，根据学生的实际，每天在学生能够接受的时间范围内开设教育课程；定量就是每天临写的字数有定数，如学软笔书法一般 40 ~ 60 字或硬笔 16 开纸一页，鼓励学生不达“量”不罢休，训练到位。[5]学校教育系统应该制定合理的课程和时间安排，选用专业教师与合适的字帖，为学生打造良好的学习环境。

3.3　结合古今，借鉴国外教育经验

书体教育的完善，除了坚持对其自身所有的特征特质进行不断的探索和挖掘之外，还要合理借鉴其他有益的成分来不断充实、发展自己。我国书体研究已有几千年的历史，已经积累了较为丰富的经验，并形成了自身的一套教育体系，但目前世界上研究书体艺术的并不止中国，还有韩国、日本、越南等国，他们在研究过程之中也不断进行改革创新，其教育成果都有成功之处。课堂教育如果能够吸收借鉴我国较为成熟的书体教育经验，参考国外的教育成果，不断充实教学内容，丰富教学内容，这对于书体教育的发展，一定能够起到推动和促进作用。

3.4　语文教育中融入书体教育，开展书法专题活动

众多古代文学作品能够传承至今，具有极高的文学价值。将一批优秀的文学作品以书法形式展现出来，更利于学生的学习。[6]锻炼学生的领悟能力与想象力，在中小学开展丰富多彩、难度适宜的书体教育活动。在小学，通过“描红”和“临摹”等方式，除了让学生丰富文化生活，还兼具识字的教学；在中学，主要体现为文学阅读能力的培养，开展各种形式的软笔、硬笔比赛，来检验学生的学习水平，培养学生的创造能力和审美欣赏能力。此外开设书法专题活动，提供学生了解书法精髓，领略书法艺术的魅力与风采。

4　结束语

学生的认知风格的形成，离不开学校、家庭和社会各方面的因素，其健康成长也是国家未来的希望。书体教育是素质教育的一部分，在学生性格、人生态度、创造能力等的形成过程中有一定的影响能力，所以在学校中推广书体教育大有裨益。

参考文献

[1] 百度百科. 书体. http://baike.baidu.com/view/3098597.htm,2013 - 6 - 15.

[2] 杨希燕，丁超. 浅谈认知风格的差异与外语学习的关系. 长春工业大学学报：社会科学版[J],2011,23(6):80 - 81.

[3] 王耀辉. 国际人才蓝皮书：中国留学发展报告[J]. 社会科学文献出版社,2012.

[4] 胡进. 书法教育的主要功能. 胡进书法,2012.

[5] 中学生书法(写字)教育滞后的归因分析与对策. http://blog.sina.com.cn/s/blog_929b2c730100zujk.html,2013 - 6 - 16.

[6] 李亚莉. 中小学语文书法教育现状及策略探讨. 当代教育理论与实践[J],2011,03(4):12 - 14.

临摹——开启书法学习大门的钥匙

苏州工业园区莲花学校　周潘泓

自从教育部颁布了《关于中小学开展书法教育的意见》后，各校陆续开设了书法课程。由于是全校性的开展，铺设面较大，遇到的问题也是应接不暇。如有些学生很刻苦，花了很多的时间，但是效果甚微；而有些学生练习时间不长，进步却非常明显。我们常说学习需要方法。因此只有掌握正确的适合自己的方法，才能提高水平，取得更大的进步。而临摹正是学习书法的重要开端。

1　选择与自己基础相吻合的字帖

首先，根据使用者的水平来选字帖。没有进行过系统学习的小学生以入门级的楷书字帖为好，可选择带有笔画练习的字帖作为开端。对于有一定基础的学生则可以使用实用性强的行楷字帖。专业性较强的字帖适合经过一段时间练习的，在书法上较有特长的学生学习。

其次，根据使用者的性格来选。俗话说："性之所近，最易见效。"个人的兴趣、爱好，对学习的成败起着重要的作用。每个人的书路、笔性及爱好不同，选择的字帖也不相同。中国书法书体种类繁多，风格各异，流派众多，豪放的、婉约的、古典的……选择与自己性格相符的才能保持学习的兴趣，书写出作品的神韵，不然只能临出形似。

此外，还可根据字帖选编、质量来选。字帖印刷、选编质量有高低，有些印刷存在粗制滥造的毛病；有些字帖经过翻刻或者翻印，原貌已有了偏差。因此挑选字帖要善于多看多比较。此外，有些字帖附有笔画、结构、风格等特征说明或细节，那样更适合初学者来学习。

2　临摹第一步——摹帖

康有为曾说过："学写必先模仿，不得古人形质，无自得其性情也。故欲临帖，必先使之模仿数百过，使转运立笔尽肖，然后可以临帖。"有人说临摹是书法家一辈子的工作，因为临摹贯穿于书法学习的整个过程。对于初学者，往往先摹后临。

所谓摹，就是把字帖放在比较透明的习字纸下，用硬笔照着字帖上的字一点一画地描写。主要分为两种：双钩填廓、单钩填廓。双钩填廓，即用笔将字的轮廓勾画出来，通过勾画可了解字的用笔和结体，再根据用笔特点进行填墨。我们经常能在校园中看到板报上双钩的字体，很多时候学生是先写上字再去钩边，其实如果在学习书法时加入双钩的练习，那么在掌握字结构的同时，也学习了一种新的书写方式。单钩填廓，即沿着笔画的中间勾勒一条单线，再沿着单线写出字体。此法可准确掌握字的间架位置。这样久而久之，就容易学到字帖上字的结构。描字是学习的大敌，描出来的字缺乏力度和连贯性，一旦脱去字帖，临出的字和字帖将会大相径庭。摹贴是从视觉向触觉转换的过程，也是临帖前的辅助练习。在练习书法特别是初始阶段必不可少。

3　临帖需循序渐进

所谓临，即置帖于左边或前方，对帖临写，这是书法学习的主要方法。它是由生到熟、循序渐进的过程。按顺序可分为格临、对临和背临。

3.1　格临

格临是三四年级练习最多的一种方式。可利用九宫格和米字格的毛边纸临写。有书法家曾说过："学书需先楷书，做字需先大字。"在为学生提供字帖及用纸时，一般选择比字帖放大三分之一或者二分之一倍。临写前，首先要认识格子。拿米字格为例，将格子分为八个区域，以数字命名。临写时，先看清楚字帖上该字每一笔的起笔、收笔的位置，途经哪些区域。照着它写在相对应的位置上，这样才不至于走样。

3.2　对临

第二个环节称为对临。对临时不需要格子的辅助，直接对着贴临写。临写时最好将贴放在桌子前方位置，对着它写。经过对临熟悉字的笔画、间架，书写时可看一字写一字，不再看一笔写一笔。

在对临时着重点在于把握外形，由表及里。首先读帖时仔细辨识字形，是长的、方的、扁的还是倾斜的。其次要分析字的结构及用笔特点。第一部分是笔画的练习，第二部分是部首的练习，第三部分是字体结构的练习。在练习过程中，遇到相同部首时，将字选出进行对比、反复观察及练习，找出其特点和规律。

3.3　背临

背临是在对此帖比较熟悉的基础上，抛开字帖，凭记忆书写。背贴后要与原帖进行比较。通过自我评价、相互评价发现问题，改正重写，评价环节能够更好地促进学生书写。在评价前先对学生提出一个要求：评价别人的作品请先看其优点，再找不足，让学生懂得欣赏、尊重他人。通过这种模式，学生在潜移默化中领悟了写法，提高了书写技能。

三种方式的练习都需要一个过程，时间长短一方面要看字帖的多少，另一方面要看练习者运笔的掌握程度和练习的时间。练字不在于一天能写多少个字，而是一次能掌握多少。练习时，大部分学生喜欢临一篇字，很快完事。只有少部分学生会对着一个字反复练习，直到自己满意为止。在书写练习时还要注意字要写慢，不贪求快。书写缓慢是为了看清该字的笔法、间架以及笔墨的到位情况。

临摹是提高书写能力的方法，通过练习了解书写中的不足，对范字进行更深刻的认识，增加学书的动力。点滴之水，汇成江河。书法的练习亦是如此。清人蒋骥言："学书莫难于临古"。临摹对于学书者而言，是一辈子的功课，找到一种适合自己的练习方法，每天坚持练习，持之以恒才能有所收获。

注重技能训练　提高书写能力

——小学楷书指导课初探

苏州工业园区唯亭实验小学　赵国华

《中小学书法教育指导纲要》（以下简称《纲要》）的"基本理念"之一，就是"加强技能训练"。其中指出："中小学书法教育要注重基本书写技能的培养，不断提高书写水平。"随着手机、计算机等信息技术的发展普及，人们日常书写的比重正在下降，导致书写能力有所减弱，中小学生受到的冲击尤其严重，"提笔忘字"的现象正在蔓延。专业的书法教育以书写实践为基本途径，注重技能训练，方能有效地达成"培养学生书写能力"这一基本目标。

1　认识笔画特点，掌握用笔技巧

《纲要》指出：三、四年级要"学会楷书基本笔画的写法，初步掌握起笔、行笔、收笔的基本方法"。五、六年级要"比较熟练地掌握毛笔运笔方法，能体会提按、力度、节奏等变化"。写好"点、横、竖、撇、捺、钩、折、提"这八个基本笔画，有利于写好每一个汉字。写好笔画，就要充分体会笔画的形状特征，感悟起笔、行笔和收笔的差异，以及用笔的提按、轻重和缓急的要领。只要细心体会用笔的技巧，就能逐步掌握正确、美观的笔画书写。

如"横的变化与组合"一课教学片段：

讲述"天下第一关"中"一"字的故事。"一"字其实就是汉字中的基本笔画"横"。通过有趣的传说调节课堂气氛，激发学生兴趣。

出示图片，交流：横有长横、短横、斜横等。学习横画儿歌："稍重起笔右下顿，从左到右要写稳。右下顿笔往回收，收到线上得满分。"

出示"横的运笔"，教师强调书写要点。

长横，又称俯横，侧入轻按顺势向右行笔，横中间提笔较轻，收笔向左回锋。长横的起笔和收笔处稍顿，行笔长而轻快，形态平直，稍稍有点左低右高。

短横，一般用在字的上中部。书写时落笔应轻，向右渐行渐重，后向上收笔，呈凹弧状。短横一般适用于横画较多的字，起笔稍重，行笔短，收笔稍顿，形态平直，稍稍有点左低右高。

起笔，也叫"发笔""入锋"，起笔是书写的开始，关系到一个笔画的形态和神韵，毛笔的书写与硬笔书写的不同，就在它的起与收。中国书法的字体演变，除了结构的不同外，主要是线条的起笔和收笔的不同，每个线条的中间部位并没有变化。

《颜勤礼碑》选字

横的起笔有尖笔起笔法，方笔起笔法，圆笔起笔法。因此，从形态上来说，起笔有方、圆、尖以及由此衍生出的种种变化。唐楷多用圆笔起笔，其他起笔穿插使用。图中“五”字第一横，“王”字第二横都不藏锋，笔法非常简洁。

横的收笔。收笔动作的规范精准，直接关系到一个笔画的形神。收笔，要做到力至笔画末端。图中“王”字第一横收笔成方，第二横收笔成圆。“直”中间的三短横，前两横轻轻收锋，第三横尖出，不收锋。教师应引导学生细致观察，独立分析，培养书写的观察与分析能力。

教师板书演示长横、短横。学生练习。书写横画时不仅要注意起笔、运笔、收笔，还要加重加实，不可太软。清人刘熙载说：“凡书要笔笔按，笔笔提。”说明了在运笔过程中提按运用的广泛性与连续性。可以说，提按技法转换的技能贯穿于书写的全过程。笔画是构成汉字的基本元素，也是小学生必须勤学苦练的“基本功”，只有打下扎实的基本功，才有可能学好书法。

2 观察位置结构，理解汉字形体

书法教学中，好多人一味地追求笔法和艺术性，甚至是写字的图画性，而不重视结构，致使所写之字没有骨架，没有立体感。

《纲要》指出：“借助习字格，较好地把握笔画之间、部件之间的位置关系，逐步做到笔画规范，结构匀称，端正美观。”我们常用的规范汉字虽有3500个之多，结构千姿百态，但有一定的规律可循。唐有欧阳询的《大字结构三十六法》，清有黄自元《楷书间架结构九十二法》等，都是针对楷书的结构而言的。楷书的“横平竖直”“平行等距”“主次有别”等结构规律，可以帮助学生建立有效的结构观念。

如“写好‘人’，做好人”一课教学片段：

出示“人”字演变图，感受汉字的源远流长。

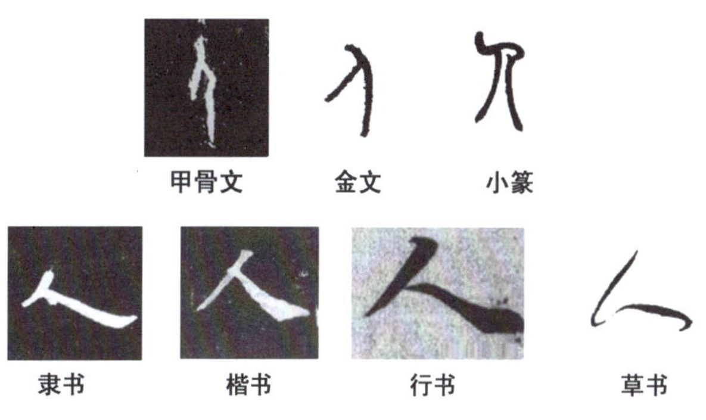

甲骨文　金文　小篆

隶书　楷书　行书　草书

分别出示欧阳询、褚遂良、柳公权、颜真卿书写的“人”字，探究“人”字的书写要领：撇画轻盈、捺笔厚重、支撑呼应、主次分明。

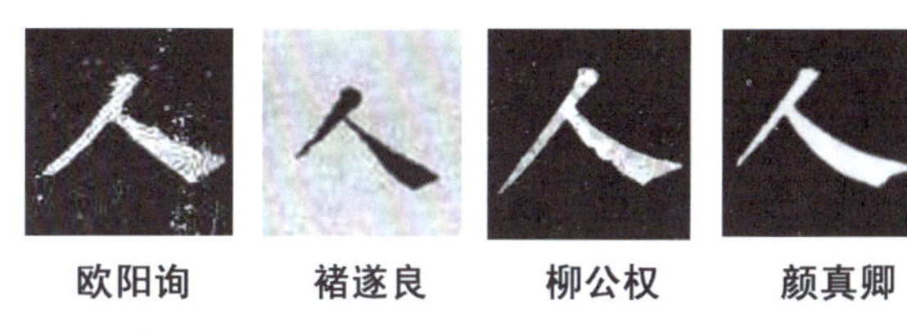

欧阳询　褚遂良　柳公权　颜真卿

临摹颜真卿的“人”字。

作为汉字书写艺术的书法，饱含着中国人对宇宙万物的感悟与思考，历代书法家创造出不同的书体流派，但每个字都有特定的规范的组织形式，不能杜撰、不可臆造。所以结构法是小学生学习书法必须掌握的法则。

在指导书写过程中，应注重结构之美的欣赏引导，适度将汉字书写提升为书法艺术，但要注意把握度，必须立足汉字书写技能的培养，技能为主，文化为辅，不可过度强调书法艺术的观念。只有解决了技术问题，才有可能写好汉字，传承文化。技进乎艺，艺进乎道，层层递进，最终达到技道双臻的境界。

3 重视书写体验，培养应用意识

毛笔可以实用，也可以培养实用。汉字书写之所以能够发展为艺术，之所以与中华文化有深刻联系，是因为它在历史上始终保持着强大的实用价值。比如，山川的题赞、宫殿的匾额、商店的招牌等都需要毛笔书写。

《纲要》指出：“了解条幅、斗方、楹联等常见的书法作品副式。留意书法在社会生活中的应用。”“有初步的书法应用意识，喜欢在学习和生活中运用自己的书写技能。”

书写技能的培养与提高既有益于学生自己，又能服务于社会。学生要在熟练运用书写工具的基础上，将楷书运用于书写中。

如写好“人”，做好人”一课教学片段：

出示书写“天人合一”的各种字体、各种幅式的书法图片，感受书法韵味。

根据自己的喜好选择喜欢的幅式，进行“天人合一”的作品创作。这样，在提高学生学习书法积极性的同时，使他们在书写中体会学习传统文化的价值和快乐。

在小学书法教育中，如果关注书法的实用价值，可创造出提高孩子学习兴趣、满足其学习成就感的教学辅助手段，避免一味练写容易造成的单调和枯燥。譬如，新春佳节写春联、写“福”字，长辈生日写寿联、写“寿”字等。“学而能用”“学以致用”是激发学生学习积极性的重要方法。

小学毛笔楷书指导，应紧扣学生学习生活中的“书写技能”，使书法课所学技能与学习生活密切联系，步步走踏实，笔笔见功夫。

笔墨生花

苏州工业园区胜浦实验小学　徐苏宁

摘要：书法是中国及深受中国文化影响的周边国家和地区特有的一种文字艺术表现形式。它可以育德、怡情、启智、养性。在书法学习中化“行”为“美”，转“技”为“道”，变“神”为“形”，可帮助学生形成正确的审美观、良好的道德和正直的品格。

关键字：小学书法；德育

中国书法不仅是中华民族的艺术瑰宝，也是世界文化宝库中的一朵奇葩，它育德、怡情、启智、养性。书法家沈尹默说：“世界人公认中国书法是最高艺术，就是因为它能显示出惊人的奇迹：无色而有图画的灿烂，无声而有音乐的和谐；不是诗歌却有诗歌的意境，不是舞蹈却有舞蹈的节奏，引人欣赏，心旷神怡。”

1　化“形”为“美”

书法是美育的一个组成部分。书法作为一门国粹艺术，具有极高的审美蕴涵。蒋培坤老先生干脆称它为“诗化的哲学”，它的灵魂既是诗又是哲学，它是生命流动的轨迹，具有“天人合一”的境界。在小学书法教学中，教师的教学目的不仅是要让学生写好字，而且要让学生触摸到书法的美，让书法不再遥不可及。因此，在教学中，要尝试把书法的“形”化为一种“美”，让小学生感受、体验，渗透审美教育。

王羲之在题卫夫人《笔阵图后》中说：“每作一横画，如列阵之排云；每作一戈，如百钧之夸发；每作一点，如高峰坠石；每作一屈折，如屈折钢钩；每作一牵，如万岁枯藤；每作一放纵，如足行之趣骤。”所讲的既是书法的用笔美，又是形体美，每笔都不离开对自然的模仿。兰叶、鸭嘴、蜂腰、鹤足、鼠尾等基本笔画都是由生活中随处可见的形象化迁移而成。王羲之在书论中还指出：“……或如虫食木叶，或如水中科斗；或如壮士佩剑，或似 妇女纤丽……”他认为书法不仅是美的自然现象的模仿，还是生物及人类的种种美的姿态的重现。书法家在自然界、人类生产活动中感受并发现了美，而且是有诗意的美景、有意境的美，然后才将其移植于书法的形体、笔法之中，这样的书法才会巧夺天工。

字形的教学就是一种审美教育。在引导学生对基本笔画赏析、临摹的过程中体会书法源于生活的形体美，激发学生对于生活的热爱，发现美、欣赏美。

2　转“技”为“道”

中国传统的德育基本上都是贯穿在日常教育中，并不注重专门的说教。书法就是这样一门历史悠久的、可以与德育匹配的教育艺术。我们在谈书法的线条美时，要求其圆劲浑厚，不可单薄，相应的对笔法的要求是藏露兼施，以藏为主，这些正体现了做人要厚道，脚踏实地。唐代李肇的《国史补》记载了张旭自言尝见公主与担夫在羊肠小道上争道，各不相让，但又闪避行进得法，从而领悟到书法上的结构布白，偏旁组合，应进退参差有致，张弛迎让有情。张旭可以因生活悟书道，我们也就可以带着学生从书法中悟出做人、做事的门道来。唐孙过庭《书谱》云："违而不犯，和而不同"，这既是书法章法的最高审美要求，也是社会组织的最高要求——"和谐"。这些都是现代教育想要呈现给学生的最基本的品德教育。

同时，在了解书法家故事的基础上临帖，学生内心会充满对古人的敬佩，久而久之，势必会加深对古典文化以及民族精神的理解，爱国之情，民族自豪感便会油然而生。与之兼顾的便是让学生在笔画书写技巧中感悟人生，取长补短，用正确的心态看待得失。

3 变"神"为"行"

书法艺术是中华民族独有的艺术形式，世界上其他的文字系统都没有演变成为一种独立的艺术形式，唯有书法。在谈及书法时，真正吸引人之处在于它内在的"神韵"，这一种内在的"神韵"往往是书法家高尚品格的"化身"。因此，在小学书法教育中，要善于化书法中的这一种"神"为学生的"行"，在这个过程中向学生渗透品格教育。

在传世书法中，书法作品体现出了书家的审美观念、思绪取向和道德标准，书法家不仅字好，而本身修养高。我们在欣赏和学习古代名家经典时，也会把他们的作品和人品联系起来，正如欧阳修所说："颜公书如忠臣烈士，道德君子，其端严尊重，人初见而畏之，然愈久而愈可爱也。其见宝于世者有必多，然虽多而不厌也。"柳公权"心正则笔正"的故事也给我们做了最好的诠释，"心正"是要求道德高尚、品行至善，"字正"则是符合书法的审美规律，两者在传统文化书法中达到了高度的融合，传世书法经典也多为"人书兼取"。又如王羲之练习书法很刻苦，甚至连吃饭、走路都不放过，真是到了无时无刻不在练习的地步。没有纸笔，他就在身上划写，久而久之，衣服都被划破了。有时练习书法达到忘情的程度，一次，他练字竟忘了吃饭，家人把饭送到书房，他竟不假思索地用馍馍蘸着墨吃起来，还觉得很有味。当家人发现时，已是满嘴墨黑了。他常临池书写，就池洗砚，时间长了，池水尽墨，人称"墨池"。

通过这些真实而又感人的书法家刻苦练习书法的故事，小学生就能够在他们身上体验到书法作品背后的"神韵"，从而产生心灵上的震撼。这样就能有效地把书法这种"神"转化为学生的"行"，让这种"神"对学生的"行"产生潜移默化的影响，从而激起他们刻苦学习的精神内驱力。

总之，书法是文字的艺术形式，书法家的故事是人品展现。在临摹书法家的文字中，感悟书法的魅力，在字形赏析中进行审美教育，在书写技艺中树立道德品质，从文字神韵中改变行为规范，在笔墨挥毫中生出一朵淡雅的花。

浅论中小学书法基础教育

苏州工业园区娄葑学校　奚燕萍

1 书法基础教育的重要性

中国书法，源远流长，博大精深。经过几年的衍变、发展、积淀，已形成了自己独特的艺术形式，成为人类艺术殿堂中的一朵奇葩，成了中华民族的优良传统。由此，书法教育的成败与否，关系到书法这门艺术的兴盛与衰败。

首先，书法基础教育是中国书法发展的基础。中国书法的发展需要大批的书法人才，需要书法的普及与推广。在中国众多的青少年中，如果人人都学习书法，都懂得一点书法基础知识，肯定会有一批书法上的尖子脱颖而出。书法发展所需的大批书法人才有了保障，这就需要在中小学中进行书法基础教育，使青少年懂一点，会一点，使中国书法继续繁荣、稳步的发展，对我国文化事业的繁荣发展，定会起到积极的作用。

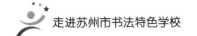

其次，书法基础教育是美育的重要组成部分。

著名书法教育家陈振濂说过："书法艺术是艺术美中最具有理念意义又最纯朴的美的形式。"它从美育上看，也有不同的阶段和层次，初级的有均衡、对称、流畅、美观；高级的则应有运动、节奏、意境、神采、气息、格调、情感表现，以及各种不同风格美的把握、欣赏。时代社会需要在德、智、体、美、劳等方面发展的人才，所以进行书法基础教育，是现在美育教育的重要补充，是美育教育的一个重要组成部分。

再次，书法基础教育，是造就人、培养人，提高全民素质的一个重要内容。

书法作为一种技能、一种艺术，它具有一定的历史性。通过书法基础教育，可以激发青少年的智力，促进青少年的修养，培养人的个性、人的审美能力，从而能促进整个精神文明建设，进一步提高全民族的文化素质。书法教育是一个育人的工作，是一个基础工程。

2　书法基础教育过程中的几个问题

书法基础教育有着如此的重要性，但也不可盲目进行教育。在书法基础教育过程中，还必须注意几个重要问题：

2.1　书法与写字

（1）从小学语文教学目的看。

写字是小学语文教学中的一项很重要的基本功训练。九年制义务教育《小学语文教学大纲》中明确指出："小学阶段的写字教学目的是使学生会用铅笔、钢笔写字，学习用毛笔写字。写字教学的要求是使学生学会正确的执笔方法和写字姿势，养成良好的书写习惯，到小学毕业时能把字写得正确、端正、整洁，并有一定的速度。"这里鲜明地指出了小学阶段写字教学是写字为主，书法艺术教育为辅。为此，1990年，国家教委发了25号文件《关于加强义务教育阶段中小学写字教学的通知》。中国书法教育研究会已编写了一套《写字》的教材在全国试用。

（2）从小学生本身的特点看。

小学生的思维特点是以具体形象思维向抽象逻辑思维逐渐过渡，对于低中年级来说写字是在识字的基础上的，重点是要求把字写得平正、端庄，培养学生以平为主的初步的审美眼光。对于书法艺术中的"险""平""疏""密"等这一些较高层次的审美要求以及"神""韵""意"等层次只有到了高年级才能让他们初步的接触、了解，但要培养中小学具有或初步具有这种层次这不仅不符合学生心理的特点，而且也不符合学生的生理特点。所以对于小学生来说，只要掌握一些书法的基本功就行，大可不必淡及书法艺术。

2.2　普及与提高

我们已经谈到书法的普及与推广是中国书法发展的前提。这里的普及与提高实际上就是一个面与点的问题。"面"即在所有青少年中进行推广书法基础教育；"点"即在这一此青少年中使一小部分青少年提高、升华，达到"高、精、尖"的程度，以补充"书法家"的来源。

书法的普及关系到将来的整个民族的素质问题，关系到书法这门艺术能否继续发展的问题；而书法的提高，则是关系到书法这门艺术的兴衰问题。大部分的学生在经过教育之后能够掌握一些书法的最基础的知识，而一些（或者说个别）学生本身就具有一种书法方面的天赋，他们的领悟能力较强。而这种天赋、能力如果进行个别辅导，有助于他们书法水平的迅速提高。

2.3　理论与实践

书法是一门实践性很强的学科，必须通过一定的训练来掌握其技能，课内的时间是有限的，只靠课内的训练显然不够，作业则是巩固课堂内教学和进行技能训练的一种有效形式。学生通过完成作业巩固课内学过的知识，加深对知识的理解，把知识转化为技能，同时可以发展学生思维，培养分析问题、解决问题的能力。书法教学因其书写字的内容和工具特点所限，往往令学生感到枯燥，难度较大。为了取得良好的教学效果，除必须注重课堂内教学方法和改变，采取一些适合学生特点、易于接受的办法进行讲授外，还要精心设计书法课后作业。作业量要少而精，要选择具有代表性、典型性的字例，作业内容要与课堂教学内容相吻合体现课堂教学的目的和要求，但要区别于课堂内的练习。根据年级的不同，少则几个字，多则十几个字不等，切忌只求"量"的落实，不求"质"的提高。要让学生完成作业时感到轻松，受到启发，活跃思维。

3 加强书法基础教育的意义与地位

"书画同源"，在中国绘画、书法史中，越往后，则越显示出其内在的紧密联系。绘画的缤纷色彩、雕塑的立体空间、音乐的节奏韵律、舞蹈的婀娜姿态、诗词的深远意境、文章的铺陈展异，都可在书法的线条中获得饶有意味的反映。书法，是我们中华民族富贵的文化遗产，既有实用价值，又有欣赏价值。

发展书法教育事业的重任落在了我们肩上，任重道远，谨以书协副主席刘炳森的话结束本文："书法教育在整个国民教育中占有重要的地位，她不但是我国民族文化的基本载体，而且具有鲜明的美育作用。""我们从当前书法教育的现状来看，确实到了非抓不可的时候了，加强书法教育的责任与义务，落在我们的肩上。"

抓住三个关键 开展写字教学

吴江区金家坝小学 潘叶红

郭沫若先生说：培养中小学生写字，不一定人人都成为书法家，总要把字写得合乎规格，比较端正、干净、容易认。《小学语文新课程标准》总目标中明确提出：能正确、工整地书写汉字，并有一定的速度。评价建议中强调："关注学生写字的姿势与习惯，重视书写的正确、端正、整洁，激发学生识字写字的积极性。"字是一个人的第二张面孔，写好字是学好科学文化知识的基础，是学生文化素质的标志，也是学生意志品格的体现。如何让学生喜欢写字，乃至写好字呢？我以为有三个关键：习惯、方法、兴趣。

1 奠定基础，习惯是关键

养成良好的习惯可以让人终身受益。良好的写字习惯，则是写成一手端正、清晰、整洁、漂亮的字的基础，所以养成正确的写字习惯是写好字的关键。

1.1 重姿势

"练字先练姿"，正确的握笔姿势和坐姿是写好字的必要条件。写字是一种技巧训练，对于刚入学的低年级小学生来说，要形成技巧绝非易事。为使学生能坚持正确的写字姿势，一方面，可以要求学生牢记写字口诀：头正、身直、臂开、足安。不妨把口诀写在黑板右上角醒目的地方，时刻提醒学生注意对照。另一方面，可以精心设计学生写字习惯调查表，从坐姿、笔姿、写字习惯、写字用具的保管等方面有意识地对学生进行跟踪调查，真实了解学生在有意状态和无意状态下的写字姿势，及时发现典型，进行个体追踪。正确的书写姿势并非一蹴而就，不能急于求成，要循循善诱，不断引导。

1.2 重观察

在写字教学中，观察是写好字的第一要素，要引导学生集中注意力，善于对字形进行观察。一个字就像一个人，要写好字必须先观察字的"体形"。汉字的结构变化多端，但有一定的规律，如上下结构、左右结构等；组成方式也有一定的特点，如上下相等、上宽下窄、左右相等、左宽右窄等。引导学生写字，先要看清字形，然后下笔。如"四""回"等字属横扁形，"目""月"等字属竖条形，"众""品"等字是三角形。在书写过程中，学生时刻记住字的整体形状，写出来的字就基本上像字帖上的字了。

1.3 重示范

孩子的年龄特点决定他们的模仿能力是特别强的。因此在观察的基础上，老师要动笔写，一笔一画地写给孩子们看，低年级则一定要在田字格里写，不要怕麻烦，更不要随便写，因为老师给孩子的是示范，要注意习惯与规范。讲解与示范相结合，效果是十分明显的。

2 培养技能，教法是关键

写字教学是语文教学密不可分的一部分。俗话说，"教无定法，只要得法"，写字教学是有规律可循的。

2.1 重精讲，让学生自练

语文教学要求精讲多练，把课堂的时间还给学生，写字教学更应如此。精讲，就是在写字教学时，教师要讲得少而精，只对学生练字的要领和提出的疑惑作讲解，放手让学生自学自练。比如：教《小学写字》第五册《撇》这一课时，要求学生掌握长撇、短撇的用笔要领及写好长撇、短撇的字。学生先自学长撇、短撇的写法，充分讨论后，提出长撇和短撇的弧度难把握的问题。教师着重讲长撇的行笔，指导学生起笔要轻，略顿后向左下方撇出，用笔速度要略快。这样，学生在自主活动中品尝到了成功的喜悦，学习的积极性高，兴趣浓，字自然越练越好。

2.2 重赏析，让学生自悟

教学实践中，我深切体会到把学习的主动权交给学生，让学生自主地学习，就要引导学生在观察、分析的思维活动中感悟祖国文字的书写技巧，这是提高学生练字效率的关键之一。在教学《左右结构》这一内容时，出示了"伙、部、呼、刷"等字，让学生仔细观察，然后小组讨论这些字的左、右两部分的位置关系。学生充分讨论之后，发现有左窄右宽型（让右）：伙、呼，左宽右窄（让左）：部、刷。为什么要这样安排呢？让学生动手写一写，让右的写成让左，让左的写成让右，请学生再观察，为什么这样写就难看呢？学生分析后懂得：原来这类字的比例关系是根据左右两边的偏旁的笔画多少来决定的，左边笔画少，就让右，左边笔画多，就让左，祖国的文字还这么协调、和谐。总结了汉字一些规律性的常用结构方法，那份愉悦自不必说，往后练起字来心中有数，而且观察、分析的能力也得到了提高。

2.3 重比较，让学生自评

在写字教学时，单靠教师精讲，结合赏析字形学生自练还是不够的，讲评这一步不可缺。通过无数次对照比较的方法进行讲评，字才得以循序渐进。而把讲评的权利放手给学生，授以比较的方法，让学生自己评价，更是受益匪浅。可让学生横向比较，训练互评。在写字教学时，留一点时间，让学生自由辩论，将自己的作业与同学的作业对照，与老师的范字对比，与书上的例字对比。自由辩论能唤起学生的进取心，提高辨别能力，培养合作精神，再者可以让学生纵向比较，加强自评。给每位学生制作一个写字档案袋，存放学生的写字作业，每过一个阶段学生进行一次自我评价，从点画用笔、形态变化等方面小结收获，悟出不足，从中找到努力的目标。

3 持之以恒，兴趣是关键

兴趣是最好的老师，语文老师要让学生愿写乐写。"趣"字当头，融"趣"其中，让"趣"成为孩子们自主学习的老师。

3.1 教材中寻趣

我国的每一个方块字都蕴含一定的审美价值。笔画有曲直、长短、轻重、俯仰等；形态有方矩、长扁、三角形等；结构有左右、上下、全包围等。教师可引导学生展开丰富的想象。如悬针竖似钢针倒挂，长横像春蚕蠕动，左窄右宽的字似行人让路。又如写"人"字时，可告诉学生撇捺舒展，两脚要平稳，否则"人"会摔到；写"中"字时，一竖要平分两边，不然就不公平了等。总之，教师要用有趣的方式，幽默的语言引导学生观察、练字，激发学生写字的兴趣。

3.2 课堂上增趣

写字本是一件枯燥的事，尤其是低年级学生手部肌肉发育不完全，且小学生的注意力难以长时间集中。这就要求教师在写字课堂教学中，增加一定的趣味性。如巧用竞争增趣。在竞争中，学生的好胜心会更强烈，兴趣会大增。再者可创设情景增趣，环境能造就人，良好的写字情景能激发学生写好字的兴趣。写字时，放上一段舒缓优美的乐曲，能陶冶学生美的情操，让学生平心静气地写好每一个字，还可安排小操增趣。长时间练字，学生会觉得手酸疲乏，心烦气躁。在课间安排1～2分钟，让学生跟着节奏拍拍手，跺跺脚，晃晃头，扭扭小屁股，可以调节身心，放松神经，保持充沛的精力。

写字教学是小学语文教学的一个重要内容，是继承和弘扬民族优秀传统文化的基础工程，是素质教育的重要组成部分。"字如其人"，如上所谈，涉及的不仅是如何写好字的问题，而写字的背后更是学生磨炼意志力的过程，行为习惯养成的过程，修炼性情、陶冶情操、培养气质的过程。在普及运用计算机的信息化的今天，中华民族这一文化精髓与我们渐行渐远，也越来越深刻地让人感受到其重要性，让我们一起行动！

浅谈结构教学在小学写字教学中的重要性

吴江区屯村实验小学　许建刚

元代大书法家赵孟頫说:“书法以用笔为上,而结字亦须用工。”而当代书法大家启功先生则提出了“用笔何如结字难”的观点。这两大观点到底谁对谁错或者说谁更科学些,一时间我们很难分清。但是笔者觉得在书法基础教育中(小学阶段),更应该重视结构教学,以下从三个方面来谈谈结构教学在小学写字教育中的重要性。

1　分清写字与书法关系,是确定谁主谁次的重要依据

书法将汉字的表意功能和造型艺术融为一体,其美学价值得到世人的一致公认。写字与书法是两个有本质区别的概念。书法的基础是写字,写字的提升是书法。写字的目的是交流信息,重实用性;书法的目的是为了创作、抒情和欣赏,重艺术性,写字力求以最短时间和较少精力尽快达到目标;书法则需要以毕生的精力来探索,目标也无止境。但写字和书法又是这样的密不可分。书法必须是写字,如果不是写字,而去写(画)其他艺术样式,叫书法即显牵强;而写字则为书法充当了由实用美向艺术美过渡的桥梁,但写字却不是书法。

把书法教育看作是单一的艺术教育,一般出现在高等院校。小学书法教育的实用色彩很浓,在这个阶段我们侈谈书法的艺术个性和美学价值效果不大,因为小学生缺乏必要的接受力和理解力。教育部门将写字作为学生素质培养的一项内容,但人们还是把写字称为书法,这种含糊不仅造成认识上的差异,而且在实践中也遇到了麻烦。写字的三个基本要求——规范、端正、清楚,实行上与作为艺术的书法是不无冲突的。笔者认为应该以写字教育为主、书法艺术教育为辅。由此再根据写字的三个基本要求(规范、端正、清楚)得出书法基础教育要以结构教学为主、笔法教学为辅的观点。

2　用笔何如结字难,结字比用笔更重要

书法的三要素:点画用笔、结体取势和章法布局(简称用笔、结体和章法)。就单个字的艺术性而言,就是用笔和结体的成败与否。所以,老书法家启功先生针对赵孟頫的“用笔为上”论早就提出新说:

用笔何如结字难,纵横聚散最相关。

一从证得黄金律,顿觉全牛骨隙宽。

他认为结构不但重要,而且还应该是有规律可循的。那么赵孟頫所说的“书法以用笔为上,而结字亦需用工”作如何解释呢?启功老先生作了这样的解释,唯其书论之言曰:“书法以用笔为上,而结字亦需用工。”殊未知其书结字,精严妥帖,全自欧柳诸家而来,运以姿媚之点画。则刚健婀娜,无懈可击。有了基础,所缺乏的是点画的风神,这时宜考究用笔,赵孟頫说这话时是中年时期,是题《兰亭帖》后,这时他注意力全在用笔上。他之所以觉得用笔比结字重要,是因为当时他对于结字的把握已经得心应手,而把注意力都放在如何提高用笔上,因此才有此言。然而,“庸医杀人,世所易见;名医杀人,人所难知”。赵孟頫作为大书法家,不仅其书作流传甚广,影响甚大,为后人喜爱和学习,同时,他的书论也受到后人的重视。因此许多初学书法的人成天脱离整字而去单练点画,甚至还有教师这样去教学生的,或者临习碑帖只注重点画形态的模仿而忽略对整个结体的分析和体味,结果主次颠倒,事倍功半,极大地影响了学习效果。因此,启功先生从影响一个字的好坏程度说明了结体起着更为重要的作用。相传王羲之曾说:“倘一点失所,如美人之眇一目,一画失所,若壮夫之折一股。”所以说,写字时只要求对某一点画位置安排稍有失误,便会导致整个之地体势有美变丑的严重后果,产生“失之毫厘,谬以千里”的效果。那么,书法课如果不重视结构能力的训练和提高,不能提供目测和分辨的简明办法,只讲“提按起落”,要学生写好字,就只能是“磨砖成镜”。

3 结体取势的不同是书法风格差异的根本原因

结体指的是书法家根据自己的审美情趣和一定的法度要求来设计点画并有机地组合成字的过程和结果，而取势，是书法家对一个字的体势的设计。取势是结体的前提，而结体则是实现取势的手段，两者密不可分，所以是常将它们连称为结体取势。在同一种书体中，各家各派的字之所以能成为一体，成为众人学习的典范，关键就是由于它的结体独具特色、自成一格。比如，李邕、米芾、苏轼、黄庭坚，其书法风格各有特色，但从根本上看来，则是由于取势的不同造成的。比如碑帖上的好字，我们用透明纸罩在上面，用钢笔在每一个笔画中间划上一个细线，钢笔是没有毛笔那样粗细、方圆、尖秃、强弱的效果，只是一条条的匀称的细线，这种细线也能组成篆、隶、草、真、行各类字形。甚至李邕的欹斜姿态，欧阳询的方直姿态，也能从各笔画的中线上抓住而表现出来。同样，楷书四大体：欧、颜、柳、赵，我们如果也用钢笔按照他们的中线描出字形骨架，这时虽然忽略了他们的用笔，却仍然能够将这四种字体区分开来。比如欧体和颜体的“门”字的左右两个外侧纵向的笔画，呈相向之势的一定是颜体，而呈向背之势的一定是欧体。因此，凡是在书法上形成自己面目的书家，如上述的书法先贤们，他们熟悉的结体取势方式必然各有妙法，没有说两种不同艺术风格的书法作品在结体取势上是一样的。相反，我们如果能从颜体中单独拿出一个横画来，却不能说：这个横画是颜体的横画，柳、欧、赵中绝不存在类似形态的横画。之所以常听人说：“这一笔是米芾，那一笔是褚遂良”，只能说明这一书法家对某一点画形态运用得较多，而这一点画在外形上较有特色，属于较为少见的点画形态罢了，谁敢说只有米芾写过类似这个形态的用笔，而其他人没有？其实只要我们广泛学习先贤们的经典之作，不经意中就会发现许多有特色的用笔存在于众多书家的书作中。可见只要抓住结构，就抓住了学习重点，而我们学习不同的结体方式，就是为了汲取他人的艺术风格，从而最终形成自己的书法面目。所以说结体取势的不同是书法风格差异的根本原因。因此说结构教学是书法教学的重中之重。

书法教材中的用笔

苏州市山塘中心小学　顾放

明代书法家董其昌在《画禅室随笔》中说：“发笔处便要提得笔起，不使其自偃，乃是千古不传语。”并一再强调用笔要能“倒辙能起”。这段论述也一再被后世论书者引用，只因其道出了书法用笔的根本所在。

随着国家对书法教育的重视，书法课再次回归课堂教学。与之相适应的国家和各省市相关部门纷纷编写了配套的书法教材，这些教材各有特色，在图片质量和印刷质量上都胜于以前的书法课本。但在毛笔书法的核心内容“用笔”上仍有些概念模糊、表述不清的缺陷。

1 笔笔中锋

古人所谓的“千古不易”“千古不传”的用笔法的根本是什么呢？书法用笔的根本，说来也简单，只有四个字“中锋行笔”。关于“中锋行笔”前人之述备矣。王澍在《论书剩语》中说“所谓中锋者谓运锋在笔画之中……如此则笔锋不倚上下，不偏左右，乃能八面出锋，笔至八面出锋，斯无往不当矣。”西泠印社出版社编写的书法教材中也准确道出了中锋行笔的含义，即“毛笔笔尖始终在笔画的中间运行，写出来的线条两边光洁，匀净有力”，只是教材没有强调书写时必须中锋行笔，做到“笔笔中锋”。

判断是否中锋行笔，古人常常用“屋漏痕，锥画沙”来形容。清代的包世臣表述得更具体：“每以熟纸作书，则其墨皆由两边渐燥，至中一线细如丝发，墨光晶莹异常，纸背状如针画，自谓于书道颇尽其秘。”在书法教学时由于纸质不同和学生往往蘸墨较多,单看笔画难以判断是否中锋行笔。我们可以让学生留心自己的毛笔,判断书写时笔毛倒伏的方向和运笔方向是否一致,写横时笔毛一定是左右方何的,写竖时笔毛方向一定是上下方向的。另外可以看笔画写完后笔毛是否卷曲,只要是中锋用笔的笔毛就不会卷起来。

我们细看古代法书,无论何种书体、哪位书家都能做到笔笔中锋,唯此点画才能劲健有力。在书法教学中教师应该时时提醒学生注意保持中锋行笔。

2 中锋和正锋,侧锋和偏锋

在古代书论中存在中锋和正锋,侧锋和偏锋概念含糊不清、互相混用的情况,常令学者茫然。我们先来说说偏锋,它的含义相对于中锋而言,行笔时“毛笔笔尖在笔画的一侧运行,写出来的线条一边光洁,一边毛糙”。(西泠印社出版义务教育书法教材)也就是笔毛倒卧时的方向和行笔方向不一致,笔毛常常会卷曲起来。

与之相混淆的是侧锋,例如书法教材中就把偏锋说成侧锋,表述的内容和偏锋的概念完全一致,叫法不同而已,只是教材未能明确指出偏锋(或者叫侧锋),行笔是一种错误的用笔方法,一定要避免的。其实这套教材的用笔部分一直在强调中锋行笔,但表述上含混不清。这是因为自古侧锋的含义就不明确,编者又昧于用笔之道,自然不敢也不能说出明确的话来。后人在评论王羲之书法时常用“侧以取妍”来赞扬他的突破和创新。难怪教材的编写者们不敢明确地说这一“侧”是不对的,书圣怎么会错呢?其实此一“侧”已非那一“偏”了,是指落笔时的方向和行笔方向并不一致,“欲横先竖,欲竖先横”之谓也。例如写横时毛笔先向下方内侧点入,然后迅疾提笔调锋向右,是和正锋相对应的。这样的“侧”非独右军,欧颜柳赵、苏黄米蔡莫不如是,惟侧锋乃能出方笔,点画才有峭拔俊逸的姿态。

古人论及侧锋也乱得很,黄庭坚说:“侧锋取妍,往往工左而病右。”很明显这里的侧锋是指偏锋。朱和羹《临池心解》有“正锋取劲,侧笔取妍,王羲之书《兰亭为》,取妍处时带侧笔”。这里的侧锋就是指落笔时侧向点入,这里的侧锋是和正锋相对应的。其实正锋和侧锋都必须在中锋运笔的前提之下的,篆隶多用正锋直入,而楷书,行草往往正侧并用。侧锋的运用稍晚些,现存较可靠的早于“二王”的法书是陆机的《平复帖》,观其用笔往往多用正锋直入显得浑朴质拙,右军遗墨中如《初月》,《姨母》二帖也多用正锋,后羲之变法正侧互用,书风也变得妍丽秀美,我们在《丧乱》《得示》《二谢》诸帖从中可以看到这一变化。

其实对于用“侧”来名之,也颇值得玩味的。永字八法中点就叫“侧”,而陈绎曾《翰林要诀》中说撇的写法时说“点首撇尾,右出微仰,如篦之掠发”。说撇的起笔是像点一样侧向右下切入的。周星莲《临池管见》更说:“凡字每落笔,皆从点起。”这或许就是侧锋之名的由来吧!

当代著名书法家沈尹默先生用现代的眼光,科学地阐述了书法的用笔方法。尤其对中锋用笔再三强调,不厌其烦,以为书法之不二法门。我这里的中偏、正侧皆从沈尹默先生的提法。

3 提按

要做到“笔笔中锋”少不得行笔时的提按。古人于此尤为看重,例如开头我引用的董其昌的论述。刘熙载在《书概》中更强调“凡书要笔笔按,笔笔提”。“书家于提、按二字,有相合而无相离。”我们使用的毛笔是软的,要令笔尖始终在笔画中运行是很不容易的,例如写“横折”,横中锋了,如果没有调整,一“折”马上偏锋,笔画“左秀而右枯”。因为毛笔只有在提的状态下才能向任何方向行笔都是中锋,一旦按下那只能或左右,或上下这一单向上保持中锋,如果改变方向就会偏锋,所以行笔的过程是毛笔通过不断提按调整笔锋的过程。书法用笔的方法有很多,尤以“提按”最为重要!正因此书法学习要大量的练习,同时明其理也十分重要。

可惜我们现在看到的很多书法教材在“提按”上要么表述不详,要么只字不提。经典的上海书画版《中学生字帖》用图解的方法解释用笔方法,起笔时先按再提,然后改变行笔方向,但是提笔后仍须按下铺毫,再行笔这一过程没有讲出来。收笔处仍要有一个提按过程，教材也没有讲对，依其方法收笔笔毛一定会卷曲起来的。新近广泛试用的西泠印社书法教材更是只字未提。

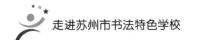

4 永字八法

字是由点画构成的，“积其点画，乃成其字”。所谓八法是指八种点画的书写方法。其实点画之多不止这八种，古人以为这八法基本可以概括点画的写法了，“以其八法之势，能通一切字也”。（《翰林禁经》）这八个笔画又正好包含在永字之中，故名“永字八法”，这八法简洁，概括而能广泛流传。

但我以为这八法可以适当调整一下，在八法中撇占了两个“啄”和“掠”，其实只是撇的长短方向不同而已。在教学中我将之合而为一，也没发现有什么问题。笔画中极其重要的“折”八法中却没有，而这个“折”不重点讲、重点练，学生一定写不好。这样减一个加一个的“永字八法”可能更实用。

古人对于用笔的重视远大于结构，赵孟頫就说“书法以用笔为上，而结字亦须用工，盖结字因时相传，用笔千古不易。”而现在书法教学恰恰相反，将间架结构当作重点来教，占了大多的篇幅和课时。于用笔往往讲得不多、不透，甚至错漏百出。书法和平时的写字是不同的，写字时结构写准、写好就可以了。书法是一定要掌握正确的用笔方法的，不然就成了古人批判的“信笔”了。希望在书法教育终于重回课堂的今天，能和大家一起努力不断完善书法教材，优化教学手段，推动书法教育不断前进。

让孩子慢慢喜欢上写字

——写字教学实践之初探

苏州市高新区文星小学校　宋娟

小学语文教学一直是全国教育者讨论的一个焦点话题，尤其在新的课程改革之后，小学语文更是备受关注。目前，阅读教学方面的探索已经日趋成熟，识字写字教学的研究还不够深入，没有形成一定体系。教育部出台的《关于中小学开展书法教育的意见》《中小学书法教育指导纲要》为我们指明方向，继承和弘扬中华民族优秀传统文化，全面实施素质教育。

1 写字教学的现状

汉字是中华民族的智慧结晶，是我国优秀的传统文化，其艺术魅力吸引了众多人。然而，随着科学技术的不断进步，电脑、手机等现代信息技术和工具的普及，汉字的书写渐渐被淡化，很多人已经不能体会书写汉字的意义。其实，写字不仅能陶冶人的情操，提高审美能力，还能锻炼意志力。

《语文课程标准》提出小学生对学习汉字有浓厚兴趣，能规范、端正、整洁地书写正楷字，体会汉字的优美等目标要求，很多老师却在真正落实写字教学上遇到了一些困难。因为写字教学也需要教师按照规律，采取正确科学的方法对学生进行写字教学活动，可写字课究竟该怎么教成为老师不得不面对的问题。大多数学校都是语文老师负责学生的写字教学，缺少专职教师，由于学校、家庭、社会等各方面的因素，写字教学常常被忽视，导致写字教学的处境有些尴尬。值得高兴的是国家对汉字书写的重视逐增不减，近年来在中小学义务教育课程中加强书法教学的呼吁让我们看到了汉字书法这一文化命脉的传承。

2 写字教学的实践初探

要想让这些孩子从小开始喜欢写字，就要让他们从写字中获得快乐，感受到书法的魅力。结合教学实践，我觉得首先要激发学生的兴趣，让他们有耐心写字；其次要指导有方，让他们有信心写字；还要继续探索更多的写字教学策略，让老师们持之以恒教学生写字。只有坚持才有收获。

2.1 提高兴趣，激发热情

兴趣是最好的老师。有了较高的兴趣，做任何事情都会觉得有意义。身为一名语文老师,我非常喜欢拿笔写字的感觉。周末闲暇时光,我总爱拿起钢笔写写字,也偶尔眷顾毛笔,喜欢写字能让自己内心平静下来的感觉。学生也一样,感兴趣的事就会经常去做。

教一年级学生写字时,我注重在开始阶段对每位学生手把手的指导,慢慢培养他们书写的感觉。后来,为了让学生坚持认真书写,每一次批改作业我都会注意所有学生的书写,不放过任何一个可以给他们打五角星的机会。因为我和孩子们约定,只要老师在作业本上打了五角星,就能换小贴纸五角星,数额不限,集满多少颗星就可以到老师这里抽奖,换取老师给大家准备的小奖品,孩子们的积极性非常高。对于低年级的孩子而言,或许开始是为了得到老师的肯定和小礼物而认真写字,但是一段时间后,许多孩子已经初步养成了认真书写的好习惯,有些学生对写字产生了极大的兴趣。

当然也有少部分孩子没有那么快进入状态,不过我相信每天的鼓励可以激发他们的热情。就比如我们班的小同学,我常跟他开玩笑,说他个子虽然高,写字却没力,因为他写的字每一笔画都是歪歪扭扭的。经过很长时间的指导也没什么效果,我并不急于强化他的书写,这应该跟孩子的手指发育有关,他的手指力度可能相对弱一点,所以我告诉他写字时态度认真就可以了。新学期,我发现他写的字有进步,用心找出写得最好的字打了一颗五角星以示鼓励,并且在全班同学面前表扬他。没想到他之后的作业进步越来越大,几乎每天都得到五角星。有一次课间批改作业,当我给他打了四颗星时,他都没看清楚,就兴奋地跳着叫了起来:“耶!我今天又是三颗星!”看到他的样子,我也开心地笑了。

2.2 书写有方,指导加分

在教学实践中,我学习身边及网上指导书写的经验,结合自己班级学生的情况,从最初的毫无头绪到慢慢了解并摸索写字教学的一些方法,现在孩子们已经能初步规范、端正地书写,对自己写的字有基本的审美能力。在写字教学时,教师需要注重以下三个方面:

(1)重视姿势,养成习惯。

不管哪个学段都要求学生写字姿势正确,有良好的书写习惯。例如,在执教《横折》写字指导课时,先出示图片让学生观察、交流正确的写字姿势是怎样的。在孩子写字时,会不停地巡视、指导学生的姿势。课堂上还让学生做一做手指操,让他们得到一个短暂的放松,也为下面继续写字做好准备和调整。写字时的坐姿和握笔姿势很重要,这是写好字的基础。

(2)学会读帖,用心书写。

写字需要做到眼到、手到、心到。执教“横折”一课时,我出示了几个带有横折笔画的汉字,例如,“田”“回”“目”“直”等,让学生先观察横折在不同的字形里的形态变化,再分别观察每个字在田字格中的位置和笔画,在写之前把这些注意点记在脑海里,然后用心写好每个字。让学生清楚地意识到写字前的读帖过程是写好字的关键。

(3)写后对照,有效评价。

学生要写的字很多,教师不可能每个字都指导到位,那么,让学生学会评价就尤为重要。同样在执教“横折”时的展示评价环节,学生相互点评之后,我再次指导他们写完后将自己写的字和前面的例字进行比对,并且看看这些字在田字格中的大小是否匀称、位置是否准确、笔画是否到位。通过这几个方面来判断,就能十分清晰地知道哪些字写得好,哪些字还有进步的空间。这样的对照和评价,也是学生平时练字时的好方法。

2.3 探索策略,行有可依

教师的示范和引领作用非常重要,学生会直接受到教师的影响,所以,教师自身写字要规范,为学生树立榜样,要不厌其烦地帮助学生纠正坐姿和握笔姿势,还要调动学生写字的积极性。以上实践中的几点简单的做法,仅仅是写字教学之路小小的开始,学生把字写好并不是一朝一夕的事。作为教师,我们需要不断地让学生感受汉字的魅力,不管是写字时的姿态美,或是运笔时的节奏美,还是汉字的结构美,让这些孩子从小就能初步体会到书写汉字时的美感,会大大激发他们写字的愿望。很显然,在当今社会,写字被淡忘,写字教学这条路上会有困难,需要我们坚持,从细微入手,不断总结与思考,不断探索,找寻出更多更好的策略,让我们的写字教学更加充实可行。

浅谈书法教师应具备的教学能力

苏州市高新区金色小学　金耀敏

随着教育部对书法教育的重视,各地已有学校将书法课纳入必修课程。但除一些书法特色学校外,一般学校遇到的最大困难,便是师资缺乏。作为一名普通教师,首先要能胜任自己所担任的专业学科的教学,不仅需要掌握相应的专业知识,更应具备教学能力。而要让一名普通教师转变为一名合格的书法教师,除了掌握一定的书写技能和专业知识,还应具有一定的书法教学能力才能胜任书法教学工作。

1　教材分析的能力

书法教材不同于其他学科的教材,理论知识必须结合实际操作才能领会,如运笔方法、结构规律、篇章布局、浓淡干湿等。而实际书写操作有一定基础的,也不一定能领会理论知识,因此会出现书写能力不错的教师,因缺乏相应的理论知识,无法掌握规范的技法,不知道怎么教学生书写的技能,而只能一味地让学生毫无头脑地模仿自己。所以,能深入钻研教材、分析教材、灵活地运用教材,是书法教师的基本功和基本素养之一。

教材对笔法的分析还依赖于教师本身对笔法的理解。笔法是最难以掌握的技术,又是最为重要的环节。书法家用高超的驾驭能力,使得柔韧的毛笔创造出或粗或细,或肥或瘦,或长或短,或方或圆,或浓或淡,或干或湿,或燥或润的书法线条。而灵活的笔法才能产生笔墨造型的无限可能性。对笔法理解不透彻,则无法理解书法线条的艺术内涵,更不用谈如何教学生用笔了。

2　示范书写的能力

书法教学的示范笔法理论、结构规律、审美原理等无法替代在教学内容中的重要教学环节。示范教学是培养学生分析能力、形象思维能力和审美能力的最佳途径。对学生来说,教师的示范远比理论分析容易接受。在直观性的教学示范中,学生获得的概念具体化了,道理形象化了,知识趣味化了。示范之后,便是学生模仿教师提按、逆转、跳跃、缓急等动作的过程,这一过程的有效性远比临摹来得高。因此,教师的示范,是帮助学生讲理论化为实际操作的重要手段,有益于学生学习和巩固所学的技法。教师精湛的技法在学生面前演示,能提升学生对教师的崇敬感,更有益于学生保持持久的学习兴趣。当然,现场示范书写对教师的要求甚高,如不能掌握各种字体、各种创作形式的现场书写技能,则不能成为合格的书法教师。所以作为书法教师,平时定要勤于耕耘笔墨,并专注书法理论、书法史学等的学习,做到言出有据,切实起到有效、规范的示范作用。

3　知识传承的能力

书法讲究"字外功夫",光练字而不学字外功夫的没有一个能有成就的。"字外功夫"是练字以外的修养、功夫的总称。苏轼说过,"颓笔如山未足珍,读书万卷始通神",以说明读书对书法学习的重要性。缺乏文化修养的,称不上书法家,只能称为书匠。这样的书法教师就是名副其实的"教书匠"了。因为教学生书法,也不能一味地教学生书写技能,传授一定的"字外功夫",方能拓展学生的知识面,提高学生的兴趣,提升学生的审美情趣。书法老师平日多学习一些书法外的相关知识,例如文字学、历史、绘画、音韵、舞蹈、武术、诗词、金石等方面的知识,充实一下知识的空缺。掌握了这些知识,便升华了审美观念,扩展了艺术境界,也能更好地传授给学生。有了理论知识的支撑,才能显现"字外功夫",才能传承更多的书法知识。因此,书法教师要有知识传承的能力,要能熟练地介绍碑帖特点、讲解书法简史、引导作品鉴赏,甚至提出美学批评、人文哲学等。

4　道德教育的能力

当代著名雕塑家熊秉明先生喻书法为中国艺

术核心之核心。书法艺术凝聚了中华民族优秀的传统美德，华夏儿女的仁爱孝悌、谦和好礼、精忠爱国、修己慎独等无一不包蕴在令人心醉神迷的书法艺术之中。在学校教育中，德育渗透在各门学科中，书法学科中的德育因素自然举足轻重。作为书法教师，要善于从教材中挖掘德育因素，善于在教学中渗透德育。书法历史中关于爱国的例子也非常多，如爱国将领颜真卿，介绍《祭侄文稿》时便可结合其英勇事迹讲述其生动的历史故事，是对学生进行爱国主义教育很好的途径。王羲之、怀素等刻苦练习书法的优秀事迹，更是值得学生学习。宋代书法家黄庭坚在《论书》中说，“学书法须要胸中有道义，又广之圣哲之学，书乃可贵。士大夫处世可以百为，唯不可俗，俗便不可医也”，直接从书法中提出了做人的准则。我们常说“颜筋柳骨”，是指颜真轻卿书法的线条很有韧性、弹性，而柳公权书法的线条则骨力饱满，表现的是一种刚直不阿的率性和正气。尤其在当今时代潮流汹涌的教育大环境下，传统文化缺失、人文内涵缺乏，在书法教学中加强品德教育，是我们书法教师不可推卸的责任。

5 信息技术运用的能力

信息技术与课堂整合已经开展多年了，在这其中，各学科都领会到了信息技术所带来的快捷与高效。书法是传统艺术，但也离不开信息技术的支持。书法艺术通过多媒体的演示，能做到图文并茂、动静结合，视听并用。分析汉字的基本点画结构，用电子课件直观展示，让教师讲解更加形象，让学生看得更为清晰。实物投影展示学生习作，教师现场点评，师生互动更为便利。教师现场演示，在大屏幕的帮助下，一目了然。网络搜索书法知识，面广量大。校园网站开辟书法专栏，既是展示，又是宣传，还提供了师生交流展示的平台，对提高书法课堂教学效果无疑会起到很大的辅助作用。信息技术的运用能力，在当今的传统艺术教育领域，已是不可缺乏的。

以上简单罗列了笔者理解的书法教师应有的教学能力，还需要进一步深入挖掘，以适应新时代的艺术教育。

例谈小学写字教学策略

苏州市高新区敬恩实验小学　夏培培

汉字是中华民族的瑰宝，写字教学是小学语文教学中的一项重要任务。“养成正确的写字姿势和良好的写字习惯，书写规范、端正、整洁，初步感受汉字的形体美”，这是新版课程标准对写字教学提出的明确要求。如何有效地进行小学写字教学，提高学生的写字素养？下面就几个课例，谈几点认识。

1 坚持不懈，培养习惯

《语文课程标准》非常重视写字习惯的培养，在第一、二、三学段中指出：“写字姿势正确，有良好的书写习惯。”正确的写字姿势，不但是写好字的前提，也是提高身体素质的关键。正确的坐姿和握笔姿势是人们经过长期实践、观察、总结，最后提炼出来的，可以帮助我们更高效地书写。而让孩子保持正确的写字姿势仍然是当前语文教学中比较薄弱的环节。我们经常看到学生到了中年级，不需要教师提醒还能保持正确写字姿势的寥寥无几，主要表现在握笔离笔尖太近，胸部紧贴桌面，头偏向左侧，眼睛离本子太近等。

培养良好的写字习惯还应该重视学生写字按笔顺写和完整地写的习惯。从汉字特点来看，汉字讲究构图，有整体结构，不从字的整体出发，即使每一笔都写对了，零散地搭起来也不好看。培养按笔顺写和完整地写的习惯，就能逐步把字写正确、写美观。但良好习惯的养成不能一蹴而就，特别需要教师的指导。

【案例一】

师：(出示“人”)请小朋友们观察，写之前要注意什么？

生1：撇捺要有尖尖角。

生2：撇在捺的上面。

师：编个顺口溜记住——撇在上，捺在下，人人人。

（伸出手，和教师一起写：先撇后捺，撇捺要落在同一条线上，就像人走在平地上更稳妥）

写之前别忘了（出示写字姿势）预备——齐！

生：（齐声）胸离桌子一拳远，眼离书本一尺远，手离笔尖一寸远。（生写字）

师：谁再来提醒大家如何正确握笔？

生：一指二指捏着，三指四指托着，小指在里藏着，笔尖向前斜着，笔杆向后躺着。

师：大家写得不错，写字姿势也很正确。

以上教学片断中，教师非常重视写字习惯的培养。在教学书写"人"字时，先引导学生观察应注意什么，让学生记住字形，写字之前督促学生坐姿端正，握笔姿势正确。最后通过评议，引导学生揣摩字形，把字写好看。对于一年级刚刚学习写字的学生来说，良好的写字习惯的培养需要长期的耐心指导，教师便用顺口溜的形式把坐姿、握笔姿势讲得通俗易懂，便于记忆，而且在写之前、写中间经常提醒。在学生写字时，还不忘时时提醒，当场纠正，及时表扬，让良好的习惯深入人心，随时指导写字实践。

2 方法指导，生动有趣

汉字是用线条来表现它的形体和内涵的，有人把中国的汉字比作是"美妙的绘画""纸上的舞蹈"。这是因为汉字讲究笔画的轻重、结构的疏密、行笔的快慢、章法的连贯。汉字书写能给人一种美的享受。新课程标准中也十分重视汉字在书写过程中的审美体验。面对接受能力较弱的小学生，如果教师机械枯燥地讲解专业知识，往往会事倍功半。教学中，我们要立足于学生的立场，以他们喜欢的方式引导其初步掌握汉字的形体美，体会汉字的书写规律。

【案例二】

师：今天就让我们静下心来学习写好这个"心"字。

（出示课件）学生欣赏汉字"心"从古至今的演变过程。

师：观察"心"字的特点。卧钩在你眼中像什么？

生1：像一个人躺着把脚翘起来。

师：你的想象真丰富！仔细观察卧钩上的三个点，如果这三个点比作三个人，你觉得他们在干什么？

生2：像在排队，中间的点排在最前面，左右两点对齐排在后面。

师：那再看看，排在后面的左右两点在干什么呢？它们有没有联系？

生3：好像躲在后面笑，你看看我，我看看你。

师：是呀，我们在写左点和右点时就要写出它们之间微妙的联系，好像在互相对视。

（伸出手和教师一起写）

师："心"在书写时还要注意什么，能不能想出顺口溜来记一记呢？

以上教学片断中，教师着重让学生观其形，揣其理，认真体会。"心"的三个点对于学生来说是很难写好看的，教师根据"心"的笔画特点及章法让学生展开丰富的想象，以人与人之间相视一笑来启发学生理解左点和右点笔势的呼应，笔断意连的章法，可谓是生动形象。然后和学生一起编成顺口溜，朗朗上口，易读好记，让看似枯燥无味的写字课变得轻松愉悦，学生在趣味盎然中体会了运笔的妙处、结字的原理，在写字实践中也就能心领神会了。

3 多元评价，激发兴趣

教师运用科学的评价方法，对学生习字进行讲评，是写字指导的延续和提高，能使学生看到自己的长处和短处，增强自信心，明确努力的方向。这就要求教师的点评要恰当准确，要善于捕捉孩子的闪光点；对孩子写得不足的地方，可以委婉地指出，帮助其改进。通过教师的评价引导学生关注写字学习的过程，还能让学生逐步养成主动参与评价的意识，逐步学会评价，提高认识，受到启发。在写字教学中，要充分调动学生的主观能动性开展自评、互评、点评。多数学生存在的问题，在评价时要集体矫正；而个别问题应个别辅导，不能轻易放过。

【案例三】

师:现在就请同学们在田字格中认真地描红书写,要注意保持正确的写字姿势,记住,看好后再书写,可不要看一笔写一笔。

(学生练写,教师巡视,个别指导)

师:接下来,你们可以在小组内交流,互相评一评,看谁最会观察,欣赏别人,别忘了指出字的优点和不足。

生以小组为单位互相赏析和交流。

以上教学片断中,教师旨在以不同形式的评价,激发学生的写字兴趣。在仿写后,组织学生互相评议,先以小组为单位,互相评价各自作品,然后让学生上台展示自己的作品,其余同学评价,学生能从“书写是否正确、结构是否合理,笔画是否到位”等方面指出其优缺点,通过互评,既训练学生观察分析能力,又使学生对照自己的书写,学习借鉴,以便改进。通过这样的评价,也让学生进一步明确了写好这个字的关键所在,最后趁热打铁让学生再重新写一个,其实就是写字再完善、再提高的过程。但是整个教学过程花费的时间比较多,可以进行筛选,选择个别难写的字进行指导,提高效率。

总之,提高学生的写字素养不是一朝一夕之事,只要我们在写字教学中能够把握《语文课程标准》中的精神,以灵活多样的方法、多元的评价激发学生写字的兴趣,注重培养良好的写字习惯,学生的写字水平就一定会有所提升。

中学书法教育浅行浅议

苏州市阳山实验初级中学校　金永昌

随着高新科技的飞速发展,计算机的使用越来越日常化、大众化,汉字书写日益被敲击键盘所代替,书法成为小众艺术,在应试教育的夹击下,学校书法教育面临前所未有的危机。

2013年1月25日,教育部正式下发《中小学书法教育指导纲要》,对中小学开展书法教育提出了具体的教学要求,预示着书法教育的春天已经到来。在这样的大背景下,中小学加强书法教育正逐步形成共识,但书法课程要真正走进中小学课堂还面临诸多问题。本文就苏州市阳山实验初级中学校开展书法教育的实践和思考两方面进行相关的阐述。

1　实践

1.1　加强师资队伍建设

《中小学书法教育指导纲要》指出:要逐步形成以语文教师为主体、专兼职相结合的书法教师队伍。要加强书法教师的培训,组织教师研学《中小学书法教育指导纲要》,把握其基本要求,提高教师的书法教育教学专业能力,中小学语文教师应逐步达到能兼教书法。学校要充分发挥本校优秀书法教师的专长,指导和引领学校全体教师提高书写水平,为整体提高学校书法教育教学水平创设条件。

为此,苏州市阳山实验初级中学校积极组织教师参加各级各类的书法培训,切实提高广大教师的书写水平和书法教育能力。学校组织教师参加苏州市书法名城“千百工程”培训活动,效果良好,参培的教师中,有3名教师成为苏州市书法家协会的会员,1名教师成为高新区书协会员。如今,这一批教师已成为浒墅关开发区辖区内中小学教师书法培训骨干辅导老师。学校组织校内几十名书法爱好者,参加每周一次的书法培训活动,并成为学校校本培训的主要项目之一。学校的重视,教师的钻研,使教师的书写水平和书法教育能力得到大幅度的提高,也为开展书法教育奠定了良好的师资基础。

1.2　保障书法教育进课堂

书法教育开展之初,学生的书写能力和水平差距较大。为保障书法教育工作的正常开展,学校制定硬笔先行全面普及、毛笔选优加强提升的实施方案。在全校范围内,硬笔书法教育全面展开,书法课正式进入课表,一般由语文教师来实施教学工作。毛笔书法，则是在调查摸底的基础上，选择部分有一定基础或有书法爱好的学生以兴趣班的形式来进行相关的教学试点工作。经过一个阶段的努力，学生的书写水平有了明显的提升，在省书法水平等级考试中，通过率大幅度提高。在学校校园文化艺术节上，很多同学都展出了自己的书法作品。在苏州市区、高新区学生各类书法比赛中，获奖比例明显上升。书法教育进课堂，保障了学生书法练习的时间，保证了学生在练习时得到正确而有效的指导，取得了良好的教育效果。

1.3　启动校本教材开发

书法课程开设过程中，教材问题也不可忽视。在教材的选用问题上，学校内部也曾有不同的观点，是选择目前市场上流通的书法教材，还是自主开发？考虑到学校书法教育的经验不足和开发校本教材的难度，学校采取先过渡再开发的两步走实施方案。先行选用部分优秀的书法教材试行，在试行过程中，先找出现有现成教材的优点，再针对学校书法教育实际，进一步明确书法教育的目的，明晰课程开发的教材体系，在教学内容的设置、训练方式的安排与评价体系的建立更加切合学生实际的基础上，组织书法教材开发团队开发校本书法教材，使开发的教材目标指向性更强，更有助于提高学生学习和掌握硬笔、毛笔书写汉字的基本技法，提高书写能力，养成良好的书写习惯。各学段之间要建立有效的教学梯次与框架，师生在教材使用过程中遵照教材安排进行有效教学与合理评价，避免随心所欲，缺少规范。

作为全面推行的书法教学，应以普及为基本宗旨。因此在字体的选择上，学校进行了如下的尝试：初一学生硬笔书法教学以现在通行的印刷体楷书 GB2312 为参照，该体普遍应用于小学各年级的课本中，已成为一种标准楷体字流行，点画的处理都有一套较为成熟的方法，比市场上出售的各种硬笔字帖要规范得多。初二、初三学生则以行楷教学为主，可参照现在通行的华文行楷，该体为美术字范畴，普遍流行于各印刷品中，学生耳濡目染，较易把握，实用性强。毛笔书法教学则以唐代欧阳询等楷书体为根本和立足点。一段时间的实践证明取得了较好的教学效果。

1.4　加强管理促进交流

学校书法教育工作得到了苏州市书协、苏州市教育学会、高新区书协各位专家的鼎力支持。专家的到来，为学校书法教育工作正常开展带来了崭新的理念，也指明了方向。学校将书法教育工作纳入校园文化的核心内容之一，切实采取有关措施，促进书香校园和墨香校园的高度融合。借力名家，进一步做好“千百工程”书法培训基地建设工作；在校园内开辟“钦瑞兴书法工作室”和“钦瑞兴书法展厅”，营造出浓厚的书法氛围，让学生近距离感受优秀书法家的言传身教，感受优秀书法作品的魅力，感受书法的艺术性和审美情趣，切实提高青少年儿童的文化素养，增长学生的文化知识，陶冶学生的道德情操；通过展出师生优秀作品，展示师生书法特长；定期邀请书法名家来校指导；定期在校内进行优秀书法作品评选活动；组织师生参加各级各类书法竞赛等活动的开展，大力促进了学校书法教育工作，进一步提升了学校校园文化的深度和厚度。学校书法教师还积极走出去，帮助辖区内其他中小学教师提高书法水平，并和其他结对学校一起开设公开课、研讨课，共同提高书法教育工作质量。

2　思考

2.1　缺乏相应的课程标准作指导

《中小学书法教育指导纲要》参照语文等其他课程标准，对书法课程的基本理念、目标与内容、实施建议与要求进行了规定。这一纲要的出台，对于中小学书法课程的开设具有指导作用。但这只是一个“指导性”的纲要，尚未成为正式“课标”。在实施过程中如何有效贯彻《中小学书法教育指导纲要》，如何建立符合当前书法教育现状的课程标准，是书法教育面临的重要课题。同样，因为缺乏相应的课程标准，学校在实施教学时，往往会出现各校各自为政，缺少相应的教学规范和相应的评价标准的现象。

2.2　教材编写和选用缺少论证和指导

书法课程开设过程中，教材问题是不可忽视的首要问题。当前书法教材种类繁多，但多为专业类，且教材编写大多缺少深入调研与有效论证，与中小学书法教育的目标吻合度不高。学校在教材选择与使用方面缺少经验和有效使用指导,在实际的教学过程中教材意识也相对淡薄。校本教材往往出现目的不够清晰、体系不够完整、教学内容选择缺乏论证等问题。所以,解决教材问题,也是许多中小学校面临的难题之一。

国民素质的提升,需要书法文化的浸染;传统文化的传承,需要书法教育的支撑。新的时期,传承、弘扬作为民族文化符号的书法文化正在逐步形成共识。中小学书法教育尽管面临一些困难和困惑,但只要潜心于书法教育这一方良田,一定会迎来学校书法教育的春天。

有墨香浸润的童年——小学生书法兴趣培养途径探索

吴中区木渎实验小学　周　洁

书法,作为我国的一种独特的艺术形式,如同古老而葱郁的常青藤在中华大地上蜿蜒曲折地蔓延了五千年,故而被称为"国粹"。随着时代的变迁,工具的不断更新,虽然毛笔的重要性日渐淡化,但是对书法的欣赏和热爱仍不乏其人,从家长对自己子女的培养可见一斑。对书法的基础培养更加值得关注。

子曰:"知之者不如好之者;好之者不如乐之者。"因此,在小学书法教学中,如何让学生在学习书法的过程中感到愉悦,成了书法教学的关键。教师只有将学生兴趣激发出来,学生学习时的思维才更活跃、更有效。

1　感悟书法之"美"

中国的书法博大精深,每一笔、每一画都极具美感。它以结构的疏密、点画的轻重、墨色的浓淡、行笔的缓急来抒发感情、创造意境,被喻为纸上舞蹈。在书法教学过程中,书法欣赏是书法教学中很重要的一环,学生只有懂得欣赏书法之美,才会喜爱书法。人们常说"眼高手低",其实书法学习的规律就是这样:先是眼高——它代表认知水平,其次才可能手高——它代表实际创作水平。眼高手低的规律即是认知先于动作。由此可见,欣赏是进入书法艺术学习的最初的台阶,而学生对书法兴趣的产生最初来源于欣赏。

在教学中,教师可以搜集一些古今各大名家的碑帖,如欧颜柳赵的楷书、"二王"行书等引导学生欣赏,让学生从中感受和领略中国汉字的"书写"美。甚至可以通过给学生讲历代各朝书法家的主要经历、学识、修养、性格及当时的时代背景,让学生更全面地了解这些书法家,更好地与书家进行"心灵沟通",也更实在地感悟书法之美,真正领略书法之魅力。

如果没有学生对书法艺术的认识,没有学生对历代书法名家及名作的崇拜与热爱,任何技法训练都将毫无意义。兴趣、喜欢、崇拜、热爱,虽然只是停留在感知程度上的欣赏,但这足以激发学生的创作欲,点燃学生学习书法的激情。因此,书法教学要先多上欣赏课,让学生在欣赏中漫步书法世界,深刻感受书法之美!

2　体会书法之"趣"

传统的书法教学,大都是教师在讲台上讲,或用粉笔示范板演,这样的教学往往会让学生感到枯燥乏味,造成学生心不在焉、似懂非懂。

现在,多媒体被广泛运用到现代教学中,成为重要的教学辅助手段。教师可以把一些优秀的书法作品、名家碑帖扫描到计算机上,或以投影、录像、图片等形式展示在学生面前,再加上优美的音乐和动情的解说,为学生创造一个悦目、悦耳、悦心的书法境界。

写字是一个动态过程,其间每一环节每一步骤都需要给学生作示范,让学生静观每一笔如何写才能到位,细细体味每一笔完整的运笔过程。数字书法软件的巧用,很好地解决了这些问题,可以更直观、更细致地让学生看到教师的示范,看清每一笔的运笔方向和完整的过程,优化了书法课堂教学效果。

灵活的教学手段、新颖的多媒体的介入，不仅从感官上对学生形成新的刺激，亦能提高学生对书法的学习兴趣，激发学生的审美情感。这给小学书法课堂注入了新的活力，书法课会变得生动、形象、有趣起来。

3 坚持书法之精神

所谓“梅花香自苦寒来”。练习书法，是一个漫长而又持久的过程，必须从勤学苦练中得来，而绝非“三天打鱼两天晒网”。虽说学生的领悟力对字写得好坏有一定的影响，但终究少不了艰苦的磨炼过程。“字无百日功”，并不是练了一百天的字就能成为书法家的。书法的练习，始终离不开每天的坚持。王羲之苦练书法，染黑一池清水；其子王献之练习书法则写尽了18缸水。

当我们在仰慕先辈们严谨的学习态度和对书法之美执着追求的同时，也要利用好自己课内课外的书写时间，利用学校书法社团，由易到难地进行有计划、有步骤地进行具体指导和训练，督促学生每天回家练字半小时，逐渐养成良好的书写习惯。学生的笔上功夫越深，笔法日益成熟，兴趣也就日益提高。

4 提供书法之舞台

有位教育家说过这样一句话：“教学艺术的本质不在于传授，而在于激励、唤醒和鼓舞。”想要更好地激发学生对于书法学习的兴趣，可以通过鼓励来唤醒他们内心对于书法的认知和喜爱。那么，在教学中就要多关注学生内心的感受与体会，而给学生创设、提供一个展示的舞台，无疑是对他们最大的鼓励和认可。

教师可以定期为学生举行书法展览，将学生平时写得好的书法作品进行装裱、展示，并可以邀请一些专家领导进行评比，带领学生积极参加各级各类书法比赛，用正规严谨的方式激励学生，提升他们的荣誉感、成就感，让学生为自己的作品而感到自豪。

美好的童年总是令人回味的。有墨香浸润的童年，更像一幅缓缓打开的书法长卷，沁人心脾而又灵动婉转，在指尖上、在墨迹中酝酿、舒展、延伸……

翰墨飘香润宝带 文化传承展魅力

——江苏省宝带实验小学写字特色教学札记

吴中区宝带实验小学 蔡巧英 王芹娟

苏州城南，古老的京杭大运河上有一座千年古桥——宝带桥，悠悠宝带桥畔有一所年轻而充满朝气的学校——江苏省宝带实验小学。学校创办于1994年，1998年通过江苏省实验小学验收，2002年通过江苏省模范学校验收，2007年被评为“江苏省文明学校”。

当你踏入校园，展现在你眼前的是：垂柳依依，凌霄绽放，遍地的绿草，诗意的长廊……更有孩子们春花般的欢歌笑语，这一草一木、一步一景，无不彰显着学校深厚的底蕴和蓬勃的生机。

如果你驻足校园，在不经意间会发现学校的每个角落都有一种魅力在吸引你，这是一种来自中华民族传统文化的魅力，确切地说，那是绵延中华历史的汉字的魅力。自建校来，就把写字教学融入学校的总体办学思想和长期的育人目标之中，始终秉承“承传民族文化，培养国际意识”的办学理念，以及“认认真真写字，踏踏实实做人”的写字教学理念，紧紧围绕“面向全体、三字并举、整体联动”这一总体思路，充分发挥写字教学的显性作用与隐性功能，利用充分写字教学这一载体，为学生打开展望未来的窗口，扬起鼓浪前行的风帆……

1 制度保障建平台

一项教学要取得实效，制度保障是前提，而为师生成长搭建平台是关键。为保证学校写字教学实验活动能够有序、高效地开展，学校成立了以校长为组长，教导处、教科室以及骨干教师为主要成员的写字教学领导小组，统领学校写字教学工作。

在校长室统一部署下，学校教导处、教科室、德育处各科室通力协作，并在广泛征求教师意见、了解学生实际需求的基础上制定了保障写字教学有计划、有措施、系统训练的一系列制度。如“写字教学常规制度”“师资校本培训制度”“写字教学目标责任制度”“学生各科作业书写要求”“师生写字评价制度”“写字教学科研成果奖励制度”等。这些机制，为实现规范汉字书写教育的有效管理提供了强有力的制度保障。此外，学校为全校师生开展写字教学精心搭建平台，不仅定期聘请这方面的专家来校指导，做专题讲座，更是时刻把握机会，当学校举办大型活动或每年举办外语节之际，都不忘请领导来宾留下珍贵的题词，以便选出精品供师生观赏研摩。各种各样的与写字教学相关的活动，更是成了学生彰显活力的舞台——“凌霄杯”少儿书法大赛、校园文化艺术节、学生个人书画展、家校亲子书法比赛……在宝带，不怕没展示你才华的舞台，就怕你没参与的激情。著名少儿电视主持人鞠萍姐姐参观校园后欣然写道：宝带小学，成长的摇篮；董浩叔叔更是跟学生同台献艺，挥毫“十年树木，百年树人”。

2 科研引导练内功

质量是一所学校的生命线，而教育科研是一所学校的生命力。不断提高教师自身的写字技能及教学水平是实施规范汉字书写教育的根本。为此，学校引导全体教师将写字教学实践与研究融为一体，坚持以课题研究推动写字教学。几年来，学校有效开展了多项写字课题实验：针对写字课堂结构不够严谨、不能完全处理好讲练结合的关系、课堂教学效率不高等状况，组织进行了相关课题研究，提出并构建了“以教师为主导、学生为主体、训练为主线”的课堂教学基本模式，针对学生基本笔画书写难以到位、结构把握不够准确的弊端进行研究。为合理地进行教学检测和评估，大面积提高写字教学质量，研究并形成了较为科学的学生写字评价体系。“打铁还需榔头硬”，学校狠抓教师“三笔字”过关，规定青年教师每周必须练写“三字”，并检查批阅；还制定了教师“三字”达标考核验收标准，每学期验收，成绩记入教师个人业务档案，以此不断增强教师的练写热情。同时，每周邀请校内“三笔字”书写出色的教师示范书写，用优秀的作品来激发和引领青年教师。为加强写字校本培训，学校成立了师资培训指导小组，制定了集中培训计划，邀请校内外书法名家和能手进行现场培训。

学习、实践、交流、反思是进行任何一项研究必不可少的。为此，学校还积极组织教师外出参观取经。学校先后派出师生赴省内外写字特色学校学习取经，切磋技艺。2006 年，学校部分师生在蔡校长、郭校长的带领下赴日本，与日本小朋友共写汉字；2007 年，学校 100 余名师生赴新加坡四德小学，陈磊等学生的毛笔书法作品至今还挂在四德小学的走廊里。

“百日笛子千日箫，小小胡琴拉断腰。”中国的方块字是最美也是最难的文字，没有日积月累、持之以恒的训练是达不到理想效果的。因此，学校紧紧抓住课堂训练这块主阵地，充分利用每周一节的写字课，大力开展课堂教学研讨及优质课评比活动，不断改进教学方法，优化教学过程。

“一分耕耘一分收获”，近年来，学校教师有十多篇写字教学方面的论文在各级各类刊物发表，有二十多篇论文在各级各类论文评比中获奖。2010 年编写出版了写字校本教材《钢笔行书》，使学校的写字教学向更为理性、更为科学、更为规范的目标迈进了一大步。

3 措施得力显成效

“勤奋求学问，认真学做人”这是宝小的学风，而让孩子“认认真真写字，踏踏实实做人”，是学校对写字教学的基本要求，也是全体师生不懈追求的目标。

为了保证写字工作落实到位，学校把写字教学纳入整个教学管理之中，根据课程计划，排足课，各年级在地方课时中增设了写字课，做到专课专用。确保写字教学工作“三落实”，即落实指导教师、落实教材内容、落实活动时间。

每学期初，学校写字工作领导小组都制定出切实可行的工作计划，写字课题小组依据工作计划制定各年级写字教学目标、内容及具体要求。为更好营造氛围，学校专门设立了每天中午练字二十分钟的练习课，语文教师进课堂辅导。教师们更是各显神通，有的在班级设立写字角，有的通过班队活动展示……

“抓住重点，以点带面”更是学校开展写字教学的有力措施之一，为了提高学生的整体写字水平，学校充分调动语文教师、书法兴趣小组指导教师及其他学科教师的工作积极性，发挥教师的主观能动性，同时制定了有关写字等级考试以及学生书写获奖的奖励细则。

4 文化熏染铸特色

“民族的也是世界的”，宝带小学始终将学校的教学植根于祖国深厚的民族文化之中，通过营造良好的育人环境来熏陶师生。每一个教室，每一条走廊，随处可见悬挂和张贴着师生的书法作品。校园网上，学校定期选登学生的优秀写字作品，鼓励学生将自己的优秀作品在各类刊物上发表，老师们可以发表自己的作品和写字教学的心得，教室里开辟了“写字专栏”，浓郁的写字氛围浸润着宝带的每一位师生。

“若非一番寒彻骨，哪得梅花扑鼻香。”在全校师生的共同努力下，宝带实验小学的写字教学特色已然彰显，写字教学的成果也令人瞩目，师生在参加各级各类书法竞赛中频频获奖。2011 年以来，全校近万人次师生参加了省书法等级水平证书考试，每次通过率高达 90% 左右。学生中十多人次在国际、全国、省少儿写字（书法）大赛中获奖，二十多幅在市级以上报刊发表。每年春节前，学校都要组织学生走上街头，开展义务为民写春联活动，锻炼了学生，提高了素质，回报了社会。

翰墨飘香润宝带，文化传承展魅力。宝小的学生这样说：我们的书法作品能获奖，不知倾注了教师多少心血！宝带的教师这样说：宝带，让我们每一位教师更真切感受了祖国文字的魅力！宝带的学生家长如是说：在宝带，孩子不仅会认认真真写好字、读好书，更能堂堂正正做好人！

一切成绩都只代表过去，相信学校全体师生将以海纳百川的胸怀、鹰击长空的气势去迎接新的挑战，在今后的汉字书写教学中，用智慧和汗水谱写新的篇章。

激情·引趣·导行

——努力提高写字教育效果

吴中区胥口中心小学　周柏荣

写字教学是小学语文教学的一个重要组成部分，它不仅可以提高学生的书法水平，还可以锤炼学生良好的学习品质，培养学生的创造精神和促进学生的身心健康。但是，在日常的写字教学中，尽管教师讲得很卖力，可学生就是写不出像样的字。写字教学的效果很不乐观，一部分小学生到了小学毕业也写不出一手像样的钢笔字，更不用说毛笔字了。究其原因，最重要的一点就是教师引导不到位，没有把学生学习书法的兴趣充分调动起来。而笔者认为要让小学生真正迷上书法，必须做到以下三点。

1 激发学习兴趣

如果在写字教学中，教师只是单纯地向学生讲授一些用笔、运笔、笔画的写法和字形结构等理论知识，空洞而枯燥，只能使学生望而生畏，不敢接近，自然就谈不上喜欢不喜欢了。所以，充分调动学生学习书法的兴趣很关键。可以利用课内外时间，让学生了解中国悠久的文化历史和汉字的演化过程，激发学生的民族自豪感；可以经常给学生讲述一些通俗有趣的古今著名书法家勤学苦练直至成名的故事，培养学生热爱书法、勤奋刻苦的学习精神；可以组织学生参观书法圣地兰亭和欣赏临摹一些名家书法作品等，让学生从中感受书法艺术的无穷魅力，进一步增强学生对学习书法艺术的兴趣，使每一个学生都能积极参与书法学习活动。

2 优化训练过程

在写字教学中，要让学生掌握各个字的书写要求，初步认识一些汉字的书写规律，对学习书法产生浓厚的兴趣，必须重视对写字教学的整个过程的优化再优化。

2.1 优化示范方式

教学生学习书法，不仅要指导，更须示范。让学生从教师的范写中领会每一个字的书写方法，了解每一个字的关键性笔画，对临写时可能要出现的问题做到心中有数。如指导学生写“康”字，教师一定要一边示范一边作重点讲解：广字头的上点要落在横的右端，撇画舒展，长直而沉稳；撇的落笔在横的下端，点横相连而横撇分离；“康”字的竖钩直对首点，横折高耸，下面四点变化多端，向内相聚，活泼而紧凑。如果教师不在示范时作重点指导，学生是很难领悟到这些精髓。因此，在课堂教学中，必须向学生充分展示各个字的书写过程，讲清每一个字的关键性的笔画和要求，做到“字”“法”并见。另外，从心理学的角度讲，小学生具有极强的模仿能力。在他们幼小的心灵里，始终认为教师是最伟大的。他们喜欢模仿教师的衣着打扮、言行举止，更喜欢临摹教师的字形笔画。所以，每一位教师都必须积极参与书法学习活动，不断提高自己的书法艺术水平，写出一手漂亮字，为学生提供最直接的示范，有效地影响和感染学生。

2.2 优化训练方式

书法的训练方式很多，常用的有映写、临写和自由写等几种。心理学研究表明：自由写比较适合于小学低年级学生，映写对中高年级的学生有一定的帮助，采用临写的学生进步较快。因此，在一般的写字教学过程中采用临写的方式最为普遍，训练效果也最为明显。当然，我们让学生临写也要注重方法，应该要求学生以教材或老师在黑板上的范字为标准，每临写一次都要对照一次，发现不足及时修正，力求写出的字一个比一个像，一次比一次好。这样，学生每临写一次，都会有所提高、有所收获，都能从中品尝到成功的愉悦。伴随着这种愉悦而来的是学生学习书法的兴趣日益浓化和临写效果明显优化。

2.3 优化评改方式

教师的评改是否及时、得法，对学生学习书法的效果影响很大。特别是课堂上，学生在临写的时候，教师在学生中间巡视，如果发现学生执笔方法不对，教师应手把手地进行指导；发现学生运笔方法不正确，应给予示范讲解；发现普遍性的问题，则应及时采取措施，进行集体评讲。同时，对学生的书法作业的批改也要做到认真细致，讲究批改的方法和效果。在批改学生的书法作业时，对结构平稳、笔画规范的字打上一个大圆圈以表示鼓励；对局部写得较好的字，就在写得好的那个部位打个小圆圈，给予肯定；给“有病”的字写上范字加以指导。对学生的书法作业的整体好坏可以用“优”“良”“及格”和“不及格”等表示。每次作业都要进行讲评，表扬优点，指出不足，提出要求，使每个学生都能感到自己的进步。

3 注重课外发展

为了提高学生的书法成绩，还可以充分利用课余时间，积极组织学生参加各种书法练习活动，增加学生参与学习书法的机会和空间。如在春节来临之际，组织学生积极开展为当地村民写春联、寿联和喜联的活动，不仅增强学生的为民服务意识，更重要的是可以培养学生学习书法的兴趣；在国庆节、春节等重要节日来临之际，鼓励学生积极参加学校组织的“迎五・一”“庆祝国庆”等书法比赛活动，对获奖的学生除了进行在物质上的奖励和精神上的鼓励外，还可以在学校书画专栏里展出他们的书法作品，并鼓励他们积极向各类报纸杂志社投寄自己的书法稿件，以增强他们的荣誉感和学习书法的成就感。对于那些在学习书法上还存在一定差距的学生，要主动帮助他们找出落后的原因，并鼓励他们虚心向书法水平较高的学生学习，充分利用放学后或星期天等课外时间进行书法练习，不断提高自己的书法成绩。

实践证明，经过这样的课外学习和发展，同学们学习书法的兴趣就会日益增加，写字教学的效果会日渐提高。

写字与育人

——关于低年级写字教学的思考

姑苏区沧浪新城第二实验小学　蒋雪娟

人们常说:“字如其人”“笔正则心正”“学书先学做人”。中国书法最能体现中国文化的精神,让学生从小开始写字,实质上是让学生从小接受中国传统文化精神的熏陶,从而培养其高尚的品德和情操。因此,教师应该始终把“培养良好品格,教会学生做人”当作书法教育的主要目标。识字、写字是低年级孩子的主要学习任务,如何在孩子学习生涯的起始阶段端正态度、写好汉字、喜爱汉字、领会其中源远流长的传统文化,是值得每一个教师去思考的问题。

1　有效引导,感受汉字之趣

古希腊哲学家苏格拉底说过:“教育不是灌输,而是点燃火焰。”低年级小朋友注意力很不集中,所以教师要激起学生的学习兴趣是非常重要的。

1.1　自我评价

教师对学生的评价很有作用,学生对学生的评价也很有效,但这样不免有些费时间,不妨也让学生自己对照字帖上的字与自己的字评一评。在课堂上,每当指导完一个生字后,总会在范写的字上给自己画个圈圈,学生看到时顿时兴趣大增,争着写好字,也想让自己的字上多出许多红圈圈,这样学生不仅乐意写好字,而且还学会自己看帖练好字。长期坚持,学生不仅对字形结构了然于心,对写好同类结构的字也会有潜移默化的影响,同时,在每一次的比对过程中,对细微之处的观察能力也能逐步得到锻炼和提高。

1.2　生动讲解

低年级所要求写的汉字有相当一部分都是象形字、会意字。所以教师就可以在这方面做文章。如“舟”这个象形字,学生在写这个字时,时常将该字中间一横写短了,教师就可以这样讲解:我们划船是要两根木桨的,可如果木桨短了,碰不到水,船会行走吗?学生听到这段话,定会印象深刻,以后不容易再错。再如教学“休”这个会意字时,我发现学生易把“木”的一竖与单人旁的一竖写得一样长或比它短,对此我是这样讲解的:人靠在大树旁休息,大树比人高,可有的小朋友的“人”却长得比大树还要高。学生在一笑之后就再也没犯过上面的错误,所以老师只有先自己研究生字,然后再生动地讲解,这样才会让学生记住生字的形,明确生字的义。

2　方法指导,感受汉字之美

鲁迅先生曾说:“书法不是诗却有诗的韵味,它不是画却有画的美感,它不是舞蹈却有舞的节奏。”“数画并施,其形各异,众点齐列,为体互乖。”圆笔的婉媚,方折的雄强,藏锋的含蓄,露锋的神气,不同的形态变化可以给观赏者不同的艺术感受。硬笔书法的表现力虽不及毛笔书法,但依然可以从简单的线条中去品读、表现汉字之美。

2.1　写好每一笔的“头尾”

汉字是由基本笔画构成的,要写好汉字,首先要写好每一个笔画。汉字大都是由丶、一、丨、丿、乀等基本笔画组成的,只要认真掌握好这些基本笔画,就能为写好汉字打下基础,要求学生做到横平、竖直、撇尖、捺有力。要达成这样的要求,书写时还需具体指导,如书写横画时要指导学生:起笔稍顿,行笔轻快,收笔稍顿,这样写出的笔画才有精气神。再如写撇画时起笔要顿,收笔要轻,撇画才会有尖;写折笔时转角要稍顿,笔画才会看起来有力度。掌握了基本笔画的写法,就可以为写好汉字打下基础。

2.2　写对每个字的笔顺。

笔顺是一个字的书写顺序,它是人们长期的写字实践总结出来的。按笔顺书写,方便书写,容易把字写好,并能加快写字速度。教师要结合例字说明笔顺规则，并要求学生写字时认真运用。要让学生注意到，写一个字，往往是几种笔画的综合运用。如“喝”字，就包括从左到右，从上到下，先里头后封口等几种笔顺原则。另外，这只是一般规则，许多字还有自身的具体情况，如“也”字，要先横折钩，再写竖，最后写竖弯钩。其他如“与”“女”“心”等字，都要具体指导书写，不是哪一条笔顺规则能概括得了的。学生写字时，要求学生掌握汉字的笔顺规则，先写哪一笔，后写哪一笔，按照“先横后竖、先撇后捺、从上到下、从左到右、从外到内、先里头后封口、先中间后两边”等笔顺规则，这样可以把字书写得又对又快。

2.3　找出一个字的“主笔”

中国的汉字很像我们传统的四合院，方方正正，砖块固然重要，但最主要的还是房屋主梁，汉字亦是如此，写好“主笔”才能使自己写的字有神韵，有气质。什么是“主笔”？我认为就是当你第一眼看到这个字印象最深的那个笔画。如“斗”这个字，你第一眼看到这个字对什么笔画印象最深？我想一定是中间的悬针竖。我在指导学生写这个字时，就牢牢抓住悬针竖“长”而“尖”的特点，学生写出来的“斗”字果然都傲然挺立，别有气质。再如“跑”这个字，我想大家一看就知道其中的竖弯钩是其主笔，我们只要抓住这一笔要舒展的特点指导学生写字，那么学生的字就会有模有样，有腿有脚。当然，有时一个字的“主梁”也可能是两笔，比如“分”，中间的撇捺就尤为重要，“撇捺在上像小伞，左低右高要舒展”，给学生编上一句小口诀，明确了字形特点再去练习，必然会事半功倍。“浓绿万枝红一点，动人春色不需多。”“主笔”正像王安石所说的这句中的“红一点”，有了它，写好它，春意就会盎然。写字亦是如此，找到主笔，写好主笔，就掌握了汉字的间架结构，就能写好汉字了。

3　艺术熏陶，感受书法之礼

中国书法艺术中蕴含着许多传统美德可以进行发掘。讲汉字的间架结构必然会讲到“穿插避让”，而在这“穿插避让”中就蕴含着中国传统文化中“礼”的精神，如谦让、互补、紧凑、和谐，都可在其中找到注脚。比如左右结构的字，左边部件的“捺”画都变成了“点”画，才使整个字显得和谐美观，就是“谦让”与“和谐”的体现，通过穿插使分散的部件连成一个整体，即“互补”与“紧凑”的体现。课堂上，我曾经以“从”“林”“吕”“昌”“串”等字渗透“礼”的教育，左让右，下托上，上覆下等，正好像我们人际关系的处理，一个字的结构的终极要求是使这个字和谐美观，一个家庭、一个集体，只有其成员能互相谦让，才能和谐相处。

书法教学的过程既是对民族文化的传承和认同，又是对民族精神的感悟和升华，需要每一代人去传承和发扬。人人热爱祖国的语言文字和文化遗产，是一个民族生生不息的标志。旅美学者蒋彝有句名言：“对于中国人来说，书写是民族最基本的艺术表现形式，它渗透着的是每个书写者民族热情的感情。”指导孩子写好汉字，每一位教师都责无旁贷。只要在教学过程中，教师能把知识的传授与育人的功效紧密结合起来，就能够让学生的心智与德行一同成长。

对当前写字教学的几点反思

——听于永正老师的《祖父的园子》写字教学片断想到的

昆山开发区实验小学　周　芳

曾经听过于永正老师执教五年级《祖父的园子》，课上得简简单单、清清爽爽，却扎扎实实、非常大气，特别是第一版块写字给听者留下深刻的印象。

【案例回放】

师：大家预习很认真，免检。看课后练习，字练了吗？

学生摇头。

师：自己能做的事尽量做好，如描红。字都认得，也会写。能不能写得规范我有点不放心。推荐四个写得好的同学到黑板上写，其他同学拿出学习本来写。

学生默写“帽”“韭”“抛”。

师：这四个同学的字，老师都不满意。帽，右边“冒”，上宽下窄，上为帽子，下边是眼睛，帽子戴在眼睛上面，是会意字。加“巾”，指古人扎头巾。这是“帽”字的演变。和老师一起写。注意上面两横两边都不靠，一靠就错。“目”字写得瘦一点。（出示字帖）看书法家的字，我们不光要写得正确，而且要写得规范，入楷书之体。

学生练写“帽”。

师：这个“韭”，太胖了，使用化肥太多了。看屏幕，中间两竖左短右长，两竖之间的距离不要太瘦，太瘦那是营养不良；太胖，施肥太多。请同学们写两遍。

学生练写“韭”。

师：（巡视）请同学写两遍，有的同学写四遍，知道怎样写好，同学们写字的积极性就上来了。

师：看字帖，“抛”高矮不一样。竖撇比提手旁矮一些，横折弯钩插进去，找到起笔写好“九”，“力”中的横略高于第一个撇。千万不要写得太胖。

师：（教师指着其中一个字）这儿笔画稍整容就好看了，看我们两个合作写好了这个字。规范与不规范就在一刹那间。字是人的第二张脸，是人的名片，字写得好，招工找不到工作就找我。

听到这样的写字教学环节，我想可以帮助我们反思当前写字教学的几个错误的观念：

（1）认为写字教学是低年级的教学任务，中高年级又要阅读又要写作，哪有时间教写字。

于老师执教五年级，依然把写字放在重要的位置。于老师为什么要这样做？翻开新课标，我们可以看到中年级段写字的具体要求——

中年级：能使用硬笔熟练地书写正楷字，做到规范、端正、整洁。用毛笔临摹正楷字帖。

苏教版教材提出“两条腿一根柱子”，这“一根柱子”指的就是写字，写字教学应贯穿在整个小学教学中，应该值得每个老师和同学重视。但各年级段的重点有所不同，低年级重在基础和习惯，强调写好每一个笔画，处理好笔画与笔画之间的关系，在教学中所占的比重更大一些；中年级段也要持续地强调书写的规范、端正、整洁。高年级段在低中年级段的基础上进一步体会汉字的优美，有一定的速度。于老师在高年级教学中并非一个一个字地去落实，而是选择同学们不会的、写得不规范的字这堂课于老师精心选择“帽”“韭”“抛”进行着重指导，这样做才能突破低年级教师辛辛苦苦教、学生认认真真练出的字因为到了中高年级的忽视而出现的书写退步的现象，也可以为一些在低年级中错过学习机会的学生提供再次学习的机会，真正把写字教学落实到整个小学阶段中，真正帮助学生养成良好的写字习惯，形成扎实的写字技能，提高学生的语文素养。

（2）写字教学通常是第一课时的事情，第二、三课时怎么安排？

有些教师把生字书写的教学统一放在第一课时进行集中学习。笔者认为这只是一种处理方式，其实我们的写字指导可以渗透在阅读教学的每一课时。如教师板书时就可随机地指点；在教师巡视发现学生书写问题时纠正指导；作业写完后，优秀学生的示范、难写字的展示与修改……写字教学可以渗透在合适的细节处。如于老师在接下来的教学环节中，指名学生上黑板写出自己在祖父的院子里看到什么时，于老师说：“哇，整整一黑板，同学们看到的东西真不少。让我们先看字。我最欣赏：‘鸟’字，写得很大气，‘谷子’‘草’‘我’写得都不错，这些字谁写的？站起来，我欣赏你们的字。‘黄’改造一下，我们合作就能把这个字写好。”于老师巧妙地把写字教学与学生的阅读理解结合起来，用了很少的时间，却欣赏、修改学生的字，帮助学生进一步把字写端正、写美观。看来，只要我们有指导的意识，指导的机会可谓无处不在。

再读新课标，我们就会发现新课标已经为写字教学指明了操作方向：“第一、第二、第三学段，要在每天的语文课中安排10分钟，在教师的指导下随堂练习，做到天天练。要在日常书写中增强练字的意识，讲究练字效果。”

（3）写字教学教字在田字格中的位置，还是教字本身偏旁部首之间内在的关系？

许多教师指导写字强调字在田字格中的位置，如这一笔在横中线，竖在竖中线。这对刚入学开始练字的低年级学生比较有用，但二年级抄词语开始用方格本，三年级以上的学生开始使用条线本。如果教师的指导拘泥于在田字格中，那么一旦离开田字格，学生的字依然无法写得端正，更谈不上美观。于老师指导“抛”的教学片段，强调“抛”高矮不一样，竖撇比提手旁矮一些，横折弯钩插进去，找到起笔写好“九”，“力”中的横略高于第一个撇。根据字内部的偏旁部首之间的关系来指导，那么学生无论把字写到哪个地方，都能写得匀称、端正。

（4）字形教学与字义、字源教学相结合，还是仅仅根据字形创造性发挥？

于老师在教学“帽”字时详细讲述“帽”的来源，让学生了解“冒”是会意字，上为帽子，下为眼睛。“帽”是形声字，然后告诉大家，随着汉字的变迁，现在的字已没有当初造字时的意思了。这样娓娓道来，学生对“帽”的起源、发展有了深刻的印象。在书写时，教师还强调上面两横哪都不靠，突出难点，学生写起来也不会出错。联系到平时，有些老师离开了字理，凭着对汉字外形的理解而编撰的儿歌、顺口溜只是方便学生对字形的记忆，却不能让学生在字形与字义之间建立联系，给学生留下深刻的印象。如有位教师教“幸”，上面是“土”，下面是人民币的符号，很形象，学生在教师的讲解下也完全了解，方便记忆。但追溯到“幸”，原意为一个判死刑的罪犯被赦免，当然是幸福的事情。看来，我们还需研究汉字，了解字的渊源，让孩子对一些字的来龙去脉搞清楚，在学字写字中了解中华文化的博大精深，慢慢地让孩子爱上汉字，喜欢语文。

翰墨传承文化　课程彰显特色

昆山市爱心学校　王敏华

近年来，昆山市爱心学校本着“人无我有，人有我优，人优我精”的原则，遵循“教育康复、特色兴校、和谐发展”的理念，积极构建以书法教育为龙头的艺术教育校本化的实践研究，通过开发书法校本课程，开展具有民族传统、地方特色的书法教育活动，提高教师的书法素养，开发特殊学生的潜能，提高他们的书写水平，从而促进特殊学生素质的全面提升。

1　提高认识，书法教育优势明确

（1）书法教育能锻炼学生的意志。

书法教育活动，不但能促进学生身心和谐发展，更能锻炼学生良好的意志品质，陶冶学生的情操，完善学生的人格，培养良好的学习习惯，从而促进素质的全面提升。

（2）书法教育能发展学生的能力。

聋哑孩子因听力损失，接收信息能力几乎丧失，但其观察能力和动手能力要比常人强，这种缺陷补偿可以弥补先天的不足。通过开展书法教育活动，可以培养特殊学生的观察力、思维力、审美力和创造力。

（3）书法教育能开发学生的智力。

智障孩子因智力造成的手脑协调性差、动手能力差，通过书法教育，把写字教学与康复训练结合起来，锻炼学生的手部小肌肉群，训练他们控制笔和纸的能力，从而逐步提高他们的手脑协调能力，以达到开发智力的目的。

2　精心组织，校本课程有效实施

2.1　完善课程实施机制

基于以上认识，学校从2007年开始在听障学生中进行写字教学实验，通过多年摸索，结合普小语文课标，逐步形成了写字课程标准。并根据目标要求，不断完善书法校本课程开发、实施的机制，组织和指导“书法艺术教育的校本化探索”课题的实施与研究。

（1）组织领导得到加强。

校长为校本课程的第一责任人，副校长负责校本课程的规划与监控，组织教导处、教科室制定校本课程实施细则。学校主课题《残障学生艺术教育校本化的实践研究》为苏州市十二五重点立项课题，以《书法艺术教育的校本化探索》为子课题，设立专门工作机构进行管理，并配备专、兼职书法教师开展研究，引领书法教育各项工作科学、全面、有序展开。

（2）宣传工作形成共识。

学校加强宣传发动，形成对特色建设目标的认同；积极向社会、家长、学生宣传，使书法特色人人皆知，个个明白；利用集体晨会、团队活动等向学生宣传书法教育有关情况，及时宣传书法教育中的先进个人、先进事迹，形成良好的学习氛围；通过家长会、教师家访、学校网站等形式，加强家校联系，赢得家长的支持。

（3）良好氛围逐步形成。

加强书香校园建设，专门设立两个书法专用教室。学校一楼走廊墙壁上，传统书法艺术介绍及学生钢笔字书法作品彰显着学校的书法教育特色；二、三楼的走廊和墙壁上是学生的毛笔书法作品和国画作品。另外还定期展示老师、学生的书法作品，并评出优秀作品；学校还对学生的书法活动和书法比赛情况在网站上进行积极宣传报道，努力营造良好的校园书写氛围。

（4）校本教材形成系列。

学校认真组织校本教材的选用与编写，由有书法专长的任课老师根据长期的教学实践及听障学生的特点，结合特殊教育课程设置，确定低、中、高段学生的教学内容，采用自编校本教材和灵活选用其他书法教材相结合的方法，丰富教材内容。

（5）课程计划严格执行。

学校把书法课程作为校本课程纳入学校总课表，全校每个班级每周开设一节书法指导课。按照校本课程实施细则的要求，加强对教师书法教学常规工作进行管理、考核，确保书法校本课程有效实施。另外为了真正能提高每一位学生书写水平，学校还在每天中午安排学生进行半小时的写字天天练活动，同时安排老师进行指导，及时批阅评价，提高练习效果。

（6）评价制度不断完善。

在书法校本课程实施过程中，探索建立一套科学规范的评价体系，对学生的书写质量、执笔方法、写字姿势及其作业书写习惯等方面，做出科学的评价，并努力改变由教师评价学生这种单一的评价方式，通过指导学生自主评价，采取观察比较法、题跋评价法、反馈评价结果等方法，确立学生在评价中的主体地位，培养学生写字兴趣、良好习惯、欣赏能力和审美情趣。

2.2 提高师资队伍建设

教师是开展书法教育的关键，建设一支高质量的书法教师队伍，是普及和提高书法教育的基本保证，学校对此高度重视。2007 年开始加强书法师资培养，对学校的青年老师、语文老师进行多级培训，抓好写字功、指导功，以点促面，整体提升学校教师的书法素养。

（1）书写水平不断提高。

学校每学期举办书法师资培训班，采取请进来走出去、分散与集中相结合的办法，聘请书法家主讲和指导，重点抓好教师“三字”过关和“指导过关”，努力提高书法教师的书写水平。另外发挥学校资源优势，由学校有书法特长的老师对 35 岁以下的青年教师每个月进行书法培训一次，每周交“三字”作业进行批阅。

（2）教学研究深入开展。

学校选取了一位书法过硬的老师担任听障部的写字教学工作，智障部的语文老师担任写字教学工作，并成立书法教研组。教导处组织教师根据书法教育课题，制定校本课程实施计划，制定书法教学计划，根据特殊学生的特点，有针对性地开展书法教学研究活动，在研究中不断提高书法指导课的针对性和书法教育活动的有效性。确立“以教师为主导，学生为主体，练写为主线”的教学理念，构建以“导—讲—练—评—举”的课堂教学模式。

2.3 普及提高相得益彰

（1）抓普及，夯实写字基础。

一是课程目标定位明确。学校制定了“开展书法教育，发展学生特长，办出学校特色”的书法特色教育计划，确定聋部各年级书法教学目标、内容及具体要求。如一、二年级是识字、写字教学，通过硬笔字书写训练，掌握正确执笔要领和书写姿势，能按笔顺规则写正楷字，会借助习字格把握字的笔画和间架结构，力求规范、端正、整洁。三、四年级开始“软硬兼学”，能用硬笔熟练地书写正楷字，书写态度严谨，不写错别字，做到规范、端正、整洁。着重进行毛笔字书法教学，初步认识毛笔，掌握毛笔的执笔要领和正确的书写姿势；学会楷书基本笔画的写法，初步掌握起笔、行笔、收笔的基本方法，掌握字的笔画和间架结构；五、六年级进一步学习软硬笔字，选取一种经典隶书法帖，进行用笔、结字的临摹和章法的练习，达到熟练书写并能初步独立创作简单的隶书作品，进一步培养学生的观察能力和思维能力。

二是课堂教学得以落实。课堂教学是书法教育的主阵地，是传授写字知识、训练书写技能、培养良好书写习惯的主渠道。学校要求每一位书法教师以严谨的态度对待每一堂课，面向全体学生，遵循“系统指导，教给方法，推进训练”的方法，重点抓书法课堂教学，通过扎实有效的指导，落实课堂教学目标和任务，并通过每天中午半小时的书法“天天练”活动加以巩固，提高学生的书写能力，培养良好的书写习惯。

三是常规活动形式多样。学校采取“书法教育活动开放化”策略，做到“两个开放”：一是向生活开放，让学生的习字活动走向生活。组织学生走出校门，走向街头，为居民写春联，为市民进行书画表演，开展书画义卖等，使学生的学书更贴近生活。二是向学生开放，安排一些常规性的活动，采取各种激励手段帮学生获得成功的体验。每学期初举行黑板报、教室美化评比，根据每天中午书法“天天练”情况评比每月之星，每学期开展整班写字竞赛，每学期举行软硬笔字展览，每年组织参加江苏省艺术水平书法考级等，营造让每个学生积极参与书法练习的良好氛围，体验书写的快乐。

（2）促提高，提升书写水平。

一是兴趣活动蓬勃开展。组织全校性的硬笔字和毛笔字兴趣组活动，做到定时间、定场所、定人员、定内容，激发学生习字、练字的浓厚兴趣，努力提高学生的书写能力和创作水平，为书法教学“锦上添花”。

二是书法活动丰富多彩。结合学校实际，组织开展丰富多彩的书法活动，优化写字氛围，促进学生水平提高。如平时跟普小学生开展书法交流，共同提高书写技能；邀请书法专家来校现场指导，开展书法家进校园系列活动；经常性的组织学生参观各种书画展览；各级领导来校调研、检查时展示学生的书画技能；经常性与社会各界爱心企业、人士互动，交流赠送书画作品；组织学生积极参加各级各类书法比赛等。

3 特色鲜明，书法教育成效显著

学校努力培养“人人有技能、个个有特长”的特殊学生群体，经过多年来的坚持，一分耕耘一分收获，学校的书法教育特色明显，师生的书法素养得到了明显的提高。

（1）校本课程体系基本形成。

经过多年的探索实践，学校书法艺术教育的校本化探索取得初步成效。听障部编写了中、高年级的书法校本教材，中年级校本教材在全国特教校本课程教材评比中获奖；高年级校本教材在昆山市中小学校本课程教材评比中获得二等奖；校本课程实施的组织领导得到加强，课程计划得以落实，评价机制得以完善，常规工作有序进行；形成了一支年轻化、专业化的书法教师队伍，积累了较为丰富的教学经验，1 名教师成为写字学科中小学高级教师，成立了书法工作室，1 名教师成为江苏省书法协会会员，6 名教师成为江苏省硬笔书法协会会员，1 名教师获全国校本课程录像课评比获二等奖，4 名教师分获全国书法论文评比一等奖、三等奖和优秀奖，1 名教师获省级论文评比一等奖。多名教师的书法作品在各级各类的书法比赛中获奖。多篇书法论文发表在《校园书法》《苏州教育》《现代特殊教育》《小学时代教育研究》等杂志上。

（2）书法教育教学成果累累。

经过努力，学生的书法技能得到明显提升，在各级各类比赛中取得优异成绩：2006 年 5 月在侯北人美术馆成功举办了师生书画作品展，2008 年和 2011 年，学校先后结集出版了两本师生艺术作品集；连续十年组织学生参加江苏省书法艺术考级，34 名学生达到书法五级以上，在各级各类书法大赛中获奖达 350 多人次（其中一等奖 52 人次，二等奖 128 人次，三等奖 169 人次），学生的书法作品多次发表在各级各类报纸杂志上，有 10 名学生获得江苏省2013年度“小小书法家”称号。

(3) 书法教学特色已经形成。

学校从2007年开始,经过多年的实践和探索,已经形成了书法教育特色。在连续七年的昆山市小学综合考评中,学校书法特色建设显著,得到教育局、普小领导的一致认可。2010年、2011年、2013年、2015年学校分别被授予“苏州市书法特色学校”“江苏省书法特色学校”“中国书法教育实验学校”“中国书法教育示范学校”,是江苏省唯一获此殊荣的特殊学校;2011年11月、2013年12月,学校分别参加在山东临沂召开的中国书法教育年会、苏州市书法教育年会,并在大会上交流学校的书法教育经验。2015年4月,学校申报苏州市第三批市级规范汉字书写教育特色学校,在昆山市所有申报小学中脱颖而出,顺利被评为“苏州市规范汉字书写教育特色学校”。

浅谈小学语文中的书法教学

昆山市周庄中心小学校　韩　露

摘要: 书法是我国传统文化的精华,具有浓郁的东方情调。书法教育是我国小学义务教育的重要内容。然而,现实中书法艺术却离学生越来越远,为改变目前书法教学的尴尬处境,教师要积极培养学生对书法艺术的兴趣,注重对学生书写的方法指导,建立完善的激励制度,以促进书法教学的有效性。

关键词: 书法教学; 兴趣培养;方法指导

书法教育是我国小学义务教育的重要内容。江苏省教育厅在《关于加强中小学书法教育的意见》中强调要高度重视书法教学。然而,书法在实际教学中却陷入尴尬境况,书法教学常常不能“学以致用”,学生课上写得尚且可以,课后往往因为追求速度而放弃书写的美观。学生不重视书写也成了一种普遍情况,书法艺术离学生越来越远。如何解决这些问题,使书法教学更加有效呢?

1　兴趣的培养

兴趣是最好的老师。只有让学生慢慢对书法感兴趣,从心底真正喜爱书法,才能让学生端正写字态度,重视书写的美观性,追求书法的艺术性,也只有孩子喜爱书法,才能做到持之以恒,抵抗练字过程中的枯燥,走过瓶颈期的自我怀疑,练就一手好字。很多老师在书法教学课中强调字的书写练习,而忽视了学生兴趣的培养,导致事倍功半。反之,一旦孩子喜爱上书法,那是一种来自内心的自我力量,会使练字事半功倍。

1.1　以古今名家为榜样

古今书法家在写就一手好字前,无不历经练字的辛苦,寒来暑往,日复一日,一颗恒心终化作笔下酣畅。教师在课堂上和学生分享历代书法家的故事、奇闻,采用讲故事、看动画片等形式,既潜移默化地培养学生对书法的兴趣,也向他们展示了书法名家的可贵精神,让学生为这些人物的精神所感动,渐渐地喜爱上书法。比如书法名家王羲之与“鹅”的故事:羲之爱鹅,也爱写“鹅”字,常观察鹅的各种形态,用心练写“鹅”字。日子一长,把个“鹅”字写得灵气十足。

1.2　以汉字构成特点激兴趣

汉字是一种表意性的文字,具有深厚的文化底蕴,从造字法上看,汉字有象形、指事、会意、形声等类别。教师可在课堂上分析汉字的造字方法,让学生在活泼有趣的课堂氛围中感受汉字的文化魅力,培养学生对汉字、对书法的兴趣。有些字是通过描摹事物形状来造字,即象形字,如:日、月等。会意字的意义则是其组成偏旁的意义的合成,如“孬”,一看就是不好的意思。

2　方法的指导

书,写字;法,方法;书法,即写字的方法。教师在书法教学中,要注重方法的指导。

2.1　基本笔画的指导

很多老师在指导学生写字时,更多地强调字的间架结构。殊不知,最基本的是笔画的书写。笔画构成了汉字的结构,它的长短、着力的轻重、倾斜程度决定了汉字间架结构的疏密松紧。笔画的书写中没了提按、转折和偏锋等,不可称为书法。教师在书法教学中,要更加注重笔画的书写过程。笔画书写时,首先要把握好笔画的长短、倾斜程度,比如“三”字中笔画虽都是“横”,却长短不一;“七”字中的笔画“横”与“三”字中又不相同。其次要把握好笔势,注意笔画的发力点;再者注意动作要流畅、快速,不能犹犹豫豫、涂涂改改,这样写字的速度就能上去,使书法教学能够“学以致用”,而不再只有书法课上时间充裕时才能写好字。

当然,汉字结构也不可忽视。掌握好汉字的笔画书写和结构特点,学生的书写便能有模有样。

2.2 临摹习惯的指导

书法临摹分为三步:摹、临、背。先是摹写,即描红,这是写字的初始阶段;再是临写,即照着字帖写字。临写前,写字者需要认真读帖,对字帖静默观察、细细品味,熟悉字的笔画和结构特点,下笔时才能做到成竹在胸。但是在实践中,很多学生并不读帖,或者读得不仔细,匆匆一扫而过,导致对字的形态、结构不熟悉,练字效果不佳。要想提高写字教学的效率,我们需要认真读帖,熟悉字的形态,成“字”在胸,意在笔先。最后是背临,这要求写字者将字的形态记在心里,丢开字帖创作书法。在实践中,可以让学生每天临写名言名句的一部分,多日练习连成一句,如“书山有路勤为径”等。

另外,老师在学生的写字指导中,精选所练的字,帮助学生寻找到一些书写规律,使书法教学更加有效。例如在教学“住”这个字,学生掌握了这个字的书写要领后,学生在学习“桃”“行”“板”等字时,教师提问这些字该怎么写,与“住”的写法有什么相同之处,总结出这一类字的书写都是左窄右宽。在以后学习类似的字时,就都知道了它们的书写规则。

3 成果的评价

3.1 佳作展示

每次书法练笔以后,教师选出写得较好的作品在学生中传阅或者通过投影展示。同学之间会有比较心理,见到别的同学书写如此之好,自己也会更加努力。教师还可以让同学们评价展示作品,说说自己最欣赏哪些字,这些字的书写好在哪里。如此,学生都参与到书法教学中来,而不是教师一个人在教授。

3.2 进行书法水平评级

教师在班级里实行书法水平评级活动。书法水平分为一星级到五星级。每周教师利用一节书法活动课进行书法评级考试。每次书法比赛中有十个字因写得漂亮被圈出,即可晋升一个星级。获得五星的学生可领取老师裱好的书画一份。

3.3 后进生的激励

书法教学活动中,教师要考虑到学生之间的个体差异。有些学生基础较差,很难一下子赶上其他同学,为了鼓励他们学习书法的热情,我认为还需要为他们设立特别的进步奖。只要经过一段时间的练习,有了明显的进步,后进生也能获得老师和同学们的赞扬。

总之,在小学书法教学中,教师要努力激发学生的学习兴趣,注重写字方法的指导,并在班级中建立可行的激励制度,书法教学才能更加有效。

交互式电子白板辅助,让学“书”之路愈加精彩

昆山市张浦中心小学校　孙怡明　黄建学

交互式电子白板系列电子白板教学软件是专门为方便教学而设计的,其功能的设计思想是要使教学的手段丰富多样,使教师的教学方便简单。为了顺应这一原则,交互式电子白板教学软件在功能的设计上使用了很直观的方法,把软件的主要功能全部表现在软件界面的主工具栏中。通过主工具栏的图标就可以清楚地知道该工具的具体作用了。而这些功能,很大程度上为我们课堂教学提供了灵活、有效的辅助,特别是在书法教育中运用交互式白板技术,能够为传统的书法课堂注入新的活力,

为扫除书法教育中激发兴趣、体会笔法、研究章法时出现的种种拦路虎提供了可能，使中华儿女的书法之路愈加精彩。

1　白板辅助，有效激发学生习字兴趣

爱因斯坦说："兴趣是最好的老师。"作为我们中华民族的文化瑰宝——书法，传承是我们每一个中华儿女应尽的职责，但没有兴趣，又哪来传承呢？无论是最早以前重视书法传承，还是之前十几年对书法传承的淡漠，还是现在国家教育部对书法教育的极度重视，我们可以清楚地知道，激发中华儿女对书法学习的兴趣，激发中华儿女对书法传承的热忱，才是至关重要的。传统的媒体辅助，虽然也能通过音、视频等在激趣上发挥其积极的作用，但交互式白板以其独特的交互功能，让书法历史、汉字演变真正走进学生心里，让名家大作、初学新作有一个及时展示的平台，从而有效地激发了学生习字的兴趣，为书法教育的顺利进行提供了可能。

1.1　通过交互式白板技术，演绎汉字演变

汉字，是中华民族的文化基因，是中国文化核心中的核心，又是一种特殊的文化形态。一个汉字就是一个故事。通过交互式白板，让学生形象地领略汉字演变的过程，让他们兴趣盎然，从心底深处为中华文明的伟大而感到骄傲。

我先是通过演示七种字体的作品，让学生初步了解汉字演变的过程：

甲骨文 → 金文 → 小篆 → 隶书 → 楷书 → 行书 → 草书

（商）　（周）　（秦）（汉）（魏晋）

然后，我预设了几个基本汉字的演变，通过SMART白板中表格添加阴影的功能，向学生演示汉字的变化，让学生明白汉字演变的过程：

甲骨文	[illegible]	[illegible]	[illegible]	[illegible]
金文	[illegible]			
小篆	[illegible]			
隶书	日			
楷书	日			
草书	[illegible]			
行书	日			

甲骨文	[illegible]	[illegible]	[illegible]	[illegible]
金文	[illegible]	[illegible]	[illegible]	[illegible]
小篆	[illegible]	[illegible]	[illegible]	[illegible]
隶书	日	月	車	馬
楷书	日	月	車	馬
草书	[illegible]	[illegible]	[illegible]	[illegible]
行书	日	月	車	馬

最后，我通过设计交互环节，让一些同学上台找一找自己的名字中带有的基本汉字（七体书法字典中可以查到的）的演变过程。通过自己动一动、找一找，再让大家想一想汉字的起源，把自己的名字内涵丰富起来，这样学生学习书法的兴趣就浓了。

1.2　通过交互式白板技术，讲述书法历史

中国书法的历史源远流长，如果只是用文字的形式或者枯燥的讲解很难激起学生的兴趣。为此，我采用交互式白板容量大、交互性强的特点，把书法字典中的相关知识与作品导入进去，让学生在举手触摸之间就能领略先秦至明清的书法。无论学生点击书法史的哪个朝代，都会出现该朝代的代表书法家和他们的代表作，让学生能够自由自在地在书法长河中畅游。

1.3　通过交互式白板技术，展示名家大作

当然，对于学生而言，欣赏书法作品是激发他们兴趣的重要途径。交互式白板的资源库是极其丰富的，我们一方面可以充分利用其中的资源，另

一方面可以通过自己的搜集，整合出一个书法教育的资源库——各朝各代包括当代的书法家作品，加上适当的点评，让学生在欣赏中领略中华书法艺术的神奇，在欣赏中激发传承书法、传承文明的兴趣与激情。

1.4 通过交互式白板技术，实现成果展示

无论初学者还是初有小成者，都希望有一个展示的平台让自己参与交流。交互式白板能够在数码摄影的配合下，让每个学生的作品都有机会及时展示出来，并且这些展示都会留存在白板资源库里，便于今后展示的时候作对比，让学生清晰地看到自己的学“书”之路，激起他们勤学苦练的热情。同时，我们可以采用交互式白板视频录像的功能，回放课堂实况，让学生在自己创设的学习情境中发现问题、解决问题。

2. 白板辅助，引领学生掌握运笔之法

学习书法贵在得法。无论是什么字体的书法作品，只要我们遵循书法学习的规律，掌握其独特的运笔之法，就一定能够把字练好。

2.1 通过交互式白板技术，体会运笔之理

通常我们会采用教师范写的方式让学生体会运笔之理，有的用实物投影，教师在上面写，学生认真观看电视机或投影幕，从教师的运笔中细细地体会，并进行模仿、尝试；有的是把宣纸用磁铁条等固定在黑板上，教师直接在上面书写，学生认真观察、体会。众所周知，一个字的写成，关键在于其运笔的学习过程，而通过观察来判断这个字是如何写的很难达到最佳的效果，必须教师一次又一次地范写，不仅浪费了笔墨纸张，而且由于教师多次书写中会出现的变化，让学生无所适从。

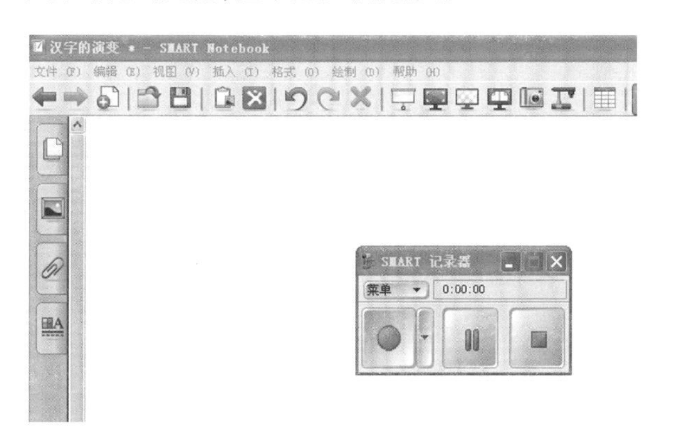

而交互式白板中可以通过记录器将视频录像下来并随时提取、及时回放等功能，让教师范写的动作可以反复地演示、回放，必要时还能暂停下来，让学生细细体会其运笔之妙。

2.2 通过交互式白板技术，掌握运笔之法

当然，要真正掌握运笔之法，我们还是要通过制作灵活、交互的白板课件，让符合规范的运笔技巧通过白板技术充分地、有序地展现出来。

如永字八法，大家都很熟悉，如何通过课件，让学生体会到“永”字每一笔的运笔技巧，交互式白板技术将体现它独特的功能。

（1）放大镜功能。利用这一功能，在欣赏、体悟“永”某一笔画的运笔时把本来比较小的笔画进行放大，让学生能够看得清楚，体会更深。

（2）板面录像功能。利用这一功能，让学生在观察教师示范书写时的运笔过程后，再次重现过程，更好地掌握运笔的规律与技巧，特别是每一笔书写时的起笔、运笔与顿笔等。

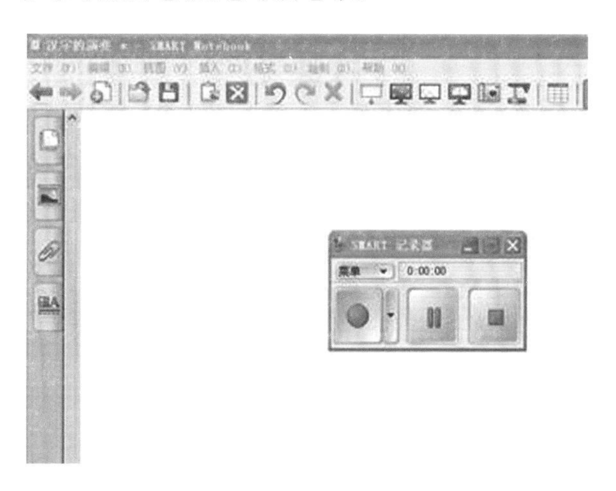

当然，更多的还是要使用点击桌面的功能，这样可以对计算机进行操作，提取事先收集好的“永”运笔范例，进行视频演示，从而让学生真正领会书法运笔的妙处。

3 白板辅助，帮助学生体会章法之妙

书法，除了注重运笔之道外，更多地要讲究章法。狭义的章法就是布局和谋篇。而广义的章法则是笔画的选择、基本字的结构和整幅作品的布局。

3.1 通过交互式白板技术，呈现不同的笔画选择。

对于一个汉字的书写来说，绝不是简单的笔画组合——虽然夯实基础中笔画训练极其重要。就拿一个“永”来说，它是由点、横折钩、横撇、撇、捺五笔组成的，而这五笔的选择则可以通过白板课件进行有机组合让学生知道每个笔画不同的写法以及“永”字对于这五个笔画的正确选择。

3.2 通过交互式白板技术，掌握基本字章法

在白板软件中，有个剪切放大的功能，可以帮助学生对基本字的章法进行细致观察与领悟。如“本”字，我们通过剪切，让学生比较上横与下横的不同章法，进而体会汉字书写中舒与收的技巧。

又如“一”“二”“三”字，通过比较，帮助学生领会不同横的书写方法和组合规律，从而真正掌握基本字的书写章法，为进一步学习书法奠定坚实的基础。

3.3 通过交互式白板技术，体会布局之妙

无论是中堂条幅还是横幅，方斗或扇面，巨幅还是小品，在布局上都有大同小异，异曲同工之共性。章法的合理合情是书家必备之常识，不能弄巧成拙。为此，我们一方面可以充分利用书法教育的资源，通过白板技术对名家书法进行展示，体会他们作品布局的精妙。另一方面，我们还可以通过模拟布局，对某一诗文或书法作品的内容进行布局尝试，通过白板软件的交互功能，让学生体会同一内容通过不同布局产生的不同效果。特别是让学生根据自己的认知进行书法实践，把大家的不同布局进行适时的展示、体会、交流，进而掌握书法布局的技巧。

总之，交互式电子白板技术给传统的书法教育提供了一个新的技术支撑，为书法艺术的发扬光大提供了一个崭新的平台。我们相信，只要我们坚持弘扬书法艺术这一信念，积极采取各种有效的措施，就一定能够引领下一代走上精彩的书法之路，为中华民族文化的传承献上绵薄之力。

浅谈小学写字教学方法

昆山市千灯中心校 韩 晔

“工工整整写中国字。”写字作为一项重要的语文基本功，在倡导素质教育的今天，它已不仅仅是练习一项技能，而且对于培养人的道德情操、锻炼人的意志品质、养成良好的学习习惯，都有着极其重要的作用。2002 年教育部颁发的《关于在中小学加强写字教学的若干意见》中特别指出：“在义务教育阶段的语文、美术课中要加强写字教学。”再次强调了写字教学的重要性。这一精神在新语文课程标准中得到了较充分的体现，《语文课程标准》不但进一步明确了各年段的写字要求，而且有了具体的措施。

我根据自己多年的教学实践，简要地概括为如下几点方法，供同行们参考。

1 观察法

写字是以汉字为载体的，汉字是由抽象的文字画经过长期的演变过来的，具有较强的抽象性和思想性。因而在写字教学中就应该着重去培养学生对写字的直接兴趣。我在每次教学时，都要求学生做到“三到”：即手到、眼到、心到。首先我让学生观察田字格中生字的结构，明确各部分部件在田字格中所占的比例和准确的位置。根据字形的难点反复训练，学生才慢慢把握好字形，最终离开田字格安排好字的结构。有了整体上的认识，就让学生

写,即手到。把字写得规范、端正,并与范字进行比较,即眼到。手到眼到的同时,要求学生认真书写,即心到。

例如:教学“人”字,很简单,一撇一捺,写起来却十分不易。因此我在教学时先让学生仔细观察,发挥想象,看看这一撇一捺像什么。有了生动的视觉感受,写起来就不陌生了,学生的兴趣也浓了。

又如:教学“山”“火”等字时,我先在黑板上画出大致图画,再让学生去观察“图”与“字”的关系。通过观察“字”很像“图”时,学生会觉得很新奇。再让他们根据图的样子来写字时,孩子们会写得更加认真。

2 语言法

组成汉字的线条笔画虽然是抽象的,但在讲述时,应尽可能地把它们转化为形象生动的描述,这样学生对线条的理解也由抽象变为具体。同时,也便于我们在不同的时间对学生进行循序渐进的指导。我的做法是把一些汉字编成顺口溜、小故事等。例如:教学“林”字时,我就说:“同学们,两个木是好朋友,他们手拉手走向森林,走在前面的是木哥哥,他主动把右手缩起来,把位置留给后面的木弟弟,木弟弟看见哥哥对他那么好,就主动把手伸过去,托住木哥哥缩起来的手。”又如教学“变”字,我是这样讲的:“一点一横长,两竖在中央。两点摆左右,又字在下方。”形象地将汉字的结构特点表达了出来。当学生写字时,我开始巡视,有时会轻轻对他们说“写得真好”等鼓励性语言,并伸出大拇指。教师的语言形象生动了,学生的学习兴趣也自然高涨起来。

3 表扬法

人的潜意识里,总是期望能得到别人的赞赏与肯定,尤其是孩子。因此,我在教学中,善于发现孩子一丝一毫的进步,并带着欣赏的心态及时地表扬与肯定,让孩子获得练习写字的精神动力。同时,每隔一段时间,我将孩子的作业拿出来比较,引导他们发现自己不足,在不知不觉中有了进步和提高。另外,我还设置一些奖项,奖励那些进步较快的同学。

3.1 写字之星奖

准备好奖状,写上“班级写字之星”,在课堂上奖励给孩子,同时给孩子拍照,照片贴在学习园地中。

3.2 图书奖

根据学生喜好看书的特点,选择一些童话类、科学类等有益书籍,奖励给学生,激励学生写好字的兴趣。

3.3 学习用品奖

要写好字,必须加强练习,准备一些钢笔、练习本等学习用品作为奖品奖给学生,并在本子上写上“奖”字或激励性的语言,效果更好。

此外,我还挑选一些学生的习作,在学习园地中张贴,并请写得好的同学出黑板报,让孩子获得成功的喜悦,增添写字的兴趣。

4 参观法

各地的名胜古迹、亭台楼阁,总少不了佳句妙对的点缀。同时,要使这些佳句妙对更漂亮光彩,总离不开用书法艺术的形式来表现。作为语文老师,在学生外出游览的时候,应抓住这一有利时机,引导学生一同品味这道亮丽的风景,从中体会到书法表现形式的多样性及内容的丰富性,这样不仅能让学生在欣赏中获得理解和感悟,同时也可以从中提高学生练字的兴趣和积极性。

千灯是一座历史悠久的古镇,被国家有关部门授予“中国历史文化名镇”等称号,其中“顾炎武故居”尤为著名。故居中有不少名人的题字,可带领学生参观。另外一些马路上的店牌也是请书法家书写的,很美观,多看看,也能提高自己的审美能力。

5 竞赛法

争强好胜、不甘落后,是孩子们的个性。因此开展一些写字竞赛,可以提升学生的视野,拓展学习思路,从而更有效地激发学生的学习兴趣。我在教学时让学生看一些关于书法讲座的书或录像,让学生在动态的书写过程中接受一些书法的专用术语并能结合录像去评价自己所写的字,让他们的书写审美能力得到不断提高,从更深的层次去感受写字，在不间断地重复吸收中获得由感性到理性的认识、飞跃。还可以组织学生竞赛，举办写字故事会或经验谈等，使学生在生活中获得一种情真意切的感受，培养学生的求知欲望，发展学生的写字兴趣。

此外，我经常在班级内不定期举行写字展览，一般一学期1—2次。在展示前，先讲清楚意义，然后规定内容，一般所选内容为语文书中重要的段落，这样学生在写字的同时也能加深对课文的理解。经过一段时间的训练后，完成作品展示。我们现在所用的习字册最后一页，就有要求创作一幅作品，所以也可以利用习字册，完成作品。通过欣赏对比，学生既看到了自己的优点，同时也看到了与别人的差距，从而进一步激励自己刻苦学习。一分耕耘，一分收获，多次的展评让学生看到了自己的进步，体会到了成功的喜悦。指导的学生也经常在各类比赛中获奖，2008 年 5 月，我指导的 7 位学生参加江苏省教育学会主办的写字比赛，取得了 1 银 5 铜的好成绩。

在写字教学中，教师还应注意促进学生学习从直接兴趣转化为间接兴趣，以形成长久的学习动力。因为要写好字毕竟要付出艰辛的劳动，在这过程中将会碰到各种困难。因此，在教学中必须对学生进行有目的的教育，使学生了解到写字与生活、社会各方面之间都有密切联系，培养他们的兴趣，使学生感受到写字过程是很愉悦的，并从中获得成功的体验。

小学书法教学初探

昆山市周市中心小学

随着时代的发展，随着教育教学的改革，素质教育已深入每一所学校教学中。艺术教育又是素质教育中的一个重要组成部分，在小学中，书法教学是艺术教育中开展得最为普遍和广泛的一门学科。但是如何开展小学书法教学，提高学生书法水平、书法艺术鉴赏水平是所有书法教师乃至学校领导所面临的一大难题。我们从平时教学中利用循循善诱的教学原则，采用多种教学手段，不急功近利，以全面提高学生书法水平，真正弘扬我国书法艺术，使其后继有人。

1　在低年级书法教学中，注重趣味性和渐进性

1.1　在教学中注重趣味性

低年级学生学习书法时，起初应是学执笔、运笔和简单的笔画。然而由于小学生年龄小，自制能力差，要学好这几个方面，如果机械地进行教学会导致学生在学习上感到枯燥乏味，这时，教师应当采取多种手段增加教学的趣味性，激发学生学习的兴趣。

当开始学习执笔时，因学生理解力较弱，教师可以形象地讲解、分析执笔的要点。为了使学生进一步理解，我在教学中设置了一系列问题情境启发学生的思维，例如：让学生用大拇指和食指对握时（大拇指在笔的内侧，食指在笔的外侧），我提问“谁力气大？”学生异口同声地回答道：“大拇指的力气大。”于是我演示中指在外面往里勾，并继续提问：“现在谁力气大？”学生不假思索地答道：“当然是外侧。”最后启发学生自己得出结论：由无名指和小指帮助由内往外顶达到用力的均衡。另外，我还自编了有趣而朗朗上口的执笔口诀：“一二三指紧握笔，小四小五往外顶，写字毛笔要竖直。”

1.2　在教学中注意渐进性

在书法教学中，必须按照学生的认识顺序，有浅入深、由易到难地进行。

学生在学习运笔和简单的笔画时，往往会急于求成，越练越快，这样会使他们养成不良习惯。这时教师可在教运笔和笔画的同时，穿插辅助练习，如练习他们喜欢的简单篆书（因篆书形状美并且是笔笔中锋），以及形象生动的墨画（可练习画小鱼、金鱼、螃蟹等），从中可潜移默化地学到其中的中锋运笔、笔的提按、墨的量的控制，从而提高他们的审美能力，培养他们的审美情趣。

当然，对于部分进步快的学生，可让他们学习写大字，书写简单的作品（如二、三、四字的作品等），以提高他们写作品的能力和学习书法的积极性，从而激发了其他小朋友学习书法的兴趣。这样，才能使小朋友在愉快的学习中逐渐使用笔、用墨有提高。这时，再进行进一步的学习就显得轻松多了。

2 中高年级书法教学应注意的问题

2.1 笔画教学仍然是教学中的关键所在

笔画教学是练好书法的基础，通过笔画的教学，让学生系统地掌握各种笔画的运笔方法和书写技巧。

中高年级的笔画教学必须着重结合字来练习，才能避免小学生学习书法的枯燥心理，从而进一步提高他们对字形、结构的掌握和理解，同时，注重笔画教学符合小学生学习笔画时需反复识记、反复练习才能掌握的特点。例如教学长横，例字可安排“二”“三”“土”“上”“王”“工”“正”等；教学垂露竖和悬针竖时，可安排例字“干”“下”“十”“牛”“午”“中”等，既复习巩固了横画，又为短撇和横折教学做了铺垫。横折的教学也可随之而出现，例字如“口”“早”“日”“车”等，这些字的练习对于横画与竖画又作了进一步理解和强化，许多字的出现可避免单调重复，然而反复的训练，又可使学生对横竖画的笔意真正理解。随后便可进行撇画、捺画、点画等其他笔画的教学。

在进行教学时一定要注意前后知识的联系与变化。我在教学长撇时，启发学生找出长撇与垂露竖之间有起笔、运笔、收笔的相似之处，而两者之间的区别在于它们的斜度和弯度不同。这样，学生就很自然的理解了长撇的写法，并巩固了垂露竖的写法。

2.2 在教学字的时候，必须渗透笔势概念的输入和实践

楷书教学中，渗透笔势概念的教学，能使学生写的字富有神韵，并有助于导入行书的教学。

教学时，教师应当反复示范、反复讲解，并且须利用多媒体等现代化教学手段进行演示，学生可以利用书空等手段进行辅助练习。教师当避免机械地讲解逆锋起笔、逆锋收笔等，应让学生在练习过程中反复体会、逐渐理解：起笔作用在于藏锋铺毫，它是上一笔结束的切入；收笔作用在于聚锋（调整中锋），它是下一笔的开始等，这也就逐渐灌输了“笔势连贯”的概念。以前，我在楷书教学中忽视了“笔势连贯”这一概念，结果许多学生在后面的学习中提高缓慢，并难以导入行书教学。后来，我在楷书教学中注意到了这一个问题，结果就改变了这一状况，学生写的字变得“活”了，变得有精神了，练习水平和兴趣都有了相应的提高。

2.3 在教学中，要加强书法创作的教学

教学中加强书法创作的教学，有助于培养学生学习的兴趣，进一步提高学生书法艺术水平。

要使学生搞好书法创作。第一，要让他们多读帖，多看书展，教师要和学生一起多讨论、评述；也可将碑或帖复印后接成长卷或条幅进行整体效果的欣赏，进行分析、探讨等。第二，让学生之间多进行书法交流，组织书法表演和命题、非命题比赛，举办各种学生书展，写春节对联等各种各样活动，培养学生热爱艺术、热爱生活、热爱家乡、热爱祖国的思想情操，有利于激发他们学习书法的兴趣，进一步提高他们对书法艺术的认识。最后，要根据学生的具体情况，充分挖掘学生的潜力。

确实，小学生由于年龄、家庭环境、性格禀赋的不同，表现在对书法的理解力、接受力、感悟力上也各不相同。相对来说，学习书法比较枯燥，小学生天性贪玩、好动，所以会经常出现热一阵、冷一阵，三天打鱼、两天晒网的现象。但一旦对书法真正有了兴趣，爱上了书法，学书就变枯燥为乐趣了，所以教学中教师应创造宽松、和谐的气氛。其实作为教师最大的职责就是寻找一种最佳的方式和途径，使学生的天赋得到最佳发挥。不同性情的学生可学不同的书体，例如：有的学生结构较随意，而线条质感却很好，我们不妨让他学习魏碑等。

总之，在书法教学中，教师应当根据学生的个别差异性因材施教，遵循循序渐进的教学原则，促进学生书法艺术水平的提高，做到有的放矢，使学生的潜能得到最大限度的发挥。

高中书法教学策略之我见

太仓市沙溪高级中学　杨文忠

摘要： 激烈的升学竞争使得书法成为边缘学科，现在高中生的写字姿势、执笔方法、书写水平实在令人担忧。为此，我对高中生写字情况以及苏州市中小学书法教学现状作一个简要的调查分析，目的是根据实际情况提出相对应的教学策略。我的书法教学策略是：选择硬笔行书，强调实用、规范、高效和科学。

关键词： 书法教学；硬笔行书

1　高中生写字情况调查分析

我通过观察、交谈、看作业本等方法调查了沙溪高级中学某一班级学生的写字情况，结果发现：超过一半同学的写字姿势和执笔方法有比较严重的问题，主要表现在：头歪、身不直、书写位置太靠右、把本子倾斜一定角度书写、执笔位置过高或过低、笔杆倾斜角度太大或太小、笔杆方向不正确等方面。

学生的书写水平相差很大。总体来说，女生比男生好，课外拜过老师的以及小学时参加过书法兴趣小组的学生书写水平比较高。通过调查还发现两个普遍的问题：一是大部分高中生的写字还停留在楷书这个层面上，有的学生开始"自创"行书或草书了，这种没有老师引导的"自创"是很不规范的。二是几乎所有的学生都有"写一手漂亮的字"的愿望。

2　我市中小学书法教学现状分析

目前的情况，小学主要抓好了兴趣班的教学工作，而普通班的教学成效不大。个别学生的水平确实很高，能在各级书法比赛中获大奖，而半数以上的学生书写水平仍然较低。

初中、高中由于升学竞争原因已经很难顾及书法教学了，大多数学生的书法（写字）水平得不到进一步提高。人逐渐长高了，而字却停留在小学阶段，也没有老师及时地指导规范行书的书写，只有靠"自创"了。

3　高中书法教学策略研究

根据对以上现状的分析调查，我觉得在初、高中阶段开设书法课程不仅是十分必要的，而且是十分迫切的，这不仅是满足广大学生实用的需要，也是小学的书法教学得以延伸的需要。然而，在升学竞争更激烈、作业量更大的高中开展书法教学，难度是十分巨大的，可以说是"狭缝中求发展"了，这需要学校、家长的大力支持，学生的密切配合，教师的辛勤耕耘。

我的教学策略是：选择硬笔行书。强调实用、规范、高效和科学。

硬笔行书很实用，选择它是一种明见。对于绝大多数非书法专业方向的学生来说，在高中阶段学习毛笔书法确实不现实，而钢笔、水笔每天都在大量使用。对于老师来说，教硬笔比教毛笔更方便。所以，选择"硬笔"是非常合适的。从书体上看，楷书太规整，无法适应快写的需要；草书虽很流畅，但难于辨认；而行书兼有楷书的规矩和草书的流动，写起来比楷书流利，看起来又比草书易于辨认。从学生现有基础来讲，学生的基础是楷书，楷书的快写是行书。所以选择"行书"是十分适当的。学习硬笔行书，学生可以把学习成果及时地运用到作业中，体会收获的喜悦，增强学习的信心！

如果书写漂亮但不规范，学生心里自然会有"疙瘩"，所以规范行书就显得很重要。那么，怎样的行书才算规范？语言文字工作者会侧重于今天文字应用的正确性，语文老师会侧重于今天的书写常规，专业书法家会侧重于古代碑帖的考究，而书法老师应当综合考虑。那么，遇到古代书写正确、今天书写不正确的字怎么办呢？比如"流"字，古代的"流"少了一点。我认为应当遵守"古为今用"的原则灵活处理，即运用美的法则写正确的字。显然,为了正确性,“流”的这一点肯定是要加的;同时为了美观,应该运用古人的行书技巧来书写。

高中阶段的学习是非常紧张的,不可能像古人那样花大量时间去研究书法,所以书法教学必须讲究高效。我认为应当直接学习当代最优秀的硬笔书法家的字,重点学习行书的用笔方法和结字规律。所以,教材必须精选,过程必须简化,方法必须有效,以解决教学时间短与学习任务重之间的矛盾,尽力做到最快、最有效地掌握硬笔行书的书写技巧。

为了确保书法教学的“高效”,还必须科学地实施教学,主要表现在以下几个方面:

第一,尽早揭示行书的用笔特点和结构规律。不明道理的练字几乎是无效的,也是一些学生长期练不好字的真正原因。如果把古人的长期实践总结按一定顺序加以科学整理,那么学生就可以用最短的时间把汉字写得规范、美观。

第二,强调示范和临摹的重要性。示范的作用是直观地展示行书技法,让学生感知速度的控制、轻重的把握、节奏的表现、点画的生动、结体的巧妙等,临摹则是把这种感知变为理解和获得,示范和临摹分别是教和学的重要手段。轻视教师的示范,就忽视了教师的主导作用,学生的临摹会变得盲目;轻视学生的临摹,就不能完成知识的内化,教师的示范会变得没有意义,也就达不到掌握技法的目的。

第三,积极探究信息技术与书法教学课程整合的有效途径,充分利用现代教学设备的优势来提高教学效率。现代多媒体教学设备和技术为书法教学开辟了一个广阔的天地,弥补了传统教学的种种不足。老师使用实物投影仪可以同时跟全班学生进行交流和探讨,也可以在网上“带领”全班学生参观全国的书法展,更可以让所有的学生在网上谈学习体会,展示自己的书法作品。今天的书法教学充分享受科技的最新成果,教学前景十分美好。

第四,认真耐心地做好纠错工作。学生的“自创”行书极不美观,并且错误很多,教师应该有针对性地加以辅导,在学生的练字本上用简明易懂的批改符号及时纠正,并书写范字。对于用符号难以表明的字,则在其旁加以批语。对于具有普遍性错误的问题,应当在课上重点讲解并示范,有时还需重复。

选择了硬笔行书,就符合了高中学生的实际需要;强调了规范性,学生就可以放心地学以致用;直接学习当代硬笔书法家的行书,就可以省时高效;示范讲解与临摹练习相结合,及时揭示用笔、结字规律,就科学地解决了瓶颈问题;实现了信息技术与书法教学课程的理想整合,书法教学将会有广阔的前景;做好针对性的纠错工作,就有可能取得事半功倍的效果。

相信随着我国教育体制的深化改革以及高中新课改的进一步落实,高中书法教学不再是一条“狭缝”,它的明天将会更加灿烂!

低年级写字教学探索

常熟市杨园中心小学　葛丽萍

低年级写字教学中,我们都会有许多共同的体会:学生姿势错了,你帮他纠正了,可他难以维持长久;在课上写得很好,课后却判若两人;在田字格中写得较好,而离开田字格却不尽人意。面对这些问题,我在教学中从培养兴趣人手,扎实指导、准确示范、加强熏陶,逐步使低年级学生养成了良好的写字习惯。现在他们大都能写一手端正、美观的铅笔字。

1　重视写字兴趣的培养

1.1　鼓励评价激发兴趣

(1)批注法。对于学生作业本上出现的哪怕仅有几个写得较有进步的字,你都可以给他打上一个五角星,或者写上:“这几个字真棒!”“继续努力!”我们要睁大眼睛,以不苛刻的眼光对待后进的学生。

（2）语言激励法。包括口头语言和肢体语言。一句赞扬的话语、一个肯定的眼神，或是一个点头、一个微笑，都会带给学生巨大的动力。对待学生要多鼓励、少呵斥，多找闪光点，树立其自信心。

（3）竞赛法。研究表明，学生在比赛中能以更积极的心态来争取行动的胜利，通过展示也能增强学生的决心与动力。但需注意的是比赛次数不宜过多，每学期1～2次足矣；竞赛结果要以表扬为主。

1.2 榜样示范增加动力

如果教师能写一手漂亮的字，常常夸学生作业中出现的好字，学生怎能不对教师和这些写好字的学生产生敬意呢？怎能不多一份写好字的动力呢？因而，教育学生写好字，教师首先要在学生面前一笔一画地写规范、端正的好字。在每次的板书、批语中，切不可龙飞凤舞，力戒使用已经废止的异体字、繁体字或不规范字。教师在示范时，要注意吸引学生的有意注意。轻重缓急的语调、形象的体态语言、关切的眼神，都能使学生在无意注意中紧紧跟随教师。

1.3 灵活教法提高兴趣

写字是一项长期的枯燥乏味的劳动。低年级学生注意力容易分散，教师应努力变换花样，以提高学生的学习兴趣。如让学生用基本笔画组成喜欢的图画，既能起到练习的作用，又趣味十足。教师还可以利用投影仪，把学生中优秀的字拿出来让大家一起欣赏。“教亦有法，而无定法”，这需要教师灵活运用并有所创新。

2 养成正确的写字姿势

写字姿势包括坐姿和握笔姿势，即“手握笔尖一寸，胸离桌子一拳，眼睛离书本一尺”。这“三个一”对于学生而言，是知道容易做到难，更别说坚持下去了。教师可适当采取一些小对策。

（1）学生出现手握笔尖较下以致看不清运笔方向和字体大小时，教师可以让学生在离笔尖一寸处套上小皮圈，让学生一碰到它就想到“手离笔尖一寸”。

（2）重视桌椅的选择。

（3）及时纠正错误的执笔方法。通过观察，有以下几种现象：①手腕往里转；②大拇指和食指交叉；③手心紧贴桌面；④铅笔竖直；⑤铅笔没有搁在虎口。这些看似细小的问题在很大程度上影响了学生的身心健康和写字水平。因此，教师上好写字指导课的第一步，就是要扎扎实实地进行逐个指导、逐个检查，并在平时多留心、多提醒，让学生牢记“姿势正确方能动笔”。教师还可编“顺口溜”，让学生记住执笔姿势：“拇指食指握住笔，中指紧靠笔尖下，笔杆搁在虎口处，笔尖留出一小截，手腕搁在桌子边，关节支撑手能动。”

3 指导好学生写字

3.1 练好基本笔画

写字首先要学好基本笔画。横、竖、撇、捺、点、折、提、钩，这些基本笔画对于教师而言，人人皆知，但是否可以将它们深入学生心中，恐怕许多教师也深感困惑。低年级学生年龄小，领悟能力低，触类旁通、举一反三的能力不强。如果在教学中，我们只教一个横、两个撇等恐怕很难奏效。因为汉字繁多，用不变的基本笔画应付千姿百态的汉字，会显得生硬死板。如“月”“禾”两个字，若不知道“月”中的撇是竖撇，“禾”中应是平撇，那自然不好看。再如“川”中的两竖该是一垂露一悬针，“不”中的长点、“大”中的中横等，教师应该在学生学基本笔画时顺势带出这些稍有变化的笔画及字。教学时，教师通常要先教一些有代表性的笔画，然后再带出同类但有变化的笔画。如横的教学，先教长横，再教短横、斜横、中横，且从中带出有代表性的字：“上”“七”“大”……基本笔画掌握了，写字就成功了一半。

3.2 指导汉字结构

田字格本身不是汉字的一部分，它只是在书写时起到辅助参照的作用，通过边线、中线及其分割出来的空间对照，使学生能清楚地分辨出汉字本身各部分之间的位置关系。而许多教师却常常让学生不厌其烦地说出每个笔画在田字格中的位置，最终造成学生没有田字格就写不好汉字的尴尬局面。因此，教师要重视指导学生认清汉字的本身结构。首先认清主笔是关键。汉字中往往有一笔是最主要的，它对整个字起着平稳、美化的作用。如“火”

字，撇捺合作主笔，撇写成竖撇，捺在左点及右小撇稍下，左舒右展；而在左撇右捺作主笔的字中，如“金”“水”“永”等字，撇捺一般都呈水平线，切不可左高右低。有一些笔画少的独体字，一般取决于中心的笔画和最后一笔，如“少”字，中间短竖要直，最后撇要一撇出势，不可以弯。教师教写汉字结构时，要引导学生多看，并时时提问学生：“你觉得这个字哪笔最主要？”学生看出了主心笔，就基本能把字写稳了。其次找合体字，归类进行比较。汉字中有一大部分是合体字，量虽多，但书写起来却有规律可循。教学时，教师可引导学生进行比较、归类。如左右结构的字有三种情况：左窄右宽，如“江”“地”等（这类字非常多）；左右均分，如“教”“比”等；左宽右窄，如“彩”“耐”等（后两类字较少）。上下结构的字也有这三种情况。再有包围结构的字，如“国、问”等字应注意外框要竖直，而“回”“四”“口”等字要写成上宽下稍窄的倒梯形。至于左中右、上中下等合体字也有它们的基本规律，教学时引导学生归类，掌握它们的规律，就可以一个带动多个，写出好字。如果教师在教好笔画后，把偏旁部首也一个个地教学生写好，那么合体字教学就会更加得心应手、触类旁通。

4 注重学生特点，合理安排教学

4.1 注意笔锋教学

有的教师为让学生把字写漂亮，从一年级开始写字时，就反复指导学生写出笔锋、波折，可效果往往并不理想。因为低年级学生正处于手部肌肉和神经发育都未健全时期，对于轻重缓急的运笔十分模糊。当学生掌握了横平、竖直、撇尖、捺有力之后，教师再教给学生起笔、顿笔、收笔、回锋等，此时一定会事半功倍。

4.2 低年级写字度和量的把握

（1）宜大不宜小。学生习惯写大字，指关节、腕关节运动幅度大，能增强手指、手腕的灵活性，还能防止学生坐姿变样，视线拉得越来越近，从而从整体布局上纠正学生写的字大多偏右下方的毛病。（2）宜少不宜多。要让学生真正做到“提笔即练字”，首要一条就是写字的量不能多，要讲究质。我们发现许多学生在课堂上写字的效果，远远好于家庭作业或课后作业。原因何在？其中一个重要的原因，就是课后作业太多导致学生不注意练字。

5 多方面形成合力，共同抓好写字教学

教师首先要向家长宣传学生良好写字习惯的重要性，严格监督学生作业的质量及写字姿势。其次对学生的课外作业也要严格把关，不让学生有机可乘。再就是对于其他科目的作业的写字情况，教师也要定期评价，与其他任课教师及时沟通。

端正写字对培养一个人的意志力、行为习惯、个性及道德情操等非智力因素都有着重要作用，而这些因素对于小学生的身心健康发展具有不可估量的作用。作为一名爱好书法的人民教师，我想让自己和学生都努力做到：一笔一画学写字，一生一世学做人！端端正正写字，堂堂正正做人！

翰墨飘香——趣味盎然学书法

张家港市金港镇占文小学　朱秋琴

义务教育语文课程标准中提出，小学生毛笔书法的书写要求是：第二学段（3～4年级）学生会用毛笔临摹正楷字帖；第三学段（5～6年级）学生能用毛笔书写楷书，在书写中体会汉字的优美。毛笔书法教育教学工作，历久弥新，它将成为继承传统文化的有力载体，同样成为书法育人功能的实施平台。国家高度重视此项工作的开展，书法教育正在蓬勃兴起，毛笔书法这一古老而又年轻的学科已在悄然崛起和壮大。

作为一名小学语文老师，如何带领学生在这块领域里耕耘希望、收获成功，我想，提高学生学习书法的兴趣是关键的关键。

书法教学的过程可以说就是兴趣培养的过程，兴趣是激发孩子主动学习最活跃的因素，如果学生

对毛笔书法产生了浓厚的兴趣,他就会适时适地去练习书写,甚至争分夺秒、挤出时间来苦练,从中感受毛笔书法带来的乐趣。陶行知先生这样说:“总之,必使学生得学之乐,而耐学之苦,才是正轨。若一学生趋乐避苦,这是哄骗小孩子的糖果子,绝不是造就人才的教育。”有了兴趣,学生才会有耐学之苦的支点,从而,也才能有正确的与精神相通的书品、人品。在平时的书法教学中,我用这几个小招来提高孩子们的学习兴趣:

1 故事激趣

爱听故事是孩子们的天性,我收集整理了历代书法家的故事,在书法课上总会引用几则,一来为课堂增添愉悦和谐之气,二来更为学生主动接触书法打好基础。如讲到学习书法的好处,我就侧引王羲之竹扇赠字,使得原本卖不出去的竹扇抢购一空的故事,一笑过后,学生得到的更是对王羲之才华横溢的敬仰和对他乐于助人高尚品质的赞叹。讲到如何才能写好毛笔字的时候,我引用了东汉大书法家张芝年轻时刻苦练字的故事,他天天勤奋练字,废寝忘食,几天就写秃了一支笔,洗砚池的池水后来竟变黑了。现在,这个故事已成为班内传讲最广的案例。还有西汉大臣萧何三月冥思苦想动笔为宫殿题名、岳飞怒题《满江红》的英雄气概、一代伟人毛泽东“数风流人物,还看今朝”的磅礴豪情……

这种故事式的教学,学生听得津津有味,从故事中,他们会把对故事人物的热爱,潜移默化延伸到对书法的热爱、对书法练习的热爱中。这种热爱,也就成了孩子们“耐学之苦”的精神支柱。

2 比拟逗趣

书法中有很多的专业术语,如:逆锋起笔、回锋收笔、转锋右运等,这些术语对于还是小学生的孩子来讲,应该要了解其书写的方式,但如果硬搬砖头搭房也是不行的,如果学生够不到这个高度,他就会慢慢失去学习的动力。叶圣陶先生说:“应当教给学生学习的方法,而不是长期详细的灌输书本知识。”所以我在教学这些笔画要领时,运用了学生身边的事物进行比拟,让学生学得更轻松。如刚开始教写“横”,形象地把它比作一根长长的扁担,两头挑着重物,前面一头东西多,扁担头要高些,不然重物会滑下去的,这叫“逆锋”,有点重,顿一顿,加把劲挑起来!轻松起笔!细长的扁担,看看后面,东西轻些,担身微微上扬,到头了到头了,同样要防止物品滑落,头高些,可要挑稳了,后面压一压,把笔收一收,好漂亮的“回锋收笔”呀!教写“横折折撇”时,我们把它比作漂亮姐姐头上的一缕卷发,发根顿笔,又黑又亮,卷发好柔美,弯弯地下落,发梢细细的,可漂亮了!

运用这样的比拟,学生练字的难度降低了,热情提高了,没想到小小的笔画竟有如此的奥妙蕴藏其间,学生学会了书写的方法,他们的学习兴趣一下子就被激发了出来。

3 儿歌增趣

陶行知先生说:“我以为好的先生不是教书,不是教学生,乃是教学生学。”毛笔的灵活运用是书法学习的重点也是难点,它需要我们把手中的笔练得收放自如,在不同的笔法中表现出笔画的个性特色。在学习各种笔画时,为了让孩子们更好地记牢它们的运笔要领,突出笔画的特征,我经常会用些小儿歌来帮助孩子感悟笔画的变化,同时也能渲染课堂气氛,使原本沉闷的书写变得灵动而活泼。如教“点”:多可爱的小露珠呀,尖尖小头,圆圆身体,弯一弯腰,向我问好!教“四点底”时:四个小兄弟,排成一长队,大哥回头作指挥,二弟三弟跟在后,小四弟,看不清,伸长脖子顿一顿。利用这些生动形象的儿歌,来帮助学生分析笔画特点和注意要领,学生学起来轻松,记得又牢,时间久了,他们居然还会自己创作了。如学写“捺”比,学生就自创了这样的情景:“小朋友,玩滑梯,上面平,斜面滑,当心当心别摔疼,我用手儿托一托。”

书法学习过程,不仅是学习运用毛笔书写的过程,更是孩子们童真童趣展露的过程,也是他们初步的道德观、人生观的形成过程,古人说,“书为心画”,这样的书写,这样的儿歌,不正是他们美好心灵的体现吗?我暗自欣慰,这真是“迟日惠风柔,桃李成蹊绿渐稠”啊!

4 鉴赏提趣

鲁迅先生说:“我国的书法艺术是东方的明珠瑰宝,它不是诗却有诗的韵味,它不是画却有画的美感,它不是舞却有舞的节奏,它不是歌却有歌的旋律。”中国书法博大精深,包罗万象,历千年来经久不衰,楷书首推唐楷,草书有怀素、张旭、孙过庭等,《张迁碑》《曹全碑》可为隶书之最。一件书法作品的诞生,都是作者情感态度价值观的体现,很多优秀的书法作品,反映了作者独特的精神气度和丰富的内心世界。如果孩子们能对一幅普通的书法作品进行正确的“评头论足”,懂得这幅书法作品“妙”在何处,或者哪里需要修改,那么他在书法这个领域中可谓有所见地了。学校书法室内陈列着历届书法班毕业学子赠予母校的书画作品,我带着孩子们来欣赏,每一幅作品我们都是边观察边评论。这里还有学子们平时练习书法的手稿,我们一页一页地翻阅,再从前到后进行分析,得出他们进步的原因。外墙上,有学生和教师的书法作品,同样是我们学习的对象。时常,我也会找出历代书法家的作品来给大家欣赏,体会柳公权字体的爽利挺秀、骨力遒劲,颜真卿字体的浑厚挺拔、开阔雄劲,体会行书作品的率意天成、草楷作品的连绵流畅……

对于中高年级的学生来讲,他们已经有了一定的审美能力,但是书法作品毕竟在生活中接触甚少,要想让学生具有一定的鉴赏能力,就必须让他们懂得书法方面的知识,以及构成这种“妙”趣的条件和因素,必须创设条件让他们多接触优秀的书法作品,这样他们才能掌握书法欣赏的方法。有了一定的鉴赏能力,他们才能真正领略它的风采,才会在书法世界里举一反三,得到更多的养分,他们也会更加喜爱书法。

5 竞赛促趣

既然学了,就要有所“成”。而每个学生都是单独的个体,他们都具有自身的个性,于是,“成”在他们身上又展现了各自不同的色彩。陶行知先生说:培养教育人和种花木一样,首先要认识花木的特点,区别不同情况给以施肥、浇水和培养教育,这叫“因材施教”。为了让每位学生得到发展,面批面评成了主要的交流方式,同样,为了让大家取长补短,我在班内开展了书法作品展、书法作品赛活动,每隔一段时间,让大家展示自己的书法作品,每个学生既是参赛者,又都是评委,你对哪幅作品有话说,都可以当堂畅谈。“心中没有太阳,也就看不见太阳”,大家越学越好,越学越深,心中自然就有了“太阳”,好的作品,我们还会保留好,拿去参加《少儿书画》大赛等,每学年,我们总有几幅作品得到评委老师的赞赏,摘得大赛奖牌。

这样的过程,既让学生对自己平时练习书法有个督促作用,也能互相交流经验,知道自己的书写优点,还可以得到别人的指导,让自己少走弯路,更重要的是,在这样的氛围环境中,学生练习书法的积极性就能经久不衰,学生能“耐学之苦”自不用说了。

除了这些,我还准备进行师生联谊赛、书画一体展示和“书法人物我知道”“我的书写小故事”等主题活动,希望在这些活动中,能充分展示孩子们鲜亮的个性和对书法学习的无比热情,让孩子们在书法领域中获得快乐的体验。

书法,这门古老的东方艺术,越来越受到社会的重视,书法教学,既然落到了我们这代人的肩上,就要勇敢地挑起这份责任,这才无愧于我们的祖先,无愧于这个时代,无愧于我们的学生。

转变观念　培养兴趣　让写字成为一道亮丽的风景

张家港市东莱中心小学　周见孙

中国汉字被誉为世界上最美的汉字。但是现在随着现代化电脑的普及,汉字的书写逐渐被淡化,许多孩子甚至成年人都“不会”写字。为了使学生爱上写字、学会写字,我积极引指他们认识误区,转变观念,学生的书写兴趣得到极大提高,孩子们由“不想写”,到“想写字”、“会写字”,慢慢变得“爱写字”了。

结合平时的写字教学，我从两方面入手，做了以下尝试：

1 走出误区，转变观念

小学生年龄小，且好动、注意力不能长时间集中，让他们长时间正襟危坐、苦练书法比较难做到。再加上家长、学生对写字还存在种种片面认识，存在“应试教育”的观念。这些都使小学生们不愿意好好地写字，写起字来总是“龙飞凤舞”。针对这一情况，我先从学生思想上出发，转变以下几种对写字认识的误区。

1.1 转变“只要正确就行”的观念

以往的应试教育使得一些家长和学生认为：“字写得好坏都无所谓，只要不写错、能看清就行。”

对这种错误认识，我在家长会上晓之以理，引用名家所言——如郭沫若先生曾说过：“要把字写得合乎规格……对养成习惯有好处，能够使人细心，容易集中意志，善于体贴人。”前省教委主任周德藩提出要让学生从小事做起“把地扫好，把操做好，把歌唱好，把字写好”。让家长知道，孩子们把字写好，不仅能训练书写能力，而且也能培养孩子办事认真、专心、细致、有耐心、有毅力的态度。字犹如人的第二张脸，写一手好字，受益一生。为了让学生们懂得写好字的重要性，我给他们讲书法家的故事。比如王羲之刻苦练字，他经常在水池中洗毛笔和砚台，后来水池的水都变黑了，人们都叫它墨池。后人都照着他们的帖练习写字，王羲之被后人尊称为“书圣”。

1.2 转变“只要考试时写好字就行”的观念

部分学生、家长都存在这样一个偏颇的观念：“只要写字课上认真些，考试时把字写好，平时可以随便些，家庭作业可以潦草些。”

这种观念，实质上是对自己极端不负责任的表现，只能误了自己，而且容易形成当面一套、背后一套的不良品质。对这种认识误区，我对学生导之以行。我不仅重视各种作业的工整性，严格要求学生认真写好各种作业。哪怕是课后自己做的练习题，我也要求他们以一丝不苟的态度对待，我常在学生作业本上这样评价“人美，文美，字更美！”“你的字像你人一样漂亮就好了！”“我喜欢看你写字！”我还告诉学生做事要负责任，写字也要负责，潦草写也是写，一笔一画写也是写，但写出的字不一样，效果不一样，给人感觉也不一样，同样都是写，为什么不把字写好写美呢？写好字是对自己做作业这件事负责，也是对老师交给的学习任务负责。

1.3 转变“没有时间练字”的观念

有些学生总以功课多，学习任务重为借口，说“没有时间用在练字上”。

现在的小学生要求全面发展，各个学科都要求他们能很好地掌握，看起来是没有特别充足的时间练字。对于这点，我是这样处理的，在教学中改“满堂灌”为“精讲”，改“题海战”为“精练”，练字时间就多出来了。我再要求学生把每次作业都当成练字，并且持之以恒。这样功课、练字、培养毅力同时进行，一举多得。长期坚持，取得了较好的效果。

2 培养兴趣，学会写字

练好字不是一朝一夕的事情，必须有一个长期的训练过程，在转变了学生对写字的错误认识后，我着力提高孩子们的写字兴趣，养成一个好的写字习惯，教给他们正确的写字方法。

2.1 情感教育，培养兴趣

书法源远流长，博大精深，是中华民族特有的传统书艺。书法流派纷呈，风格多样，富有艺术性而且有很高的艺术价值，是世界艺术中一颗璀璨的明珠。

中国书法在世界上影响深远，它曾随汉字的使用而影响到周围邻国，尤其在日本影响最大。另外，还有许多外国画家也因受到中国书法的启发，而创出佳作。

这些历史，都是我们每个炎黄子孙引以为豪的。在写字课的教学中，我渗透这些思想教育，给他们讲一些古代书法家的故事，讲汉字的演变等，让学生了解历史，培养他们爱祖国、爱祖国的书法艺术的情感，激起他们“弘扬书法、振兴中华”的神圣责任感，使他们对书法产生浓厚的兴趣，为练好字打下一个良好的思想基础。

2.2 严格要求，养成习惯

小学生要写好字，有很多要求。总的来说可概括为“正确、清晰、端正、整洁、快速”。即书写姿势要正确;字迹清楚,笔画分合明显;横平竖直,笔划比例适当;纸面保持干净,不涂改圈画;写得较熟练。

小学生练习写字正处于启蒙阶段,他们的可塑性强,但是一旦形成坏习惯,则难以更改。因此,我在他们刚起步时,严格要求,及时纠正在写字过程中出现的各种不良行为,促使他们养成良好的书写习惯。

2.3 勤练技巧,积累“书感”

叶圣陶老先生认为:“写字是一种技能,大凡传授技能技巧,讲说一番,指点一番,只是个开始而不是终结。要待技能技巧在受教的人身上生根,习惯成自然,再也不离谱走样,那才是终结。”要使学生写好字,最关键的还是要教给他们写字技巧、方法,让他们勤以练习,熟能生巧,达到能自己学习的目的。

学习书法,多读帖,多练习,可以积累“书感”。书法是抽象线条的王国,书法线条富有神奇的表现力。线条有的粗涩凝重,有的细润华滋,但都显示出一定的质感。有质感的线条能唤起审美联想。写书法时需凝神静思,把一身之力送到笔端,倾注于点画之中,表现出有力度的线条,字体显得筋骨遒健。

平时练习时,我要求学生认真对待每个基本笔画的起、行、收笔,靠手腕的灵活,在完成转折或改变用笔方向时体现动作节奏。还从用墨、行笔和驭笔能力去训练学生,行笔要流中有留,“快而不燥”,沉着果断,形成具有律动美的线条,表现汉字书写行云流水般的动感。

2.4 学会欣赏,引导创造

中国文字有三美:意美、音美、形美。我通过各种方式为学生创造欣赏条件,教会他们欣赏方法。我收集了一些名家作品、书法字帖教学生欣赏方法,陶冶情操,同时也潜移默化地影响其书写艺术。再如展示同龄人的佳作,给他们创造自己的书法作品打基础。

前人有云:熟读唐诗三百首,不会作诗也会吟。我在课余时间组织学生参与一些书写活动。如自己动手书写教室里的条幅、标语、学习栏、黑板报等,既培养了学生的能力,又增强了自信。组织学生办书画作品展,让学生有表现自己才华和享受愉悦的机会。定期举办作业展览,将写得好的学生作品和报纸杂志上的优秀书法作品放进学习园地。让学生看到自身的价值,提高他们对写字的兴趣。更值得高兴的是,现在教育部门越来越重视学生的写字,举办了各级各类的书法比赛。我鼓励学生们积极参加这些比赛,孩子们每一次获奖,都使他们写字的热情高涨,掀起了一波波练字高潮,整个班级也因此形成良好的写字氛围。

“路漫漫其修远兮,我将上下求索。”写字教学的研究之路还很长,让我们一起来为之学习探讨,使这道民族文化的风景线更加绚丽多彩。

五年级软笔书法楷书例字“水”的教学设计

苏州工业园区青剑湖学校　陆樱樱

1 教学目标

(1) 指导学生写好欧体“水”字中的竖钩、横撇、撇和捺等基本笔画,能把“水”字写得工整、美观。

(2) 了解“水”字在左右结构和上下结构中的结构和构字特点,并尝试把“泉”“冰”这两个典型的例字写好。

(3) 了解“水”的德行,体会书法和水的共同特征,亦静亦柔亦刚,体会书法的力与美,初步感受书法各种字体的灵动之美。

(4) 激发学生对软笔书写的兴趣,培养学生形成良好的软笔书写习惯,树立正确的审美观,体验中国传统文化的艺术之美。

2 教学重难点

“水”字中的竖钩、横撇、撇和捺等基本笔画。

3 教学准备

多媒体课件、投影仪、教师用的笔墨和墨盆、板贴宣纸给学生对着看的范字样张、作品样张、学生用的作品宣纸以及练习纸、小学生用的笔墨、教师团扇作品三幅、吹塑板展板三块、红色记号笔。

4 教学过程

4.1 引言

(1) 课前谈话:畅谈水之润泽与情怀(3分钟)。

师:你们去过苏州吗? 谈谈苏州在你们心中的印象。

小结:是的,苏州是典型的江南水乡。唐代诗人杜荀鹤来到苏州曾感叹道:“君到姑苏间,人家皆枕河。”这是一座离不开水的城,可以说这里是水的天堂。(课件出示图片:小桥流水人家图,并出示句子:“君到姑苏间,人家皆枕河。”)

(2) 设计意图。

紧密联系“水”,以谈话的方式激发兴趣导入主题“水”,说一说水的成语,拓展了语文知识,发展了学生的语文能力,并使学生在原有基础上更了解水、欣赏水,为下一步学习水和书法的文化共性做铺垫。

4.2 探究水与书法之共性(7分钟)

师:课前我们一起谈论了水,今天这节课我们来学习如何让水的灵动姿态展现在纸上,一起读:水漾舞姿,灵动墨痕。(课件出示:主题)

师:水和书法有什么联系呢? 请大家先看一段视频,仔细欣赏,用心体会。(课件出示:视频)

切入主题,提问视频。

师:你们发现了水和书法有什么共同点?

学生交流。

教师小结:① 水奔流不息,好像有德行。有时和顺温柔,好像有情义。有时水穿山岩,凿穿石壁,从无惧色,好像有志向。由此看来,水是真君子啊!

② 书法行云流水,好像也有德行。有时和顺温柔,好像也有情义。有时苍劲有力,滴水穿石,从无惧色,它好像也有志向。由此看来,书法也是真君子啊!

(点击出示课件)强调四个“有时”,从这四个“有时”又能发现什么?

师生一同小结:是呀, 书法如水,亦柔亦刚,是灵动多变的!

(1) 水的演变。

说到灵动多变的,那么以水为例,水是如何演变而来的呢? 字体又有什么变化呢?

介绍如下:

师:我们就从秦始皇统一文字的小篆说起。瞧,这就是小篆。这是庄重的隶书,这是潇洒的草书,这是行云流水般的行书,那么这就是我们最常用的楷书。

(2) 感受字体的灵动。

师:这里有两个楷书的“水”字,一个是欧阳询所写,一个是颜真卿所写,这两个同样都是楷书,给你留下什么不同的感受?

小结:是的,欧阳询笔下的“水”如同温婉柔美的女子,颜真卿笔下的“水”则像一个刚劲有力的男子。同样是楷书,却给我们不同的感受,书法的确如水,灵动多变,而且每个姿态都是那么美!

(3) 设计意图。

让孩子在视频中体会水与书法的共同特征,静、柔、刚,书法亦静亦柔亦刚,就好像水的刚柔并济,体会书法的力与美,以及书法如水灵动多变的特点,更深入地了解水。

4.3 教学书写水之舞姿(重点)(10分钟)

(1) 教师讲授正楷“水”字的书写并示范。

师:接下来我们就要来写好“水”字,因为欧阳询的楷书法度严谨,笔力险峻,世称“唐人楷书第一”,现在让我们一起一步一个脚印地来学习这个欧体的“水”字如何书写。

① 分解“水”字笔画,分笔画详细讲解。

师:首先这是一个什么字体? (独体字)那么在书写的时候就要写在米字格的什么位置? (中心位置)

师:先看第一笔竖钩,在书写时要注意什么才能把这笔写好?

学生交流。

教师小结:是的,竖要写得挺拔有力,稳健不倒。钩呢？你们瞧，这是古代的一种兵器金钩，（播放动画）发现了什么？这个钩要写出金钩的神韵，向左上方有力钩出。

读：竖笔有力，钩似金钩。（课件出示）

第二笔横撇，在写横撇的时候分两步，第一步先写横，断笔再写撇。你有什么注意点要送给大家？

学生交流。

说得很好！这里的撇就很像一种植物的叶子，从上至下，越来越细，把笔尖送到撇尾，慢慢收笔。

撇要写得：渐行渐收，撇似兰叶。（课件出示）

接下来一笔也是撇，比较两根撇的不同。同桌讨论下，可以从方向、位置、长短这些方面来研究。

学生交流。

你们观察真细致，这一笔撇就像象牙，相较刚才兰叶撇，这一笔象牙撇更加短粗有力，出撇稍快些。

出撇稍快，撇似牛角。（课件出示）

捺呢？你们说说有什么书写要领提示同学们。

学生发言。

说得很好！捺画由轻到重，由细到粗，还要写得一波三折。想象一下，我们把捺画无限延伸，就仿佛是海面上的波浪，捺画就是取其中一个波段，这是一波，三折就是有三个折，一折平出，二折向下，最后折向右平出，边提边收，收笔不可太长，这就叫一波三折。它的形状也特别像古代时的一种兵器——金马刀。（播放动画）

记住捺要：一波三折，捺似金刀。（课件出示）

总结：写好这个字，要注意一波三折。

课件出示：

竖笔有力，钩似金钩。

渐行渐收，撇似兰叶。

出撇稍快，撇似牛角。

一波三折，捺似金刀。

② 边示范边讲解书写要领。请学生伸出手指跟我书空。

师：把握好了这些关键点，写出来的字一定很优美，现在看老师来写一写。

先找到中心点。第一笔竖钩，起笔在哪里，找准位置，沿着中心线，逆锋起笔，向右顿笔转锋，中锋行笔，至末端稍顿收下笔，然后平向左自然地钩出。钩不要太大，钩似金钩。

接下来是横撇，横沿着横中线逆锋起笔，顺势过来，稍带倾斜，断笔调整再写撇，撇要渐行渐收，顺势撇出，把墨送到撇尾，一气呵成，形似兰叶。

接下来是牛角撇，位置比较高，逆锋稍顿，提笔转锋，顺势出撇，撇得短而快，惊鸿一略。

最后是捺，逆锋轻落笔，边行边按，由轻到重，行至末端，停下形成一个捺脚，形成一个立点，边提边收笔，收笔不可太长，注意要写得一波三折、舒展。

同学们，“水”字应该是在米字格的中心位置，大家看是不是？

③ 学生自己练习书写“水”字，教师评价指正。

师：你们来写一写，先拿出一号纸，请同学们用毛边纸蒙着一号纸先双钩填充，再单线书写，两个描好之后，再在毛边纸上自己临一个。写之前老师送给大家一些提示。（课件出示书写提示）

听老师讲要求：握笔，坐姿，运笔，书写位置。

摆好姿势，播放并欣赏古筝音乐。

第一次尝试性书写，并找学生展示，师生一起评价。

教师投影仪修改，再做示范。红色记号笔修改。

预设：整体结构把握不错，竖钩再有力一些，或横撇与竖钩位置靠得太近；结构匀称，就差字的笔锋要显出精气神，注意顿笔！

第二次书写，找学生展示。评价。

师：我们首先要做到在写之前就要构思，先整体观察这个字是什么结构，这个字大约写多大，在田字格的位置布局，等构思好了再动笔书写，这就叫意在笔先。胸有成竹之后，保持静心如水，那么字一定能写好了。现在我们再次书写一个“水”字。

评价：字形柔美，结构合理，撇捺舒朗，看起来神采飞扬，写得不错！

字体结构掌握得很好，在不在米字格的中心位置？笔锋有力，挺拔健美，好字！

师：这是“永”字，这个字和我们今天学习的“水”字有什么区别？的确，它们字形相似，“永”字就多了两笔，“永”字中的这八个笔画基本涵盖了所有汉字笔画的大体，每个笔画都做了一一详细分解,这就是历史上有名的永字八法,是我们所有书法学习者的学习宝典。我们书写的“水”就可以参照永字八法。(课件出示:“永”字八法)

(2)设计意图。

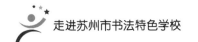

通过教师亲自示范水的演变之后,使学生对“水”字有了更深的了解,让学生体会灵动的水在纸上舞出不同的姿态,范写时精讲、示范,评价作品时针对性讲解,从各个层次来提高学生的书写能力,把“水”字写得美观。

4.4 寻找水之别样姿态(拓展:“冰”、“泉”)(10分钟)

(1)教师讲授“冰”“泉”字的书写并示范。

师:下面我们继续寻找水的灵动多变的姿态,想想还有哪些字中含有水,他们的姿态是怎么样的?和同桌一起讨论讨论。

(播放动画)你们看,“沓”字水在上,变得—,因为它要照顾—;“泉”字水在下,竖变—,因为它要谦让—;“淼”字水在左下方,捺变成了—,字形也—;“冰”字水在右,横撇和竖钩靠得—。水在不用的结构中展现出来的是—不同的姿态,因为他们都懂得谦让,我们做人也要做像水一样,谦谦君子。

在生活中,“冰”“泉”这两个字用得比较多,我们就来写好这两个字。

“泉”字,要确定在中心位置,上下结构,要写得上窄下宽、上紧下松,有意识地把上面的白收紧,尤其是两竖,朝着中间聚拢,横折可以分两笔完成,横细竖粗,衔接好,三横之间等距,我们称之为布白均匀,中间下面“水”字的竖要短一些,按刚才讲的方法书写,两边的撇和捺要舒展。最后确定在中心位置上。

“冰”字,首先是左右结构,左窄右宽,两点水沿着横中线上下各一笔,提要干净,不能拖泥带水,两点呼应,竖钩紧挨着竖中线平行往下,横撇稍微向竖钩靠拢,捺要舒朗,看看在不在中心位置?

你们也试试吧!看着例字,在毛边纸上师写一个“冰”、一个“泉”。学生书写“冰”“泉”。

评价:“泉”字上窄下宽,工整美观,特别捺笔舒展,好一个“泉”字!冰字结构紧凑,左窄右宽,左右位置分配合理,笔力有劲,好看!

(2)设计意图。

在这个环节中,让孩子能学习书写“水”的同时,也相应地学好“水”字在不同结构中的书写,写好两个典型例字“冰”和“泉”,从而使孩子学习到汉字在不同结构中的变化和应用,把字写出变化,学会怎样在不同的位置呼应汉字的其他部分,提高审美。

4.5 创作水之书法作品,赞美水之人文情怀(10分钟)

(1)创作和展示作品。

师:同学们,你们把“水”字写漂亮了,还写好了“水”在不同结构中的美妙的姿态,接下来应用到书法作品中,把对水的喜欢融入作品中。请拿出二号纸和作品纸,精心创作。

学生作品创作,教师巡回指导。配乐。

学生作品展示,完成四块展板。

同学们精心创作了自己的作品,现在我们每个小组来展示下,分别展示团扇作品小组、小横幅作品小组、竖幅作品小组、扇面作品小组。

师:同学们说说你们现在的感受!

经过一番努力,我们的作品新鲜出炉了,让我们一起来欣赏同学们的佳作,你喜欢哪一幅呢?每一幅都是同学们智慧的结晶,布局合理,整体非常美观,大家应该把掌声送给他们。

接下来我们去欣赏书法家们创作的关于水的书法作品吧。

书法家作品欣赏,配乐。

教师作品展示,边展示边总结:老子曾说,“上善如水。”孔子也说过,“仁者爱山,智者爱水。”今天和大家一起了解了书法如水,都是真君子,亦柔亦刚、灵动多变,愿同学们也做水一般的君子,勤练书法,写出的字如行云流水般潇洒。

(2)设计意图。

通过学生的创作展示,来引导学生学习书法应用到书法创作中,拓展他们的知识,并通过教师总结再次让学生了解水的德行,体会书法和水的共同特征,亦柔亦刚,体会书法的力与美以及灵动多变,鼓励学生钻研练字。通过欣赏师生书法作品,回到书法的主题,树立正确的审美观,体验中国书法传统文化艺术之美。

《"木"字的变化》教学设计

苏州市工业园区文萃小学　赵苏苏

1　教学目标

1.1　知识与技能目标

（1）培养学生的观察能力、分析能力和模仿能力，了解"木"字在不同位置时所发生的变化。

（2）学会写"木""林""杏""呆"等带有"木"字的字，养成良好的书写习惯。

1.2　过程与方法目标

（1）通过对比的方法，了解"木"字在不同位置时所发生的变化。

（2）充分利用白板的放大镜效果、神奇墨水、图层的锁定、拉幕效果、音频和视频的插入等功能，在有趣的体验中去学习"木"字的变化，掌握了"木"作为偏旁的变化规律。

1.3　情感态度与价值观目标

激发学生对中国汉字的热爱，在书写汉字的过程中培养学生谦让的品质。

2　教学过程

2.1　环节一：看一看，悠久的木

今天我带了一个小伙伴，它是？（放大镜效果出示："木"）

和它交朋友要先了解它，我们看看它是怎样变成现在这个样子的。

（"木"字的演变过程）同学们看，（用笔的功能，边说边圈画）这里代表树根，这是树干，这就是树枝，这就是最早刻在龟壳、兽骨上的甲骨文的载体——木。到了商周时代，人们把汉字铸在青铜器等金属上，被称为金文，这就是金文的木，到了秦代出现了刻在木简或者竹简上的字被称为篆书，这就是篆书"木"。为了书写方便，东汉的蔡伦发明纸张，也就有了写在纸上的楷书"木"。这就是"木"字的演变过程。

中国的汉字，经历了五千年的变化，不但神奇而且有趣，他们像一个个活泼的精灵，变化无穷。

今天我们要来了解的是——"木"字的变化。（大屏拉幕效果出示题目）

2.2　环节二：分一分，不同的木

你知道哪些字是木字旁吗？

学生回答。

你们平时一定阅读了很多书籍，才会认识这么多木字旁的字，真了不起！你发现了吗？凡是和树木有关系的字多数都是木字旁的。老师也带来了几个，看屏幕。（聚光灯效果）

木字呀，它特别喜欢和小朋友捉迷藏，快看它藏在哪里？看谁找得最快、找得最准。

这么多的带有木字旁的字，同学们，你们能不能按照木字旁所在的位置给它们分一分类呢？

指明说。演示在庞大的木家族中，字在左是最多的。

同学们这样三大类，你先想学习哪一类呢？是呀，老师也有这个想法，学会了这一类字呀，你就像小小书法家迈进了一大步。

2.3　环节三：找一找，"木"在左和右时的变化

（出示：林）木字可真调皮，这会儿它藏在哪里了呢？同学们先看木小弟——左边的看木在旁，发生了什么变化吗？

（出示对比图）学生说：横、竖、撇、捺。教师根据学生的回答点出变化的规律。

那右边的木哥哥呢？发生了什么变化呢？（出示对比图）

学生说变化，教师点出变化的规律。

它和哥哥在一起发生不愉快的事情，大家想想：把它们放在一起要注意什么呢？

学生回答：点和撇的穿插。

对！中国汉字是文明的字宝宝，他们在一起要懂得谦让才能和平相处呢！那写"林"字时要注意什么？找到了规律，谁来提醒老师，怎么写好这个字呢？请大家拿起小手跟着老师一起写。（请一位

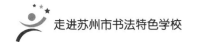

小老师提醒大家林字的口诀）

教师板书学生书空，写一写：

下面请你在我们的练习纸上，描一个，写一个。（注意描红的时候，描红不落红）

右边的木要稍大，竖稍长。

请大家一起来练习。（出示音乐）

教师巡视并评价：

你的竖写得真直，就像两棵挺拔的白杨树；你的林字真匀称；你写得非常用心。

2.4　环节四：评一评，总结学法

点评：有些同学不仅能将自己的字写好，还能帮助别人写好字，当上小老师呢，这是个好老师，我们的小书法家诞生了。

首先，笔画美观，有没有做到顿头捺脚。其次，结构是否合理。最后，我们写字要一笔到位，争取不用橡皮擦，也就是做到字迹整洁。做到一条，就能得一颗星。我们来看看这个小朋友写得怎么样……

刚才我们通过找一找、练一练、评一评、写一写的方法学习了“木”在左边的形态变化。下面我们尝试自己来找一找上边、下边的形态变化规律，前后左右相互讨论一下，好不好？

2.5　环节五：想一想，“木”在上和下时的变化

教师来采访这一组的学生，递上话筒，发现栏目组请说一说你们组发现的规律。（学生边说，教师边演示）其他组也有同样的发现。为我们的大发现鼓掌。

教师板书范写“杏”，请一位学生提醒。

范写“呆”，请一位学生提醒。

学生练习。

教师巡视：

杏字头真漂亮，像把小雨伞。撇捺同一高度真和谐。下木横真有力量，肩膀宽托住上面的口。

看看这位小朋友的字，你给他几颗星？别忘了对照我们的口诀哦。

2.6　环节六：动一动，复习巩固会写“木”

做写字操：

小结，我们一起来学着做一做写字操，放松一下。

出示写字操视频，边做操边唱“木”字变化儿歌：

小小“木”字真可爱，字在左，有讲究，横要短，竖要长，撇略收，捺变点，懂谦让，讲文明。

字在上，像花伞，横不变，竖缩短，撇捺舒展才漂亮。

字在下，要拖稳，肩要宽，竖略长，撇捺舒展，真好看。

找规律，记字形，学字有法并不难。

同学们，今天我们一起学习了“木”的变化，掌握了木作为偏旁的变化规律。你还会写哪些带有木字旁的字呢？可以写在老师发给你的绿色小树叶上，能写几个就写几个。（学生写完后让学生贴到前面黑板上的大树里）

总结：同学们，我们中国的汉字就是这么神奇，充满着魅力，今天这节课，我们学习了很多和“木”字有关的字，通过这一节课，你一定能将带有“木”字的字写好看，只要小朋友们在课后能持之以恒，坚持练习，一定能成为小小书法家，让我们一起加油吧。

“横”的书写

苏州工业园区星洋学校　黄艺蓓

1　“横的书写”教学设计

1.1　教学目标

（1）仔细观察大屏幕上学生的坐姿图，反复训练学生正确的写字姿势，培养良好的写字习惯。

（2）在老师的讲解引导下，了解掌握握毛笔的姿势和书写要领，并在观察、比较、临摹的基础上，学会书写基本笔画“横”。

（3）使学生养成正确的写字习惯，培养学生的审美能力。

1.2 教学重点

使学生养成良好的写字习惯。

1.3 教学难点

学会书写基本笔画“横”。

1.4 教学过程

师：小朋友们，看看，今天老师带来了许多特殊的笔，你们认识吗？（出示毛笔）

生：认识，是毛笔。

师：接下来我们一起欣赏一下用毛笔书写的书法作品。看完后说一说你的感受。

生1：我觉得软笔书法特别好看、很大气、变化多端……

师：对，中国文字历史悠久，书法更是博大精深。它植根于中国传统文化土壤，是中国上下五千年来的优秀文化传统。你们想跟着黄老师一起走进这书法乐园，体会古人意趣吗？

生：想。

师：那么今天我们就一起来学习写一写书法。想要学好软笔书法，首先，要有一个正确的书写姿势。书写的姿势对于练习写字非常重要。正确的写字姿势能保证书写自如，减轻疲劳，提高书写水平。（课件出示图片）看图说话，明确正确的写字姿势的要求。为了让大家牢牢记住，老师将写字姿势歌教给大家。大家跟着我念一念并做一做动作。

写字姿势歌

写字之时身坐稳，肩平背直头摆正。

胸离桌沿要一拳，眼离桌面要一尺。

手握笔杆中下方，两脚平放有精神。

请几位小朋友到讲台前，按要点尝试着摆好姿势。

引导学生注意对照要求仔细观察，发现问题予以纠正。

全班同学学习，摆放好正确的写字姿势，教师巡查，逐一点拨纠正。

2 执笔法

师：写字的姿势大家都学会了，现在要学习最难的了，大家有没有信心？

生：有。

师：大家猜一猜，拿毛笔写字和拿铅笔写字的方法是一样的吗？

生：不一样。

师：那我们来看一看毛笔是怎样握的呢？

（出示毛笔的握笔姿势，PPT 看看谁模仿的最像）

教师巡查帮助学生纠正，请握的好的小朋友做小组示范。

这么快就把书写姿势和握笔姿势都学会了，我们班的小朋友可真棒。

2.1 小试牛刀：横的书写

师：同学们，汉字是由笔画组成的，笔画是构成汉字的最小结构单位，就好比房屋是由砖头、瓦、木头等建成，要建成房屋就离不开一块块砖、一片片瓦、一根根木头。要想写好汉字，首先要写好最基本的笔画。

板书：横的书写；并齐读课题。

讲解“横”书写要领。

示范书写，指名说笔画名称。

讲解笔顺（从左到右）。

再次范写，让学生说说自己看到的“横”有什么特点（分小组讨论）。

分析讲解：书写每一个笔画都要有起笔、行笔、收笔，不能平拖或平划；要有轻重变化，不能写得像个火柴棒或者像个骨头。

横的书写要领是：起笔重—行笔轻—收笔重。

图示：（课件出示）

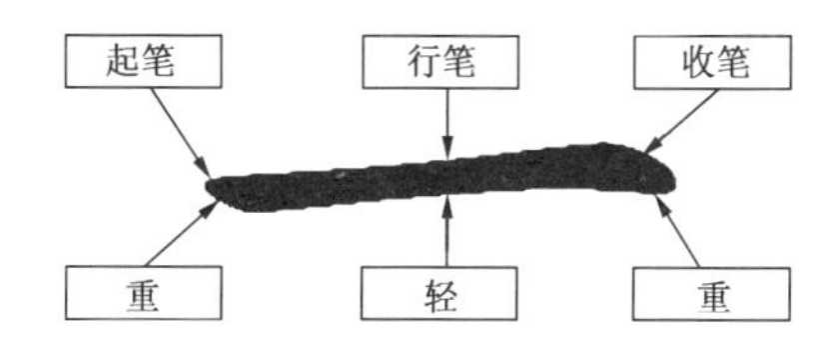

详细讲解：起笔稍重、行笔向右较轻，收笔略向右按一下并藏峰，整个笔画呈左低右高、向下俯势的形态。

由于人的视觉的错觉，横画不能写成水平，而应写成左低右高，收笔时稍按一下笔，使笔画变重些，这样，看起来才显得平稳。所以，人们常说的“横平竖直”，不是指横水平书写，而是要求看上去平稳的意思。

教师示范“横”的写法。

指名说一说横怎样书写。

学生练习书写“横”，师行间巡视辅导。并且提示学生握笔姿势和书写姿势(播放古典音乐)。

展示优秀的学生作业。

师：横的书写方法掌握了，竖的写法你们有信心挑战吗？那么下节课，我们一起来学习竖的写法，请同学们回家尝试着多多练习横。

短撇的书写

吴江经济开发区爱心小学　陈鹏飞

1　教学目标

(1) 初步学会短撇的写法、感知短撇的特点和变化。

(2) 初步学会“牛”“仁”“午”“千”几个字的写法。

2　过程方法

通过对字的练习，提高学生的审美能力，初步感知书法之美。

3　情感价值

介绍祖国书法传统的由来，激发学生对书法艺术的热爱。

4　教学重点

学会短撇的写法。

5　教学难点

学会相关字的写法。

6　教学过程

师：学习“短撇”，有的同学要问：我们已经学习了很多笔画，怎么还学笔画？其实啊，练字要从一笔一画练起，而做人要一生一世做真人。

6.1　短撇

师：请同学看投影短撇，并念黑板上的口诀。

起笔：逆锋起笔，右下作顿。

运笔：中锋运笔，左下撇出。

收笔：渐提渐行，力送笔尖。

教师在投影仪上书写示范，学生练习。

对初学的同学用铅笔双钩、单钩、临写。

对基础比较好的同学可直接临写。

教师巡视，指导书写，并随时提醒同学写字时执笔及坐姿。

教学示范字“牛”“千”。

“牛”字有一个短撇、“千”字有一个撇，这两个撇有什么区别？引出撇的变化——平撇。

练习平撇。

教师示范“牛”“千”，拓展“爱”字下面的两个长撇也有变化。

学生练习。

教学范字“仁”“午”。

6.2　悬针竖

练习、复习其中的悬针竖的写法。

起笔：逆锋起笔，右下作顿。

运笔：中锋运笔，往下作顿。

收笔：渐提渐行，力送笔尖。

悬针竖的收笔和短撇的收笔有什么联系？

写好一个字，除了写好笔画以外还要注意什么？

教学示范“华”字。

6.3　品价小结

评价。

互动、用五角星评价。

自我小结。

板书设计

短　撇

基本写法	示　范
意　境	像：匕首　利剑
变　化	平撇等

6.4　课后反思

(1) 复习、导入、讲解时间过长。教师将前一节课的作业进行归类，较好的为一类，大概有10份，但每一份都进行点评，时间过长，应挑选几份典型即可。

(2) 在课堂上，教师在黑板上作示范后，请同学上台演示,上台同学往往紧张害怕,学生回家没有及时巩固练习,单凭这一节书写是不够的,要布置适量的回家作业巩固练习。

(3)有些学生学习书法态度不够端正,需要正确引导。如讲授祖国书法发展史、古代大书法家小时候学书法的故事,能够激发学生对书法的兴趣爱好。对书写比较好的同学要及时给予鼓励表扬,避免一味枯燥乏味的临写。

左窄右宽的字和捺画指导

苏州市吴江区盛泽思进小学

1 教学目标

(1)指导学生认清本课生字的间架结构、字形规律。

(2)指导学生认识左右结构的字中“左窄右宽”一类字的特点、平捺斜捺的特点和规律。

(3)指导学生规范、端正地书写课本中生字。

2 教学重点

指导学生规范地书写“左窄右宽”的左右结构的字:“惯”“渡”;“末”“基”“遍”三字的捺画指导,教师教给方法,学生自主写字。

3 教学难点

指导学生观察,并能领悟其特点和规律。

4 教学准备

本课部分生字卡片、PPT、书法家作品、优秀中小学生作品、配乐。

5 教学过程

5.1 导入

书法作品欣赏。

课件出示名言(齐读):

堂堂正正做人,规规矩矩写字。中国人应该写好中国字。 ——王惠松

书法是第一国学,我们写好汉字就是爱国。

——陆亚鸿

师:同学们,作为中国人,作为小学生,我们一定要时常念念语言文字,加强书法艺术锻炼,切实提高自己的识字能力、书法水平和欣赏品位,写端端正正中国字,做堂堂正正中国人,让书法这一中华文化瑰宝大放异彩!那么今天我们要写的生字有哪些呢?

5.2 出示生字,整理归类

PPT出示田字格中的生字,学生观察。

遍、枕、稍、末、校、惯、渡、基、础。

师:我们平时学习生字时都用到哪些方法?

(学生回答,师板书)看字形、析结构、记位置、寻规律。

师:好,我们首先来看字形,按结构将这些生字分分类。(学生观察生字结构特点后归类投影出示)

左右结构:枕、稍、校、惯、渡、础。

上下结构:基。

半包围结构:遍。

独体字:末。

5.3 指导书写

强调写字的姿势:头正、身直、肩平、臂开、足安。

执 笔 歌

距离笔尖三厘米,拇指食指相对夹。

中指首节垫笔杆,无名小指自然弯。

写字的要求:大小匀称、字体端正、卷面整洁。

师:这一课左右结构的生字最多,这些字有什么共同特点呢?(左窄右宽)下面我们主要来写好这些左窄右宽的字。

指导书写“惯”。

学生仔细观察:这个字除了注意“左窄右宽”还要注意什么?

(左右紧凑、间距匀称、横画较长,右上跟“母”

的写法不同;“贝”字末笔是长点等)

师示范书写,并强调重点。学生描红临写。师生评议、表扬,有问题学生投影指正,学生再次临写、再评。

指导书写“渡”,师边范书边指导。

“渡”:注意三点水不能写一条直线,“度”的长撇插到三点水提的下面,最后一笔捺是斜捺,长度适中即可。左边谦让一些,这样整个字结构才好看。就同做人一样,教育学生在平时的生活中也要懂得互相谦让,这样才能和谐相处。

学生描红临写。师生评议、表扬,有问题学生投影指正,学生再次临写、再评。

其他几个生字,请同学任选一个字说说写好这个字应注意什么?

“稍”:小字头的左右两点相呼应,和下面搭配的“月”要对正。撇改为竖,贴别是“月”的上部要在横中线上面。

“校”:注意最后一笔捺是斜捺。

“枕”:写好竖弯钩。

“础”:“出”的一竖要直、要高。

观察这些字在田字格中的占位和书写规律,说说写好这类字有什么规律。

生说后,师出示以口诀形式总结的规律,然后读一读。

体形窄,左边站,
横向短,捺笔收。
右边宽,要舒展,
笔画穿插不分家,
左右谦让才美观。

指导写“基”“遍”“末”(出示卡片)。

学生根据方法,观察“基”“遍”“末”。

说说这几个字的注意点。

学生交流,师点出共性:

我们所说的“捺”多指“斜捺”。大家回忆一下,我们坐滑梯时有哪些感觉?写捺和坐滑梯一样,很舒畅,斜捺是一种动态的笔画,要写得流畅、飘逸。

点击PPT:比较“平捺”与“斜捺”的异同。

学生回答,教师归纳——写法基本相同,主要是斜度不同(平而长),平捺的用法及在字中的作用。

平捺的用法:用于字的底部。

平捺的作用:起托载作用,因而不能短,要写得平(与水平线夹角约5°~10°)。(画示意图)

板书“遍”,讲解平捺与字的其他部位的位置关系。

走之儿到上部右侧所在竖线处才能收笔。

学生选择书写。

师生评议,表扬。

学生再次临写。

展示优秀作业。

5.4 结束语

中国书法是我们中华民族的艺术瑰宝。汉字的发明是中华民族对人类文明所做的重要贡献。汉字的每一笔、每一画都深具美感。学习书法能陶冶我们的情操、提高我们的审美水平,我们一定要认真练好书法。

姿势和执笔

苏州市高新区镇湖实验小学校　濮英娟

1　教学内容

姿势和执笔。

2　教学目标

(1) 了解正确的书写姿势:坐姿和立姿。学习并掌握正确的立姿。

(2) 初步尝试四种执笔姿势。学习并掌握悬腕、五指执笔法。

(3) 激发学生学习毛笔书法的兴趣。

3　教学重点

立姿和五指执笔法。

4 教学难点

五指执笔法。

5 教学用具

笔墨纸砚等。

6 教学过程

组织教学 、稳定情绪、巡视用具摆放位置。

讲讲古代练字时的有趣方法(笔顶酒盅的方法)。让学生集中注意力,激发学生学习书法的积极性。

讲授新课:

一笔好字,看了以后令人赏心悦目。但是要写好字,必须掌握正确的写字姿势和执笔方法。今天我们学习毛笔字的写字姿势和执笔方法。

先说站姿主要分坐姿和立姿。

(1)坐姿。

① 教师示范正确的姿势。

坐姿要求:头正,身直稍向前倾,两肩要平,两臂自然分开,坐正,两脚放平和肩同宽。

请同学们说出与写硬笔字坐姿的区别:左手放的位置不同。

教师巡视行间,纠正坐姿。

左右侧同学分别坐好,让同桌互相提出改正意见。

② 师生一起总结出要领。

头正:头部端正自然,稍稍向前俯。

身直:稳坐凳面,挺直腰背,身体自然前俯,胸部不贴桌沿。

肩平:两肩齐平,自然放松。

臂开:右臂悬空,左臂轻放纸上。

足安:两脚对称分开,脚间距离与肩同宽。

③ 木头人游戏。

一二三,木头人。(自己喜欢什么姿势就以什么姿势坐着)

一二三,坐坐好。(以正确的坐姿坐好)

(2)立姿。

① 教师示范正确的姿势。

立姿要求:基本要求与坐姿一致,站在桌前,左手轻按纸,右手执笔。两脚分开与肩同宽,腰身正,上身自然前倾。

教师巡视行间,纠正立姿。

左右侧同学分别坐好,让同桌互相提出改正意见。

(3)小结。

姿势的正确与否,不仅影响书写效果的好坏,还影响身体健康。所以我们要在初学书法的时候就应该掌握正确的书写要领,养成良好的书写习惯。

① 执笔方法。

执笔也有方法,通常我们都用五指执笔法。

观察书本上插图。

② 教师和同学一起总结执笔方法。

捏:大拇指和食指末节捏住笔管(虎口成圆形或扁圆形)。

勾:中指勾住笔管,紧贴食指。

顶:用无名指末节的背部(指甲和肉相连部)向外顶住笔管。

靠:小拇指靠着无名指,不接触笔管。

指要实在地握住笔管,掌心空,掌要竖起来,手腕要平。板书"指实掌虚"。

教师边演示,边让学生练习,边纠正。

学生可能有些紧张,用力过大,教师要提醒。

左右侧同学分别坐好,让同桌互相提出改正意见。

放松肌肉,甩甩小手,按按揉揉。一起读读。

五指执笔法歌

拇指食指 对着捏,中指 向里紧,
无名指头 向外顶,小指 紧跟着,
指实掌虚 虎口开,腕平掌竖 笔立直。

口号式训练。教师读前半句,学生答后半句,并且动作做到位。

③ 手腕姿势。

执笔要松紧合适,执笔的高低根据字形大小而定。

腕法有四种,观察书本图片,归纳方法:

着腕,即手腕贴于桌面。此法多用于写毛笔小楷及钢笔字。

教师示范,学生模仿,纠错改正。

枕腕,将右手腕枕于左手背上。此法适宜写小楷和中楷。

教师示范,学生模仿,纠错改正。

提腕,也称悬腕,即肘着桌面而虚提手腕。由于手腕提起,转动灵活,旋的幅度加大,所以适合写中楷、大楷以及小行书。

教师示范,学生模仿,纠错改正。

悬肘,即腕肘皆离开桌面。这样活动回旋的余地大大增加,笔力也得到充分发挥。适于写大楷、行草书。

教师示范,学生模仿,纠错改正。

执笔姿势不变,手腕分别按以下四种状态摆放,要求稳定,你能坚持几分钟?

三定(定时、定量、定帖)。

教师讲解举例。

定时:以教师为例,每天回家 8 点开始练习,每天练习 2 小时。考虑自己定何时、定多少时间练习书法。

定量:每天几张作业,至少几张。

定帖:选好一个贴,就要钻研几年。我们小学生就以教材上的颜体为帖。

三勤(眼勤、手勤、脑勤)。

教师讲解举例。

眼勤:平时要多看字帖,熟悉字帖。

手勤:每天练习,持之以恒。

脑勤:临帖时要善于思考,熟记字帖上的例字写法。

写写看:(一、二 、丨、十)。

鼓励学生大胆落笔,尝试不在于写得一模一样,而是体会毛笔和铅笔、钢笔的不同。

以站姿方法,悬肘书写。以口令法先让学生握好笔,蘸好墨,掭好笔,开始写。

教师巡视,指导。

选择优秀的作业展示,评价。

正楷笔画的名称及写法

吴中区木渎南行实验小学　顾大元

1　教学内容

正楷笔画的名称及写法。

2　教学目的

通过讲解正楷笔画的名称及写法,让学生掌握正楷笔画的名称及写法。

3　教学重点

在书写过程中体会点的提、按到位。

4　教学过程

4.1　导入新课

师:同学们,今天我们来学习笔画。我们先来学习点。(播放录像,欣赏名家点的写法)

4.2　认识笔画,学写笔画

学习第一部分:看一看。指导学生看看教材中田字格里的笔画和书写方法,读读右边的文字,试着写一写笔画。

结合例字讲解三种笔画的书写方法点:自左上方起笔,向右下方行笔,落笔慢而重,转笔向左上方收笔,教师示范。

楷书中的点画丰富多彩,有侧点、垂点、挑点、撇点、长点等。点的形态虽然不同,但都如人的眼睛,顾盼生情,最为传神。因此,点要写得圆满精致,或像高山上滚下来的石头,势猛力足;或像苹果中的内核,浑厚圆润。

点是笔画和笔法的基础。所有笔画都是从点开始延伸的。它在书写结构组合中起着“画龙点睛”的作用。所谓“一点成一字之规,一字乃终篇之准”。

右侧点:因点取侧势,故叫侧点。写法是落笔要轻,向右下 45°按笔,再顺势斜下顿笔,然后笔尖向左内迅速提起回锋。表现为线条由细到粗,颜色由浅到深。如“泛”“掠”“滨”等。

左垂点:因形似垂露,故叫垂点。写法是由轻到重,从右至左下呈 15 ~ 20°,再顺势向直下,由快到慢按笔,然后笔尖向右内迅速提起回锋。表现为由细到粗,由浅到深。如“小”“滨”“东”“京”等字中的垂点。

挑点：形似挑画，但比挑画短小有力。写法是落笔由按到提，由重到轻，由慢到快，从右下 45° 顿笔，转笔向右上呈 45°，迅速用力挑出。如"掠"、"匀""羊"等字中的挑点。

撇点：形似短斜撇，但更短小些。写法是向右下 45° 落笔，然后转笔向左下 45° 迅速撇出。如"六""只""总""普"等字中的撇点。

指导学生描一描。

先让学生仔细看书中的例字，看好每个例字在田字格中所占的位置，再仔细描一描，在描的过程中，教师巡视指导。

指导学生临写。

先让学生仔细看图，看清每个例字在田字格中所占的位置，然后进行临摹，学生在临摹过程中，教师要巡视指导，对于可能出现的较普遍的问题，可全班进行指导讲评。

4.3　师生互评

要求学生作业展示于黑板。

让学生说一说谁写得比较好，好在哪里。掌声鼓励。

针对学生作业表扬写得好的学生，对不认真书写的学生进行督促。学生对"挑点"的掌握不理想，进行现场的示范，要求课后加强练习。

四点底和心字底的写法

苏州市姑苏区新康小学校　钱幼芳

1　教学目标

（1）初步掌握四点底、心字底这两个偏旁的书写要领。

（2）了解带有这两个偏旁的字的一般书写规律。

（3）写好"点 ""志""杰""忠"这四个字，要求写得正确、端正、比例恰当。

（4）培养学生良好的写字习惯，形成正确的坐姿和执笔姿势。

2　教学重点

心字底、四点底这两个偏旁的书写要领。

3　教学难点

四点底、心字底的写法。

4　教学准备

田字格、多媒体、课件。

5　教学过程

5.1　导入

汉字是中华民族的瑰宝，我们一定要认真写好字，把我国的优良传统传承下去。

5.2　教学提示

（1）复习书写习惯歌。

写字前，先坐好，本放正，笔握牢，三个一，要做到，不低头，不歪倒，不乱画，不重描，天天坚持习惯好。

师：前面我们学过了上下结构的字该怎么写，现在老师来考考你们。对，我们在写上下结构的字时一定要写得上窄长、下宽扁才行。

（2）新课指导。

出示四点底、心字底例字，引导学生观察，要求仔细观察每一笔书写的位置和相同笔画出现的变化。

教师要让学生知道四点底、心字底都作字底，书写时要尽可能写扁，并成上收下放聚散状。

（3）书写指导。

① 写写偏旁。

通过练习初步掌握这两个偏旁的书写要领。

四点底：四点排列要均匀，外面两点稍长，中间两点稍短，上下呈聚散状。

心字底：心字底三点分别为左点、挑点、右点，卧钩应向左上出钩，以平均分割上部空间。因为如向上出钩，字中宫空间就大，字形就松散。教师可向学生渗透“字宜中宫收紧”这一审美规律。可以人体身材苗条应收腰来作比,颇形象逼真。

② 本节的关键词是:变化与呼应。

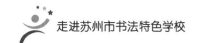

字要写得清楚、端正、整洁,在此基础上还应有个“生动”的要求,具体书写时就主要体现在“变化与呼应”上,只要注意变化和呼应,字就会生动起来。

“变化”是自然的变化,是在笔画的形状和出势上的变化。本课的重点就是点的变化,如四点底四点从左到右依次为左点、竖点、竖点、右点呈聚散状排列。心字底三点从左到右依次为左点、挑点、右点。这些点均以自然的笔势呼应。对于“呼应”的引导,教师可以人与人之间目光对视来启发。

5.3　例字指导

教师边范写,边指导。

“点”,成三角形,竖居口部上方正中,短横写在竖的中间,下部四点向左右呈放射状。

“志”,上下结构,上小下大。

“杰”,上下结构,上收下放,“木”部改捺为点,以收缩字形。

“忠”,上下结构,上紧下松,竖居正中,心字底舒展。

5.4　学生练习书写,教师放音乐《二泉映月》

5.5　反馈指导

学生写字哪些地方写得好,哪些地方还没到位。(从字的结构和点的书写位置进行点评)

5.6　学生改正,练习

回家练写其他字:思、想、热、照。

6　板书设计

“点”“志”“杰”“忠”

四点排列要均匀,外面两点稍长,
中间两点稍短,上下呈聚散状。
字底三点从左到右依次为:
左点、挑点、右点。

《“山”之行》写字教案

相城区北桥中心小学　邹　燕

1　教学目标

(1) 通过观察比较,讨论交流,发现“山”作为偏旁在书写中的变化。掌握“山”在不同位置的书写规律。

(2) 学习“山”字的写法以及带有“山”字旁的字的写法。

(3) 通过学习,培养学生的写字兴趣,提高观察比较能力,掌握一些书写方法,懂得勤奋练习的道理。

2　教学重点

引导学生发现“山”字作为偏旁的变化。练习写带有“山”偏旁的字。

3　教学难点

指导学生掌握“山”字以及作为偏旁的特点,写好“山”字以及带有“山”的字。

4　教具准备

课件、写字教材、书法练习纸。

5　教法学法

本节课重在指导学生发现汉字的变化特点,掌握汉字的结字规律。为了让学生能更直观、更形象地学习正确的书写姿势,比较发现“山”在不同位置的特点,充分激发学生的主动意识,教学中采用直观教学法、多媒体辅助教学法、示范法、比较法、讲授法等方法。

学生的学法主要有:合作探究法、练习法、互相评价法等。

6　教学过程

中国书法源远流长,数千年来以自己独特的方式传承着中华民族丰厚的文化内涵,凝聚着中华民族的精神，体现着东方艺术的法则、意蕴与审美准则，是我国民族艺术的瑰宝。本课教学的主题是《"山"之行》，内容是掌握"山"字的写法以及"山"字作为偏旁的变化，发现并掌握部首的变化规律，练习写好"山"字以及带"山"的字。

6.1 激趣导入

（1）学习正确的写字姿势和握笔姿势。

① 坐姿：头正，肩平，腰直，足安，一寸，一拳，一尺。

② 握姿：笔杆放在拇指、食指和中指的三个指梢之间，食指在前，拇指在左后，中指在右下，食指应较拇指低些，手指尖应距笔尖约 3 厘米。笔杆与作业本保持 60°的倾斜，掌心虚圆，指关节略弯曲。

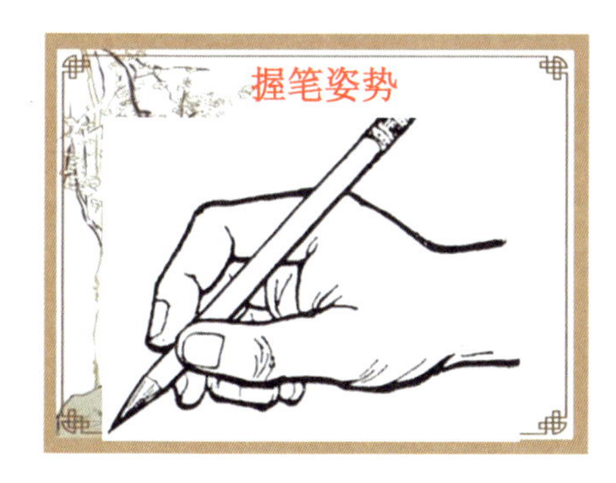

（2）依次出示甲骨文、金文、小篆、草书、行书的"山"字。

师：今天老师给大家带来了一位汉字朋友——山。我们的祖先用线条描画出山的形状，这就是最早的文字——甲骨文，后来到了商周时期演变成了金文，到了秦国时，汉字演变成了小篆，到了汉代隶书较为流行了，汉末时期，隶书渐渐演变成楷体，写得方正、规范，后来人们觉得这样写得太慢了些，于是出现了行书和草书。我国的汉字历史悠久、博大精深。这节课就让我们到汉字"山"中去走一走，学写带有"山"的字。（板书："山"之行）

6.2 复习"山"字的写法。

师：（教师示范书写"山"）"山"是个独体字，只用简单的三笔就写出了山的神韵，还记得山的写法吗？举起右手来，我们一起写"山"字。（教师边范写，边讲解写山的要领）中竖直直居中线，竖折上斜有坡度，右竖向内略出头，这样山字就能动中求稳了。同学们，你们也到书桌上比划两个"山"吧。

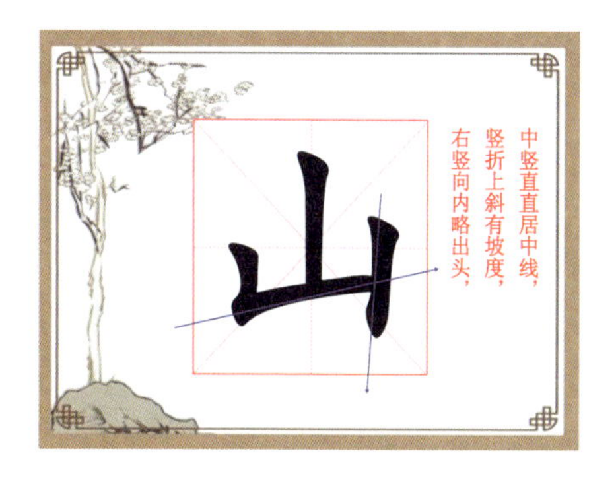

6.3 观察带"山"字偏旁的合体字，并学写带"山"的字

（1）观察偏旁"山"。

"山"是一个偏旁，它和其他字组合时，书写要发生变化。观察一下，看看在这些字中"山"字发生了哪些变化呢？（出示课件：左右结构、上下结构）

学生观察比较，交流讨论。

山字旁，字变窄，竖折上斜坡度大。

山字头：字变扁，中竖短短横写直。

山字底：字变矮，中竖变短居中央。

举例体会，渗透育人。

师："山"字为什么要发生这样的变化呢？如果还像原来一样写行不行？（故意写个上大下小的"岗"字）

师：同学们，这个说法还真有道理，真是主动避让有礼貌，巧妙穿插很友好。（向中靠）其实写字和做人一样，不能随心所欲，要学会谦让。

（2）指导书写左右结构的字。

指导书写"峰"和"岭"。

师：同学们的慧眼看出了"山"的变化，可是，要想写好这些字，仅仅写好一个"山"字是不够的。我们来观察剩下的部分，看看需要注意些什么。

写好"峰"字要注意什么？

根据学生的回答归纳："山"字缩小靠左上格，撇捺伸展如鸟翅，三横等距长不一，悬针竖写得长且直，犹如悬着的一根尖尖的针。竖中线上看伸缩，左窄右宽，巧妙穿插字美观。

师：那"岭"呢，能写好吗？谁来说说写好"岭"要注意什么呢？（撇捺伸展方显美，左窄右宽，上下两点大小不同）

师：同学们刚才观察真仔细。现在我们到书法练习纸上把"峰"和"岭"各描红 2 个，写 3 个。注意正确的写字姿势。

教师巡视指导。

评价：将写得好的和不好的字展示，让学生说说这些字中"山"字写得是否合乎要求。教师进行修改。

自改自练。

6.4　听王羲之的故事

师：同学们，你们认为写好字有诀窍吗？听完这个故事你就会明白的。

王羲之是 1600 年前我国晋朝的一位大书法家，被人们誉为"书圣"，绍兴有个墨池，传说就是当年王羲之洗笔的地方。

王羲之 7 岁练习书法，勤奋好学。他每天坐在池子边练字，送走黄昏，迎来黎明。每天练完字就在池水里洗笔，天长日久竟将一池水都洗成了墨色，这就是人们今天在绍兴看到的传说中的墨池。

听完这个故事你明白了什么？

要想练好字，最关键的诀窍是——勤学苦练，持之以恒。

只要我们每天坚持练，相信将来大家一定也能把字写漂亮。

6.5　拓"山"

写其他带"山"字旁的字。

在我们学过的汉字中，还有很多带有"山"的字，咱们可运用所学的规律练习这些字，只要我们找到规律，举一反三，一定能写一手正确、规范、美观的字。

学生练写其他带"山"字旁的字，如：

峭　峨　岩　岁　岳　岱

6.6　小结收获，延伸课堂

小结：今天这节课中，我们在读"山"中领悟了美，在写"山"中感受了美，在拓"山"中创造了美，真是不虚此行呀！书法是我们中华民族艺术长河中的一颗璀璨的明珠，望大家课后勤学苦练，持之以恒，品味汉字的方正之美、变化之美，做一个心正、笔正、身正的人吧！

【板书设计】

"山"之行

山字旁	窄	峰	岭	峨	崎	岖	峭
山字头	扁	岗	崩	岩	岁	岚	崖
山字底	矮	峦	岔	岳	岱		

单人旁的写法和运用

相城区御窑小学　钱群超

1　教学目标

（1）教会学生正确掌握水书法练写的用笔方法和用水技巧，体会金砖书写板书写特性。通过让学生在金砖书写板上书写含有单人旁的合体字。从而让学生了解学习书法就要从临古人的碑帖开始。

（2）通过练习发现水书法与墨书法的内在联系，揭示运用金砖书写板进行水书法练习对提高学生墨书法水平的价值作用。

（3）教会学生在金砖书写板上书写含有单人旁的合体字。通过“信”字和“仁”字的学习，掌握单人旁在合体字当中的规范书写，以及引申出做人的道理。

2　教学重点

（1）通过观察颜真卿碑帖上含有单人旁的合体字，重点临写“信”字和“仁”字。

（2）体会单人旁在不同合体字中的不同写法，注意单人旁“撇”和“垂露竖”的不同组合。

3　教学难点

（1）在合体字中如何正确掌握单人旁的位置，并通过字的练习引申出一些做人的道理。

（2）通过练习发现水书法与墨书法内在联系，揭示运用金砖书写板进行水书法练习对提高学生墨书法水平的价值作用。

4　教学准备

实物投影、课件、金砖书写板、毛笔、墨、纸、砚、毛毡、笔洗等。

5　教学过程

5.1　情景导入揭示课题

猜谜导入：“有个汉字真奇妙，大家都很熟悉它；单个出现写撇捺，成为部首书撇竖。”

通过猜谜游戏揭示本课的课题，让学生比较容易接受本节课的教学内容，对本课产生一定的兴趣，有想看个究竟的念想。

板书课题：《单人旁的写法和运用》。

5.2　探究学习攻难点

师：单人旁由哪两笔组成？（观察）单人旁由撇和竖组成，撇为短撇，竖为垂露竖。（教师板书）但是单人旁在不同的字里会有不同的写法，下面我们就来学习含有单人旁的合体字。

（教师在这里设了一个坎，让学生自己去发现在不同的单人旁中“撇”和“竖”的写法是不一样的）

师：颜真卿是唐代非常著名的书法家，以前也给同学们介绍过。颜真卿的一生写了很多书碑，下面我们就来看一下他的作品，这是颜真卿早期的作品《多宝塔碑》，此碑字体整密匀稳、法度严谨，笔法方折丰劲，秀丽多姿。

师：这里面有一个字是单人旁的，我们一起来看看，指出“信”字，这个字告诉我们一个人说话要算数，要说到做到，要讲究诚信，下面我们就来观察一下这个字，为了便于我们读帖，把这个字放到米字格里来进行观察。（学生观察，教师提示：“信”这个字是左右结构，结构特点是左窄右宽型。左边的单人旁由短撇和垂露竖组成，撇成45°倾斜，由粗到细逐渐变化，写在米字格的左半部分中间。右半部分是个“言”字，“言”字有三个横笔，这三个横笔的长短不一，第一横是长横最长，起笔要与左边的撇相连，下面两横都是短横，第三横略长于第二横，最下面是一个“口”字，“口”字上宽下窄，横折与第一笔不能连在一起，“口”字的大小宽度与上面的短横一样）

师：下面我们就来临一临这个字。（教师在金砖书写板上示范，学生观察老师的运笔过程。学生在金砖上练习四个“信”字，教师走到学生当中进行个别辅助指导）我们的金砖书写板是由十六个米字格组成，配有一支毛笔和一个笔洗。用毛笔蘸了水以后可以在金砖上写字，金砖会泛出黑色的水印，几分钟过后水印会自然挥发掉，金砖就恢复原貌。请几位写得好的学生到上面来展示。其他学生欣赏，学生老师分别给予评价。

师：下面我们再来看一下颜真卿晚期的作品《颜勤礼碑》。这本碑帖中的字体体态端庄，雍容大方，章法严密，雄健有力。这里也有一个字是单人旁的，这个字是“仁”字，“仁”这个字告诉我们两个人在一起要互相帮助，要有仁爱之心。

师：接下来我们就把这个字放到米字格里来进行练习。（学生观察，教师提示：“信”这个字是左右结构，结构特点是左窄右宽型。左边由短撇和垂露竖组成，垂露竖稍有弯势，撇和竖不要连在一起，写在米字格左边。右边由两横组成，虽然笔画较少，但也要注意这两横的不同变化，第一横是稍短的横，要写在横中线上方，向右上方倾斜，第二横稍长，与第一横保持一定的间距，不能太近，也不能太远，两者皆不离字形的特点）

这个“仁”字的笔画较少，学生会觉得很简单，其实笔画越少的字越难掌握它的结构，容易出现怎么写也不好看的结构。因此，教师一定要让学生学会看帖，这样对今后的练习才会有帮助。

学生在金砖上练习四个“仁”字，请几位写得好的学生到上面来展示。其他学生欣赏，学生和教师分别给予评价。

气息的练习。

5.3　用墨书写展风采

取出毛毡，打开。

铺上毛边纸。

倒墨（适量）。

毛笔蘸墨。

5.4　展评作品秀风采

各个组推荐两名写得比较好的字放在展台上。

今天我们要挑选出一批写得比较好的作品放在学校展板上。每个小组可自愿进行投票，可以把票投给你认为好的那张作品。

接下来再请得票多的小组对自己组的作品进行评价，并说一说心得体会。

对没有被选中的原因进行讨论（可以针对个别同学可能因为用墨不当或者哪个字的字形没写好等原因），同时关注到还没有写完的同学。

教师发奖，拍照纪念，给予鼓励评价，学生鼓掌祝贺。

5.5　拓展延伸激志向

今天我们不光学会了写“信”“仁”两个字，而且学会了做人的道理：要谦虚，要学会互相帮助才是快乐的。练习书法不是一朝一夕的事，而在于持之以恒，同学们，加油！让我们共同用手中的毛笔挥洒出一片美丽的天空。

【板书设计】

单人旁的写法和运用

单人旁{撇（短撇）
竖（垂露竖）

“横折提”教学设计　一年级（下）

昆山高新区西塘实验小学　张蕾

1　教材简介

昆山高新区西塘实验小学《“每日一书”校本课程·儿童书法教材》一年级第二十七课《横折提》。本教材通过每日一练，训练学生把字写正确、写端正、写美观。

2　目标预设

知识与技能：了解横折提的写法；学习横折提的用笔方法。

过程与方法：通过教师的引导、范写和学生的观察、书空、仿影、临写以及师生评改，使学生的眼、手、脑在写字方面协调发展。

情感态度与价值观:激发学生练习写字的兴趣,培养学生良好的书写习惯。

3 教学重点、难点

(1)了解横折提的形态特点。

(2)通过练习体会横折提的书写要领。

4 教学过程

4.1 故事导入,欣赏激趣

师:小朋友们,相信大家一定都听说过王羲之这个名字,他是我国古代很有名的书法家,被称为“书圣”,他的书法作品一直被后人所称赞,大家争相临摹。接下来让我们一起来看看王羲之是怎么学习书法的吧!

看完了王羲之“入木三分”的故事,相信我们的小朋友一定愿意向王羲之学习,通过不断的学习和训练,我们一定能写好每个字,有信心吗?

4.2 探究规律,揭示课题

师:老师这有四个生字宝宝,认识吗?谁来读?(指读,齐读)

师:请小朋友们仔细观察这四个字,有没有谁发现它们有什么共同的地方?

生:这些字都有一个相同的偏旁——言字旁。

师:你观察得真仔细。这四个字都有一个言字旁。瞧,这就是“言”的演变过程。它的本意是鼓舌说话,瞧,这就是舌头,上面的一横表示舌头在动。这就是言一开始的意思。逐渐演变成金文,下面的舌头更形象了,但意思一直都没有变,渐渐地“言”就演变成了现在的言字旁。同样的,作为偏旁的它同样还是和说话有关。这就是言字旁的演变。

师:言字旁是由两笔构成的,上面的一点之前已经详细学过,今天我们就要一起来学习下面这个笔画——横折提。

师:今天,我们就来写写“横折提”这个笔画和带有“横折提”的字。(板书课题,齐读课题)

4.3 观察字形,练习“短横加竖提”

师:现在请小朋友仔细观察这个横折提,然后在自己的田格本上写一个“横折提”,一会我们来比一比,谁的横折提写得好。

生:在田格本上范写。

师:看到“横折提”时,我就觉得它很像一把刀,你能找到它藏在哪里吗?

指生答,及时评价:你很会观察。

师:那我们一起来看看小朋友们的横折提是不是也长得像这把刀,和老师投影上的笔画是不是写的一样呢?

师:及时点评(出示:横折提,短横稍稍往上斜,竖要直直往下写,提笔迅速往上收)小朋友自己写的时候还是有地方没有注意到。接下来张老师写一个给大家看看,睁大眼睛仔细看哦。(师示范书写。)

师:为了让小朋友们更好地记住“横折提”的写法,老师编了一首儿歌,一起跟我记一记吧!(边读边讲解边贴板书)

师:要想写好横折提,老师觉得必须掌握正确的写字姿势和握笔方法。谁来说一说你认为正确的写字姿势和握笔方法是怎样的?老师把你们说的整合到了一起,变成了一首《写字姿势歌》,让我们一起来读一读:写字时,要记牢:头正背直脚踏平,眼离书本要一尺,胸离桌子要一拳,手离笔尖要一寸,一握二抵三靠稳。用左手,轻按本,好习惯,早养成。

在写字的时候,如果我们坚持照着儿歌里所说的那样做的话,一定能写出漂亮的汉字来!现在就请小朋友们打开书本,两个横折提描好之后再临写两个横折提。

师:接下来我们看看这两个小朋友的“横折提”,对照着三个要求,对照着这首儿歌,我们看看他们写得好不好。(你觉得哪一笔最符合老师的要求?还有什么需要改进的地方)

4.4 教学新字,引授方法

(1)学写“认”字。

师:下面我们就来写写带有横折提的字。

课件出示“认”字,想要写好“认”字,就先要写好“横折提”这个笔画,请小朋友们仔细观察横折提在田字格中的位置。

(学生口述写横折提的要点以及横折提在田字格中的位置)

师:最重要的一笔写好了,再解决这个左右结构,舒展开来的撇和捺,对于我们小朋友来说一定没有问题!

师:下面老师想在黑板上写一写,请小朋友举起手,跟着老师一起书空一下。(边写边讲解)

师:好了,打开书本描两遍,临写三遍。写的时候要注意头正、身直、肩平、臂开、足安。(教师巡视,提醒三姿)

师:接下来我们来看看这两个小朋友的字。今天我们学习的是横折提这个笔画,先来看看他这个笔画写得怎么样。你觉得写得最好的是哪一笔?有没有什么不足的地方?

再整体看看这个字。

师:小朋友们的观察能力可这强,能找到别人的优点也能提出不足。相信这次小朋友能写得更好,把剩下的一个横折提写好吧。

师:刚刚老师看到小朋友写字的时候都非常认真,接下来让我们放松一下,一起动动手指,一起做手指操吧!

(2) 学写"说"字。

师:接下来我们一起按照先看后描最后写的方法一起学写"说"字。小朋友们得细细观察一下每一个笔画,让它们在田字格里住得都舒舒服服的。看好了,老师先在黑板上写一遍,等会儿老师要找一个看得最仔细、坐得最端正的小朋友来当小老师帮这个"说"字安安家?(请一位同学上投影描、临"说"字)

学生直接点评。

学生描红、临写"说"字。

评价、反馈。

(3) 自学"请、话"。

师:你能用这个习字法来自学写"请、话"这两个字吗?注意把每一个笔画都写美哦。

学生看描临写"请、话"这两个字。

师:我们继续来看看同学的作业,你最喜欢哪个字?为什么喜欢?

自评、互评。(这节课,同学们学得很认真。接下来给自己和同桌打打分,看看能得几颗星)

4.5 谈话总结,故事收尾

今天,小朋友们专心听讲,认真练习。许多小朋友已经知道了横折提的写法(齐读要领),还写了几个带有"横折提"的字。这节课咱们班的孩子表现很棒,有三个好:姿势好、上课听得好、字写得好。所以老师要带大家欣赏一些书法作品,一起来看看吧!

【板书设计】

横　折　提

轻写短横,竖线挺直;

提笔出尖,个儿不高。

撇画的写法

昆山市石浦中心小学校　王亚娟

1 教学目标

(1) 了解撇画的种类。

(2) 掌握不同撇画的写法。

(3) 感受书法艺术的魅力,养成写好规范字的习惯。

2 教学过程

2.1 导入新课

同学们,中国文化源远流长,书法艺术更是璀璨夺目。从 3600 年前的甲骨文、金文,到篆书、隶书、楷书、行书、草书,无不体现了中国汉字之美。一直到今天,我们还在不断学习,不断创新。你们看这些作品——播放片段。

这些书法作品漂亮吗?同学们想把自己的钢笔字写好吗?要想写一首漂亮钢笔字,其实也不难,只要同学们做到——出示:"动笔就不苟,逢写就规范。"

苟,是随便马虎的意思。那这两句话是什么意思?

只要拿笔写字就应做到认真仔细、一丝不苟,并且持之以恒的练习,就能写出一首漂亮的汉字。

过渡:这节课,我们就要一起用细心和认真,来学习撇画的写法。

2.2 出示例子,了解撇画的种类

出示:“生”“年”“千”“斤”“左”“月”。

仔细观察这些字中的撇画,它们的形态一样吗?

撇画的形态不一样,它们的名称也不一样。像“生”“年”“千”“斤”第一笔撇画较短,我们称它为短撇,短撇中“生”“年”字的短撇较斜,我们称它为短斜撇,“千”“斤”的上撇比较平,我们称它为短平撇。“左”字的撇画较斜,叫斜撇,“月”字的撇竖画较长,撇画较短,所以叫它竖撇。

过渡:现在,我们已经知道,撇画家族,共有4个兄弟,他们分别是——知道了他们的名称,我们还要会写。

2.3 学习撇画的写法,指导练习

(1)短撇的写法。

短撇像鸟锋利的尖嘴,又像一把锋利的匕首,短而直。书写时,右下点落,由重渐轻,稍快提笔到撇尖。

让我们把短撇送进田字格。(提笔,顿一顿,撇有尖)短平撇,写法一样,方向不同。

同学们,试着写2个短平撇、2个短斜撇。注意:脚不动,身坐正,胸要开,肩放平。

过渡:撇画4兄弟中,斜撇、竖撇两兄弟长得最相像,我们该怎样快而准地区分出它们呢?仔细观察,和同桌讨论讨论。

(2)斜撇的写法。

斜撇就像少女梳理长发,从头梳到尾。如同微风吹拂的柳叶。

斜撇稍斜,略带弧度。

(3)竖撇的写法。

竖撇的成竖部分较长,撇较短,书写时,要注意竖到撇弧度的变化。

同学们观察得真仔细啊,让我们又快又准地分清了斜撇、竖撇。让我们一起看计算机老师怎么写。(书写时,也是点落起笔,撇向左下方,将力量送到撇尖。竖撇要注意竖到撇弧度的变化)

跟老师一起把斜撇、竖撇送进田字格。同学们分别练写2个。

同学们已经三年级了,也已经积累了很多的汉字,回忆一下,哪些字带有撇画?

下面我们进行一个小游戏,看谁又快又准地找对这些字当中的撇画名称,完成“认识撇画连一连”。

过渡:我们已经知道了撇画的4种名称,也都会写了,那我们在写具体的字时,这些撇画又是怎么运用的呢?

2.4 运用例字说明不同撇的写法

(1)学习短撇在结字中的运用。

观察“生”“千”这几个字,你能说说两种短撇一般用在字的什么地方吗?

像“生”字中的短斜撇大都出现在独体字的左上方,像“千”字的短平撇一般用在字的最上方。

边讲边范写“生”“千”二字。

强调短撇和横画的搭配要领,同时,学生边观察教师范写,边进行手指拟摹写。

学生自主练习。投影点评、表扬,说说写好字的秘诀。看来,练字的时候还要注意方法,按照描红—临写—对比—再临写的方法,可以让你的字写得规范又漂亮。

老师也不禁想到了“书圣”王羲之小时候写字的故事——《潜心苦学墨当饭》。

王羲之自幼酷爱书法,几十年来锲而不舍地刻苦练习,终于使他的书法艺术达到了超逸绝伦的高峰,被人们誉为“书圣”。王羲之练习书法很刻苦,甚至连吃饭、走路都不放过,真是到了无时无刻不在练习的地步。没有纸笔,他就在身上划写,久而久之,衣服都被划破了。有时练习书法达到忘情的程度。一次,他练字竟忘了吃饭,家人把饭送到书房,他竟不假思索地用馍馍蘸着墨吃起来,还觉得很有味。当家人发现时,已是满嘴墨黑了。

过渡:让我们学习王羲之专心致志的态度,用上刚才的写字方法,学写下面两个字。

(2)学习斜撇、竖撇在结字中的运用。

出示:左、月,范写。

自主练字。眼离书本一尺远,手离笔短一寸远,胸离桌子一拳远。

自主练写例字,巡视观察指导。用红笔圈出好字,重点纠正书写不到位的。

2.5 教学评结

(1)利用实物投影点评一两件有代表性的

作业。

（2）引导欣赏写字优秀的学生作业。

（3）小结：希望大家向优秀的同学学习，坚持做到“动笔就不苟，逢写必规范”。这样才会练就一手漂亮的汉字。

钩画

——弯钩、横折钩、竖折折钩、卧钩

昆山市实验小学　倪苗芳

1　教学目标

（1）使学生认识弯钩、横折钩、竖折折钩、卧钩的形态，并掌握其写法。

（2）指导学生把含有这几个笔画的字书写正确、匀称、美观，感受文字的形体美，激发学生书写汉字的兴趣。

（3）教育学生养成良好的书写习惯，提高细心观察、善于分析的能力。

2　教学重点和难点

（1）四种钩的写法。

（2）把握钩的势态，处理好字的间架结构。

3　教学过程

3.1　欣赏导入

这节课老师带大家先来欣赏几位书法家的作品。颜真卿笔力雄浑质朴，被誉为颜体；柳公权笔意挺拔秀丽，人称柳体；晋代王羲之、王献之父子，可谓铁划银钩、力透纸背，人称“二王”。孩子们，你们想写出一手好字吗？好，有决心！可光凭决心还不够，还要有恒心！就让我们一起来听一听书法家王羲之的故事吧。

听汉字小故事《子换父字》。

是啊！我们要像王羲之一样，下定决心，保持恒心，细心练字。

我们都知道汉字是由点、横、竖、撇、捺、钩等基本笔画构成的。要写好字，必须先写好基本笔画，而钩在基本笔画中，是数量最多、写法又较难掌握的一种。今天我们就重点学习其中的几个钩画，弯钩、横折钩、竖折折钩、卧钩，跟老师一起读课题，（揭题，齐读）。所谓练字先练姿，所以首先要有正确端正的姿势。

3.2　复习正确的写字姿势，强调正确的执笔姿势

让我们一起回顾写字要求——头正背直脚放平。

眼离桌子约一尺，手离笔尖约一寸，胸离桌子约一拳。学生按要求一起做一做。

坐姿要端正，握笔姿势也要正确。

学习握笔歌：老大老二紧握笔，老三笔下稳稳靠。笔儿紧靠老虎口，写起字来稳又好。

3.3　教学四个基本笔画

有了端正的坐姿和正确的握笔姿势做保障，我们就能写好字。现在，我们就从最难写好的卧钩开始。

（1）卧钩。

出示卧钩运笔。

卧钩又叫心钩，写卧钩时，笔尖指向田字格斜线方向，不做停顿，直接入笔，下笔稍轻，先向右下弧弯行笔（笔画由轻到重），到起钩处向左上钩出，钩要出尖，使得出钩短小有力，卧钩整体应避免写得太大。

看看，我们写卧钩时经常会出现哪些情况？（出示卧钩错误例，请学生来说说）让我们一起来读一读。

“卧钩规律”：直入起笔，行笔渐重，心钩稍小，出钩向心。

卧钩儿歌：弯弯月儿小小船，轻轻起笔重重弯，挑钩之前要停顿，对准左上再出尖。（教师示范、学生书空）

练习书写卧钩。教师点评、反馈。

根据书写要求，再次认真书写，再次认读儿歌，明确书写要领。

（2）弯钩。

出示弯钩的运笔。

弯钩不能写得太弯，往往是一个字中的主笔，弯钩如果失去平衡，整个汉字都会失去重心。书写时下笔处和起钩处上下应在一条垂直线上。

学习“弯钩规律”：直入起笔，行笔渐重，右弯莫大，出钩有力。

教师示范，学生书空“弯钩”。

笔尖着纸顺势向右下行笔，渐行渐重。中段右弓形宜饱满，不能太圆，太圆的弯钩没有力量，整个字就不够健美。

（3）横折钩。

出示横折钩的运笔：横折钩向下时，有折有斜，注意区别。行笔竖画向左倾斜，竖画行笔带弯势，成左包状。

学习“横折钩规律”：起笔作横，折处顿笔、竖画左斜、出钩有力。

教师示范，学生书空，集体评议，找出自己的问题再次书写。

（4）竖折折钩。

出示“竖折折钩的运笔”。

竖折折钩不要写成直角。落笔稍顿后，中锋下行，至转折处，换笔后写横，左低右高，呈竖折状。

学习“竖折折钩规律”：起笔短竖、折处稍顿、竖画带弯、出钩有力。

老师示范，学生书空，表扬姿势正确的学生。

学生自主点评：哪位同学觉得自己写得还不够理想，让我们大家一起来研究研究，看看怎样才能把这两个笔画写得更好？刚才是老师点评的，现在请同学学着老师来点评一下。注意：不能光讲好、不好，要像老师一样，讲出好在哪里，不好在哪里。

巩固“四个笔画”。

说说写好卧钩、弯钩、横折钩和竖折折钩这几个笔画，最关键要注意什么？（用句式：写好卧钩要注意……）

让我们在悠扬的音乐中再来练一练吧，先描后写。

展示写得满意的基本笔画。

单单笔画写得好还不算好，能把汉字中含有的卧钩、弯钩和横折钩、竖折折钩写好，使整个字正确、端正、匀称才是好！

来做个小游戏，这里有许多带有钩画的汉字，请你观察这些钩，给他们分分类，把他们拖到自己的家园。

教学含有这几个笔画的字。

那就让我们脚踏实地来练写几个字。

来看作业纸上的字“心”“子”“舟”“写”。

老师一边讲一边书写。跟着老师学写这几个字。

“心”：左点，卧钩的起笔与左点的起笔在同一高度，卧钩要有弧度，写得稍微小点，出钩向心，中间点最高，最后一点在钩的右上方。“子”：含有弯钩，弯钩的起笔和起钩处一定要在垂直线上对齐。边说，边演示。

“舟”：先写短撇，横折钩要窄一些，体现主笔长横。

“写”：首笔点画，横画均匀，折处稍顿。

老师讲解演示一个，学生描一个写一个。

同桌互评。请结合老师的范字和老师讲解的写字要点，同桌之间互相说说，哪些地方需要改进，哪些地方写得很好。

如果你觉得你同桌写的字很棒，请推荐给我们欣赏一下。看来，大家的字是越写越好了。让我们比一比，谁写得更好！

在书写这几个汉字时，我们不光要努力把钩画写好，而且要注意其他各个笔画在田字格中的位置，注意将笔画搭配得当，书写正确、匀称、美观。

3.4　小结

今天很高兴和大家一起学习了“弯钩、卧钩、横折钩、竖折折钩”的写法。无论是单独写笔画，还是处在字中，希望大家下决心写好字，立恒心写好字，肯细心写好字，越写越有信心，通过你们的努力练习，都能写出一手漂亮的字。

【板书设计】

钩　画

卧钩　弯钩

横折钩　竖折折钩

心 子 舟 写

两个耳朵不一样——含有双耳旁的字的写法

昆山市陆家中心校学校　盛玉凤

1　教学目标

(1) 知识与技能:掌握包含双耳旁的汉子的书写规律,能区分左耳旁、右耳旁的书写方法,写好例字。

(2) 过程与方法:培养学生,观察、比较的能力,在例字的分析中归纳书写双耳旁的要领,根据要领书写含有双耳旁的字。

(3) 情感态度与价值观:培养学生细致敏锐的观察力,提高学生的临帖水平。

2　教学重点

掌握包含双耳旁的汉子的书写规律,能区分左耳旁、右耳旁的书写方法,写好例字。

3　教学难点

引导学生发现双耳旁的大小及位置关系,并且能够漂亮书写含有双耳旁的字。

4　教学过程

4.1　课前准备:复习双姿

我们来唱唱写字歌。

拍手齐唱写字歌:我们学写字,姿势很重要;身正肩要平,臂开两足安。莫忘“三个一”,看清再临帖;笔笔认真写,功到自然成。摆写字姿势。

4.2　欣赏导入,激发兴趣

小朋友们,今天我们又在一起上写字课了,快来欣赏几幅小朋友的作品吧。

出示优秀学生的临帖作品。

你觉得这些字写得好吗?好在哪里?

学生评价。

其实不必羡慕他们,只要你们认真练习,也能像他们一样写得那么好看。这节课咱们就来比一比谁是今天的书法之星。

4.3　揭示内容,寻找规律

复习基本笔画,坚实基础。

我们先来复习一下以前学过的两种竖,看大家还认识吗?今天我们学习和这两种竖有关的两个汉字偏旁。**板书:两个“耳朵”不一样,阝,阝。**

观察老师写的两个偏旁,你知道它们的同一个名字吗?(双耳旁或双耳刀旁)又分别叫什么名字哪?(左耳旁、右耳旁)它们一样吗?有哪里不一样哪?

多媒体出示“阴”“郁”“啊”三个字。

这三个字有什么共同的特点?

生:它们都含有双耳旁。

今天我们就来学写带有双耳旁的字。小朋友们仔细观察,这几个字在书写时,双耳旁的位置是一样的吗?(不一样,一个在左边,一个在右边,还有一个在中间)

要想把字写漂亮,首先要会观察,大家仔细看,在写这两个字时,双耳旁是不是写得一样大?它们的高低有没有变化呢?(双耳旁在左边时,要写小一点,在右边时要写得大一点)**板书:左耳收、右耳放。**(双耳旁在左边要比右半部分写高一点,在右边时要写低一点)**板书:左高右低细思量。**(在“啊”这个字中,双耳旁要写得更窄更小一点,因为它要给两边的好朋友让点位置)这个双耳旁多懂得谦让呀。**板书:放到字中应写窄。**(我发现双耳旁中的竖画不一样,双耳旁在左时是垂露竖,在右时是悬针竖,在中间时也是垂露竖)**板书:垂露、悬针不一样。**

小朋友们真棒,自己能找出双耳旁的书写规律。老师把你们说的总结出来了。出示儿歌:

左耳收、右耳放

垂露、悬针不一样

放到字中应写窄

左高右低细思量

齐读儿歌。

对照上面三个字,再读儿歌。

我们在写双耳旁的字时按照儿歌里说的写，一定会写得很漂亮。

4.4 大胆尝试，引导评价

知道了双耳旁在不同位置的写法，再仔细观察每一笔在田字格中的位置，我们就能把这几个字写好看了。现在先看老师怎样写这三个字，注意观察老师的起笔、行笔和收笔。

(1) 范写

边范写边强调每一笔在田字格中的位置。例：

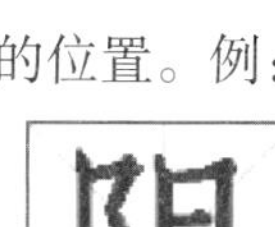

阴：(横折折折钩)横撇弯钩、竖、撇、横折钩。

耳钩要写得小巧，下面的弯钩部分要内收，一面影响字的右半部分，竖画用垂露竖。

郁：横、撇、竖、横折钩、横、横、横撇弯钩、竖。

横撇弯钩要打，耳部上小下大，竖为悬针，呈长形，在整个字中局右下。

啊：竖、横折、横、横撇弯钩、竖、横、竖、横折、横、竖钩。

评价老师写的字。

谁愿意来当小老师？

请一名学生在投影上写"阴"。要求：其他小朋友要仔细观察他每一笔的写法，准备评价。

(2) 评价。

各自写"阴"，二次评价：好在哪里？不好在哪里？再写两遍。

自己写"郁""啊"。

(3) 出示学生作品，再评价。

4.5 掌握规律，巩固练习

让我们再来回顾一下带有双耳旁的字的写法。齐唱：

左耳收、右耳放

垂露、悬针不一样

放到字中应写窄

左高右低细思量

掌握了这个规律，以后在写带有双耳旁的字时，我们就能很轻松地写出间架结构合理、漂漂亮亮的字了。

下面老师就来检查大家是不是真的掌握了这个规律。课堂小游戏，拼字游戏：我的"耳朵"是哪个？

出示：比一比，看谁写得最漂亮。"院""阵""郊""郎"。

播放舒缓的钢琴曲，学生临帖。

评选本节课书法之星。

4.6 趣味拓展

其实不论是偏旁还是部首，都有其本身的意思，如：三点水是水的意思，带有三点水的字的意思大多与水有关，像"洗""泼""淹"等。再如口字旁是嘴的意思，那么，带左耳旁或右耳旁的字是否与耳朵的意思有关哪？如："都""阳"。好像无关，这是为什么呢？别急，听老师慢慢道来。

在现代汉语词典中，左耳旁属于"阜"部，右耳旁属于"邑"部。

左耳旁 阝"阜"意思为：土山 、多。如：山之南为阳，陕地多山等，队，多人为队。右耳旁 阝"邑"意思为：城、县等行政区划。如都为城，城郭。城之外围为郊。

现在我们知道，耳朵旁没有"耳朵"的意思，那么哪个偏旁部首才有"耳朵"的意思呢？（耳字旁耳 ）我们知道有"双耳旁"，单耳旁又是哪个呢？（卩）

4.7 结束语

瞧啊，我们汉字是多么的奇妙又独特，背后是中华民族独特的思维方式。你想用潇洒漂亮的字，来装点你美好的人生吗？那就赶快行动起来，坚持不懈，刻苦努力，"宝剑锋从磨砺出，梅花香自苦寒来"，相信你一定会取得成功的！

《颜体书法横的变化及其写法》教学设计

昆山市周市华城美地小学　戴　晴

1　设计意图

在学校平时的写字教育中已安排了一些基本笔画的书写方法。学生对基本的横、竖、撇、捺等基本笔画已经有了一定的认识,并已初步掌握逆锋、中锋、回锋等基本运笔动作。学书法最基本的活动是写字,而写字起码的要求是把字写得规范、整洁、清楚。同时,字体的间架结构、笔画的粗细长短、墨汁的浓淡干湿都要做到很好的处理。鉴于这方面考虑,我在设计本课时,从观察实用性的美术字入手,让学生体会到书法同样也具有实用价值。

2　学情分析

通过几个年级书法课程的学习,学生已经具有一定的专业知识和技术水平,对笔墨和如何运笔及临摹有了一定了解。这一节课主要通过对颜真卿楷书的基本讲解与示范来规范认识、提升学生的书法水平。

3　教学内容

《颜体书法横的变化及其写法》。

4　教学目标

(1) 知识与技能:了解和学习颜体楷书的基本特征,感受颜体楷书的苍茫浑厚之感,掌握横的变化及其书写方法。

(2) 过程与方法:通过技法来掌握颜体楷书的基本特点,并在过程中巩固对字形的掌握。

(3) 情感、态度和价值观:激励学生练字的兴趣。培养学生认真细心、一丝不苟的学习态度和良好的书写习惯。培养学生观察、比较的能力,培养学生的自主探究能力与创新意识。

5　教学重点、难点

(1) 探究横的变化及其不同横画的书写方法。

(2) 如何利用毛笔来表现颜体楷书的基本风格。

6　教学准备

教具:多媒体课件、投影仪。

学具:毛笔、墨汁、砚台、清水、元书纸。

7　教学过程

7.1　谈话激趣,引入新课

同学们,今天老师想和大家一起来欣赏美术字。你见过哪些美术字啊?你能说说这些美术字的特点吗?

(投影仪)出示艺术字体综艺体“三”,提问:这个字有什么特点?

引导学生从笔画名称、笔画长短、笔画粗细上观察。

由三个横画组成,三个横画长短和粗细完全一样。

指名学生回答后再问:那么在颜体楷书中的三是不是也是这样呢?

揭题《颜体书法横的变化及其写法》。

(设疑意图:导入新颖,激发学生学习兴趣,营造良好的学习氛围,促使学生进入学习情境)

7.2　探究横画的变化及其写法

出示颜体楷书“三”字。提问:你觉得在楷书中,哪个横画最能影响整个字的美观?

教师预设:大部分学生会觉得是第三笔横画。

指名学生回答,并要求学生说说自己的想法。学生回答后,对学生的想法予以认可。

(1) 回顾复习长横的写法。

先让学生说说横画在书写时的注意点。(粗细均匀、左低右高、收笔略大形成点状)出示运笔过程图,教师边演示边讲解:先向左逆锋起笔,继而向右下轻顿,再提笔向右行笔,在长度适当时向右上角轻提笔,而后向右下重按,最后向左回锋收笔。

学生可按教师演示进度,同时在毛边纸上练习。

(2) 认识短横与左尖横。

那么是否第一、第二两个横画也会影响字的美观呢？

教师在演示，将第一第二两个横画写得跟第三横一样，让学生观察，你觉得怎么样？

教师预设：学生可能会说，上面两个横画太长了，要写得短一点。

教师再次演示，将上面两横写得短一些，让学生观察并与勤礼碑上的三字比较。

引导学生得出，第一、第二两横的长短确实会影响字的美观。但各横的运笔方法和笔画的粗细变化也影响了字的美观。使学生认识“短横与左尖横”等不同的横画。

教师强调：如果将各个横画都写得一模一样，也就像刚才的美术字一样，过于呆板和统一了。因此在书法中，我们常常在书写相同的笔画时，将笔画写成粗细长短方向上有一定的变化。这样一来，有时可以将横画写得较短，有时则可以将横画的起笔处用露锋起笔，使起笔处比较尖。像这样的横画，我们分别称之为短横和左尖横。

(3) 指导短横与左尖横的写法。

鼓励学生比较长横与短横的区别：主要是运笔的长短，运笔过程长，就是长横，运笔过程短则为短横。

教师进行讲解示范。学生按教师示范进度，试练写短横。

同上，鼓励学生比较短横与左尖横的区别：主要是起笔的不同，短横以逆锋起笔，而左尖横则直接露锋起笔继而向右行笔。

指名学生上台试着示范。然后教师针对学生的示范作适当补充，并要求学生试练左尖横。

(4) 通过学习了解的知识。

在汉字的笔画中，我们为了避免将相同的笔画写得一样，可以在笔画的长短、运笔方法上进行适当的变化。可以使汉字更加美观。

7.3 学写例字“元”“直”

(1)“元”字的临摹。

请学生举例说说横画较多的字。学生回答后教师粉笔板书“元”字。那么接下来，我们来看看这个字的横画可以怎么处理？指名学生说说自己的处理方法。

教师预设：

生1：第一笔用短横，第二笔用长横。

生2：第一笔用左尖横，第二笔用长横。

我们一起来看看，大书法家颜真卿是怎么处理的？

引导学生仔细观察后并说。教师进行示范书写，边示范，边讲解。指导学生在书写时，两种方法都可采用，但要注意的是第一横较短些，第二横较斜些。学生按教师示范进度进行尝试临摹。

教师巡视，指导。对不同的学生提出不同的要求。优秀学生要求不仅要写好笔画，也要写准结构。后进生则要求写好笔画。

(2)“直”字的临摹。

刚才同学们都能很好地处理“元”字中相同的横画。那么老师还想来考考大家。你觉得“直”字会怎么写？粉笔板书“直”字。指名不同学生尝试回答。然后要求学生自己观察字帖。同桌讨论“直”字中各个横画的处理方法。指名学生说后，教师投影出示范字“直”然后作示范书写。

7.4 临写练习

学生进行“元”“直”二字临摹练习，教师巡视指导，对不同学生提出不同要求。

优秀学生可以自主找出带有不同横画的字进行临摹。巡视时同时强调书写姿势的规范。

设计意图：先把作业安排好，让学生进行临摹练习，教师及时发现学习过程中存在的问题，及时给予建议指导，促进学生有效学习。

7.5 作业点评

让学生练习10分钟左右，教师不断巡视学生的情况并对巡视中发现的优秀习字和病例，进行点评。同时，展示给班里同学看，进行自评、互评，对优秀的进行表扬，对不足的进行鼓励。

设计意图：通过展示，增强孩子学习积极性。加强演示，巩固课堂新知。采用自评、互评、师评的方式，对学生及学生作品进行肯定、鼓励，并提出建议。

7.6 课堂小结

今天这节课你有什么收获和体会？（学生交流回答）

只要同学们能坚持练习，相信我们的进步一定会很快，每个同学都能写出一手漂亮的字。

设计意图：教师总结课堂，巩固新知，开拓学生知识面，提高欣赏水平。

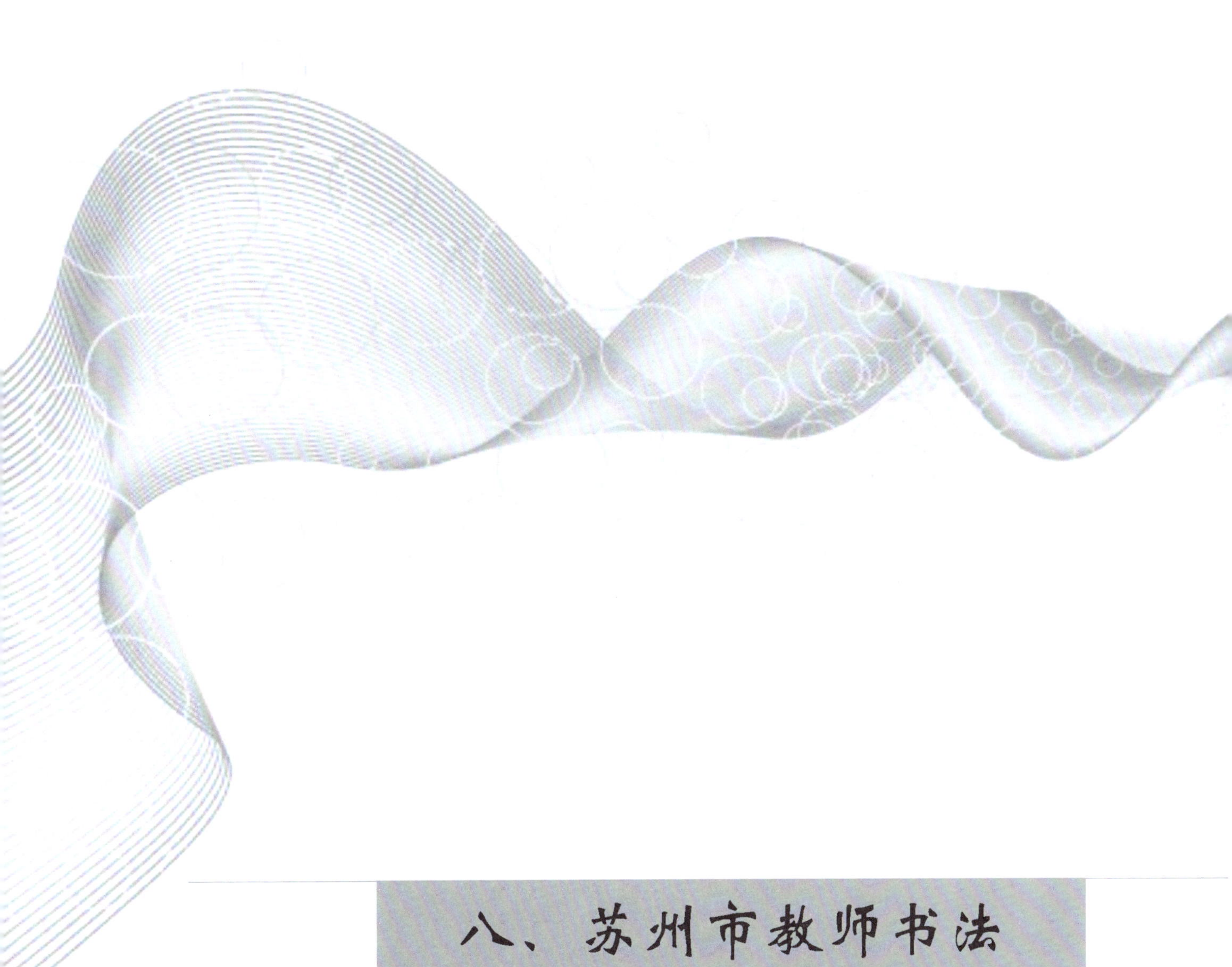

八、苏州市教师书法大赛一等奖作品选登

苏州市教师书法大赛一等奖作品选登

駕鴦湖畔草粘天二月春深好放舩柳葉亂飄千尺雨桃花斜帶一路煙烟雨迷離不知處舊堤卻認門前樹對
上流鶯三兩聲十年此地扁舟駐主人愛客錦筵開水閣風吹咲語來畫鼓隊催桃葉伎玉簫聲出柘枝臺輕靴
窄袖嬌妝束脆管繁弦競追雲鬟鸜鵒酒盡移船曲榭西湖滿燈火醉人歸朝來別奏新翻曲更出紅妝嚮柳堤
歡樂朝朝兼暮暮七貴三公何足數十幅蒲帆幾尺風吹君直上長安路長安富貴玉驄驕侍女薰香護早朝分付
南湖舊花柳好笛煙月伴歸橈那知轉眼浮生夢蕭蕭日影悲風動中散彈琴竟未終山公啟事成何用東市朝
衣一旦休北邙抔土亦難留白楊尚作他人樹紅粉知非舊日樓烽火名園竄狐兔畫閣偷窺老兵怒寧使當時
沒縣官不堪朝市都非故我來倚棹嚮湖邊煙雨臺空倍惆然芳草乍疑歌扇綠落英錯認舞衣鮮人生苦樂皆
陳蹟年去年來堪痛惜聞笛休嗟石季倫銜杯且效陶彭澤君不見白浪掀天一葉危收竿還怕轉船遲世人無
限風波苦輸與江湖釣叟知
右錄清吳偉業詩鴛湖曲
歲次乙未夏月半蓮於印谿風荷軒

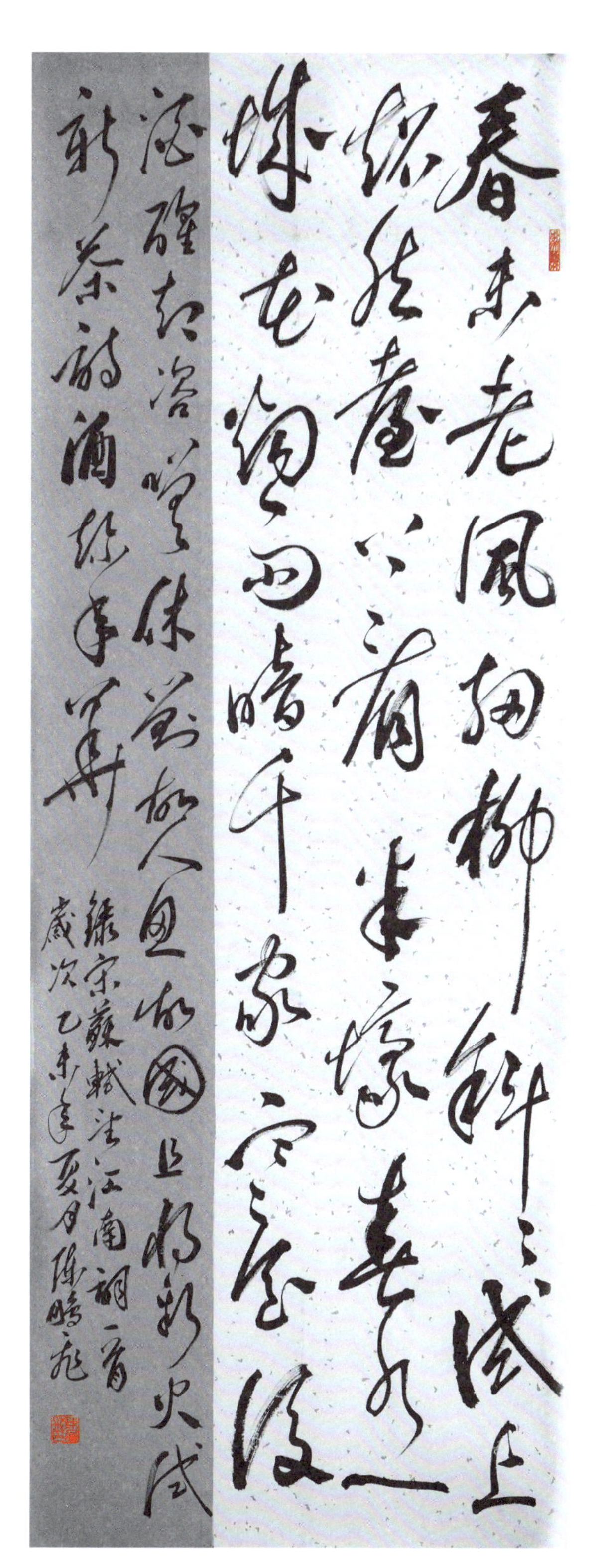

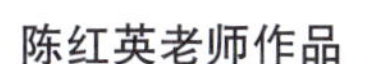

陈红英老师作品

陈鹏飞老师作品

京口瓜洲
一水間鐘
山祇隔數
重山春風
又綠江南
岸明月何
時照我還
華髮尋春
喜見梅一
株臨路雪
倍堆鳳城
南陌他年
憶香杳難
隨驛使来
日總把新
爆竹聲中
一歲除春
風送暖入
屠蘇千門
萬戶曈曈
日總把新
桃換舊符

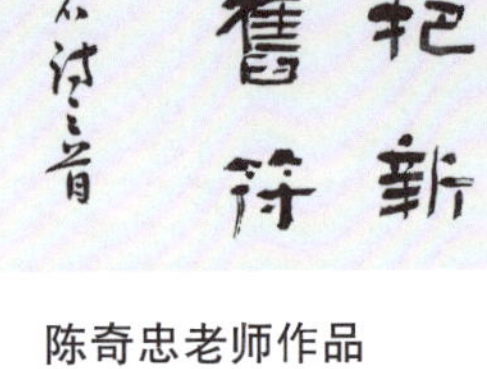

陈奇忠老师作品

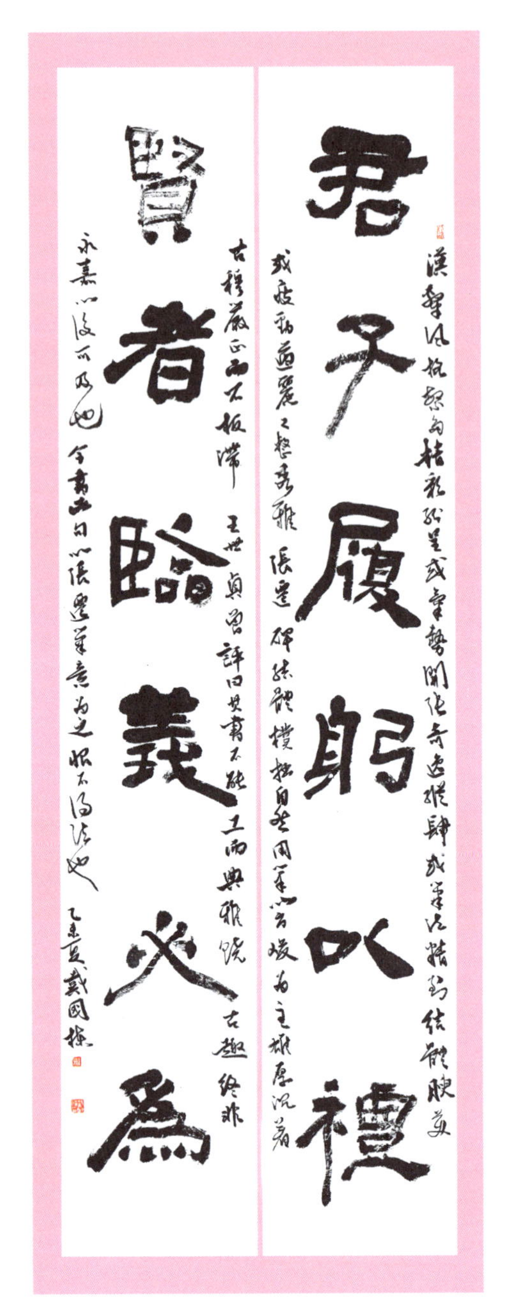

戴国栋老师作品

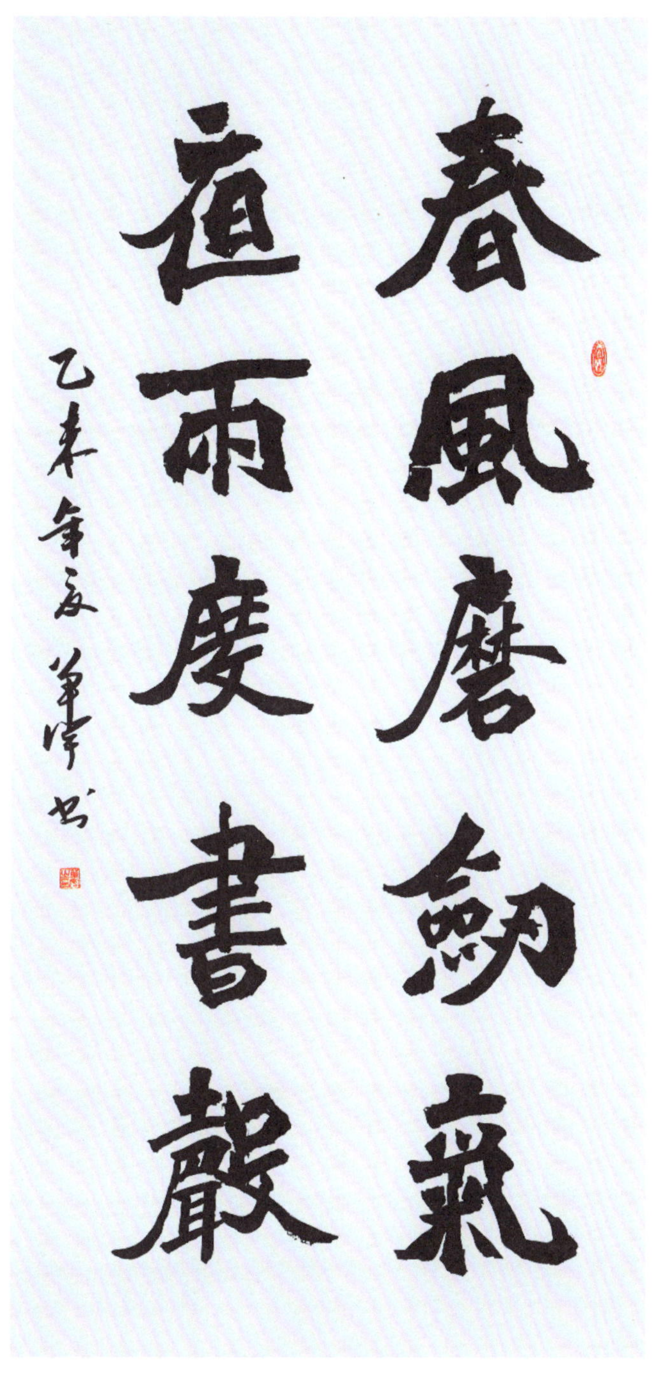

单宇老师作品

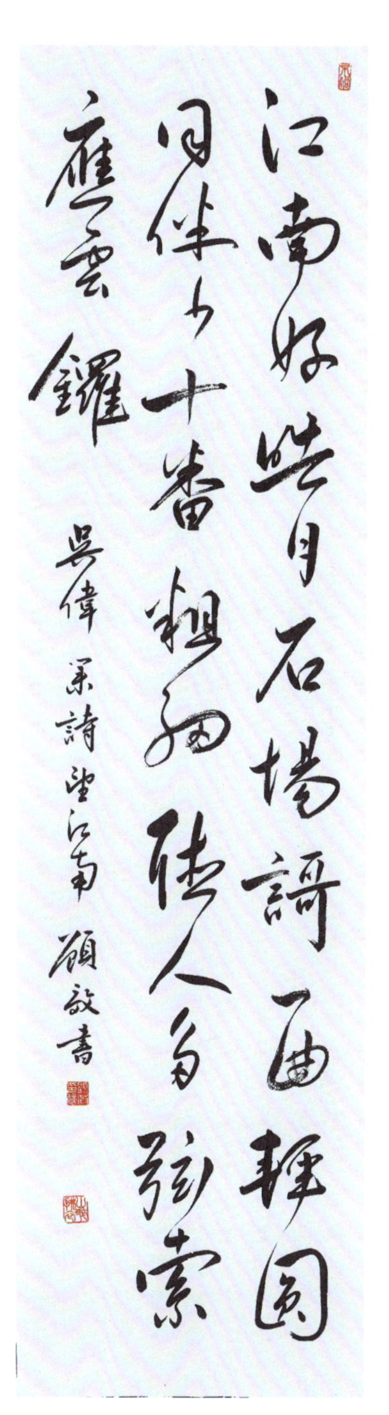

顾效老师作品

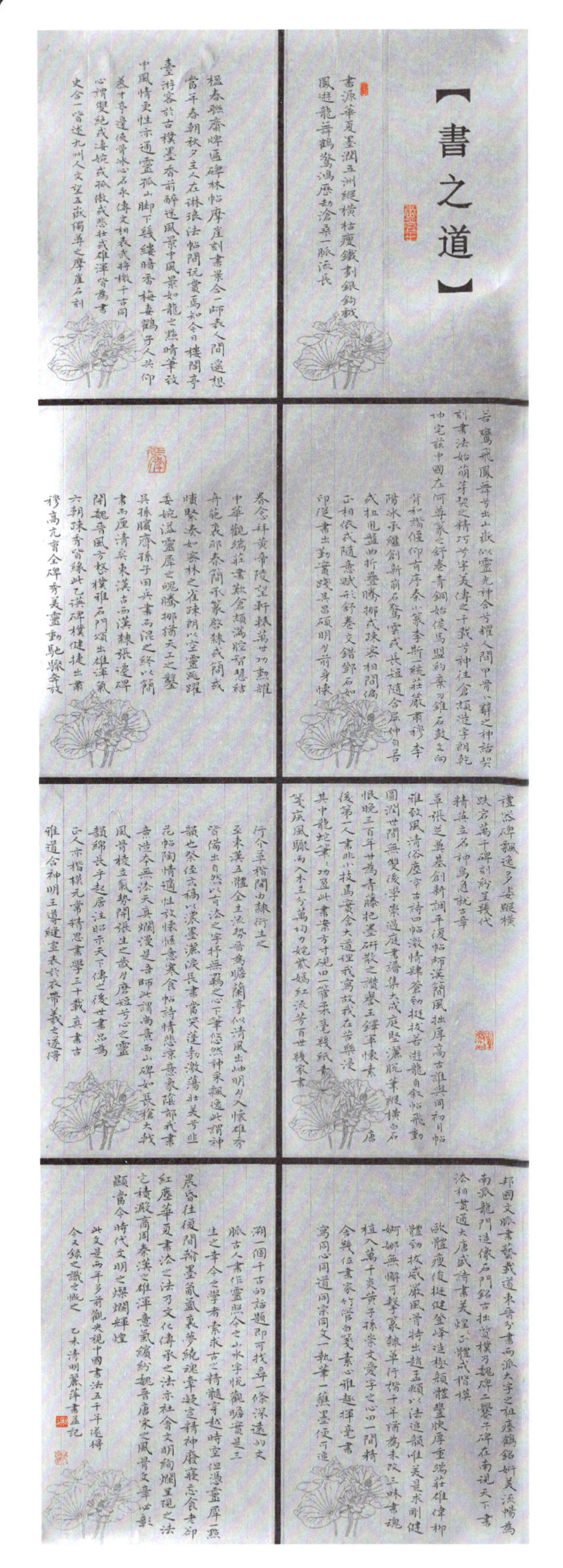

葛丽萍老师作品

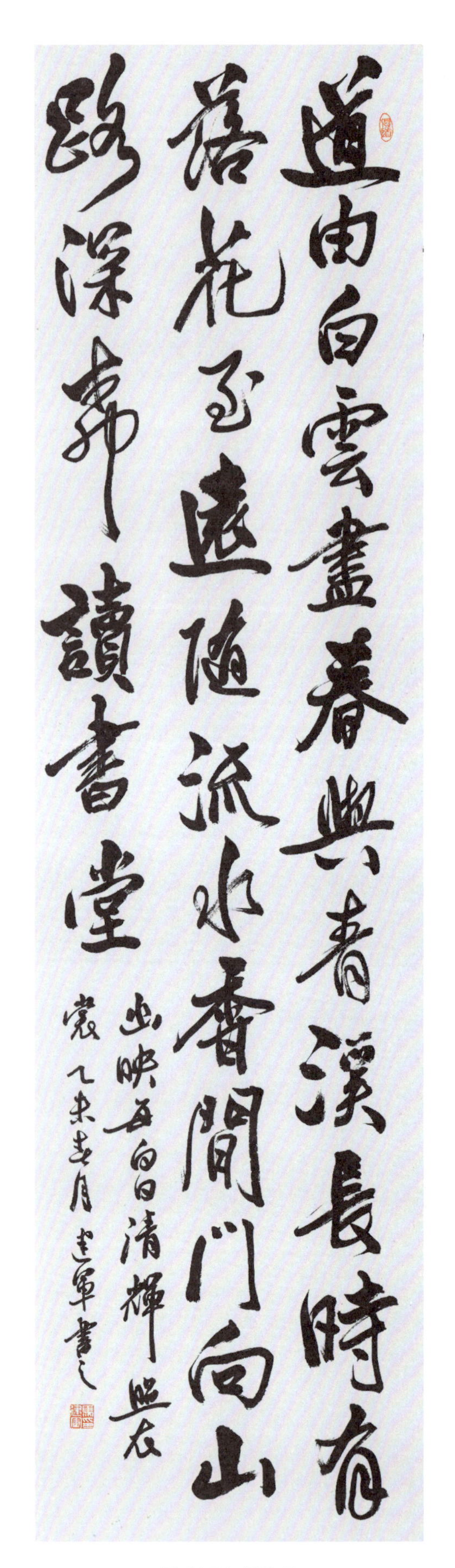

马建军老师作品

南昌故郡洪都新府星分翼軫地接衡廬襟三江而帶五湖控蠻荆而引甌越物華天寶龍光射牛斗之墟人傑地靈徐孺下陳蕃之榻雄州霧列俊彩星馳臺隍枕夷夏之交賓主盡東南之美都督閻公之雅望棨戟遥臨宇文新州之懿範襜帷暫駐十旬休暇勝友如雲千里逢迎高朋滿座騰蛟起鳳孟學士之詞宗紫電清霜王將軍之武庫家君作宰路出名區童子何知躬逢勝餞時維九月序屬三秋潦水盡而寒潭清煙光凝而暮山紫儼驂騑於上路訪風景於崇阿臨帝子之長洲得仙人之舊館層巒聳翠上出重霄飛閣流丹下臨無地鶴汀鳧渚窮島嶼之縈迴桂殿蘭宮列岡巒之體勢披繡闥俯雕甍山原曠其盈視川澤盱其駭矚閭閻撲地鐘鳴鼎食之家舸艦彌津青雀黄龍之舳虹銷雨霽彩徹雲衢落霞與孤鶩齊飛秋水共長天一色漁舟唱晚響窮彭蠡之濱雁陣驚寒聲斷衡陽之浦遥吟俯暢逸興遄飛爽籟發而清風生纖歌凝而白雲遏睢園綠竹氣凌彭澤之樽鄴水朱華光照臨川之筆四美具二難并窮睇眄於中天極娛遊於暇日天高地迥覺宇宙之無窮興盡悲來識盈虛之有數望長安於日下指吳會於雲間地勢極而南溟深天柱高而北辰遠關山難越誰悲失路之人萍水相逢盡是他鄉之客懷帝閽而不見奉宣室以何年嗟乎時運不齊命途多舛馮唐易老李廣難封屈賈誼於長沙非無聖主竄梁鴻於海曲豈乏明時所賴君子安貧達人知命老當益壯寧移白首之心窮且益堅不墜青雲之志酌貪泉而覺爽處涸轍以猶懽北海雖賒扶搖可接東隅已逝桑榆非晚孟嘗高潔空懷報國之情阮籍猖狂豈效窮途之哭勃三尺微命一介書生無路請纓等終軍之弱冠有懷投筆慕宗慤之長風舍簪笏於百齡奉晨昏於萬里非謝家之寶樹接孟氏之芳鄰他日趨庭叨陪鯉對今晨捧袂喜托龍門楊意不逢撫凌雲而自惜鍾期既遇奏流水以何慚嗚呼勝地不常盛筵難再蘭亭已矣梓澤丘墟臨別贈言幸承恩於偉餞登高作賦是所望於群公敢竭鄙誠恭疏短引一言均賦四韻俱成請灑潘江各傾陸海云爾滕王高閣臨江渚佩玉鳴鸞罷歌舞畫棟朝飛南浦雲珠簾暮捲西山雨閒雲潭影日悠悠物換星移幾度秋閣中帝子今何在檻外長江空自流

右錄王勃滕王閣詩序

乙未年初夏熠青女史何如書於姑蘇

何熠清老师作品

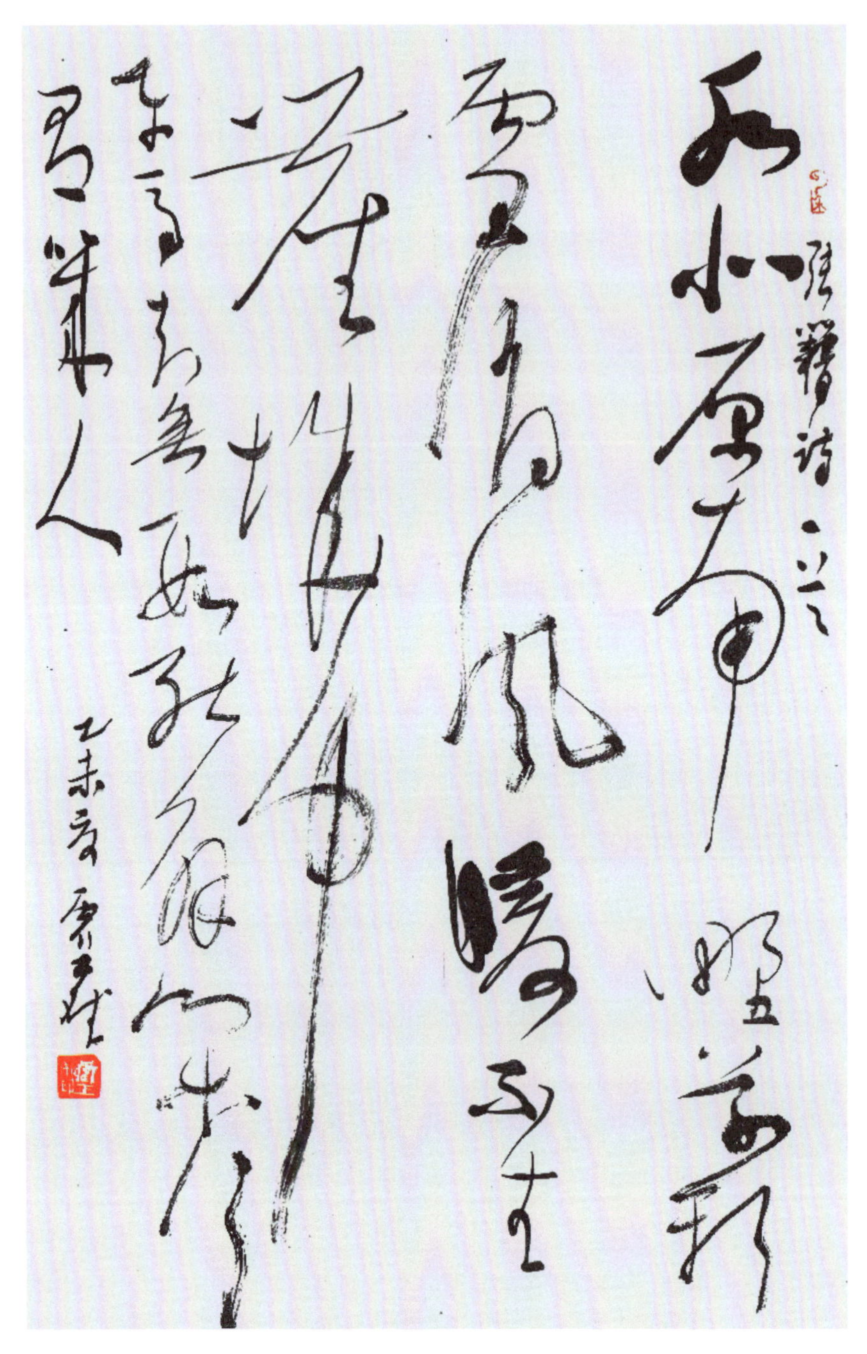

霍正斌老师作品

金耀明老师作品

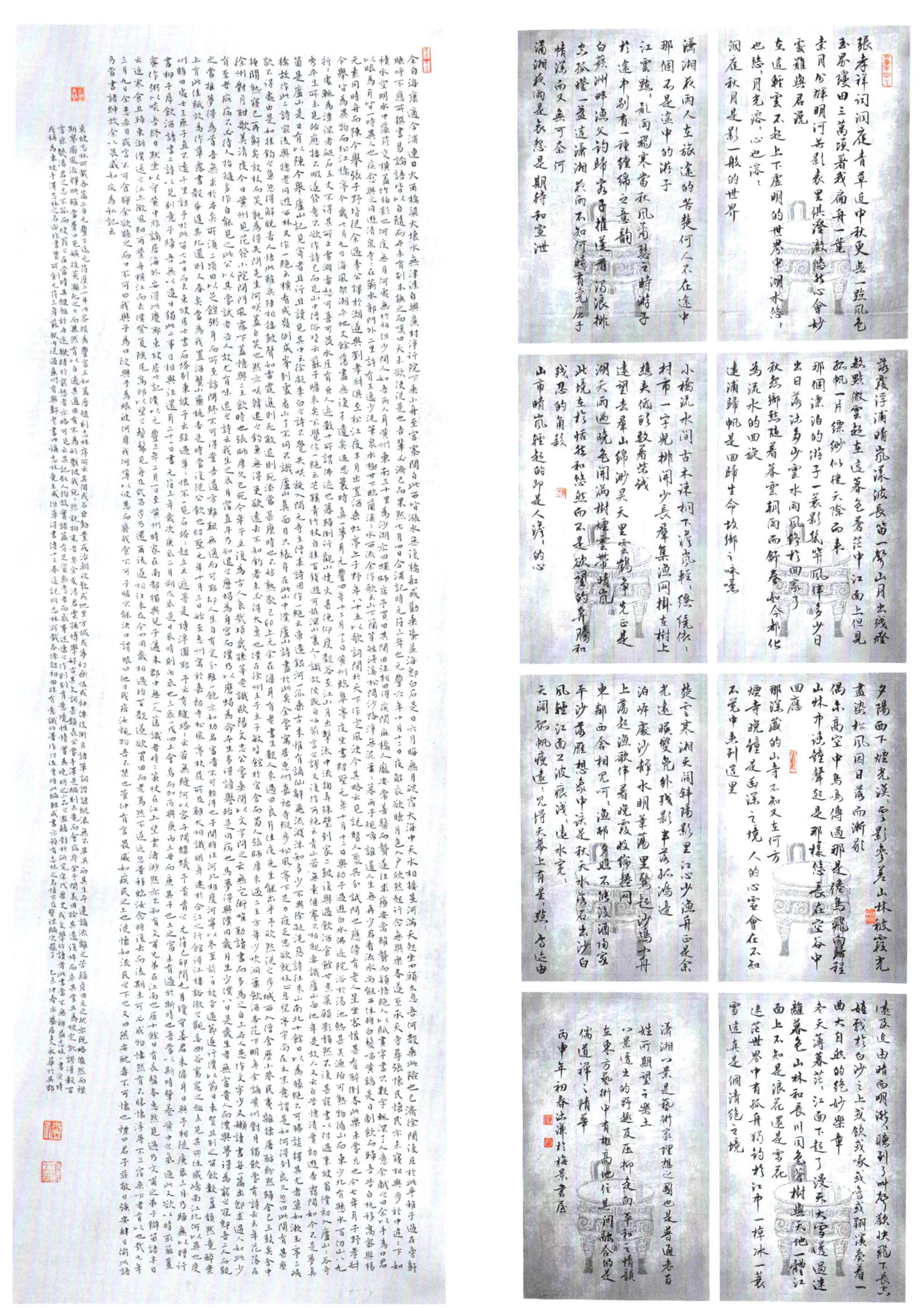

邱永华老师作品

顾建刚老师作品

拾双老师作品

作品局部

□素此其賤之為本與非也故致
數若玉珞珞若石
聞道若存若亡下士聞道大笑
貴進道如退夷道如纇上德如浴
德如輸質真如渝大方無隅大器
刑道隱無名夫唯道善始且善成
道之用也天下之物生於有有生
萬物
以為和天下之所惡唯孤寡不穀

而王公以為自名也
勿或敗之而益或益之而敗觀殷死議而教人故強良者
不得死我將以為學父
至柔
天下之至柔馳騁於天下之致堅無有入於無閒吾是以
知無為之有益不言之教無為之益天下希能及之
矣
立戒
名與身孰親身與貨孰多得與亡孰病甚愛必大費
多藏必厚亡故知足不辱知止不殆可以長久
請靚
大成若缺其用不敝大盈若盅其用不窮大直若詘大
巧若拙大贏如炳躁勝寒靚勝炅請靚可以為天下正
知足

天下有道卻走馬以糞天下無道戎馬
欲罪莫大於不知足咎莫憯於欲得
故知足之足恒足矣
知天下
不出於戶以知天下不窺於牖以知天
也彌少是以聖人不行而知不見而名
無為
為學者日益聞道者日損損之又損
而無不為將欲取天下者恒無事
取天下
右錄老子道德經數句
時在乙未 拾雙於淵瞻堂

孙红霞老师作品

闫书领老师作品

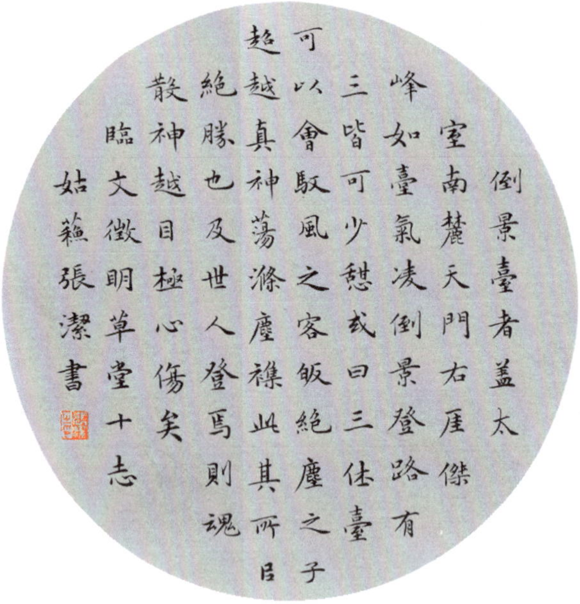

倒景臺者蓋太室南麓天門右厓傑峰如臺氣凌倒景登路有三皆可少憩或曰三休臺可以會馭風之客飯絕塵之子超越真神蕩滌塵襟此其所以絕勝也及世人登焉則魂散神越目極心傷矣

臨文徵明草堂十志

姑蘇張潔書

张洁老师作品

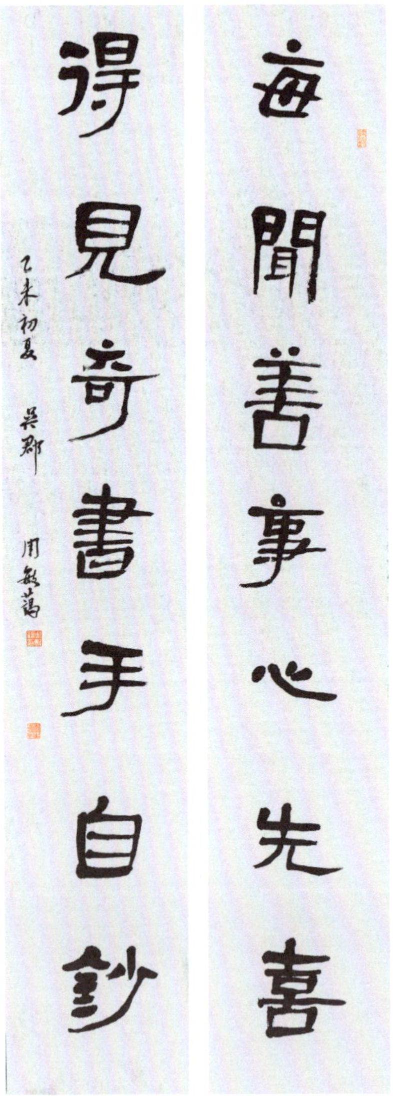

每聞善事心先喜

得見奇書手自鈔

乙未初夏　吳郡　周敏藹

周敏蔼老师作品

飛閣青霞裏先秋獨早涼天花映窗近月桂拂檐香華嶽三峰小黃河一帶長空間指歸路煙霞有垂陽

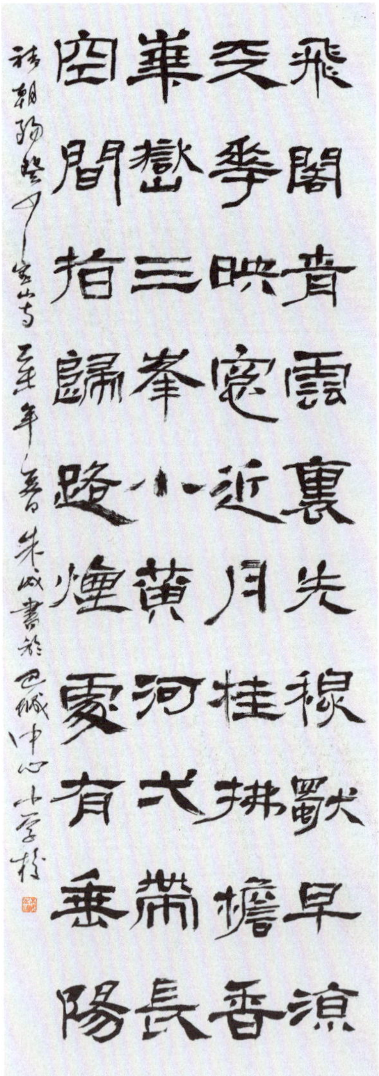

朱成老师作品

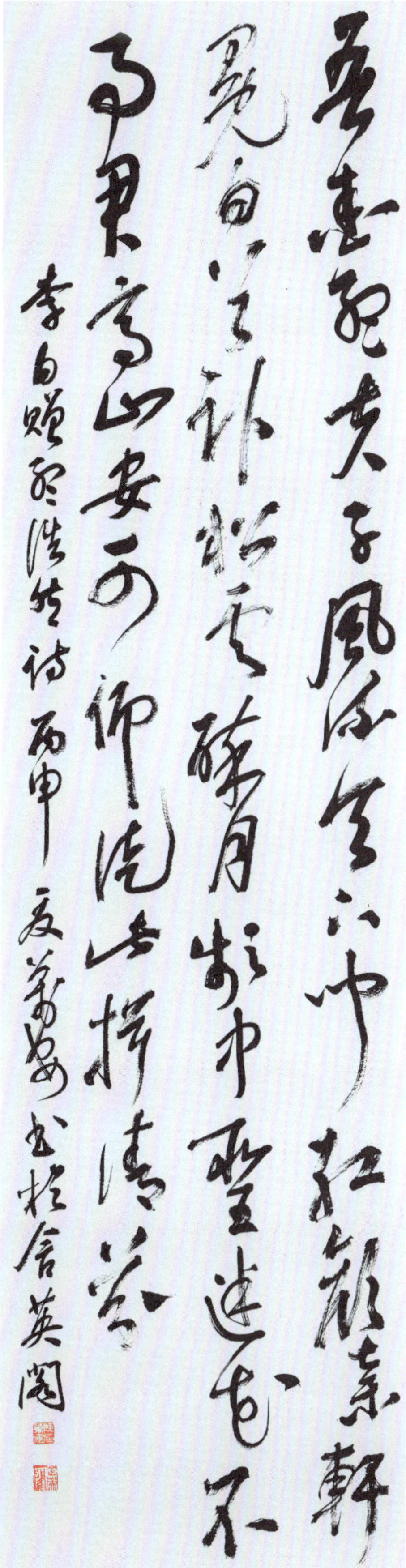

吾愛孟夫子風流天下聞紅顏棄軒冕白首臥松雲醉月頻中聖迷花不事君高山安可仰徒此揖清芬

李白贈孟浩然詩 丙申夏 [illegible] 書於含英閣

陈含英老师作品

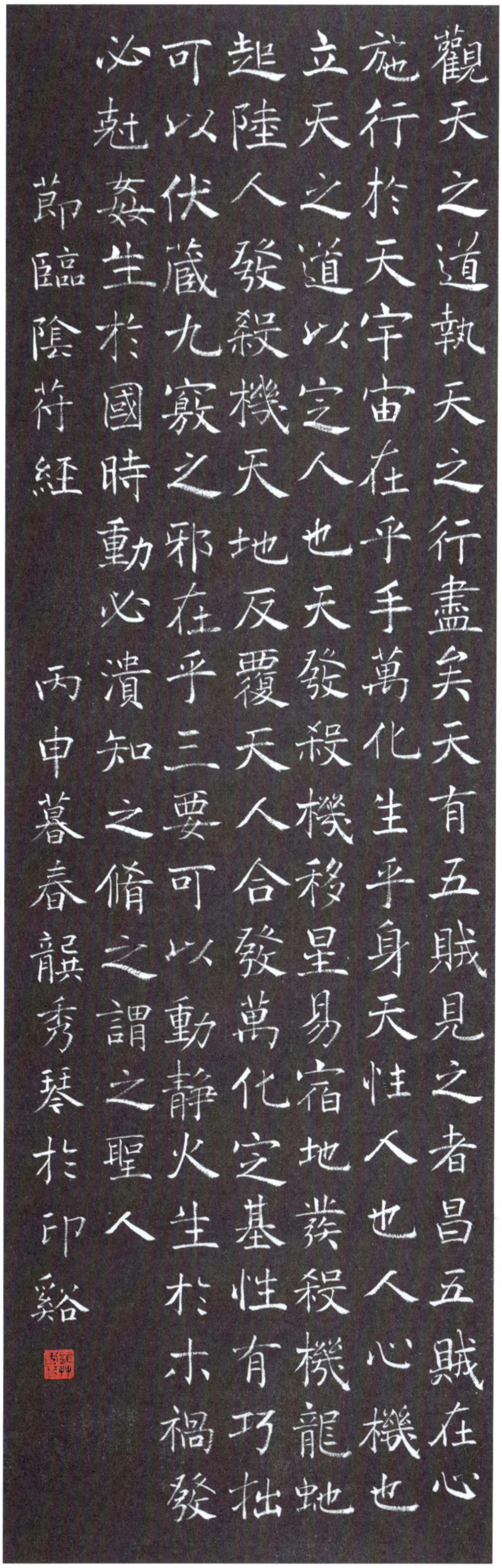

觀天之道執天之行盡矣天有五賊見之者昌五賊在心
施行於天宇宙在乎手萬化生乎身天性人也人心機也
立天之道以定人也天發殺機移星易宿地發殺機龍蛇
起陸人發殺機天地反覆天人合發萬化定基性有巧拙
可以伏藏九竅之邪在乎三要可以動靜火生於木禍發
必尅姦生於國時動必潰知之脩之謂之聖人

節臨陰符經 丙申暮春龔秀琴於印谿

龚秀琴老师作品

顾清清老师作品

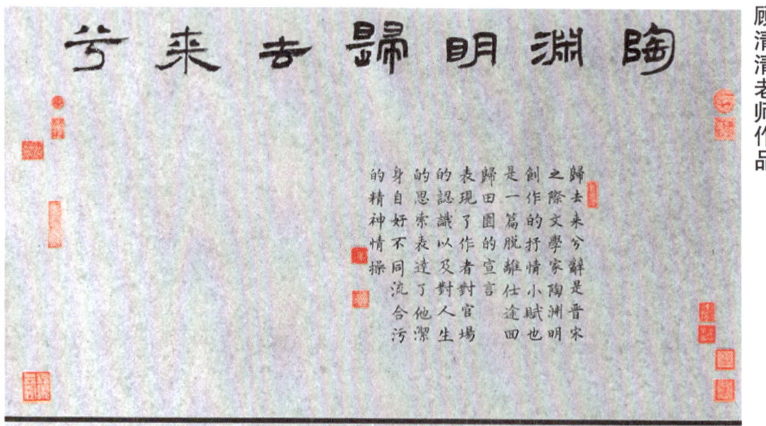

歸去來兮田園將蕪胡不歸既自以心為形役奚惆悵而獨悲悟已往之不諫知來者之可追實迷途其未遠覺今是而昨非舟搖搖以輕颺風飄飄而吹衣問征夫以前路恨晨光之熹微乃瞻衡宇載欣載奔僮僕歡迎稚子候門三徑就荒松菊猶存攜幼入室有酒盈樽引壺觴以自酌眄庭柯以怡顏倚南窗以寄傲審容膝之易安園日涉以成趣門雖設而常關策扶老以流憩時矯首而遐觀雲無心以出岫鳥倦飛而知還景翳翳以將入撫孤松而盤桓歸去來兮請息交以絕遊世與我而相遺復駕言兮焉求悅親戚之情話樂琴書以消憂農人告余以春及將有事於西疇或命巾車或棹孤舟既窈窕以尋壑亦崎嶇而經丘木欣欣以向榮泉涓涓而始流善萬物之得時感吾之行休已矣乎寓形宇內復幾時曷不委心任去留胡為遑遑欲何之富貴非吾願帝鄉不可期懷良辰以孤往或植杖而耘耔登東皋以舒嘯臨清流而賦詩聊乘化以歸盡樂夫命復奚疑

陶淵明字元亮著名詩人文學家散文家

丙申之春顧清清書

黄强老师作品

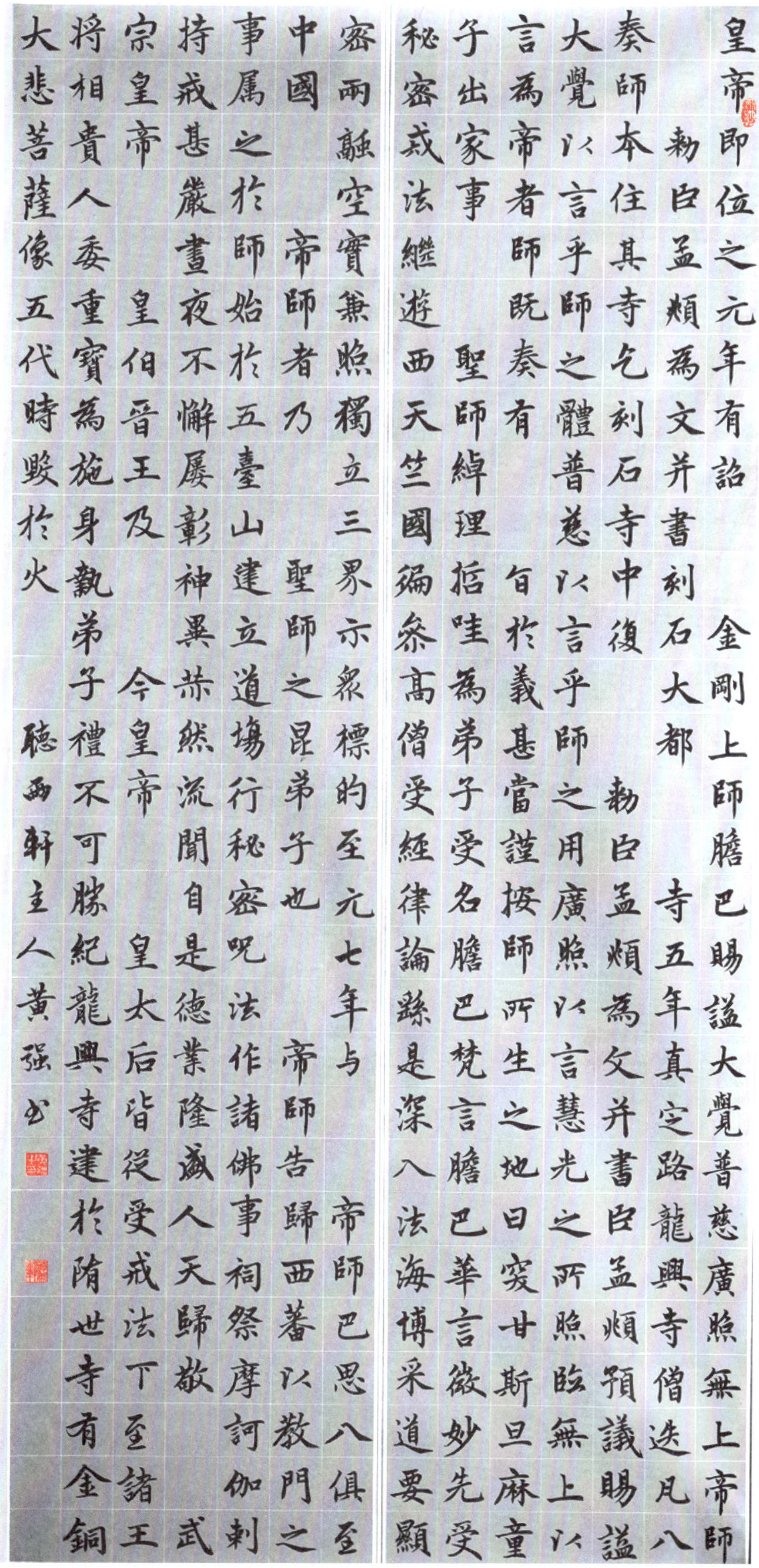

皇帝即位之元年有詔 金剛上師膽巴賜謚大覺普慈廣照無上帝師
勅臣孟頫為文并書刻石大都寺五年真定路龍興寺僧迭凡八
奏師本住其寺乞刻石寺中復 勅臣孟頫為文并書臣孟頫預議賜謚
大覺以言乎師之體普慈以言乎師之用廣照以言慧光之所照臨無上以
言為帝者師既奏有 旨於義甚當謹按師所生之地曰突甘斯旦麻童
子出家事 聖師綽理哲哇為弟子受名膽巴梵言膽巴華言微妙先受
秘密戒法繼遊西天竺國徧叅高僧受經律論繇是深入法海博采道要顯
密兩融空實兼照獨立三界示衆標的至元七年与 帝師巴思八俱至
中國 帝師者乃 聖師之昆弟子也 帝師告歸西蕃以教門之
事屬之於師始於五臺山建立道場行秘密呪法作諸佛事祠祭摩訶伽剌
持戒甚嚴晝夜不懈屢彰神異赫然流聞自是德業隆盛人天歸敬武
宗皇帝 皇伯晉王及 今皇帝 皇太后皆從受戒法下至諸王
將相貴人委重寶為施身執弟子禮不可勝紀龍興寺建於隋世寺有金銅
大悲菩薩像五代時毀於火 聽西軒主人黃強书

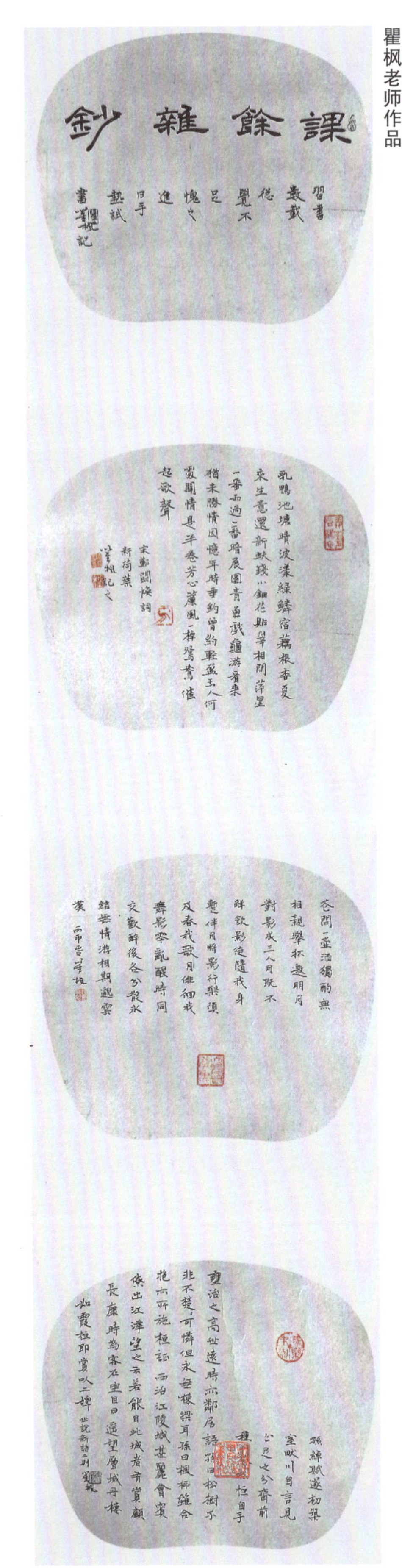

瞿枫老师作品

凌波仙子生塵襪水上輕盈步微月是誰招此斷腸魂種作寒花寄愁絕含香體素欲傾城山礬是弟梅是兄坐對真成被花惱出門一笑大江橫

宋黄庭坚诗 李艺静

李艺静老师作品

钱群超老师作品

晋太原中武陵人捕魚為業緣溪行忘路之遠近忽逢桃花林夾岸數百步中無雜樹芳草鮮美落英繽紛漁人甚異之復前行欲窮其林林盡水源便得一山山有小口髣髴若有光便捨船從口入初極狹才通人復行數十步豁然開朗土地平曠屋舍儼然有良田美池桑竹之屬阡陌交通雞犬相聞其中往來種作男女衣著悉如外人黄髮垂髫並怡然自樂見漁人乃大驚問所從來具荅之便要還家設酒殺雞作食村中聞有此人咸來問訊自云先世避秦時亂率妻子邑人來此絕境不復出焉遂與外人間隔問今是何世乃不知有漢無論魏晉此人一一為具言所聞皆嘆惋余人各復延至其家皆出酒食停數日辭去此中人語云不足為外人道也既出得其船便扶向路處處誌之及郡下詣太守說如此太守即遣人隨其往尋向所誌遂迷不復得路南陽劉子驥高尚士也聞之欣然規往未果尋病終後遂無問津者

陶淵明桃花源記

時在丙申仲春錢群超書於吴郡

浦雪芬老师作品

緣果道場塼墖下舍利記

太子率更令歐陽詢撰并書

夫至理空冲尋求之源法身寂莫無方之應奄臻至如華疊未然駐影留髮香薪已燎散體分形故有寶墖琮龕崔巍四園之上雲興地踊照曜八國之中俾我聖蹟未之湮墜緣果道場者梁天監十二年太歲癸巳長史劉端捨宅為寺有命過僧歸闍梨盡心建造闍黎降自江夏氏捨未詳戒慧憁持甚有靈驗於鴻基勝趾締構日新三業薰脩七財具足以今大隨大業九年昭陽之歲江夏縣緣果鄉長劉大懿等遵勅旨共三鄉仕民奉諸佛齊與道場七層塼墖一方安鎮此地次有清信弟子黄慧顗慧俊等兄弟並德性佳雅難兄難弟播五根領弘四事於所住宅福瑞累彰父於大業三年二月乃於食内感舍利一枚大小相歡覩茲希有安心水器且浸且浮旋遶久之光明遍室頂戴虔禮曰申供養到七年正月俊女難孃又感二枚斯實跡見難思抑聞圖籍次有弟子藥王首宿馳賢才簡雖居無瑞州手關金錢每用放濟居心傾捨為業以開皇廿年行至常州境感舍利一枚到大業五年於所住宅又感二枚昔者阿難捧函如来讚其希有康會稚瀉吴主嗟其神異詢諸経詰今古同符以令季夏六月八日奉送散身永定基下衆緣贊助普設大齋方供七級巍而颺采九盤煜耀寶鐸韻而流聲上資帝朝爰洎遐迩設使芬盡方城五分之身常住石銷天袂金剛之地巍然敢忘議善乃為銘曰

茫茫宇宙悠悠世間九地衔海四瀆抱山三途有獄五道無關魂隨動泊識轉循還至聖何像巍然恢怕示見無方迎維垂迹燒燃通悲幽溺息衆權城椎輪火宅八十化盡天人喪師撫膺雨淚香水雖畢四王護八國均持機緣靡隔靈祥俟時坊式建層表臨空非曰鬼力詎假神工金盤仰露寶鐸搖風山移川徙嶽業興隆

還自緣果道場塼塔下舍利記 丙申年立夏浦雪芬書於虞山

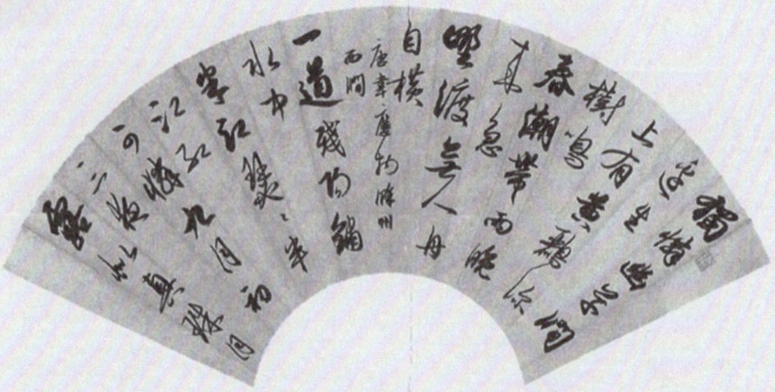

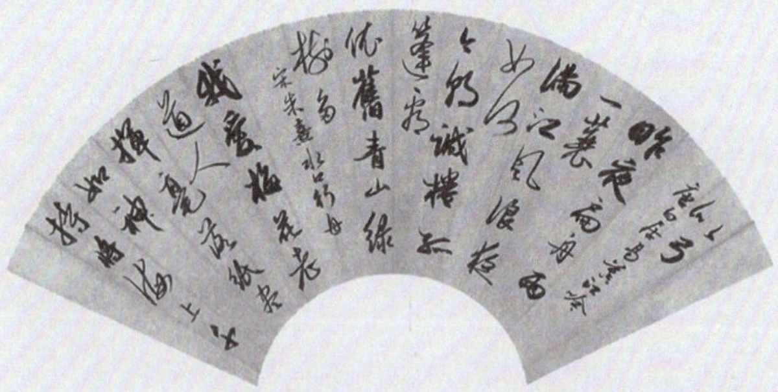

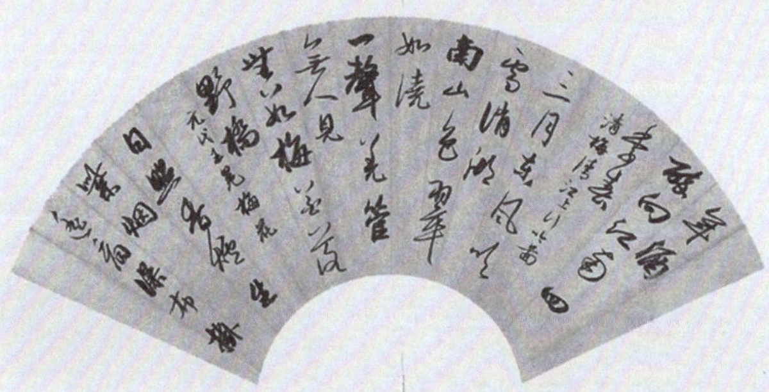

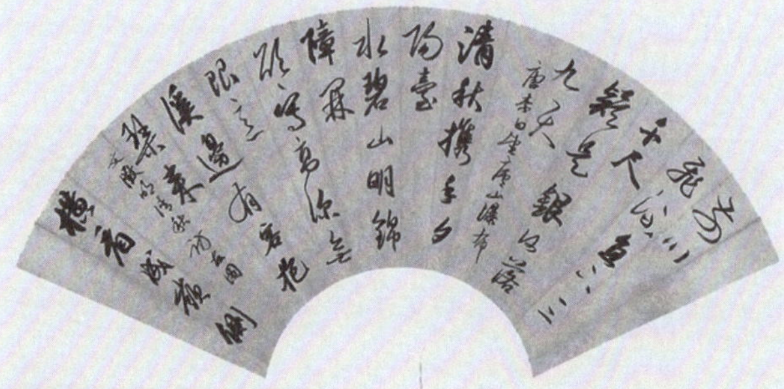

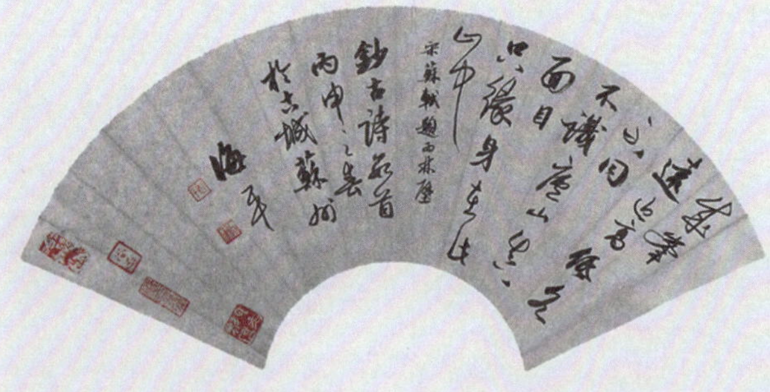

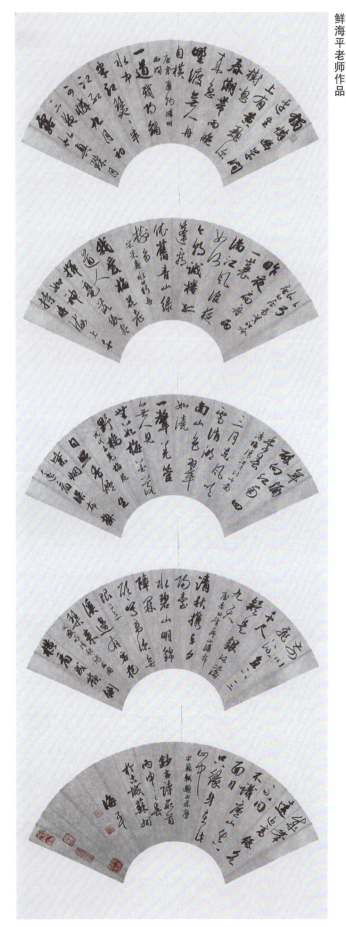

鲜海平老师作品

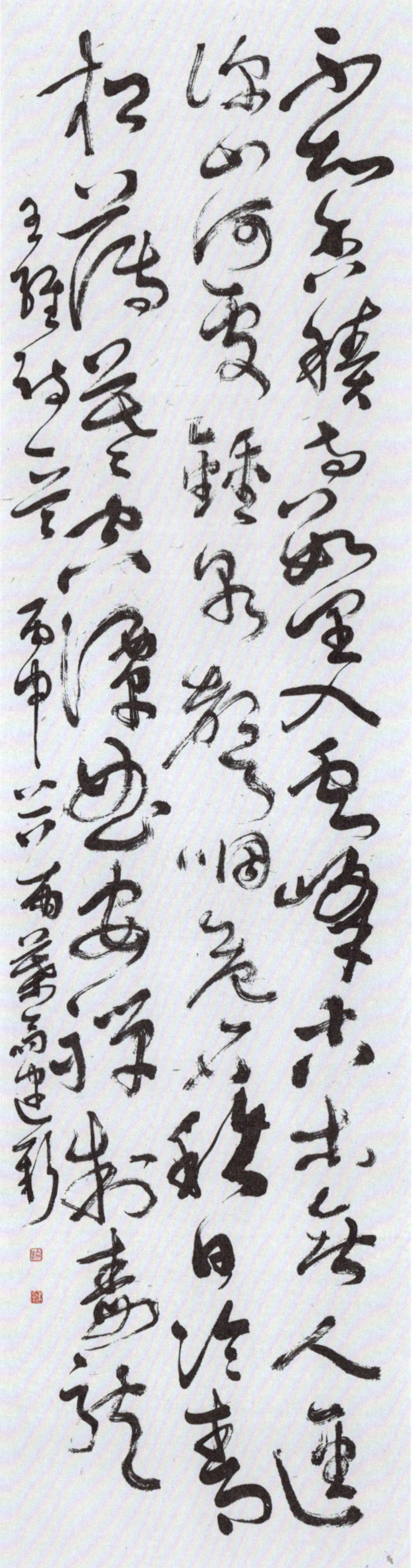

许建新老师作品

姚玉燕老师作品

舍南舍北皆春水，但見羣鷗日日來。花徑不曾緣客掃，蓬門今始爲君開。盤飧市遠無兼味，樽酒家貧只舊醅。肯與鄰翁相對飲，隔籬呼取盡餘杯。

杜甫詩 姚玉燕書

杨文忠老师作品

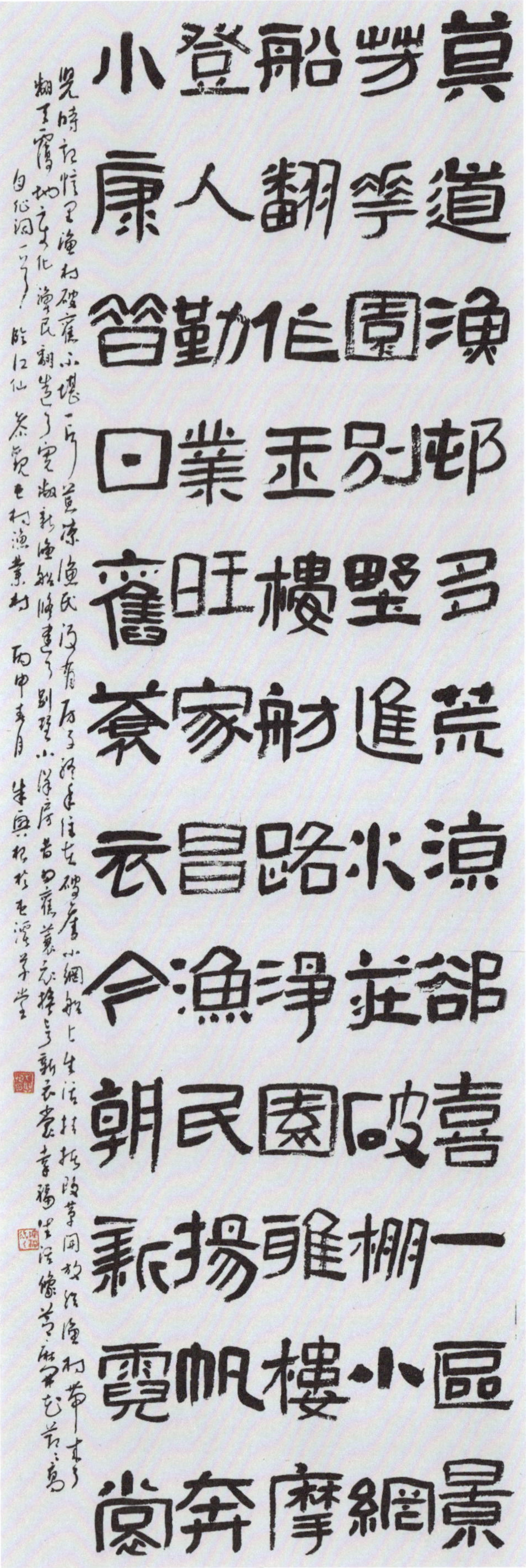

朱兴根老师作品